U0711186

海上保险合同法详论

LAW OF MARINE INSURANCE CONTRACT

(第五版)

汪鹏南 / 著

大连海事大学出版社
DALIAN MARITIME UNIVERSITY PRESS

图书在版编目(CIP)数据

海上保险合同法详论 / 汪鹏南著. -- 5 版. -- 大连：
大连海事大学出版社，2023.12
ISBN 978-7-5632-4502-4

Ⅰ.①海… Ⅱ.①汪… Ⅲ.①海上运输保险－保险合
同－研究－中国 Ⅳ.①D923.64

中国国家版本馆 CIP 数据核字(2023)第 252551 号

大连海事大学出版社出版

地址:大连市黄浦路523号 邮编:116026 电话:0411-84729665(营销部) 84729480(总编室)
http://press.dlmu.edu.cn E-mail:dmupress@dlmu.edu.cn

大连永盛印业有限公司印装 大连海事大学出版社发行

1996 年 8 月第 1 版	2003 年 3 月第 2 版
2011 年 3 月第 3 版	2017 年 9 月第 4 版
2023 年 12 月第 5 版	2023 年 12 月第 1 次印刷
幅面尺寸:170 mm×230 mm	印张:28
字数:527 千	印数:1～2000 册

出版人:刘明凯

责任编辑:王桂云	责任校对:陈青丽
封面设计:解瑶瑶	版式设计:解瑶瑶

ISBN 978-7-5632-4502-4　　定价:70.00 元

献给爱人王芳和
女儿萌萌

本书以《中华人民共和国海商法》和《中华人民共和国保险法》为主要法律依据，围绕我国现行货物、船舶及其他海上财产和责任的保险条款，参照英国海上保险法和协会保险条款，对海上保险合同法做了全面和深入的论述。本书理论和实务并重，论点鲜明，资料新颖，逻辑性强，代表国内对海上保险合同法的最新研究成果。

本书适合用作大专院校海上保险课程的教科书，亦可供海上保险从业人员及律师参考。

第五版前言

  《中华人民共和国民法典》已于 2021 年 1 月 1 日起施行，包含了此前的《中华人民共和国合同法》和其他民事法规，虽然实质性修改不大，但也需要在本书中对相关法律依据予以更新。此外，结合 2017 年以来的重要海上保险案例和其他保险案例，作者对原书中的案例部分进行了一些删减或增加。本次修订还增加了对近年来重要海上保险案例（包括指导案例和典型案例）的详细分析。本书本次修订（第五版）的有关法律、司法解释和水险条款截至 2023 年 3 月 31 日。

汪鹏南

2023 年 5 月 31 日

第四版前言

　　2016 年年初,大连海事大学出版社领导建议我修订本书,考虑到作为学术著作应该定期更新,我欣然同意。保险法在我国发展很快,2010 年本书第三版与读者见面以来,除《中华人民共和国保险法》第 82 条和第 85 条在 2014 年 8 月 31 日有修改外,考虑本书修订主要表现在司法实践和案例的发展方面,包括最高人民法院 2013 年对保险法的司法解释(二)、2015 年对保险法的司法解释(三)(虽然主要集中在人身保险)、最高人民法院有关海上保险和财产保险的判例,以及广东省高级人民法院和山东省高级人民法院等高院关于审理保险合同纠纷案件的指导意见等。近年来出现的一些高水平的专业网站和微信公众号,使得对保险判决的收集和总结变得非常便利,扩大了我的视野,我也希望与大家分享这些网站和公众号的优秀研究成果。我还有幸读到一些很有营养的书和文章,联想到自己也写书,那我的书是有营养的,还是在"毁人不倦"? 心中有些惶恐。所以这次修订本书,我是从一个读者的角度出发,力求内容有营养,否则就干脆删除,故案例方面就有比较多的调整。此外,鉴于责任险在我国发展很快,而且前途光明,本次修订也增加了海上责任保险的内容。本书本次修订(第四版)的有关法律、司法解释和水险条款截至 2016 年 12 月 31 日。

汪鹏南

2016 年 12 月 31 日

第三版前言

本书本次修订是应过去 8 年来(特别是在 2009 年)《中华人民共和国保险法》和中外水险条款所发生的一系列重大变化,兹列其要者如下:

第一,我国对《保险法》在 2009 年进行了第 2 次全面修订,并于 2009 年 10 月 1 日正式实施。最高人民法院还于 2009 年 9 月 14 日出台了对新《保险法》的第一个司法解释;

第二,配合 2009 年《保险法》,人保向保监会报备了 151 个水险条款(包括在国内使用的英国 Institute Cargo Clause ABC 1/1/82 等),并对其中许多国内条款进行了修改和完善;

第三,最高人民法院于 2006 年 11 月 13 日公布了对海上保险法的司法解释;

第四,英国对"国际船舶保险条款"(IHC)在 2003 年 11 月 1 日(本书第 2 版出版后不到 1 年的时间)进行了修订;对 1982 年英国协会货物保险 ABC 条款在 2009 年 1 月 1 日也进行了改版,尽管实质性修改不多,但也有些市场(如新加坡)仍采用 1982 版。对英国水险条款的变化,在作者与杨良宜先生合著的《英国海上保险条款详论》(第 2 版)中有详细的评述,本书仅简要予以介绍。

本书第三版本应在 2010 年初出版,对延后近 1 年才完成修订给读者(特别是学生)所带来的不便,本人深表歉意。对大连海事大学出版社的一贯支持,本人再次表示衷心的感谢。同时感谢人保总公司和中船保提供最新的资料。

本书本次修订(第三版)的有关法律、司法解释和水险条款截至 2010 年 12 月 31 日。

汪鹏南

2010 年 12 月 31 日

于大连

第二版前言

自本书 1996 年出版以来,有关海上保险的诉讼及仲裁案件又出现了不少,在诸多朋友的大力支持下,我通过多种途径收集到一些新的案例;在中国海商法协会海上保险法律委员会的主导下,相关学术研讨亦很活跃,这些都为我提供了宝贵的新材料。《中华人民共和国合同法》和《中华人民共和国海事诉讼特别程序法》这两部新法律对海上保险法的影响很大,必须反映在本书中;《中华人民共和国保险法》亦刚刚完成了修改,其中保险业法律的变化还比较大。原版中的错误最是应该予以改正的。国内沿海内河船舶保险条款早已做了修订,中国船东互保协会保险条款不断有修改;而伦敦水险市场于 2002 年 11 月 1 日正式使用国际船舶保险条款。以上几条,是我修订此书的主要原因。为教学方便,此次在修订版中增加了中英目前常用的保险条款作为附录。

有关法律及资料的修订截至 2003 年 1 月 20 日。

汪鹏南

2003 年 1 月 20 日

于大连

第一版前言

独立完成一部专著并能获得读者的认同,是我的一大奢求。迈过而立之年,这本《海上保险合同法详论》终于脱稿,但能否得到读者认同,我却没有足够的信心。我最清楚她是一个早产儿,不断地有虚荣心和教材方面的压力为我催生,因此书中肯定有不少错误的观点和流于肤浅的论述,只能在本书再版时根据读者的批评予以修正。

本书分六章,一、三、六章比较单薄,二、四、五章也有调研材料不足之嫌。本书未设附录,将另编辑一本《海上保险资料选编》。

海上保险合同法,在我国初步形成一个体系只不过是近几年的事,有关的审判实践也很少,而保险业迅速膨胀的市场和自由竞争的格局,将对保险法和保险条款给予越来越多的关注。

一些在国内尚不发达但在国际上越来越重要的海上保险领域,如船舶建造保险、海洋开发保险、集装箱保险、联运责任保险、运费及其他船舶附加价值保险和拖带保险等,本书未做专题论述,也只能留待日后来做。

恩师司玉琢教授一直给予我很大的帮助和鼓励,并为本书作序,嘉勉实为鞭策,学生谨记在心。

中国人民保险公司、中国太平洋财产保险股份有限公司、其他保险公司、船务公司和海事法院系统的诸位前辈和朋友,为本书写作提供了大量实务材料和咨询意见,在此一并表示由衷的谢忱。

汪鹏南

1996 年 4 月 24 日

于大连海事大学

序

　　喜闻鹏南近日已完成《海上保险合同法详论》的书稿,当他将文稿送到案头请我作序时,我却囿于公务而未能一一细阅。浏览之后,我觉得这本书在探讨海上保险合同法时能较好地结合实务,并反映出最新的保险立法,因此,颇有学术价值。

　　鹏南既有一定航海经验,又通过在人保实习和协助国内外保险人处理海上保险理赔及追偿法律问题,熟谙海上保险实务。1995 年他协助杨良宜先生完成《英国海上保险条款详论》一书,对中外主要海上保险条款有了更进一步的认识。无疑,这些对他都是很有帮助的准备工作,故他能在教学之余,完成 30 余万字的书稿。

　　对年轻人不宜有太多溢美之词。我就以这几行字将这本书推荐给对海上保险感兴趣的同志们和朋友们,也希望鹏南在这个新的起点上对海上保险法有更多的研究和见解,为我国保险事业的发展做出自己的贡献。

司玉琢

1996 年 5 月 10 日

目录

I

第一章 绪 论

本章是对保险、保险法和海上保险合同法的总体论述,包括保险、风险、危险和风险管理的基本概念;保险学及保险法学;保险合同与再保险;保险的历史发展及国际保险市场;保险业经营管理及保险业法;海上保险合同的法律性质和法律形式;海上保险合同的法律特征和基本原则。

▌第一节▌ 保险与风险管理

一、保险、风险及危险

什么是保险?要回答这个问题,宜从探求保险存在的必要性着手。日常生活和经济活动的经验告诉我们,虽然人们采取了各种预防人身意外或经济损失的措施,但仍会因为自然灾害、人为事故或其他原因而导致各种财产损失、损害,或人身伤亡,而发生各种经济困难,或生产与营业不能恢复,或无法就医,或失去生活来源,等等。为了补偿自然灾害或意外事故所造成的经济损失,或克服因人身伤亡引起的经济困难,保障社会再生产的正常进行和人们生活的稳定,必须从剩余产品中提留一部分物资和/或资金作为后备基金。此种后备基金,便是广义上的保险基金。在这个广泛的意义上,保险是指在财富上留有后备。

后备基金的建立,是以存在剩余产品为前提的,即只有在社会生产力发展到一定水平才有可能。从后备基金的建立方式或者说表现形式来看,早期的后备基金有两种:一是个人、家庭或各经济单位自留的钱财;二是集体或国家在财政预算中提留的物资和/或资金。这两种后备基金,在今天的社会和经济生活中仍然存在,而且必不可少。但这两种自我补偿的后备基金,一方面需要积累相当长的时间,才能够有足够的规模,以应付大的灾难;而且随着社会化大生产的发展,以及巨大人为灾难的集中,自我积累的速度常常赶不上意外经济损失可能的规模。显然,单凭这两种自我积累的后备基金,无法使个人、家庭和经济单位获得经济生活的稳定。另一方面,人身伤亡或经济损失发生的不确定性和偶然性,又会浪费某些人、家庭或经济单位积累的大量后备基金。后备基金不足和后备基金过剩是这两种后备基金形式无法克服的矛盾。

社会需要一种新的后备基金形式,同时解决后备基金不足和后备基金过剩的问题,这便是由众人或数个经济单位共同出资所建立起来的狭义的保险基金,由这种狭义的保险基金来补偿共同出资人所遭遇的经济损失或克服其经济困难。这种制度便是本书所指的保险。此种保险基金,既可以是由共同出资人自己负责筹集和管理——即所谓相互保险,最典型的如海上保险中的船东保赔保险,也可以是由专门经营这种事业的人或经济单位来负责组成——即所谓专业保险人的保险,它最为多见,各种商业性保险公司(如中国人民财产保险股份有限公司①、劳合社等)和人寿保险公司就专门经营保险业务。

综上所述,如果给本书所指狭义上的保险下一个定义的话,"保险"(Insurance)是指用多数人或经济单位共同交纳的费用建立起来的基金,对该多数人或经济单位因一定的自然灾害或意外事故等原因造成的经济损失给予补偿,或在其发生人身伤亡、丧失工作能力或失去工作机会等情况时给付一定金额的制度。

简言之,保险是一种共同分担不确定的经济损失或共同克服不确定的经济困难的经济制度。共同分担不确定的经济损失的,为"财产保险"(Property and Casualty Insurance);共同克服个人不确定的疾病、人身伤亡引起的经济困难的,为"人身保险"(Personal Insurance)。"海上保险"(Marine Insurance)是财产保险的一种,本书此后内容一般只限于讨论财产保险。

人们从主观上来看客观上存在的由自然灾害或意外事故等原因对财产造成的不确定的经济损失,即为"风险"(Risk)。在这个意义上,风险就意味着只有损失的机会,没有获利的机会,故又称"纯粹风险"(Pure Risk);应该注意的是,对于投机风险,例如,由于经济单位经营不善或政策、法规变化等原因引起的商业亏损,目前还不是保险意图填补的损失。

保险所承保的风险,除了必须是纯粹风险外,还必须是有发生重大损失的可能性,并存在大量的同类风险。此外,风险当然还必须是意外的和偶然的,对于一定会发生的损失,如自然损耗以及参加保险的人故意造成的损失,保险人不予负责。

在引入风险这一概念后,可以将保险表述为集中与分散风险的制度。为了建立保险基金,必须先将多数人或经济单位的同类风险予以集中,但正因为风险的不确定的特性(集中起来的风险并不需要其后备基金为单独的风险所需的后备基

---

① 经过一系列的改组、重组和更名,1949 年 10 月 1 日成立的中国人民保险公司的财产保险业务,被 2003 年 7 月设立的中国人民财产保险股份有限公司所继承。本书下文将原中国人民保险公司和中国人民财产保险股份有限公司均简称为"人保财险"。原中国人民保险公司或中国人民财产保险股份有限公司的各分支公司,无论何时设立,均简称为"××人保"。例如:中国人民财产保险股份有限公司辽宁省分公司,简称为"辽宁人保"。

金的总和),保险后备基金远远低于后者,因而其经济效益要远远高于自我补偿性质的前两类后备基金;正是从这个意义上可以看出,集中风险的同时,当集中达到一定的程度时,就能有效分散风险,使参加保险的人或经济单位,只要拨出金额相对少得多的后备资金,就能获得充分的保险保障,即使遭遇重大损失,亦能通过保险赔偿而迅速恢复生产。显然,参加建立同一保险基金的人或经济单位越多,风险越集中,保险基金就越稳定,风险就越分散。风险分散是保险的基本原理。

在人们的日常生活中,经常用到"危险"(Danger)这个概念,一般的含义是指有遭到损害或失败的可能,其反义词是"安全"(Safety)。但在保险中,危险有两种含义:一是与上文所讲的"风险"(Risk)同义,指自然灾害或意外事故等对财产造成的不确定的经济损失;二是指对财产造成不确定的经济损失的自然灾害或意外事故等,如船舶碰撞危险、渗漏危险、爆炸危险和船员疏忽危险等。保险后备基金一般只用于补偿一定的危险造成的财产损失,并非对任何危险所致的财产损失负责,从而常常需要确定损失发生的原因——实际发生的危险,是否构成所谓的"保险事故"(Perils Insured Against)。

二、保险的分类

分类是研究概念的一种方法。随着社会和经济的发展,保险业务领域不断扩大,已形成一个复杂的体系。保险学的任务之一是对保险进行分类比较,以加深人们对保险的认识,加强对保险业的管理,正确适用有关的法律,促进保险业的健康发展。

从不同的标准(角度),可对保险做不同的分类,常见的分类如下所述。

1.按照保险对象划分

按照保险对象(保险法中称之为保险标的)分,保险可分为财产保险和人身保险。这是对保险所做的最基本的分类。这一分类的重要意义之一是,有关当事人之间法律关系和业务经营的法律和原则,有很大的不同。例如,同一个保险公司不得同时兼营这两种保险业务,但短期健康险和意外伤害险例外。① 再如,赔偿原则不适用于人身保险。

财产保险是以各种有形财产及有关利益、责任和信用为保险对象;而人身保险则是以人的生命和身体为保险对象。人的生命、身体是无价的,故人身保险不能是损失赔偿性质的保险,而是给付一定金额的保险。

财产保险,从保险对象的角度看,又可细分为狭义的财产保险(又称财产损害保险或产物保险)、责任保险、信用保险和保证保险等。狭义的财产保险以各种有

---

① 《中华人民共和国保险法》(以下简称《保险法》)第95条第二款。

形财产及有关利益为保险对象,责任保险以民事损害赔偿责任为保险对象;而信用保险或保证保险的保险对象是债务人清偿债务的能力(债权人办理保险时一般为信用保险,债务人办理保险时一般为保证保险)。

海上保险属于广义的财产保险,包括海上责任保险和海上财产保险。它之所以能在财产保险中占有一个相对独立的地位,一方面是因为海上保险的历史最为悠久,是一切现代保险的鼻祖;另一方面是因为海上财产、海上危险和海事责任有其特殊性,海上保险中有许多独特的制度和做法,其法律适用也不尽相同。此外,海上保险的国际性很强。从这个意义上讲,有必要将财产保险分为海上保险(水险)和非海上保险。

依然按照保险对象这个分类标准,可以说海上保险包括船舶保险、海上货物运输保险、船东及租船人责任保险(保赔保险是其主要形式)和租金损失保险等。

另一基本险种——人身保险,可进一步分为人寿保险、健康保险和(意外)伤害保险。人寿保险仅以人的生命为保险对象,有生存保险(年金保险)、死亡保险和生死两全保险(养老保险)之别。对人身保险本书不做过多介绍。

2.按照保险的实施形式划分

按照保险的实施形式分,保险可分为自愿保险和法定保险(强制保险)。法定保险的主要特点是,保险法律关系依法自动发生,不论双方当事人是否愿意,是否履行有关手续或义务;而且对保险责任和除外责任有统一的规定,双方当事人不得任意变更。目前,我国实施的法定保险很少,主要有机动车辆第三者责任保险(简称"交强险")和最近实施的船舶油污责任保险、安全生产责任险、固废污染责任险等。绝大多数保险为自愿保险。

3.按照保险的危险转移方式划分

按照保险的危险转移方式分,保险可分为"原(始)保险"(Original Insurance)或称"直接保险"(Direct Insurance)与"再保险"(Reinsurance)。再保险是指保险人将其承担的保险业务,部分转移给其他保险人的经营行为。再保险具有进一步分散风险的作用,为现代保险公司必不可少的经营技术之一。通过办理再保险,保险公司可以扩大其承保能力,增加业务量,控制损失额度,稳定业务经营,降低营运费用,增加运用资金,增强与国际保险市场的融合和引进先进的保险技术等。

4.按照保险有无涉外因素划分

按照保险有无涉外因素分,保险可分为涉外保险和国内保险。涉外保险是对具有涉外因素的各种保险业务的总称,既有财产保险,又有人身保险。目前,国内以中国人民财产保险股份有限公司为主的几家全国性保险公司,常单设国际保险部,经营涉外保险业务。对同一类财产,其涉外保险条款与国内保险条款可能有很大的不同,例如,人保财险的船舶保险条款,将船舶保险区分为船舶保险条款与沿海及内河船舶保险条款。渔船保险也同样分为两类。此外,涉外保险,可能适用国外的保险条款和外国法,即使使用我国条款,也可能有国际保险惯例的适用。

三、保险的职能和作用

保险的固有职能,是通过由参加同一保险的多数人或经济单位来共同分担其中少数人或经济单位的经济损失或经济困难,来达到对该少数人或经济单位进行经济补偿或给付一定金额的目的,从而能够起到保障社会再生产的正常进行和稳定人们生活的基本作用。

个人或经济单位参加保险,将一部分消费基金转变为积累基金,从而起到调节市场和消费的作用。通过保险积累的保险基金,具有来源广泛、不断增大、使用规范等显著特点,并派生出重要的投资职能,起到信贷资金的作用,还可以通过投资,进一步扩大保险基金。保险业已成为现代金融业的重要组成部分。

保险的另一个重要的派生职能是防损防灾。保险经营人是经营风险的特殊企业,为了减轻自身风险负担,需要将防损防灾看成是自己的重要任务之一,通过对保险对象的安全检查监督,拨付专用的防损防灾基金,免费或优惠提供防损防灾技术服务和区别收取"保险费"(Premium)等措施,来努力消除各种隐患,减少和防止灾害事故发生。

对于风险集中的行业,如国际贸易和国际航运,保险变得必不可少或已成为习惯做法。保险这种第三产业是发展国际贸易和国际航运业必要的支撑服务行业;同时本国保险业还具有节省外汇支出、创造外汇收入、提高本国国际支付能力等作用。

由此可见,保险是利国利民的事业。

四、保险学和保险法学

保险学是以保险为研究对象的理论体系,是随着保险事业的发展而逐渐建立起来的,同时保险学的完善又进一步促进了保险事业的发展。保险法学是以保险法为研究对象的理论体系,是融保险学和法学为一体的一个交叉学科,目前在我国也已形成一个相对独立的完整的理论体系。

保险学是一门综合性的科学,主要包括:保险的技术理论(主要是概率论和大数法则在保险业务中的运用——保险数学);保险的经济理论(主要是保险基金理论和保险在宏观、微观经济生活中的作用——保险经济学);保险的社会理论(主要是保险在社会福利和社会保障方面的运用——社会保险学);保险的法学理论(主要研究法律对保险合同关系和保险业经营的规范——保险法学);保险的经营理论(侧重于保险组织内部的经营管理及与外部的联系——保险管理学)和保险的历史理论(以保险本身的发展过程和规律为考察对象——保险史学)。

从不同的角度来揭示保险的内涵和外延,就形成不同的保险学说,这极大地丰富了保险思想。例如,损失分担学说,从经济学角度,阐明保险是一种经济补偿制度,指出保险是参加保险的多数人或经济单位之间的相互关系;损失赔偿学说,从法学角度,将保险解释为一种损失赔偿合同[①];而危险转嫁学说,则是站在宏观经济的角度,揭示出保险是资本集中的社会性计划。再如,保险技术学说,从危险费用的技术处理的角度,强调保险的数理基础,即把处于同等机会可能发生的同类危险中的多数人或经济单位集中起来,测出事故的发生率(概率),并以此作为计算收取应分担的保险费的基础,而保险就是根据偶然事件发生的概率计算保险费,在偶然事件发生时支付保险赔偿。我们把这些学说综合起来,就能获得对保险的一个较全面的认识。本书是从法律的角度,详细评述各种常见的海上保险合同(条款)。

五、风险管理

风险管理是保险学和企业管理学的一个边缘科学,作为一个相对完整的理论体系被提出来,还是第二次世界大战后的事情,其历史并不长,但发展得很快,研究范畴不断扩大,所涉及的风险,不限于纯粹风险,还包括投机风险。

风险管理同其他管理一样,其基本内容由管理目标、操作原则和程序三部分组成。风险管理寻求在科学分析和预测风险的基础上,定量地制定出最佳的安全保障措施和财务处理方案。风险管理的方法有控制型和财务型两大类。控制型风险管理是指采取措施避免或转移风险;财务型风险管理具体有会计平衡处理、获得担保和公司资本股份化等方式。

保险与风险管理的关系十分密切。保险是转移纯粹风险的主要方法,而保险公司本身也有一个风险管理问题。保险公司可利用其风险集中、风险资料丰富的优势,在避免和减少风险方面发挥更大的作用。

第二节 保险合同与再保险

一、保险合同的一般概念

现代形式的保险,是通过合同来约定的。保险合同(Insurance Contract)是双方当事人就保险权利义务关系达成的协议。[②] 保险合同的双方当事人,是保险人

---

①《保险法》第 2 条。
②《保险法》第 10 条。

(Insurer)与投保人(Insured)或被保险人(Assured)。保险合同关系,从义务角度讲,包括保险人按约定向被保险人支付保险赔偿或给付的义务,和投保人按约定向保险人支付"保险费"(Premium)的义务。

保险费的约定,通常是用约定的保险费率乘以投保人向保险人投保的"保险金额"(Insured Amount)。

保险赔偿或给付的约定,又称"承保范围"(Cover),同时包括对保险对象所遭受的损失种类的约定和损失原因(即危险)的约定。在保险法中,保险对象用"保险标的"(Subject-matter Insured)这个术语来表达。[①]

被保险人和投保人可能不是同一个人。例如在人寿保险中,被保险人可能是"保险受益人"(Beneficiary),只享有保险赔偿请求权,而无支付保险费的义务。在财产保险中,投保人常常就是被保险人。

保险合同的订立过程一般为:(1)投保人向保险人提出保险申请,填写"投保单"(Application);(2)保险人核定是否接受承保,以及保险费率和其他条件;(3)保险人向投保人提出保险费率和其他条件;(4)双方协商一致达成协议;(5)投保人按约定交纳保险费;(6)保险人向投保人签发"保险单"(Policy)或其他"保险凭证"(Insurance Certificate)和保险费收据。

保险合同在双方协商一致达成协议时成立,[②]按《中华人民共和国民法典》(以下简称《民法典》)第 469 条,对于保险合同,无书面形式要件方面的要求。

保险单是保险合同的正式凭证,此外尚有其他证明保险合同的"保险凭证"。在保险单或其他保险凭证背面或另纸,有保险人事先拟就并公开的标准保险合同条款,一般简称保险条款,与保险单或其他保险凭证一起构成保险合同的内容。

保险合同中须约定对保险标的保险人承担保险责任的开始时间和结束时间,即所谓"保险期间"(Duration of Insurance)。保险合同成立的时间,常先于保险责任开始的时间。

在保险合同法律关系中,除双方当事人外,还可能涉及其他关系人,如保险代理人(Insurance Agent)、保险经纪人(Insurance Broker)、保险公估人(Insurance Surveyor)和海损理算人(Average Adjuster)等。保险代理人是保险人的代理人,在约定授权范围内以保险人的名义代为展业、签发保险单,代为安排检验或代为确定赔款等。[③] 保险经纪人,是代投保人向保险人办理保险,并依法获取佣金的中间人。[④] 传统上,保险经纪人从保险人处收取佣金,而显著区别于《中华人民共和

---

① 《保险法》第 12 条。
② 《保险法》第 13 条。
③ 《保险法》第 117 条。
④ 《保险法》第 118 条。

国民法典》中介合同的有关法律规定,故建议保险经纪人事先与保险人明确约定由保险人支付其佣金。保险公估人,是对保险标的发生的损失进行检验,确定其性质、损失范围和损失原因的有资格的专业检验人。设立保险代理人、保险经纪人、保险公估人,皆须经中国银行保险监督管理委员会(以下简称银保监会。2023年5月28日,中国国家金融监督管理总局成立,银保监会被撤销。)审批。海损理算人,主要出现在海上保险实务中,其任务是对保险标的的损失额及性质进行核定并负责出具报告,其另一项重要服务是进行共同海损理算。

二、再保险

再保险(Reinsurance)是指保险人将其承保的风险的一部分作为保险对象,转向其他保险人投保的行为,亦是通过再保险合同来实现的。在实务中,再保险又被称作"分保"(Cession)。再保险是保险企业稳定经营和扩大承保能力的有效方式,也是危险分散原则的要求,因此,可以说现代保险经营管理离不开再保险。再保险发展到今天,已具有广泛的国际性,可以说世界上发生的任何大灾害的赔款,都是由不同国家的数家保险企业共同承担的。例如,1951年2月,"海后"船被劫持,货物损失107万英镑,由于中国人民保险公司办理了分保,从伦敦再保险人处得到80万英镑的赔款。再如,1994年,中国太平洋保险有限公司承保的澳星二号卫星发射失败,保险赔偿额达数亿美元之巨,但由于安排了再保险,中国太平洋保险有限公司仅需支付几百万美元。国际再保险活动,涉及国家外汇的巨大收支关系,故各国政府普遍重视。

我国保险法学界倾向于认为再保险是一种责任保险,其保险对象是对原保险人的保险赔偿或给付责任。在法律关系上,再保险与原保险是相互独立的,原保险的被保险人不得享受再保险的利益。

再保险发展到今天,已形成了各种不同的方式,以适应不同的需要。再保险的基本分类有两种:一是根据再保险安排的基础,将再保险分为临时再保险、合约再保险(或称固定再保险)、预约再保险或分为自愿再保险和强制再保险;二是根据是否以保险金额计算分保比例,将再保险分为比例再保险和非比例再保险。

再保险的最初形态是临时再保险,即原始保险人根据其业务经营需要,逐笔与再保险公司达成再保险交易。现在它一般只用于业务量较少的巨灾业务或新办业务,或作为其他再保险方式的补充。

合约再保险是指采用不定期的长期合同的方式来安排的再保险,"再保险分出人"(原保险人,Cedant)和"再保险接受人"(简称再保险人,Reinsurer)对合同规定的业务分别有分出和接受的义务。最早的合约再保险出现在1821年,现在已是再保险安排的主要方式。

预约再保险,又称"临时固定再保险",其特点是对在合同范围内的业务,分出人有权选择是否分出,而再保险人必须接受分出人分出的业务,在海上保险等少数业务的再保险安排中可能采用。

强制再保险是指依法必须向国家再保险公司或指定的再保险公司进行的再保险。1995年《保险法》第102条和第103条规定,除人寿保险业务外,保险公司应当将其承保的每笔保险业务的20%按照国家有关规定办理再保险,而且分出业务应当优先向我国境内的保险公司办理,以达到保障保险公司的赔偿能力、控制本国外汇流出和扶持本国保险企业发展等目的。我国加入WTO后,于2002年修订了1995年《保险法》,删去了每笔非寿险业务须按20%法定分保的规定,仅原则性地规定按保监会有关规定办理再保险。2009年修订后的《保险法》明确规定了保险公司必须办理再保险的具体要求,以保证保险公司的赔付能力。[①]

比例再保险,指原保险人按保险金额的一定比例向再保险人进行分保,其再保险金额、再保险费和损失的摊付均按相应的比例计算。比例再保险包括成数再保险、溢额再保险和成数溢额再保险。在成数再保险中,不论原保险人承保的每一危险单位保险金额是多少,只要没有超过最高限额,双方皆按约定的比例承担责任,原保险人与再保险人的利害是一致的;而在溢额再保险中,原保险人分别确定每一危险单位中由自己承保的部分(称为"自留额"Retention),将超过自留额的余额(溢额),根据约定的比例分给接受公司,对原保险人更有利,常用于海上货物运输的再保险。在溢额再保险中,再保险合同的限额用"线"(Line)来表示,若定为10线,则为自留额的10倍。成数溢额再保险将成数再保险合同的责任限额作为溢额分保的自留额,并以成数再保险合同的若干倍数(线数)组成溢额分保的最高责任限额。按这种方式分保,再保险人同时接受成数分保和溢额分保,使双方利益趋于平衡。比例再保险常用于互换分保业务。

非比例再保险,是指规定原保险人自己承担的赔偿限度(称为"自留损失"Deductible),对超过这一限度的赔款,由再保险人承担。在非比例再保险中,双方发生的赔款之间无比例关系,分保保险费率与原保险费率完全独立。非比例再保险,包括(同一事件)超额赔款再保险、(年度)赔款率超赔再保险、(巨灾)事故超赔再保险、(定期)积累超额赔款再保险、(每一)险位超赔再保险和分级超额赔款再保险("卡本特方式")等,大都是20世纪发明的。非比例再保险,用于避免某一时期集中赔付巨大保险金引起的困境。

当然,接受分入的再保险人,可将其承保的风险,再分出给其他保险人,理论上转分的次数是没有限制的。但由于手续费的负担,一般只有专业再保险公司才少量转分其承担的风险。

[①]《保险法》第102条至第105条。

对任何保险公司来说,都有再保险业务问题,对再保险业务的经营,一般通过制定"再保险规划"(Reinsurance Plan)来实现。再保险规划主要包括对再保险分出人/分入人的选择、再保险方式或再保险组合方式的安排等,专业性很强。

第三节 保险的历史发展与国际保险市场

一、保险的起源

关于保险的起源,众说纷纭,莫衷一是。从提供经济补偿或帮助这个保险的最基本意义上讲,在古代文明发达的各个国家和地区,都存在保险制度。例如,我国古代的荒政思想和仓储制度,古代幼发拉底河沿岸(古巴比伦王国)的"冒险借贷"(Foenus Nauticum)行为,古埃及的互助基金制度和古罗马的拉奴维姆丧葬互助会等。

最早出现在古希腊法律,后被编入"罗德海法"(Rhodian Law)中的"共同海损"(General Average)制度,包含着共同分担损失的思想,而与保险制度相近。但二者毕竟是不同的制度。在现代海商法中,二者的关系仍很密切,据统计,共同海损分摊的90%以上是通过海上保险来得到补偿的。[1]

一般认为,海上保险是现代意义保险制度的鼻祖,但对海上保险的起源,至今仍无确切的考证,西方学者一般比较重视公元前7世纪古希腊人发明并开始在地中海一带流行的"海上冒险借贷"制度,意大利语称为"Commenda",以船舶作为抵押物时称Bottomry,以货物作为抵押物时称Respondia。这实际上是古巴比伦时代的冒险借贷制度的变种,二者的区别:在古巴比伦冒险借贷制度中,如果冒险失败,借款人对本息皆不负责;但在地中海的海上冒险借贷制度中,即使冒险失败,借款人亦要支付高额利息,只是无须支付本金。在中世纪的意大利,海上冒险借贷十分流行。公元1230年罗马教皇下令取缔高利贷,海上冒险借贷就以"假借贷"(Mutunm Gratiset Amore)的形式出现,即在借款合同中,借款人以贷款人的名义出现,而且高额利息已先付给贷款人,并不出现在合同之中。如果船舶和货物安全抵达目的地,资本所有人不再偿还借款;反之,如果冒险失败,资本所有人就要偿还名义上的借款,如此来规避法律。在假借贷制度中,真正的借款人事先支付的利息相当于保险费,而资本所有人偿还的借款相当于保险赔偿金,这具有现代海上保险的味道。[2]

例如,1347年10月23日,意大利热那亚的贷款者乔治·勒克维伦,向即将出

---

[1] UNCTAD, The Place of General Average in Marine Insurance Today, 8 March 1994, p.7.
[2] 桂裕.海商法新论.台北:正中书局,1990,p.72.

海驶向马乔卡的"圣·克勒拉"号船商签发的借款单上写有:"乔治·勒克维伦向'圣·克勒拉'号船东借了一笔钱,船舶在安全抵达马乔卡前,他必须承担风险并负责还款;如果船舶在 6 个月内安全抵达马乔卡,借款合同即告失效。"至于利息,实际上在出海前,船东就付给了乔治·勒克维伦,但在借款单中没有出现。

二、世界上最早的保险单

世界上最早的保险单是海上保险单,但最早的海上保险单何时出现尚无确证。据已发现的资料,最早的保险单,是 1384 年 1 月 15 日签发的承保从法国南部阿尔兹到意大利比萨(Pisa)运送货物的保险单,其中明确写明了承保内容,一般将其作为现代海上保险制度诞生的标志。

到公元 14 世纪末,意大利的海上保险业已很发达。莎士比亚的名著《威尼斯商人》中就描写了当时的海上保险及其种类。第一家海上保险公司出现在 1424 年的热那亚。1435 年《巴塞罗那法典》中,订立了关于法院如何保证保险单实施及防止欺诈的法律规定,被认为是最早的海上保险立法。

14 世纪后,随着海上贸易中心的转移,现代海上保险也从意大利经葡萄牙、西班牙传到荷兰。16 世纪,善于经商的意大利伦巴第商人移居英国伦敦,播下了英国海上保险业发展的种子。

三、英国的海上保险历史

从 1554 年起,英国商人从玛丽一世女王那里得到特许,开始组织贸易公司垄断经营英国海外某一地区的贸易,使英国的外贸逐渐摆脱了意大利伦巴第商人和汉萨同盟的控制,同时推动了英国海上保险业的发展。1568 年 12 月 22 日,第一家"皇家交易所"(Royal Exchange)——伦敦安特卫普交易所在伦敦设立;1574 年,伊丽莎白一世女王特许在皇家交易所内设立保险商会,办理所有保险单的登记,并参照 1563 年安特卫普法令制定标准保险单和保险条款,并统一了保险费率。可见英国的早期海上保险,主要是借鉴欧洲大陆的法律和做法。

保险经纪人在英国海上保险的创始阶段就扮演着重要角色,因为商人要投保,就要分头寻找承保商人,特别是外国的商人要办理保险时,这很麻烦,于是保险经纪人应运而生。

1601 年,英国颁布了其第一部海上保险法《涉及保险单的立法》,该法阐明海上保险比其他补偿方法优越,并规定在保险商会内设立仲裁庭解决海上保险合同纠纷。从此,英国的海上保险业步入相对稳定的 17 世纪。17 世纪英国完成了资产阶级革命,大规模的殖民掠夺和海上霸权的建立,使英国成为世界贸易、航海中心,为海上保险的发展创造了优越的条件。

约在 1688 年,爱德华·劳埃德在伦敦塔街开设了一家咖啡馆。劳埃德先生为吸引顾客，于1696年出版了一份单张小报《劳埃德新闻》，报道海运信息，从而使这家咖啡馆成为伦敦买卖海上保险的个体保险商集会的主要场所。1769年由托马斯·费尔廷新设的劳埃德咖啡馆于1771年迁入皇家交易所，从此闻名世界的专营海上保险的个体保险商组织"劳合社"（Lloyd's）诞生了。现在，劳合社作为一个财产保险市场，其业务范围早已不限于海上保险。其市场结构包括资本提供者（公司或个人）、辛迪加组织、管理代理组织和经纪人。

进入18世纪，伦敦已成为世界上最大的海上保险市场。经营海上保险业的，除个体保险商外，只限于1720年特许成立的英国皇家交易保险公司和伦敦保险公司。

1775—1783年的美国独立战争和1793—1815年的法国战争，不仅提高了海上保险的费率，而且把欧洲保险业务及越来越多的保险商吸引到相对安宁的英国，促进了19世纪英国海上保险业的蓬勃发展，毛利高达40％，伦敦成为世界海上保险业的中心。1824年，英国取消不许其他公司经营保险业的禁令，大量投资涌入英国海上保险市场，保险公司遍布英国全国。

1832年，英国出现船东发起组织的第一家相互船舶保险俱乐部（Hull Club）。1855年，世界上第一家保赔协会——布列塔尼亚船东保障协会正式在伦敦成立，被认为是船东互保协会的前身。

1906年，英国公布并实施了《1906年海上保险法》（Marine Insurance Act 1906，简称MIA 1906），并将劳合社制定的S.G.保险单（Lloyd's S.G. Policy）作为标准保险单。该法是对此前英国普通法的一个完整的总结，被世界各国视为海上保险法的范本。英国《2015年保险法》自2016年8月12日生效，对英国《1906年海上保险法》有重大修改。至今伦敦仍然是很重要的世界海上保险业的经营中心和海上保险的诉讼、仲裁中心。

四、其他保险的创立

英国和德国是现代保险业的摇篮。1536年，英国的马丁第一次尝试把海上保险业务扩展到人身保险。1583年，16位英国保险商共同签发了第一份人身保险单。1698年，英国首先创办了马莎斯人寿保险公司。1762年，伦敦公平人寿保险社第一次采用英国著名天文学家和数学家哈雷于1693年编制的第一份死亡表，计算和收取人寿保险金，使人身保险向现代科学迈出了第一步。

1591年，德国汉堡出现了互助友爱的"火灾基尔特"。1676年，德国出现了世界上最早的火灾保险合作社"汉堡火灾保险公司"。1680年，英国也创办了火灾保险所，此后不久还出现了火灾强制保险。

18世纪后，欧洲开始产业革命。18世纪末，工业保险出现，首先是蒸汽锅炉爆炸保险。1887 年,英国劳合社还创办了盗窃保险业务。19 世纪末,汽车保险(汽车火灾险和第三者责任险)和工程保险有了很大的发展。进入 20 世纪,更出现了航空保险、航天保险和核保险等新的保险业务。

19 世纪后半期,德国首相俾斯麦首倡通过社会立法来兴办社会保险。德国在 1883 年开办了强制疾病保险,在 1884 年开办了伤害保险,又于 1911 年创办死亡保险,一直走在社会保险发展的前列。在德国的影响下,欧洲诸国纷纷建立了社会保险制度。

再保险业务,开始于 19 世纪中叶。1852 年,德国科隆再保险公司成立,它是第一家独立的专营再保险业务的公司。但长期以来海上再保险业务的主要中心仍在伦敦。

19 世纪工业国家出台的一系列劳动法规和雇主责任法规等,使得责任保险在 20 世纪初有了长足发展。而以船东互保协会为代表的海上责任保险,在 19 世纪中叶就已出现。目前,责任保险的发展方兴未艾。

1820 年信用保险在英国就出现了,但一直业务量不大。真正大的发展时期是在 20 世纪的第二次世界大战发生以后,而且国营保险公司普遍参与经营,以促进本国产品的出口。

五、国际保险市场

国际保险市场,是各国保险市场在国际上的延伸,其结构和发展,取决于世界经济这个广阔的动态背景。

从不同的角度,可对国际保险市场做不同的分类。根据业务接受方式,国际保险市场可分为原保险市场、再保险市场和"自保市场"(Captive Market);在地理上,国际保险市场可分为英国市场、北美市场、欧洲大陆市场和发展中国家市场;根据业务性质,国际保险市场可分为寿险市场和非寿险市场。

衡量一国保险市场发育的程度,主要有 4 个指标,即保险深度(保险费总收入占国民生产总值的比例)、保险密度(人均保险费支出)、市场份额(保险费总收入占世界保险费总收入的比例),以及寿险保险费收入与非寿险保险费收入的比例。这些比例越高,表示其保险市场的发育程度越好。

国际保险市场的发展趋势是,国际银行资本与保险资本和技术的相互渗透和结合加强,西方国家保险市场上承保能力过剩,发展中国家保险市场谋求独立和发展,保险技术标准化和重视创新,责任保险、信用保证保险发展迅猛,并形成全面经济补偿保险。

六、我国保险业的发展历史和现状

中国古代保险思想的萌芽可上溯至先秦时代,其显著特征是具有完善的荒政思想和系统的仓储制度。积极预防的荒政思想表现为重农、仓储、水利和林垦。消极救济的荒政思想有赈济、调粟、养恤、除害、安辑、蠲缓、放贷和节约等措施。世界上最古老的社会保障思想也可能出现在我国，这就是我国古代的致仕养老制度。

现代形式的保险在我国出现是外国殖民主义势力侵入的结果。1805年，英国东印度公司在广州开设的谏当保险行（Canton Insurance Society），主要经营与英商贸易有关的运输保险业务，是在我国设立的第一家保险公司。1835年，英商宝顺洋行退出谏当保险行，与从1824年就兼营保险业务的华商张宝顺联合在澳门设立了于仁洋面保安行（Union Insurance Society of Canton），又称友宁保险行。

1842年，与龚自珍等被誉为"薇坦五名士"之一的湖南邵阳人魏源在其盖世之作50卷本《海国图志》中，首次向国人全面介绍了西方现代保险思想和实务，影响深远。魏源逝世后第8年，即1865年，第一家华商保险公司义和公司保险行在上海设立，只经营海上货物运输保险业务，标志着中国民族保险业的诞生。

1873年1月14日，轮船招商局正式开办后，即置得3艘旧船（"伊敦"号、"永清"号、"利运"号）和1艘新船"福星"号。外商为打击中国新生的民族航运业，对上述各船限投保白银6万两，且收取10%的苛刻保险费，迫使轮船招商局自办保险。轮船招商局自办保险的另一根导火线是1875年3月轮船招商局的首起海损事故，即其"福星"号船在黑水洋附近被怡和洋行的"澳顺"船撞沉，溺亡66人，损失漕米74余万石及其他物资。经上海道台和英领事会讯判定，应由"澳顺"船赔偿白银1.1万两。由于船主逃走，轮船招商局不仅未得到赔款，反而倒付抚恤费白银2.4万两，损失惨重。在这种情势下，轮船招商局于1875年12月28日在上海正式设立了"保险招商局"，经营船舶险和运输险，其后在日本、新加坡、菲律宾和越南的口岸设立了办事处，是规模较大的民族保险业。1877年年初，保险招商局扩充承保码头仓库和货物火险，并改名为"济和船栈保险局"。1878年，又扩办并改名为"济和水火险公司"。在保险招商局迅速发展的同时，1876年7月，由私人投资的"仁和水险公司"在上海成立，但其业务和账目亦由招商局办理。1886年2月，为抗拒1884年中法战争引起的金融危机，这两家保险公司合并为"仁济和水火保险公司"，一直营运到1934年10月。2016年招商局又发起成立仁和财险公司及寿险公司。

1904年，清政府设立修订法律馆，同年我国第一部独立的商法《钦定大清商律》颁布，一直使用到民国3年（1914年）。这是我国第一部带有保险内容的法律。1907年，徐锐拟就《保险业章程草案》上报清政府，但被束之高阁。

1907年，上海9家华商保险公司组成"华商火险公会"，与洋商"上海火险公会"抗衡。到 1918 年,全国已登记的保险公司达 56 家,民族保险业有了长足发展。

1929 年 12 月 30 日,国民政府同时颁布了《海商法》和《保险法》。《海商法》第八章对海上保险有较完备的规定,而《保险法》是我国第一部较为完整的保险法规。1937 年 1 月 11 日《保险法》经修订后重新公布,但未定施行日期。1935 年 7 月 5 日首次公布了《保险业法》,该法于 1937 年 1 月 11 日修订后再次公布;同时还公布了《保险业法施行法》,但因外商反对,并未付诸实施。国民政府还于 1935 年 5 月 10 日公布了《简易人寿保险法》,并于同年 9 月公布《简易人寿保险章程》。这些专门的保险法规的公布,标志着我国的保险立法体系的初步建立。

1924 年 7 月,我国第一本保险杂志《保险与储蓄》(旬刊)在上海创刊。1925 年,王致文编著的《保险学》由商务印书馆出版,这是中国人的第一部保险专著。1933 年,魏文翰编写的《海上保险法要论》问世。1935 年 8 月 3 日,中国保险学会成立,同年在上海还出版了《中国保险年鉴》。

1937 年 7 月 7 日,抗日战争全面爆发后,保险业中心从上海迁往重庆和香港。国民政府先后制定了《国民寿险章程》《公务人员团体寿险简章》《战时兵险法》《战时保险业管理办法施行细则》,并于 1944 年 4 月 13 日公布施行了《水险保险单基本条款》《火险保险单基本条款》和《人寿保险单基本条款》。

1945 年 8 月 15 日,日本无条件投降,日伪保险业被国民党政府接收。中央信托局保险部和太平洋保险公司等官僚资本保险机构完全垄断了保险市场。

在解放区,共产党领导的人民政府早在 20 世纪 20 年代就开始实行了劳动保险。东北地区解放较早,1948 年在哈尔滨成立了公私合营的保险公司。

中华人民共和国成立后不久,1949 年 10 月 20 日首家国有保险公司中国人民保险公司宣布在北京成立,主要业务为火灾保险和运输保险。新中国成立初期的另一项重要举措是对保险市场的整顿和改造,到 1957 年全面完成公私合营。到 1958 年,全国保险费总收入达 16 亿元人民币,当年付出各种赔款 4 亿元人民币,发展势头极佳。[①]

但是,1958 年 10 月,在西安召开的全国财贸会议上,认为人民公社成立后,保险工作的作用已经消失,于是做出国内保险业务立即停办的决定。1959 年 1 月,除上海和哈尔滨外,各地国内保险业务全部停办。1964 年,广州、天津等地恢复了国内保险业务。"文化大革命"开始后,1967 年 7 月,国内保险业务又全部停办。涉外保险业务也未能逃脱厄运,但 1969 年发生进口白金丢失事件,周恩来总理发现后,涉外保险业务才重新开办。

---

① 中国保险学会.中国近代保险史.北京:中国金融出版社,2022.

1979年11月,中国人民银行召开了全国保险工作会议,要求大力恢复和发展保险事业,我国保险业才得以恢复和迅速发展,每年业务增长达40%,涉外业务的年增长比例亦高达10%～30%。到1994年,全国保险费收入已达近600亿元人民币。我国的保险市场,特别是寿险市场,具有非常大的发展潜力。

1985年,国务院颁发了《保险企业管理暂行条例》,只要符合这项条例,即可设立新的保险公司。中国人民保险公司独步中国保险市场的局面不久宣告结束。

1986年,首先出现新疆生产建设兵团农牧业保险公司(现名为中华联合财产保险股份有限公司)。

1988年3月,平安保险公司成立,这是一家总部设于深圳的地方性保险公司。但其早已成为全国性保险集团公司,其寿险业务发展更为迅猛,现已发展成全球最大的保险集团。

1991年,中国太平洋保险公司从交通银行内分离出来,总部设于上海。这是继中国人民保险公司后第二家全国综合性保险公司。

至此,北京、上海、深圳均有保险公司总部驻扎,南北相对,各显神通,中国保险市场上竞争态势露出端倪。中国保险业从此开始进入新的活跃期。

1994年10月22日,天安保险股份有限公司在上海成立,这是一家股份制区域性财产保险公司。

1995年1月,大众保险股份有限公司又在上海成立,这也是一家区域性的非寿险公司。

对我国保险业冲击尤其大的是,关闭了40年之久的保险大门重新向世界开启。

1992年9月,美国友邦保险公司重返中国,在上海设分公司,1995年又在广州设分公司。

1993年5月,英国塞奇维克保险集团在华设立保险与风险管理咨询有限公司。

1994年9月,日本东京海上保险公司在上海设分公司。

1995年下半年,加拿大宏利人寿保险公司获准在上海组建合资人寿保险公司。

2001年,我国加入WTO后,更让全球保险人聚焦。外商独资和中外合资保险公司的数量不断增加,但目前的市场份额仍很小。到2022年年底,已分别有88家财产保险公司和92家人身保险公司,以及14家再保险公司(其中外资7家),保险法人机构总数达到244家,还包括保险集团、保险资管机构、互联网保险公司和互助保险社等业态,市场竞争格局已经形成。目前,我国是全球第二大保险市场,年总保险费占比超过10%的市场份额,仅次于美国(占比达40%);近年来保险深度(保险费占 GDP 的百分比)徘徊在 4%左右,低于全球平均水平(5.4%);保险密度(国民人均保险费)已经超过人民币 3 300 元,但只排在全球第 40 位。我国保险市场仍有很大的发展空间。①

第四节　保险经营管理与保险业法

一、保险经营管理

保险经营管理是指保险经营人(保险企业)目标的决定与实现机能。保险经营人目标的特点是,除与一般企业一样强调利润(经济效益目标)和市场份额(市场目标)外,更强调社会效益(社会贡献目标)。保险肩负着稳定社会经济和安定人们生活的社会责任,以及防损防灾、增强社会公共安全的社会职能,因此,保险经营人须有足够的赔偿能力、良好的信誉,并特别重视防损防灾。

为了实现这些特殊目标,除了国家通过经济和行政法规,对保险企业的开业、最低资本额、未到期责任准备金和最大赔偿责任范围等做出严格的规定和有效的监督外,保险经营管理须自觉遵循一定的特殊原则,如危险集中原则(大数法则)、危险分散原则和危险选择原则。保险企业通过集中足够多的危险,才能较准确地计算出损失概率和应收取的保险费用,使不确定的经济损失转变为相对确定的损失总额,从而符合给付与对待给付的平准原则,维持经营的稳定性,具有竞争力的保险费用和长期稳定的利润收入,即大数法则的合理要求。危险的分散,包括仅按比例或成数接受保险,而形成共保或要求参加保险的人或经济单位自保一部分和将其承担的风险,转向其他保险人办理保险,这就是再保险或称分保。通过分散风险,避免风险过于集中,超过保险经营人的赔偿能力。当风险过于集中且无法安排共保或分保,或同类风险的业务量太少,达不到大数法则的要求,或参加保险的人有明显的欺诈行为或道德风险时,保险经营人应拒绝接受保险。

企业信誉,对保险经营人来说尤为重要。要建立优良的企业信誉,一方面要求保险经营人有足够的"偿付能力"(Solvency),另一方面要求保险经营人愿意及时依约支付保险赔偿。企业信誉不良,就无法吸收到足够数量的和长期稳定的保险业务量,保险企业就无法生存和发展。因此,保险经营管理还应强调公共关系原则,运用各种媒介,加强双向信息交流,取得公众和社会的理解、信赖和支持。同时,社会和公众保险意识的增强,也为保险业提供了进一步的商业机会。

---

① 最新资讯请查阅中国保险行业协会网站 www.iachina.cn 和中国银行保险监督管理委员会官网 www.cbire.gov.cn。

对保险业的监管包括政府监管、行业自律和公司内部控制三个方面。1998年11月18日,中国保险监督管理委员会(CIRC:China Insurance Regulatory Commission)(简称"保监会")作为国务院保险监督管理机构正式成立。从人民银行保险司脱离出来后,对保险业的监管得到了加强。2018年保监会与银行监管机构合并为中国银行保险监督管理委员会。2000年11月16日,中国保险行业协会在北京成立,这标志着我国保险行业的自律在规范化方面又前进了一步。

二、保险业法

保险业法是保险法和公司法的共同分支法律部门,是指调整保险公司设立、组织、运营和交易关系的法律规范的总称。

保险业法的主要法律依据是 1995 年 6 月 30 日第十一届全国人民代表大会常务委员会第十四次会议通过,并于 1995 年 10 月 1 日实施的《中华人民共和国保险法》(以下简称《保险法》)和 1993 年 12 月 29 日第八届全国人民代表大会常务委员会第五次会议通过,并于 1994 年 7 月 1 日实施的《中华人民共和国公司法》(以下简称《公司法》)。迄今《保险法》已经过 4 次修正,最新的修正时间是 2015 年 4 月 24 日。《公司法》的最新修正时间是 2022 年 10 月 26 日。《保险法》可视为《公司法》的特别法,其特点是特别强调保护交易安全,保证保险公司经营稳定,保障保险公司交易相对人及社会公众利益不受侵害。因此,《保险法》对保险公司的设立形式和条件规定了更严格的要求,并专设"保险经营规则"(第四章)和"保险业的监督管理"(第六章),详细规定保险公司的经营管理应遵循的原则和保险监督管理机构对保险公司的经营管理的监督职权。所有的强制性规定,在其第七章"法律责任"中用具体的罚则(经济罚款和其他行政处分措施)来予以加强。

《保险法》第一章"总则"特别强调:从事保险活动必须遵循诚实信用原则(第5条);商业保险业务只能由依照本法设立的保险公司经营(第6条);我国境内法人或其他组织办理的境内保险,应当向我国境内设立的保险公司投保(第7条)。

《保险法》第三章"保险公司"特别规定:

(1)设立保险公司,保险公司在境内外设立分支机构或代表机构,保险公司变更名称、注册资本、营业场所、业务范围、分立或合并、修改章程、调整 5% 以上的股权等,以及解散或破产,皆须经过国务院保险监督管理机构批准(第 67 条至第 84条)。

(2)保险公司应当聘用专业人员、建立精算报告制度和合规报告制度(第85条)。

(3)保险公司的报表、偿付能力报告、合规报告、审计和评级等皆在监管之列(第 86 条至第 88 条)。

（4）人寿保险合同不因保险公司撤销或破产而终止，应由其他人寿保险公司协议或指定接受（第92条），但其他保险合同的被保险人则不享受此种法律保护（第91条）。

对保险公司的组织机构和股份发行等，《保险法》无特别规定，应适用《公司法》等法规的规定。

《保险法》第四章"保险经营规则"皆为特殊规定。

同一保险人不得同时兼营财产保险业务和人身保险业务；但是，财产险保险人经保监会核准，可以经营短期健康保险业务和意外伤害保险业务（第95条）。保险公司得将其注册资本总额的20%提存为保证金（第97条）。

为了保证保险公司有足够的能力随时履行赔偿或给付责任，保障被保险人的利益，保险公司应从保险费收入中提留准备金。按照财产保险业务和人身保险业务不得兼营的原则，保险准备金亦分为财产保险责任准备金和人身保险责任准备金两大类。根据其用途，准备金亦可分为未到期责任准备金、未决赔款准备金和保险保障基金。具体办法由保监会制定。

未到期责任准备金是会计年度决算时对未满期保单提存的一种资金准备。由于会计年度与保险年度（一般是公历年度）的不一致，在会计年度决算时，对下一个会计年度仍然有效的保单按权责发生制的原则，须从本会计年度的保险费收入中提存一部分作为下一个会计年度的保险费收入，所提存的这一部分保险费就是未到期责任准备金。

在本会计年度已经发生但尚未支付的保险赔偿或给付金额，称为未决赔款，须从本会计年度的保险费收入中另行提取未决赔款准备金，转入下一年度。

为了应付发生周期较长的巨灾风险，必须通过逐年积累形成一笔巨额基金，为此从本会计年度保险费收入中，在扣除了未到期责任准备金、未决赔款准备金、各种税款和企业留利后，保险公司应按照保险监督管理机构的要求提存保险保障基金，又称总准备金（第100条）。保险保障基金，是关系保险公司长期稳定经营的关键性基金，应当集中管理，统筹使用，不能作为利润上交财政或由保险公司挪作他用。此外，对危险单位的计算办法和巨灾风险的安排计划，保险公司须报经保险监督管理机构核准（第104条）。

保险经营规则的另一个重要方面是对保险公司的业务规模的限制，以保证保险公司具有相应的偿付能力。保险公司的适当业务规模，取决于该保险公司的实际资产和再保险的安排。当保险公司的实际资产减去实际负债的差额，低于保险监督管理机构规定的数额时，保险公司应增加资本金以补足差额（第101条）。保险公司对每一危险单位，即对一次保险事故可能造成的最大损失范围所承担的责任，不得超过其实有资本金与公积金总和的10%；对超过的部分，应当分出（第

103 条）。

为履行"入世"（加入 WTO）承诺,对非寿险业务 20％的法定分保规定已被修改,只是原则规定保险公司应按保监会要求办理再保险。

保险还具有投资职能,即可将保险公司的资金用于投资,以保证保险资金的保值和实现其增值。然而,保险资金必须首先保证履行其赔偿或给付职能,故对保险资金的运用必须遵循安全性原则,但 2009 年修订《保险法》时,已大大改变了保险资金的运用（第 106 条和第 107 条）。

在保险经营中,必须遵循公平竞争原则。保险公司及其工作人员在保险业务中不得有下列行为:

（1）欺骗投保人、被保险人或受益人;

（2）对投保人隐瞒与保险合同有关的重要情况;

（3）阻碍或诱导投保人不履行告知义务;

（4）承诺向投保人、被保险人或者受益人给予保险合同规定以外的保险费回扣或者其他利益;

（5）故意虚假理赔,骗取保险金等 13 项。

《保险法》第六章详细规定了保险监督管理机构对保险业的监督管理,主要包括以下几个方面。

1.保险条款和保险费率

仅关系社会公众利益、实际强制保险和新开发的人寿保险等的条款和费率须报保监会审批,其他的报备即可（第 136 条）。

2.偿付能力监管

修改后的《保险法》更加突出了对保险公司偿付能力的监管,如:明确要求保监会对保险公司最低偿付能力实施监控,建立健全偿付能力监管指标体系（第 138 条和第 139 条）。

3.对保险经营规则的遵循及违反时的整顿

对保险业进行监督管理的重点,是要保证《保险法》第四章规定的保险经营规则,各保险公司确实保持贯彻执行。通过审查保险公司上报的月度和年度会计报表,及检查保险公司的实际业务状况、财务状况和资金运用状况,如果发现保险公司违反了上述保险经营规则,例如,未提足各种准备金,未依法办理再保险或违法运用资金等,保险监督管理委员会可视情况责令保险公司限期改正,对未在限期内改正的保险公司,成立整顿组织,对该公司进行整顿,直至恢复正常经营状况（第 140 条至第 144 条）。

4.接管与破产

对偿付能力有严重危机的保险公司,为保障被保险人的权益,维护社会公共利益,使之恢复正常经营,保险监督管理机构可以对该保险公司实行接管。接管是全面控制保险公司的经营管理,不同于部分插手保险公司的经营管理的整顿。接管不影响保险公司对外的债权债务关系,也不表示国家将保证其债务的履行。接管期结束后,根据当时实际情况,决定接管终止,恢复由该保险公司自主经营,或由接管组织,在报经保险监督管理机构批准后,向人民法院申请对该保险公司进行重整或破产清算(第 145 条至第 149 条)。此外,《保险法》还赋予保监会诸多行政监管职权(第 150 条至第 158 条)。

保险公司破产时,国家不负责偿付保险公司的债务,其破产财产,在扣除破产费用后,依次优先清偿:

(1)该公司所欠职工工资和劳动保险费用。

(2)赔偿或给付保险金。

(3)所欠税款。

(4)清偿公司其他债务。

但是,在经营人寿保险业务的公司破产或被撤销时,由保险监督管理机构负责安排由其他经营人寿保险业务的公司,来承担该公司的全部债权债务,以保障人寿保险合同的被保险人的保险权益,不因保险人破产或被撤销而受到损害(《保险法》第 91 条至第 92 条)。

《保险法》第五章对保险代理人和保险经纪人的监督管理专门做出规定。保险代理人、保险经纪人的开业,必须满足保监会规定的资格条件,取得营业许可证,办妥工商营业执照,并缴存保证金,或者投保职业责任保险。在营业期间,保险代理人须设立专门账簿记载业务收入,并在每一会计年度结束后 3 个月内,将上一年度的营业报告、会计报表等报送保监会(第 119 条至第 124 条和第133 条)。

为便于保险监督管理机构监督,保险公司应当设立本公司保险代理人登记簿。保险代理人应根据保险人的授权办理承保、检验和理赔等业务。经营人寿保险代理业务的个人保险代理人,不得同时接受两个以上保险人的委托。保险代理人、保险经纪人不得以不正当手段强迫、引诱或者限制投保人订立保险合同。保险代理人、保险经纪人不得欺骗投保人、被保险人或受益人,不得对投保人隐瞒与保险合同有关的重要情况(如保险除外责任),不得阻碍或引诱投保人不履行告知义务,也不得承诺向投保人、被保险人或者受益人给予保险合同规定以外的保险费回扣或者其他利益,保险代理费和经纪人佣金,只能向有资质的代理人或经纪人支付,不得向其他人支付。保险公司还应加强对保险代理人的培训,不得唆使、诱导保险代理人进行违背诚信义务的行为(第 112 条、第 113 条、第 125 条和第131 条)。

中国银行保险监督管理委员会不定期对《保险公司管理规定》和《再保险业务

管理规定》等保险业监管部门规章进行修订。

保险业法属于行政法规,其规定是强制性的规范,相关公司、人员或机关必须严格遵照执行;否则,要分情况责令改正、处以罚款、没收违法所得、吊销许可证、给予行政处罚,构成犯罪的,依法追究刑事责任。《保险法》第七章对保险公司及其工作人员;保险代理人、保险经纪人;投保人、被保险人或受益人和金融监督管理部门工作人员违反《保险法》第三章至第六章的规定的行为,分情况做出了惩罚规定。打击的重点包括下述各项:

(1)骗取保险金(第 176 条)。

(2)欺骗投保人、被保险人或受益人,或者拒不履行约定赔偿或给付保险金的责任(第 116 条、第 162 条)。

(3)擅自设立保险公司或者非法从事商业保险业务活动,超过许可范围从事保险业务活动,擅自变更保险公司名称、章程、注册资本或营业场所,或者非法从事保险代理业务或保险经纪业务(第 159 条、第 160 条、第 161 条和第 163 条)。

(4)违反保险经营规则,未按规定提存各种准备金、擅设分支公司,未按规定报批条款和业务,未按规定填报会计报表或提供虚假的会计报表,拒绝或妨碍依法检查监督,或严重超额承保(第 164 条至第 165 条)。

(5)违反规定批准设立保险公司、保险代理人或保险经纪人,或者在对保险业的监督管理工作中滥用职权、徇私舞弊或玩忽职守(第 180 条)。

第五节 海上保险合同的法律性质与法律形式

海上保险合同,是指保险人按照约定,对被保险人遭受海上保险事故造成海上保险标的的损失和产生的责任负责赔偿,而由被保险人支付保险费的合同。[①]

合同的法律性质决定调整该合同的法律规范的表现形式(亦称法律渊源),及相关法律形式之间的效力优劣。

从合同的法律性质的角度考察,海上保险合同首先是一种"海事合同"(Maritime Contract),因此,调整海上保险合同的法律形式,法律效力最高的是海商法,尤其是《海商法》第十二章的规定。

其次,海上保险合同是"财产保险合同"(Property and Casualty Insurance Contract)的一种,《保险法》也是规范海上保险合同的法律形式,其中最重要的是《保险法》第二章对财产保险合同的规定。《保险法》对《海商法》有许多重要补充规定,参见《保险法》第184条。

---

①《海商法》第 216 条、第 218 条;参见《保险法》第 2 条、第 10 条。

再次,海上保险合同属于一种"合同"(Contract),故对海上保险合同,可能适用《民法典》中有关合同的法律规定。而且《民法典》等民事法律对各种合同(民事法律行为)的一般性规定,如当事人须具有民事权利能力和民事行为能力,意思表示必须一致等规定仍然约束海上保险合同。

最后,涉外海上保险合同,作为一种"涉外合同"(Foreign-related Contract),对于国内法(包括已对我国生效的国际公约)没有规定的事项,可适用不违反我国法律和社会公共利益的国际惯例,因此,国际海上保险惯例也是海上保险合同的法律形式。简言之,调整海上保险合同的法律形式(法律渊源),根据其法律效力的优劣,从高到低依次为:

(1)《海商法》;

(2)《保险法》;

(3)《民法典》等民事法规;

(4)国际海上保险惯例(仅对涉外海上保险合同)。

也就是说,对海上保险合同,在适用法律时,最先要看《海商法》有无规定;《海商法》没有做出规定时,适用《保险法》;《保险法》没有规定时,才适用《民法典》及其他民事法规;最后,才有国际海上保险惯例的适用问题。

顺便指出,至于对某一具体的海上保险合同应适用中国法还是外国法,是应根据我国国际私法(即2011年4月11日实施的《涉外民事关系法律适用法》)解决的问题,与本节所讨论的在我国法律中,海上保险合同的法律表现形式,应予以区别。但两者之间也有一定的关系,因为海商法中也有国际私法规范,对涉外海上保险合同的法律冲突,《海商法》中的国际私法规范,也应优先于《涉外民事关系法律适用法》适用,虽然现行《海商法》与《涉外民事关系法律适用法》中对涉外合同的冲突法规范基本上是一致的。

第六节 海上保险合同的法律特征和基本原则

海上保险合同,除了是双务有偿的合同外,作为保险合同的海事合同,还具有4个显著的法律特征,这些法律特征决定了规范海上保险合同的一些基本原则。海上保险合同由申明部分(通常规定在保险单中)、承保约定、保险条件和除外责任等四大部分组成。

一、海上保险合同是一种"赔偿合同"(Contract of Indemnity)

前已述及,财产保险的根本职能是补偿被保险人的经济损失;从被保险人的角度看,保险的目的是转移风险。基于此,海上保险合同的最根本的原则或者说首要的原则，是**"赔偿原则"**（Principle of Indemnity）。

赔偿原则包括以下三个方面的含义。

1.及时赔偿原则

保险人对合同约定范围内的保险赔偿（保险金），必须及时支付，使得被保险人及时恢复到受损前的经济状况，不致发生经济困境。经济损失能够得到及时填补，是财产保险的最大吸引力和根本目的所在；相反，保险人不及时核赔，或核而不赔，或违约拒赔，则与保险的根本目的背道而驰，也有害于保险这种经济制度的社会信誉，为海上保险立法所力图避免。

除《海商法》和《保险法》皆明确规定了保险人的及时赔偿义务外，[①]《保险法》还进一步做了如下规定：[②]

（1）保险人须在完成核赔和同被保险人就保险赔偿达成协议后10日内，支付保险赔偿；认为不属于保险责任的，要在做出核定之日起3日内发出拒赔通知书。

（2）如果案情复杂，不能迅速结案，在被保险人提赔后60日内，对根据被保险人已提供的证据和材料可以确定的最低保险赔偿额，保险人有义务先行支付。

（3）保险人违反及时核保和支付义务的，被保险人或受益人有权请求因此遭受的损失。

及时赔偿原则，受到各国现代保险立法的重视。根据美国有些州的法律，保险人有违反及时赔偿义务的，被保险人得在保险合同之外，对保险人提起侵权之诉，并要求惩罚性赔偿，反映了一种新的立法趋势。

2.全部赔偿原则

被保险人在发生保险事故，遭受经济损失时，有权获得全面充分的赔偿。如果保险赔偿没有完全填补经济损失，保险的作用就没有得到充分发挥。

但是，在海上保险中，根据《海商法》第219条的规定，对于未定值保险单，最高赔偿却是风险开始时保险标的的价值。此外，实务中，由于存在"免赔额"（Deductible）和"不足额保险"（Under-insurance），使被保险人遭受的损失不能得到全部赔偿。

按照现代风险管理的理论，对风险的控制，保险只是其中的方式之一，而且对被保险人经济上并非总是最有利的方式，因此，被保险人可能有意接受较大的免赔额，或安排比例投保（成数投保），即有意自留一部分风险，以减少保险费的支出。这与全部赔偿原则并不矛盾，后者是指对保险人承担的风险，保险人应全部负责赔偿被保险人。

---

①《海商法》第237条;《保险法》第24条。
②《保险法》第23条至第25条。

3.赔偿实际损失原则

保险人对被保险人的赔偿,要恰好能使被保险人恢复到保险事故发生之前的经济状况,就好像保险事故未发生一样。全部赔偿原则强调保险赔偿"不能少",而赔偿实际损失原则则强调保险赔偿"不能多",二者是相辅相成的。如果保险使被保险人获得了额外利益,也会给社会带来新的不安定因素,可能诱导被保险人人为制造保险事故,扩大道德风险。

在保险实务中,存在"定值保险"①和"重置成本保险"②等做法,而偏离赔偿实际损失原则,由于存在其他合法理由,而为法律所认同。

实际损失是保险人确定保险赔偿的原则尺度,其具体运用因保险标的的种类和损失状况的不同而变化,例如,用市场价格来确定全损损失,用修理费用来决定部分损失赔偿额,或在无市场价格时采用重置成本减折旧来计算损失额等。

及时赔偿原则、全部赔偿原则和赔偿实际损失原则共同构成赔偿原则的内容。赔偿原则除强调和明确保险人的赔偿义务外,也同时约束被保险人。及时赔偿的前提,是被保险人须及时提供完整的保险索赔文件和证据;被保险人不及时提赔,使保险人更难估计未决赔款,并使保险人无法准确计算本年度的赔付率和决定下一年度对保险费率的调整,不仅对保险人不利,也对其他被保险人不公平。全部赔偿原则的前提,是被保险人须足额投保,并且依法履行了出险后的通知义务和施救义务;否则,对因此而扩大的损失,保险人可拒绝赔偿;而赔偿实际损失原则,则要求被保险人对其所遭受的损失予以证明。

从赔偿原则中,又派生出两个重要的原则,即代位原则和分摊原则。

(1)代位原则。代位原则有两方面的含义,即债权代位原则和保险利益所有权代位原则。债权代位原则,是指如果保险标的发生保险责任范围内的损失是由第三人造成的,被保险人向第三人要求赔偿的权利,自保险人支付赔偿之日起,相应转移给保险人——这通常称为"代位求偿权"(Subrogation)。③ 因而,被保险人不能因双重请求权的存在,而获得额外利益。保险利益所有权代位原则,是指保险人在赔付全损后,有权获得保险单所承保的被保险人对保险标的的保险利益的全部权利。例如,损余或中途处理受损货物所得应归保险人或从保险赔偿中予以折价扣除。人身保险合同不适用代位原则。

(2)分摊原则。在财产损失保险中,如果存在"重复保险"(Double Insurance),被保险人得向任何保险人提出赔偿请求,但一方面,依据赔偿原则,被保险人获得的赔偿金额总和不得超过保险标的的受损价值;另一方面,在保险人

---

①海上保险常采用定值保险,即双方在保险单中约定了保险标的的价值,作为赔偿尺度。

②重置成本保险,在计算赔偿额时不扣除折旧,仅在家庭房屋保险中有限制地采用。

③《海商法》第252条至第254条。

之间，各保险人按照其承保的保险金额同保险金额的总和的比例承担赔偿责任，所支付的赔偿金额超过其应当承担的赔偿责任的保险人，有权向其他保险人追偿。[①] 也就是说，重复保险的保险人，对外（对被保险人）承担连带责任，而在其内部，则按比例"分摊"（Contribution）责任。共同保险人不是保险合同关系外的第三人，它们之间不宜行使代位求偿权（债权代位原则），而应适用分摊原则。

二、海上保险合同是一种"限定性赔偿合同"（Contract of Qualified Indemnity）

根据海上保险合同和海上保险合同法，保险人的"赔偿责任范围"（Cover），不是保险标的发生的全部损失、损害、费用和责任，而是一定原因〔所谓"承保危险"（Perils Insured Against）〕或事件造成的某些损失、损害、费用和/或责任〔所谓"承保损失"（Losses Covered）〕。因此，在海上保险理赔中，应适用所谓**"因果关系原则"（Principle of Causation）**，在普通法中称其为"近因原则"（*causa proxima*）。

海上保险合同对保险人的赔偿责任范围的限定，有下述几种方式，即：

（1）"风险"（Risks），这一概念本身默示，保险人所承担的是某种不确定的损失，而排除一定会发生的损失，如"通常磨损"（Ordinary Wear and Tear）、"通常损耗"（Ordinary Breakage，Leakage or Loss）和保险标的"本身的缺陷或自然特性"（Inherent Vice or Nature）引起的损失等。保险人在合同中明确约定赔偿某些损失（而非某些损失风险）是一种例外情况。[②]

（2）对被保险人的"故意行为"（Intentional Act，Wilful Misconduct）造成的损失，即使海上保险合同明确约定承保，亦不在保险人的赔偿责任范围之内。[③]

（3）除了上述非风险性损失和被保险人故意造成的损失外，海上保险合同和海上保险合同法还规定了若干保险人的"除外责任"（Exclusions）。例如"战争险"（War Risks）和"罢工险"（Strike Risks），须在主险外另行附加投保；而对核战争危险，即使是战争险保险人，亦将其作为除外责任。

值得注意的是，"除外责任的例外"（Exception to Exclusion），又回到保险人的赔偿责任范围之内；相反，保险人的赔偿责任范围的"但书"（Proviso），则为除外责任的一种表现形式。

（4）传统上，海上保险合同（保险单条款）仅约定对某些承保危险引起的损失，保险人才负责赔偿，即保险人的赔偿责任范围仅限于"列明风险"（Named Risks）。在保险索赔时，被保险人须首先举证证明其索赔属于保险合同中某一项或某几项

---

①《海商法》第 225 条。
②cf：Institute Coal Clause.
③《海商法》第 242 条。

具体的列明风险。与之相对应的是所谓"一切险"（All Risks），即保险合同约定保险人的赔偿责任范围是保险标的的一切风险，而只受保险合同中另行规定的除外责任的制约，因而在保险索赔时，被保险人只需证明其索赔是风险即可。在目前的海上保险实务中，保险人只接受承保某些货物的一切险，而不肯对船舶承保一切险（北欧 Nordic Hull Insurance Clause 是个例外），人保财险船舶保险条款（2009 年版）中的一切险实际上仍然属于列明风险。

（5）除了对承保危险进行限定外，海上保险合同还常常同时限定保险人所赔偿的损失的种类和金额，这一传统做法的典型代表是劳氏 S.G. 保险单底部所附的"备忘录"（Memorandum）。它规定保险人原则上不负责赔偿某些货物或船舶、运费的"单独海损"（Average），除非是船舶搁浅造成的，或者超过保险金额的一定百分比——后者是所谓"相对免赔额"（Franchise or Percentage）。单独海损不赔，在现行中国人民财产保险股份有限公司海洋运输货物保险平安险条款中仍然保留，但仅限于自然灾害造成的单独海损。各国船舶保险条款，皆有一种只承保"全损险"（Total Loss Only）的做法。而相对免赔额的做法已逐渐消失，代之以"绝对免赔额"（Deductible or Excess），在船舶保险中，是直接规定保险人得扣除或不赔的一定金额（Deductible）；而在货物保险单中，有时规定了占货物重量或体积一定比例的免赔量（Excess）。

如果保险人所承保的是"列明风险"（Named Risks），被保险人就须证明某项或某几项列明承保的危险是其向保险人索赔的损失的"法律上的原因"（Legal Causation），在被保险人完成此项举证责任之前，保险人得拒绝赔偿；而保险人的抗辩，既可以凭靠被保险人的举证不足，亦可以主动举证证明造成索赔的损失的法律上的原因，是某种未承保的危险，或某种除外的危险。因此，因果关系原则亦同样适用于保险人。

在普通法中，有许多运用近因原则的著名案例，例如：Dudgeon v. Pembroke (1877) 2 App. Cas. 284 (H.L.)；British and Foreign Marine Insurance Co.Ltd. v. Samuel Sanday Co. [1916] A.C. 650 (H.L.)；Leyland Shipping Co. Ltd. v. Norwich Union Fire Insurance Society Ltd. [1918] A.C. 350 (H. L.)；The "Salem" [1983] 2 A.C. 375 (H.L.)；和 The "Popi M" [1985] 1 W.L.R.948 (H.L.)等。对法律上的因果关系的认定，是一个十分困难的问题，因此往往争议很大。

三、海上保险合同是一种"射倖合同"（Contract of Speculation or Aleatory Contract）①

由于被保险人所支付的保险费与保险人将来的保险赔偿责任之间不存在一

---

①王家福等.合同法.北京：中国社会科学院出版社，1986，p.409.将其称为"机会性行为"。

一对等的关系,而且按照上述赔偿原则,保险合同是为了赔偿被保险人实际遭受的损失,为了防止保险流于纯粹的赌博,而使得保险业不能健康发展,并防止道德风险,保险合同法规定了"保险利益原则"(Principle of Insurable Interest),要求被保险人对保险标的具有保险利益;否则,保险合同无效。在人身保险中,只要求投保人在订立保险合同时具有保险利益;而在财产保险中,只要求被保险人在保险事故发生时具有保险利益。[①] 保险利益原则,也称作"可保利益原则"。

"保险利益",是指对保险标的具有"法律上承认的"(Legal)、"可以确定的"(Definite)"经济"(Pecuniary)利益。非法的利益,如偷来的财产,非现有的或不能合理期待的利益,如梦想中的不寻常的利润,或政治上的诉求与感情上的寄托等,皆不能作为保险利益。所有权、担保物权(如抵押权)、船舶优先权、船舶扣押或强制执行权、预期利润、责任、部分物权等,皆是法律上承认利益自不待言,但拥有股份、临时占有等是否可作为保险利益的根据尚有争论,英国普通法的狭窄解释被认为是不可取的,发展的主流是从宽解释。

对保险利益原则的立法,从人身保险发展及于财产保险,皆源自英国法。英国 1774 年《人寿保险法》最早明确规定,投保人对于被保险人的生命必须具有利益。其后,英国又于 1845 年颁布了《反投机法令》,使财产保险亦受保险利益原则的制约。

简言之,保险利益原则的法律意义或存在的理由有 3 个方面,一是使保险与赌博划清了界限;二是从一个方面防止了道德风险;三是确定了"财产保险赔偿的限度"(Measurement of Indemnity)——保险标的的"保险价值"(Insurable Value or Insured Value),保险金额高于保险价值的超额保险部分是无效的。[②]

四、海上保险合同是一种"对人合同"(Contract on Morality) 和"经济保障合同"(Contract for Economy Assurance)

基于海上保险合同的这两个法律特征,海上保险合同的双方皆须严格遵循"诚实信用原则"(Principle of Good Faith)。

从保险人的角度看,海上保险合同是一种对人合同,这是因为,保险市场的一个固有的特征是信息不对称,存在逆向选择和道德风险;在具体的海上保险合同中,保险人主要依赖被保险人提供的情况来评估保险标的的风险,以决定是否接受承保以及保险费率的高低;而从整个保险制度来看,现代海上保险是建立在概率论基础上的经济补偿制度,不是仅凭保险人的射倖来承担被保险人的风险,在被保险人之间公平地分摊保险费,也是以每一个被保险人如实提供保险标的的情

---

①《保险法》第 12 条。
②《海商法》第 220 条。

况为基础。因此,要求被保险人严格遵循诚实信用原则,具体表现为以下两个方面,即:

(1)在投保时履行"告知义务"(Duty of Disclosure),全面和正确告知保险标的的重要情况。在海上保险合同中,被保险人所负的告知义务,比其他财产保险合同中被保险人所负的告知义务要严格得多,被保险人须如实告知的情况,包括保险人没有问及,被保险人知道或应当知道的重要情况。[①] 如果被保险人违反了告知义务,保险人有权选择解除合同,甚至对解约前发生的损失不负赔偿责任。[②]

(2)被保险人谎报保险事故,或故意制造事故的,保险人得解除合同,不退还保险费,而且对故意造成的损失,不负赔偿责任。对此类保险欺诈活动,还要视情节轻重,予以行政处罚,构成犯罪的,依法追究刑事责任。[③] 被保险人在保险索赔方面也不得故意或轻率地误导保险人,或隐瞒与保险理赔或抗辩相关的重要情况。

从被保险人的角度看,保险合同是经济保障合同,由于国家并不保证履行财产保险人的债务,故保险人的偿付能力及信誉对被保险人至关重要。保险公司拒不履行赔偿责任或资不抵债而破产时,影响到很多被保险人的经济保障,而给国民经济和社会治安造成极坏的影响。因此,保险人亦应严格遵循诚实信用原则,主要表现在以下两个方面。

(1)《保险法》对保险公司的开业、分保管理、经营规则和监督管理等做出了明确的规定及相应的罚则,以尽可能保证保险人具有最低偿付能力。[④]

(2)保险人拒不履行保险合同约定的赔偿,阻碍投保人履行告知义务或诱导投保人不履行告知义务,得对保险人及其工作人员处以罚款和其他处分。[⑤]

诚实信用原则,本为一切民事活动应遵循的基本法律原则之一,[⑥]只是在海上保险合同法中规定得更加严格和具体。在英美法系中,更明确规定海上保险合同是基于"最大诚信"(Utmost Good Faith)的合同。[⑦] 但英国《2015 年保险法》废止了最大诚信原则,放松到诚信原则。在大陆法系中,不存在"最大诚信原则"的明确规定,但实质性的内容是一致的。[⑧]《保险法》第 5 条也特别单独强调了诚信

[①] 比较《海商法》第 222 条和《保险法》第 16 条。

[②] 《海商法》第 223 条。详见汪鹏南.论告知义务及违反该义务的法律后果.中国海商法年刊,1993,p.165。

[③] 《保险法》第三、四、五、七章相关各条之规定。

[④] 详见本章第四节。

[⑤] 《保险法》第 116 条和第 162 条。

[⑥] 《民法典》第 7 条。

[⑦] 参见英国《1906 年海上保险法》第 17 条。

[⑧] 详见汪鹏南.海上保险的最大诚信原则——CMI 第 35 届国际会议专题研讨综述.海事审判,1995(1),p.40。

原则。

顺便指出,海上保险合同还是一种格式条款合同,亦称"附议合同"(Contract of Adhension)。海上保险合同的条款,一般是保险人单方拟就的,是所谓格式条款合同或称标准合同。因此,《保险法》第30条明确规定,"对于保险合同的条款,保险人与投保人、被保险人或者受益人有争议时,人民法院或者仲裁机关应当做有利于被保险人或受益人的解释"。但是,只有在依据其他解释方法仍不能确定其通常含义时,才适用这一解释原则。在英国普通法中,早就确立了类似的合同解释原则,称为"逆利益解释法则"("Contra Proferentem"Rule),但英国法院很少适用它,相关案例具有一定的参考价值。

中国人民财产保险股份有限公司等国内保险公司制定的海上保险条款,正经受此解释规则的巨大挑战。

根据《保险法》第17条规定,保险人对格式保险条款中的保险除外责任条款还负有"提请注意"和"明确说明"义务。《民法典》第496条、第497条和第498条有关格式条款的规定,对格式条款制定人更加严格,保险人必须特别重视。人保财险2009版水险条款已用黑体标明需要向被保险人明确说明的条款。保险人仍有待进一步改进其承保流程及档案管理。

第二章 海上保险合同的法律环境

本章以《海商法》第十二章对海上保险合同的法律规定为主线,结合《保险法》第二章对财产保险合同的有关规定、海上保险国际惯例,以及《民法典》的相关规定,详细论述调整海上保险合同的法律环境。

▌ 第一节 ▌ 一般规定:海上保险合同的概念

一、海上保险合同的定义、保险事故与除外责任

我国《海商法》第 216 条规定:"海上保险合同,是指保险人按照约定,对被保险人遭受保险事故造成保险标的的损失和产生的责任负责赔偿,而由被保险人支付保险费的合同。前款所称保险事故,是指保险人与被保险人约定的任何海上事故,包括与海上航行有关的发生于内河或陆上的事故。"

根据本条规定,"海上保险合同"(Contract of Marine Insurance)是一种赔偿合同(Contract of Indemnity)。赔偿,是海上保险合同的核心目的。[1]

"保险人"(Insurer),是承担保险赔偿责任的人。[2]

"被保险人"(Assured,Insured),是有权请求保险赔偿(保险金)的人。[3] 在海上保险中,一般"投保人"(Applicant for Insurance)就是被保险人。

作为保险对象的财产或责任,被称为"保险标的"(Subject-matter Insured)。而被保险人对保险标的具有的物权或其他法律上承认的利益,就是所谓"保险利益"(Insurable Interest)。[4] 保险标的是指保险的标的,而非保险合同的标的,后者是指保险合同约定的保险赔偿(保险金),即约定的应赔偿或给付金额。故在相同的标的物上,可以同时存在不同的保险合同。保险标的独立于保险合同而存在,但保险合同的标的取决于保险合同。

"保险费"(Premium),是被保险人应支付给保险人的、作为保险人承担赔偿

---

①本书第一章。
②《保险法》第 10 条。
③《保险法》第 12 条。
④《保险法》第 12 条。

责任的"对价"(Consideration)的一定金额。但严格地讲,在船东相互责任保险(保赔保险)中,会员向协会支付的保险费,实际上是该会员分摊全体会员的损失的责任,而非一个固定的金额。为了与本条意义上的保险费相区别,在船东相互责任保险中,特使用"会费"(Call)这个术语。

保险责任或"保险人的赔偿责任范围"(Scope of Cover),是"海上保险事故"(Maritime Perils or Casualties Covered)引起的保险标的的损失或产生的责任以及被保险人遭受的其他损失。

海上保险事故,简称为保险事故,是一个便宜的术语,但却难以给它下一个简洁而不构成概念循环的定义。与保险事故近义的术语还有"承保危险"(Perils Insured Against)和"承保风险"(Risks Covered),泛指造成根据海上保险合同,保险人须承担赔偿责任的损失或责任的原因。仅在海上保险事故发生时,被保险人才有权向保险人索赔;换言之,被保险人须证明其保险索赔是海上保险事故造成的——这也就是因果关系原则的核心内容。

传统上,海上保险事故限于海上事故或"海上冒险"(Marine Adventure),[①]但随着国际贸易和运输的发展,海上保险人早已扩展承保与海上冒险有关的发生于内河或陆上的风险。例如,海上货物运输保险条款中的"仓库到仓库条款"(Warehouse to Warehouse Clause)或其后的"运送条款"(Transit Clause),对此,《海商法》第216条第二款明确予以认同。

2007年1月1日施行(2020年修正)的最高人民法院《关于审理海上保险纠纷案件若干问题的规定》第1条已明确:"审理海上保险合同纠纷案件,适用海商法的规定;海商法没有规定的,适用保险法的有关规定;海商法、保险法均没有规定的,适用民法典等其他相关法律的规定。"是否属于海上保险合同的标的影响到《海商法》是否适用,进而影响被保险人的告知义务、保险争议的诉讼时效、责任限制权利等。

在海上保险合同中,除规定了保险人的责任范围或承保风险外,通常还规定了保险人的除外责任。"除外责任"(Exclusions),是保险人无须承担的责任,即对保险标的的有些损失、责任或费用,保险人并无赔偿义务。严格地讲,保险人的赔偿责任范围是由承保风险和除外责任共同构成的,而且除外责任的效力优先于承保风险的效力,即使被保险人已证明其索赔属于承保风险,在保险人能够证明该索赔属于除外责任时,保险人也得拒绝赔偿该索赔。可见,被保险人在投保时,除了要了解该保险合同的承保风险外,尚需进一步了解保险人的除外责任。

《保险法》第17条规定:"保险合同中,免除保险人责任的条款,保险人在订立

[①] 英国《1906年海上保险法》第1条。

合同时应当在投保单、保险单或其他保险凭证上做出足以引起投保人注意的提示，并对该条款的内容以书面或口头形式向投保人做出明确说明，未做提示或明确说明的，该条款不产生效力。"

本条规定在 2009 年《保险法》修订时有所明确，旨在保护被保险人对保险的合理期待，但对保险人的要求仍十分苛刻，保险人应特别注意。仅仅向被保险人提供了保险单条款，甚至也提示了保险条款中有除外责任条款，可能还不足以构成对除外责任的"明确说明"。[①] 但是，作者认为，对于已使用多年的海上保险条款，而且被保险人也早已熟悉该条款及其中的除外责任条款，被保险人不能借口其保险工作职员是新手，并不了解该条款而认为保险人违反了明确说明除外条款的义务。最明显的例子是海上货物运输保险单，因其可转让性，使保险人的说明义务毫无可操作性。

二、保险利益原则与"Lost or Not Lost"条款

海上保险合同，作为赔偿合同，既然是指保险人依约赔偿被保险人的保险标的遭受保险事故所蒙受的损失，那么在本质上就要求被保险人对保险标的具有保险利益。《保险法》第 12 条第二款规定："财产保险的被保险人在保险事故发生时，对保险标的应当具有保险利益。"这就是调整海上保险合同的基本法律原则之一的"保险利益原则"（Principle of Insurable Interest）。[②]

保险合同，作为赔偿合同，是为了赔偿被保险人实际遭受的损失，因此，保险利益原则与海上保险合同的首要法律原则"赔偿原则"（Principle of Indemnity）[③] 是相关联的，更确切地说，保险利益决定了保险赔偿限度，[④]并起到防止"道德风险"（Moral Hazard）的作用。

结合保险利益原则和赔偿原则，任何海上保险合同，必须同时满足下述两个基本要件，即：

(1)在损失发生时，被保险人对保险标的具有某种法律上所承认的利益[⑤]。

(2)该利益可能遭受该保险合同所承保的风险。

上述第一个要求，将保险合同与"赌博"（Wagers，Gambling Contract）区分开来。保险利益是法律上认可的可确定的经济利益，它独立于保险合同而存在。保险利益有时是很难证明或准确地估价的，为了便利被保险人投保，法律上允许采用"定值保险"（Valued Insurance），即与保险人事先约定保险价值的方法，而且海

---

① 参见《中国保险报》1997 年 10 月第 358 期所刊评论《白纸黑字算不算明确说明》。
② 本书第一章。
③ 同②。
④ 本章第四节。
⑤《保险法》第 12 条第 6 款。

上保险大都采用定值保险，与其他财产保险的做法不同。在英国，除定值保险外，以前还有使用"荣誉保险单"（P. P. I. Policy）的做法，来克服证明保险利益的困难。[①] 但在货运险中，现已明确约定承认增加价值保险的法律效力。

根据上述第二个要求，如果在保险合同订立时，保险标的已灭失，不管是什么原因造成的，保险人无须赔付，但同时应将保险费退还给被保险人。

但是，在电报、电话通信发明之前，在保险人的责任开始时，船舶和/或货物可能在海上或在其他国家，不能肯定船舶和/或货物是否已受损或灭失，故当时在英国海上保险合同（保险单）中普遍写入一个"无论是否损失"条款（"Lost or Not Lost" Clause）来改变法律上的位置，即在有这样一个条款后，保险责任照样开始，保险人对保险合同订立前（但在保险责任开始后）已发生的损失亦应负赔偿责任，相应地不退还保险费，除非当时被保险人知道已发生损失，而保险人不知情。英国《1906 年海上保险法》第 6 条第一款第二段明确承认"Lost or Not Lost" Clause 的效力，并将"在损失发生时"（at the Time of Loss）被保险人对保险标的须具有保险利益的要求，在第二段这一"但书"（Proviso）中明确放宽，即允许被保险人在损失发生后才获得保险利益。现行英国的协会货物保险 ABC 条款第 8 条第二款，仍保留了"Lost or Not Lost" Clause 的精神，因为今天虽然通信已很发达，但仍有可能不知道货物已发生损失，而在有预约保险情况下，对已起运的货物可能没有及时通知保险人。但只要被保险人是诚实守信的，即使在知道损失发生后才向保险人申报，保险人亦无权主张合同无效，除非预约保险合同另有约定。[②]

我国海上保险合同（保险单）条款中，没有类似上述"Lost or Not Lost" Clause 之类的条款，我国海上保险合同法亦未明确承认此种条款的法律效力，但《海商法》第 224 条显然与此相关。该条规定："订立合同时，被保险人已经知道或者应当知道保险标的已经因发生保险事故而遭受损失的，保险人不负赔偿责任，但是有权收取保险费；保险人已经知道或者应当知道保险标的已经不可能因发生保险事故而遭受损失的，被保险人有权收回已经支付的保险费。"

作者认为，如果海上保险合同（保险单）中有一个"Lost or Not Lost" Clause，根据《海商法》的上述规定，其效力也应予以承认，但与英国《1906 年海上保险法》第 6 条第一款第二段的规定相比，《海商法》第 224 条的规定，将"被保险人知道"明确规定为包括"被保险人应当知道"，而对保险人更有利。"Lost or Not Lost" Clause，虽然表面上看起来与保险利益原则相抵触，但却是出于商业上的真正需要，符合赔偿原则和保险的服务目标，因而应承认其有效。

---

① 参见 Mustill and Gilman，Arnould's Law of Marine Insurance and Average，16th edn.，London：Stevens & Sons.，1981（hereinafter Arnould's），§ 386。
② 参见英国《1906 年海上保险法》第 29 条第三款。

另一方面,如果海上保险合同(保险单)中没有这样一个"Lost or Not Lost" Clause,从《海商法》第 224 条中不能解释出一个这样的条款,因为根据逻辑学,一个命题是正确的,其反命题未必就正确;也就是说,若海上保险合同(保险单)中没有相反的约定,即使在订立合同时,被保险人实际不知道或不应当知道保险标的已灭失,保险人可能主张不承担赔偿责任,当然同时保险人应退还保险费。如果最高人民法院不做补充解释,便有修改法律之必要。

在另一种情况下,即在订立合同时,保险标的已经不可能因发生保险事故而遭受损失,而对此保险人不知道或者不应当知道,作者认为,此时应参照英国《1906 年海上保险法》第 84 条的有关规定,认定被保险人也有权收回已经支付的保险费,除非被保险人是按"无论是否损失"条件投保。

2007 年 1 月 1 日施行(2020 年修正)的最高人民法院《关于审理海上保险纠纷案件若干问题的规定》第 10 条已明确:"保险人与被保险人在订立保险合同时均不知道保险标的已经发生保险事故而遭受损失,或者保险标的已经不可能因发生保险事故而遭受损失的,不影响保险合同的效力。"这一司法解释填补了立法和条款上的缺陷。

三、海上保险的标的与具有保险利益的人

一般说来,可能遭受海上风险的任何东西皆可作为海上保险的标的,《海商法》第 218 条第一款第(7)项,在具体列明船舶、货物、船舶营运收入,包括运费、租金、旅客票款、货物预期利润、船员工资和其他报酬、对第三人的责任等 6 项海上保险的标的外,还做了一个开放式的规定,即"由于发生保险事故可能受到损失的其他财产和产生的责任、费用",也可以作为海上保险的标的。上述第(7)项中的保险事故,是前述《海商法》第 216 条第二款中所称保险事故,即所谓海上保险事故;此一限定,将海上保险的标的与其他财产保险的标的区分开来,其法律意义在于:仅在保险标的为海上保险标的时,才有《海商法》的适用。

海上保险的标的最常见的是"船舶"(Ship)和"货物"(Cargo),此外,还有"运费"(Freight)或租金和"船员工资"(Crew Wages),以及对第三人的责任等。对海上保险标的具有保险利益的人,主要有船东、租船人、货物卖方与买方、船舶抵押权人、船长及船员、代理人、承运人、海事请求权人(Lien Holder)和海上保险人等。保险利益如:所有权、占有权、保管权、风险、责任、预期利润、租赁权和各种保证利益(抵押权、扣押权、质权、船舶优先权和停运权等)。

1.船舶(Ship,Vessel)

《海商法》第 3 条规定:"本法所称船舶,是指海船或其他海上移动式装置,但是用于军事的、政府公务的船舶和 20 总吨以下的小型船艇除外。前款所称船舶,

包括船舶属具。"

这条规定主要排除军事舰艇、政府公务船(如海关缉私船、海监巡视船等)和小船适用于《海商法》,但政府公务船和小船可能作为海上保险的标的,并比照适用《海商法》。

船舶包括其"船壳"(Hull)、"机器"(Machinery)和各种"设备"(Equipments)(如航行设备、操纵设备、安全设备,以及帆船的帆缆索具),这一般不致引起争议。

船舶,还包括"船舶属具"(Ship's Apparels)。顾名思义,船舶属具是指附属于船舶的器具或物品,除了各种设备外,还包括船舶通常须配备的"物料"(Stores)、"备件"(Spare Parts)、"淡水"(Fresh Water)和船员"给养"(Provisions)等,[①]其具体范围取决于船舶的种类和特定用途。例如,运输活牲畜的船舶所配备的饲料、捕鲸船上的渔具和木材运输船上的绑扎材料等,都在该船的船舶属具范围之内,而某一航次偶尔使用的"垫舱物料"(Dunnage)或"压载物"(Ballast)或临时租用的装卸设备等,如果是航次所必需者,也属于船舶保险的保险标的的一部分。

船舶的"燃油"(Bunkers)、"润滑油"(Lubricating Oils)和"机舱物料"(Engine Stores),如果是船东的财产,也属于船舶保险的标的。但对其数量有所限制,如果是"航次保险"(Voyage Insurance),保险人所承认的燃油数量,是履行该航次的合理数量;如果是"定期保险"(Time Insurance),则为该船的通常存油量。保险人可能对船上过量的燃油存量持有异议,但法庭除考虑保险的种类外,还应考虑具体船舶的具体情况,如通常的加油港口、各港口燃油的差价等。在船舶期租的情况下,燃油是承租人的财产,船东对燃油无保险利益,但可以代承租人投保。

船东(Shipowner)对其拥有的船舶总有保险利益,即使船舶已出租,而且根据租约,在船舶灭失时,承租人须全部赔偿船东船舶损失,因为船东没有义务完全相信承租人的信用,而此种承租人因其对船东的责任,也对该船具有保险利益。

值得注意的是,在(2017)最高法院民再242号案例(作为典型案例)中,最高人民法院判决建造中的船舶不是海商法意义上的船舶,船舶建造保险合同不适用《海商法》。

2.货物(Goods or Merchandise)

货物泛指已起运的商品,不包括旅客或船员的"个人物品"(Personal Effects),如衣物、珠宝、首饰、现金等。

"活牲畜"(Living Animals)必须在保险单中特别注明,否则其货物保险单并未予以承保,也就是说,在货物保险单中泛指的货物,并不包括活牲畜。

---

① 但不包括船员自备的个人物品;《海商法》第219条第二款第(1)项。

"甲板货"(Deck Goods),特别是非习惯性的甲板货,也须在货物保险单中注明,否则保险人的责任从未开始,因为甲板货的风险要比装在舱内时大得多。①

我国法律并未明确规定活牲畜和甲板货不是一般货物保险单承保的货物,但由于活牲畜的特别风险和甲板货存在的较大的风险,保险人可能以被保险人违反告知义务②而解除保险合同。在我国海上货物运输保险实务中,甲板货也需要在订立合同时予以明确,并额外投保特别附加险——"舱面险"(On Deck Risks);否则对货物装于舱面(甲板)而造成的损失,保险人不负赔偿责任,即使已投保"一切险"。

集装箱(Containers)不是货物的一部分,除非货物保险单中明确承保装载货物的集装箱,而且集装箱与货物的利益人相同。但是,货物的其他包装材料(Packing Materials)是否货物保险标的的一部分,则可能存在争议,须根据具体包装材料是否该货物通常运送所要求的包装以及保险条款(如是否已加保包装破裂险)来做出合理的解释。

海上货物运输保险的标的,除货物本身外,还包括所承保的航程,或者说保险标的还有货物抵达的预期利益。这是英国普通法早已确定的原则,而且英国《1906年海上保险法》也没有做出改变。③ 虽然我国法律未对此做出明确规定,但可以从人保财险海洋运输货物保险条款对货物推定全损及转运费用的规定,海洋运输货物战争险条款对航程丧失或受挫的除外责任的规定,以及《海商法》第246条第二款对货物推定全损的规定中,推知我国海上保险实务和法律也都确认保险单所载明的航程的完成,亦是海上货物运输保险的标的。

对货物的保险利益,取决于货物所有权和/或风险的转移。如果货物的所有权与风险没有分离,那么一般只有货物所有权人对货物有保险利益,或者说在货物所有权没有转移给买方之前,买方对货物没有保险利益。这通常引起保险安排方面的困难,故在现代国际贸易中,大多采用 CIF、CFR 或 FOB 等合同,根据国际商会(ICC)制定的《国际贸易术语解释通则》和《联合国国际货物销售合同公约》,采用货物所有权与风险相分离的原则,风险划分的界线是货物在装货港安全装上船舶时起④,风险转由买方承担,从此时起,即使买方未获得货物所有权,买方亦对货物有保险利益。INCOTERMS®2010 及其后的修改(目前是 2020 版)改变了以前按越过装货港船舷划分风险的规定,避免了争议。

---

① Arnould's §308.
②《海商法》第220条。
③ Sanday & Co. v. British & Foreign Marine Insurance Co. [1915] 2 K.B. 781;[1916] 1 A.C.650.
④ 对是否需要在船上安全就位,尚存争议。

3.货物的"预期利润"（Profit）

货物的所有权人对货物的预期利润具有保险利益自不待言，但作者认为，已承担了货物风险的买方，即使尚未取得货物所有权，也对货物利润具有保险利益。我国海上货物运输保险实务长期认同对货物预期利润的投保，即在 CIF 价格的基础上加 10％作为货物保险价值和保险金额。但是，在未定值投保时，按照《海商法》第 219 条第二款第(2)项的规定，货物的保险价值不考虑货物的预期利润。

《海商法》第 218 条第一款第(4)项将海运货物的预期利润单独列为一项海上保险标的，表明有关方得对货物预期利润在货物保险外再行单独投保。目前，我国在海上货物运输保险实务中，单独承保货物预期利润尚不多见。英国伦敦海上保险市场上，传统上对货物预期利润的投保采用"荣誉保单"（P.P.I.Policy），因承保 P.P.I.保险的保险人无代位求偿权而不公平，1981 年新的协会货物保险条款（ICC）第 14 条增加规定"增加价值保险"（Increased Value Insurance），与原始保险（Original Insurance）是共同保险（Co-insurance），总的保险价值是保险金额之和，保险人之间按承保金额比例分担责任，分享追偿所得，值得借鉴。

4.船舶营运收入（Benefits from the Employment of Ship）

这是一个含义很丰富的表述，包括各种运费、租金和旅客票款。[1] 在海上保险中，运费保险就是指船舶营运收入保险，可见运费保险的标的相当复杂。

"运费保险"（Loss of Hire Insurance）或称"租金损失保险"在我国保险业务中开展得很不普遍，相关的法律亦差不多是空白，很少有船东单独投保一定时期内的营运收入或某一航次的"待收运费"（Freight Collected）保险，或支付了"预付运费"（Advanced Freight）的承租人投保运费保险。但是，也并非我国船东和船舶保险人从不考虑船舶运费问题，因为在船舶保险中大多采用定值保险，在其保险价值和保险金额中，双方除考虑船价外，还可能已考虑了"预期运费"（Anticipated Freight）以及"船舶营运费用"（Disbursements），在发生船舶全损时，保险赔偿中就包括了对预期运费的赔偿，也就是说，船舶保险可能包含了运费保险。

在英国海上保险市场上，运费保险的历史很悠久而且实践很丰富，相关的法律问题相当繁复，困难之一在于确定保险利益是否存在。一般说来，船东对运费和租金具有保险利益，即使船东运输自己的货物。租船人，对转租运费或运费差价，或预付给船东的运费，也有保险利益。英国《1906 年海上保险法》所附保险单解释规则 Rule 3 对"租船运费"（Chartered Freight）保险和其他运费保险之保险责任的开始，有一个解释，但只限于保"在和从"（"at and from"）的航次保险的情

---

[1]英国《1906 年海上保险法》附件 1 保险单解释规则 Rule 16 规定，"运费"（Freight）不包括"旅客票款"（Passenger Money），因为根据普通法，运费是到付的，而旅客票款通常在开航前就已支付。

况,因而英国《1906 年海上保险法》之前的古老的普通法案例,仍有价值。[①]

另一个值得注意的问题是,运费保险、船舶营运费用保险和船舶增加价值保险等可能影响到船舶保险,例如,有些船东故意把船舶保险的保险价值与保险人约定得很低,而额外投保很高金额的运费保险、船舶营运费用保险或船舶增加价值保险(协会条款将其合并简称为营运费用保险),以节省保险费支出并使得船舶推定全损很容易构成。有鉴于此,协会船舶保险条款(定期保险或航次保险)中有一个"营运费用保证条款"(Disbursements Warranty Clause),要求被保险人保证,船舶增加价值、营运费用和运费保险的保险金额的总额不得超过船舶保险单中约定的船舶保险价值的 25%。[②] 人保财险的保险条款尚无此种限制,故船舶增加价值(Ⅳ:Increased Value)保险可能被人滥用。

5.船员工资和其他报酬(Crew's Wages and Other Remuneration)

船舶灭失时,船员可能因提前终止雇佣合同而遭受工资损失,此外,对在服务期间的可得工资,失去了船舶优先权的保护,故有保险的必要。船员的所得,除了"工资"(Wages,Salary)外,还可能有加班费、航行津贴、资深津贴、奖金和社会保险费用等。

6.对第三方的责任(Liabilities to Third Parties)

属于海上保险标的的责任也有很多,如船东对船员、旅客、装卸工人、引航员等的人身伤亡责任(Personal Injury and/or Death)、船舶碰撞责任(Collision Liability)、油污及其他环境污损责任(Oil Pollution and Other Damages to Environment)、沉船沉物的清除责任(Wreck Removal)、承运人对货损货差的责任(Cargo Liability)、期租承租人对船舶损害的责任等。除船舶碰撞责任的全部或一部分由船舶保险人附带在船舶保险合同中承保外,其他责任皆须另行投保,通常是在"船东互保协会"(P & I Club)投保。在国内,除中国船东互保协会外,人保财险等也开展保赔保险业务。[③]

7.其他海上保险标的

除上述常见的海上保险标的外,还有海运"集装箱"、船舶经纪人的"佣金"(Commission)、船舶代理人的"代理费"(Agency Fees)和"船舶抵押权"(Ship Mortgage)等。

船舶设置抵押后,抵押权人(Mortgagee)在抵押贷款的范围内,对被抵押船舶具有保险利益;而抵押人(Mortgagor)仍对船舶的全部价值具有保险利益,因为在

[①]Arnould's § § 344～363.
[②]协会船舶定期保险条款第 21 条。
[③]详见本书第六章第三节。

船舶灭失时,抵押人不仅失去了保险标的,而且仍须对抵押贷款负责。此时,船舶保险的安排可能多种多样,如抵押人(船东)和抵押权人皆作为同一船舶保险的被保险人、抵押人为抵押权人的利益投保船舶抵押利益保险、抵押权人接受抵押人投保的船舶保险的委付或者抵押权人以自己的名义投保船舶保险,等等。①

是否属于海上保险合同的标的影响到《海商法》是否适用,进而影响被保险人的告知义务、保险争议的诉讼时效、责任限制权利等。例如,对于有争议的港口设施和码头,2007年1月1日施行的最高人民法院《关于审理海上保险纠纷案件若干问题的规定》第2条规定:"审理非因海上事故引起的港口设施或者码头作为保险标的的保险合同纠纷案件,适用保险法等法律的规定。"第3条规定:"审理保险人因发生船舶触碰港口设施或者码头等保险事故,行使代位请求赔偿权利向造成保险事故的第三人追偿的案件,适用海商法的规定。"

8.再保险(Reinsurance)

《海商法》第218条第二款明确规定,海上保险人可以对上述海上保险标的的保险进行再保险,因为"原保险人"(Original Insurer)对其承保的风险具有保险利益。银保监会在2021年修订了《再保险业务管理规定》。

再保险不同于"共同保险"(Co-insurance),因为在"再保险人"(Reinsurer)和"原被保险人"(Original Assured)之间不存在合同关系,不论原保险人向再保险人分出多少,仍仅由原保险人对原被保险人根据原保险合同承担保险赔偿责任,原被保险人不享有再保险的利益。②

在英国历史上,再保险曾被视为非法,除非原保险人破产或死亡,其理由是保险人可用再保险来"投机"(Speculation),赚取保险费的差价,而成为赌博合同。但在英国《1906年海上保险法》生效之前,此种法律就被废除。再保险已成为海上保险人分散风险的必要工具。

在保险合同(保险单)中载明保险标的,具有3个方面的功能,即:

(1)识别保险标的;

(2)表明风险的性质;和

(3)界定风险。

要做到能够识别保险标的,在保险合同中的相应措辞必须足够清晰,尤其是对"特定物"(the Particular Object),一个"笼统的描述"(General Description)只能识别为种类物。保险标的是保险合同的必备内容,③如果无从识别保险标的,则

---

① 杨良宜,汪鹏南.英国海上保险条款详论(第2版).大连:大连海事大学出版社,2009.
② 《保险法》第29条。
③ 《海商法》第217条第(3)项。

该保险合同无效。但是,一般无须叙明被保险人对保险标的的保险利益。[①]

对保险标的的描述,还从一个侧面反映所须承保的风险的性质,与被保险人所负的告知义务有关系,例如,前述甲板货和活牲畜。

此外,在保险合同期间,保险标的可能发生变化,如果已变为与保险合同中所识别的标的不同的标的,保险人便可解除责任。可见,在保险合同(保险单)中适当描述保险标的的重要性。

四、保险价值与保险金额

"保险价值"(Insurable Value)是指被保险人对保险标的的保险利益的价值。而"保险金额"(Insured Amount)是指被保险人对保险标的的投保金额。

在保险法中,保险价值的法律意义,一方面是决定被保险人的投保金额的限度:保险金额超过保险价值的部分是无效的;[②]另一方面,是确定保险人的"赔偿计算标准",也称"赔偿限度"(Measurement of Indemnity),即在发生全损时保险人的最高赔偿额。如果保险金额低于保险价值,即存在所谓的"不足额保险"(Under-insurance),被保险人所能得到的最高赔偿限于保险金额与保险价值的比例部分,即限于保险金额,而低于赔偿限度(保险价值)。[③] 在保险业务实践当中,特别是对陆上财产保险,保险价值的作用在于确定保险金额。只有在不超过保险价值的情况下,保险金额才是保险人承担保险赔偿的最高限额。[④]

保险价值,既然为保险的赔偿计算标准,那么保险价值的确定,在理论上就必须符合"赔偿原则"(Principle of Indemnity)。根据赔偿原则,对保险价值的确定,或者说对保险利益的估价,必须使被保险人恢复到"好像未发生损失时的经济状况"(the same situation as he would have been in if no loss had taken place or as if the adventure had never been undertaken),或者更确切地说,使被保险人的经济状况恢复到"好像冒险已完成一样"(as if the adventure had been completed),即等于保险事故发生时保险标的的价值。将这个原则应用于海上保险,在船舶价值中,必须扣除船舶的"正常磨损"(Ordinary Wear and Tear);货物的保险价值应为在目的地的完好市场价值;而运费的保险价值则为扣除航次费用后的净运费。

但是,《海商法》第 219 条的规定,却并未完全遵循上述赔偿原则的要求,而《保险法》第 55 条也引入了类似的规定,虽然非海上保险采用定值保险的情况很少。按照《海商法》的规定,保险价值的确定,分为两种情况:一是由双方当事人在

---

①参见英国《1906 年海上保险法》第 216 条第二款。
②《海商法》第 220 条。
③《海商法》第 238 条;《保险法》第 55 条。
④《保险法》第 18 条第四款结合第 55 作如是解。但实务中可能有理解上的困惑,参见保监会给最高人民法院"关于如何理解和适用保险法第 39 条问题的复函"(保监法〔2000〕10 号)。

保险合同中约定保险价值，所谓"定值保险"（Valued Insurance）；二是如无此种约定，所谓"非定值保险"（Unvalued Insurance）就按保险责任开始时（而非保险事故发生时）保险标的的实际价值加上保险费，来确定保险标的的保险价值。具体而言："（1）船舶的保险价值，是保险责任开始时船舶的价值，包括船壳、机器、设备的价值，以及船上燃料、物料、索具、给养、淡水的价值和保险费的总和；（2）货物的保险价值，是保险责任开始时货物在起运地的发票价格或者非贸易商品在起运地的实际价值，以及运费和保险费的总和；（3）运费的保险价值，是保险责任开始时承运人应收运费总额和保险费的总和。"对已付或应付的保险费，被保险人也具有保险利益，故将保险费作为保险价值的一部分。另外，被保险人支付的保险费中，包括对保险费投保的保险费，这一点在计算货物保险的保险金额时须予以考虑。如果不考虑市价之波动，如此来确定保险价值，对船舶保险和运费保险的被保险人有利，但货物被保险人得不到足够的赔偿。

在定值保险情况下，"双方约定的保险价值"（Agreed Value）对双方皆有约束力，在损失发生时，被保险人无须证明保险标的在事故发生时的实际价值，按约定的保险价值作为赔偿计算标准。实际上，约定的保险价值可能偏高或偏低，甚至偏差很大，一般不影响其效力，除非保险人能够证明被保险人将保险价值报得很高，是出于欺诈、赌博或有违告知义务。[①] 定值保险偏离了赔偿原则，但为我国法律所接受。[②] 陆上财产的重置价值保险，也是双方约定保险价值的一种方式，也为我国法律所承认。[③]

但是，保险人仍有权调查所约定的保险价值所及之全部保险标的是否处于本保险所欲承保的风险之中。例如，运费的保险价值所及的全部货物是否实际装运，货物的保险价值所及的全部货物是否实际装运等，但实务中难以确定何以构成"保险价值所及之全部保险标的"。

在我国法律和实务中，约定的保险价值对推定全损的构成也有约束力。[④]

在重复保险的情况下，各保险合同的保险价值可能不同，《海商法》第225条的规定和《保险法》第56条的规定，皆未充分考虑到这一情况，使法律适用非常困难。在发生部分损失时，赔偿限度是保险标的实际遭受的损失额；但在发生全损时，赔偿限度是法律所允许的最高的保险价值，如约定的最高的保险价值。

根据英国法律和实务，在重复保险的情况下，如果几个海上保险单约定的保险价值相同，则以此价值作为保险价值；如果几个海上保险单约定的保险价值不

[①] 参见 Arnould's §§426～428。
[②]《关于太原市中级人民法院咨询保险法律问题的复函》（保监函〔2001〕211号）。
[③]《关于解释保险价值和重置价值问题的复函》（保监法〔2000〕9号）。
[④] 详见本章后文对《海商法》第246条的分析。

同,则允许以最高的约定保险价值作为保险价值(赔偿限度)。[1]

上述原则,不适用于责任保险。英国《1906年海上保险法》第74条规定,除保单另有明确规定外,责任保险的赔偿限度是被保险人已负或该负的责任。而在重复保险的场合,如果保单皆约定了赔偿限额,按 Commercial Union Assurance Co, Ltd. v. Hayden[1977]1 Lloyd's Rep.1(C.A.)一案所确立的原则,在最低限额以内的赔偿,各保险人应平均分担。[2]

若投保人恶意进行超值保险,则保险公司不退还超过保险价值部分的保险费;反之,保险公司应退还超过部分的保险费。[3]

五、保险期间

虽然《海商法》第216条对海上保险合同的定义,没有明确提到"保险期间"(Duration of Insurance),但保险期间无疑是双方当事人"约定"的主要内容之一。保险期间,是保险合同的有效期间,其开始、持续和结束,皆须明确地予以规定,因为保险人仅对保险期间发生的属于保险人赔偿责任范围内的损失、费用和/或责任负责。

保险期间,在海上保险合同中,可能是一段固定的时间,也可能是某一个或几个航次,前者称为"定期保险"(Time Insurance),后者称为"航次保险"(Voyage Insurance),还有极少数保险期间是由一段时间和一定航次共同界定的,称为"混合保险"(Mixed Insurance)。航次保险的历史最为悠久,而定期保险则是后来的发展。目前,船舶保险大多采用定期保险,而海上货物运输保险只能是航次保险。英国《1906年海上保险法》对航次保险的被保险人规定了诸多苛刻的义务,特别是可能导致"保险责任从未开始"(Risks Never Attach),如开航日期不合理的延误、从不同的目的港开航或驶往不同的目的港等。[4]

保险期间的开始,即保险责任的开始,可以在订立保险合同后,也可以在订立保险合同前,即可以有溯及力。

1.定期保险的保险期间

在定期保险中,保险期间仅由时间的两个端点来界定,保险责任从起点开始(Attach),并如同时间本身一样不中断,与航次完全无关,但仍可能受诸如"协会保证"(Institute Warranties)所规定的地理限制的制约。此外,如果在保险期限届满时,船舶正在海上和/或遇险,船舶定期保险合同条款通常规定,经被保险人要

---

①Arnould's §435。

②Arnould's §438。

③中国人民银行《关于对超值保险如何理赔问题的答复》(银条法[1996]24号)。

④Arnould's §§461～501.

求,并按比例加付保险费,保险期间延续到船舶到达目的港或下一个港口,或已脱险。[1]

从时间的起点开始,保险责任就开始,被保险人负有支付全部保险费的责任,因为保险标的随时可能发生全损。船舶定期保险的起讫时间,如果只注明"日",则可能解释为不包括首尾两日;如果注明了"钟点",但没有注明何种时间,英国法认为是指"世界时"(GMT:Greenwich Mean Time)。[2] 作者认为,我国法律对在我国签订的海上保险合同,应解释为指北京时间,因为这符合我国的习惯。

在船舶失踪的情况下,无法确定船舶受损的准确时间,《海商法》第248条和人保财险《船舶保险条款》第10条第二款第(2)项皆将其规定为应抵达原定目的地的合理时间,如果这个时间是在保险期间内,该保险人就要按实际全损赔偿被保险人。

2.航次保险的保险期间

我国法律未对航次保险的保险期间做出明确规定,完全依赖海上保险合同条款去界定。实务中,船舶、货物与运费的航次保险的保险期间各不相同。

人保财险2009年版《船舶保险条款》第5条第二款规定按保单订明的航次为准,并将航次的起止规定为:

"(1)不载货船舶:自起运港解缆或起锚时开始至目的港抛锚或系缆完毕时终止。

(2)载货船舶:自起运港装货时开始至目的港卸货完毕时终止。但自船舶抵达目的港当日午夜零点起最多不得超过30天。"

作者认为,所谓"按订明的航次为准",表示实际"起运港"(Port of Departure)和实际"目的港"(Destination)皆须与保单中订明者相符;否则保险人的责任不会开始。这与英国《1906年海上保险法》第43条和第44条的规定相同。

但对合理开始航次的时间,改变航程,绕航和航次的合理速遣,上述船舶保险条款亦无规定,是否可将英国《1906年海上保险法》的有关规定视作国际惯例而在我国适用,可能有很大的争议。作者认为不能一概而论。对于被保险人中途改变航程(即驶往不同的目的港),应认为从改变航程时起,本保险终止,除非事先已取得保险人的同意并接受保险人提出的附加条件,而对于绕航和迟延,只有在已引起保险标的危险程度增加的情况下,保险人才有权解除合同。[3]

船舶保险人为了明确保护自己的利益,可以在保险单中就开航日期等订立保

---

[1] 参见人保财险2009年版《船舶保险条款》第5条。在英国协会船舶保险条款中称"延续条款"(Continuation Clause)。

[2] Interpretation Act 1978,as.9,23(3).

[3] 《保险法》第52条。详见本书后文对船舶保险条款的进一步分析。

证条款。

海上货物运输保险的保险期间已从传统的海上航程("从货物装上船至卸到岸")向两端扩展为"仓库到仓库"条款("Warehouse to Warehouse" Clause)或"运送"条款("Transit" Clause),并由"航程终止"条款("Termination of Transit" Clause)和"航程改变"条款("Change of Voyage"Clause)加以修正。

运费航次保险的保险期间的开始和持续最为复杂,因为它与被保险人在损失发生时是否对保险标的有保险利益的问题紧密相关,普通法的结论为:开始具有保险利益的时间就是运费航次保险开始的时间。[①]

六、保险经纪人与承保条款

"保险经纪人"(Insurance Broker)是基于投保人的利益,为投保人与保险人订立保险合同提供中介服务,并依法收取"佣金"(Brokerage or Commission)的单位或者个人。[②] 保险经纪人是基于投保人的利益,洽合保险合同,并依法收取佣金的机构。保险经纪人是被保险人的代理人,对投保人、被保险人承担过错责任。[③]

保险经纪在我国业务量迅速增加。《保险经纪人管理规定》从 2002 年 1 月 1 日起施行。目前适用的是 2015 年修订的《保险经纪机构监管规定》。

虽然保险经纪的核心是保险合同中介,但保险经纪人的实际业务范围,还包括作为被保险人的代理人(如作为保险索赔代理),保险人的代理人(如代为制定保险规划,代为展业等),保险咨询和今天日益盛行的风险管理服务等。

保险经纪制度和法律,英国甚为完备,[④]绝大多数海上保险合同是通过保险经纪人签订的,保险经纪人可以从保险人处得到占总保险费一定比例,如 5.5％的佣金。通过保险经纪人签订海上保险合同的好处是:第一,海上保险的专业性很强,而且费率较高,被保险人可以利用保险经纪人的专业知识,来安排适当的保险,同时尽可能节省保险费的支出;第二,保险人相信保险经纪人的"信用"(Credit),被保险人无须立即支付保险费,保险经纪人有直接向保险人支付保险费的义务,如果被保险人不向保险经纪人支付保险费,保险经纪人有权留置保险单;第三,海上风险大(如船舶保险),一个危险单位常需要数个保险人来共保,保险经纪人可以利用其对保险人的了解,找到第一个适当的接受承保的保险人[所谓"首席保险人"(Leader,Leading Underwriter)],来说服其他保险人共同接受承保。

在安排保险时,保险经纪人负有三方面的义务,即:

(1)遵照委托人(被保险人)的指示;

---

① Arnould's § § 569～577。

②我国《保险法》第 117 条。

③我国《保险法》第 118 条和第 128 条。

④英国《1906 年海上保险法》第 52～54 条和第 87 条。

（2）使用适当的技能和注意，包括履行告知义务；

（3）努力达成交易。①

在英国保险市场上，海上保险业务的实际操作过程大致如下：当收到被保险人（委托人）的"指示"（Order）后，保险经纪人着手准备"承保条"（Slip），这是一个长方形的标准纸条，上面印有船名、保险标的、待保航次或期限、保险价值、保险金额、保险条款和特别条款供填写；填好承保条后，保险经纪人将其分送给他选择的保险人，愿意承保的保险人在承保条底下签上其所属的"辛迪加"［Syndicate——对劳合社（Lloyd's）保险人而言］或公司的名字，以及所承保的金额。"Underwriter"（保险人）一词由此而来。通常第一个签字确认承保的保险人被称作"Leader"。当保险金额被全部接受后，保险经纪人到劳合社保险人的"劳合社签单部"（Lloyd's Policy Signing Office）或公司保险人所参加的"伦敦海上保险人协会"（Institute of London Underwriters）的"保单部"（Policy Department）办理保险单的签发；如果公司保险人没有参加该协会，就需要到该保险人处单独安排签发保险单；如果既有劳合社保险人，又有公司保险人，就必须分别签发保险单。目前签单已经全部电子化。

保险单全部签发完毕后，被保险人有义务立即向保险经纪人支付保险费。保险经纪人有权留置保险单，直至被保险人付清了保险费，因保险人只向保险经纪人请求保险费，但通常保险经纪人并不行使此"留置权"（Lien on Policy）。现在也有保险人（如船东互保协会）不向保险经纪人支付佣金的做法。

发生保险事故后，被保险人需要保险经纪人索赔时，就给保险经纪人指示，并把保险单交给经纪人，经纪人确定保险索赔额②和每个保险人的赔偿比例后，在保险单上注明并写上"Settled"字样，分送各保险人支付赔款，对此无异议的保险人，就"草签"（Initial）保险经纪人送来的保险单并将赔款付到保险经纪人的账号，这个程序现在称作"处理索赔"（Settling the Claim）。如果保险人拒绝赔付，就要通过法律途径解决。保险经纪人在扣除1％的"收账佣金"（Collecting Commission）后，将余款立即转付给被保险人。③ 见 www.lloyds.com，但实务做法不断在改变。

七、保险代理人与劳合社代理人

"保险代理人"（Insurance Agent），是根据保险人的委托，向保险人收取代理手续费，并在保险人授权的范围内代为办理保险业务的机构或者个人。④ 简言之，

---

①SIR. Hardy Ivamy, Marine Insurance, 3rd edn. London: Butterworths, 1979（hereinafter "Ivamy-M. I."）,Ch.5.

②为此，保险经纪人可在必要时聘请"海损理算师"（Average Adjuster）。

③Arnould's §169。

④我国《保险法》第117条。

保险代理人通常是指保险人的代理人;民法中关于"代理"(Agency)的规定,同样适用于保险代理人,[①]保险代理人对委托人承担过错责任,因为保险代理是民事代理的一种。实际上,被保险人也可以委托代理人办理投保,接受退费和/或保险索赔等业务,如委托上述保险经纪人,但被保险人的代理人,通常不称作保险代理人。此处主要讨论保险人的代理人。银保监会最新修订的"保险代理人监督规定"自2021年1月1日起施行。

保险代理人可大致分为三类,即:

(1)签单代理人(Underwriting Agent);

(2)检验代理人(Survey Agent);

(3)理赔代理人(Claim Agent)。

签单代理人是现代保险业务不可缺少的一部分,由于保险业务量剧增和保险业务的国际化,仅仅由保险人出立保险单远远不够,必须与大量的签单代理人签订"代理协议"(Agency Agreement),给予代理人必要的"授权"(Power of Attorney)和详细的"业务指南"(Letter of Instruction),由代理人代保险人签发保险单和收取保险费。签单代理人按代理协议从保险人处获得代理费(包括报酬或手续费以及费用)。签单代理人可能是其他专业的保险人或保险公司、保险经纪人、专业保险代理公司,或其他公司(如港务公司、客票售票处、贸易公司、货运代理公司等)利用其业务上的便利提供出立保险单的服务,对保险人的"展业"(Marketing)非常重要。

检验代理人,代理保险人对损害进行检验,或仅负责安排和指定当地的专业检验人对损害进行检验。

理赔代理人有权处理保险索赔,其授权范围可能包括确定损害范围或损失大小,接受或拒绝委付,承认或拒绝保险索赔,以及支付保险赔偿金等。有些理赔代理人实际上是检验代理人,只有权安排检验和"传递"(Relay)保险索赔。

"劳合社代理"(Lloyd's Agent),是英国伦敦劳合社保险人组织在世界各重要口岸指定的代理人,其平时授权仅限于收集当地商品和航运信息,非经劳合社或其某一辛迪加的逐条特别授权,劳合社代理人无权代理劳合社或其保险人签发海损理算书,也无权拒绝或接受保险委付,即使被保险人根据保险单条款已通知了某一个当地劳合社代理人。"船东互保协会"(P&I Club)在世界各地的各种"通信代理"(P&I Correspondence)的授权,与上述劳合社代理人相近。可见,劳合社代理人和船东互保协会通信代理以及其他通信代理,一般只是候选代理人,

---

[①]参见《民法典》第一编第七章第二节第161~175条。《保险法》第129条规定:"代为办理人寿业务的个人保险代理人,不得同时接受两个以上保险人的委托。"

在取得委托人的特别授权之前，无权安排检验或理赔。

第二节 海上保险合同的订立、解除和转让

一、海上保险合同的订立过程

1.形式要件及实体要件

《民法典》承继《合同法》，放宽了对经济合同书面形式的要求，因《海商法》和《保险法》皆未要求海上保险合同满足书面形式要件，故除非双方约定须具备书面形式，海上保险合同可口头缔结。根据《民法典》第469条，口头合同有效，审判实践中也承认口头订立的海上保险合同。

此外，即使双方约定采用合同书形式订立海上保险合同，如果在签字或盖章之前一方已经履行了主要义务，对方接受的，也视为该合同成立。

海上保险合同的内容只求"具体确定"，不求完整。在合同的实质要件方面，《民法典》承继《合同法》，澄清了只要双方约定了"具体确定"的合同内容，就认为合同已经成立，不要求双方就合同的全部内容达成一致[1]。《民法典》第470条只是提示性地或示范性地规定了合同"一般包括"的内容，要约的成立也是以"内容具体确定"为标准。

值得注意的是，虽然合同标的、数量、质量、价款或者报酬、履行期限、履行地点和方式、违约责任和解决争议方法等皆属于合同的"实质性"内容[2]，也是合同中"一般包括"的条款[3]，但其中只有合同"标的"一项是合同成立不可或缺的条款[4]，合同中欠缺其他各项中的一项或数项皆不影响合同的成立。

《海商法》第217条关于海上保险合同"主要内容"的规定，我认为也是提示性或示范性的规定，但其中第（一）项"保险人名称"、第（二）项"被保险人名称"和第（三）项"保险标的"，无疑是海上保险合同必备的条款，缺乏这些条款时，海上保险合同不能成立。其第（四）项"保险价值"，双方未约定时，就是不定值保险而已，在国内海上保险合同中也常见。其第（五）项"保险金额"、第（六）项"保险责任和除外责任"、第（七）项"保险期间"和第（八）项"保险费"，在双方未约定其中一项或数项时，可依次通过双方补充协议、对合同的整体解释和交易习惯来予以补充[5]。如果仍不能明确有关内容，可依《民法典》第466条规定的"符合合同目的"标准、诚

---

①《民法典》第470条。
②受要约人对其中一项或数项条款的实质性变更，构成一个新的要约：《民法典》第478、488条。
③《民法典》第470条。
④此外，双方当事人也是必要条款。
⑤《民法典》第142、510条。

信原则及市场价格等方法来进一步寻找合同客观的规范内容。

但是,《保险法》第18条规定了非海上保险合同诸多的必备条款,可能解释为要式合同的依据,并优先于《民法典》适用。

《海商法》第217条所规定的海上保险合同的8项主要内容中前3项是海上保险合同的必备条款。这些特别事项,都包括在保险公司缮制的"投保单"(Application Form or Proposal)中。如果被保险人如实填写此种投保单来投保,从保险公司签署该投保单时起,即认为签署双方已达成协议,海上保险合同成立,证明海上保险合同的保险单一般在此后才签发。

2.要约与承诺

《民法典》承继原《合同法》,详细规定了此前学理所阐释的关于合同成立过程的"要约—承诺"概念分析方法[1],也适用于电子合同。

海上保险合同的订立,与其他合同的签订一样,也是遵循"要约"(Offer)—"承诺"(Acceptance)程序,只是海上保险合同对双方的诚信有更高的要求,特别是投保人须履行告知义务。[2]《海商法》第221条前半部分规定:"被保险人提出保险要求,经保险人同意承保,并就海上保险合同的条款达成协议后,合同成立。"所谓达成协议,是指对具体合同的特别事项达成协议,非指双方须就每一个条款进行磋商并取得一致,因为保险单条款是标准的,被保险人同意按某一标准条款投保,表示他接受该条款的内容。[3]

海上保险业务中常用的投保单,一般是保险人印制的空白格式,保险人将其交给被保险人时,只构成要约邀请;而当被保险人填写了投保单并交给保险人时,只要投保单上明确了被保险人、保险人和保险标的,就构成了被保险人投保的要约。缺乏对保险费、保险金额、保险责任和/或保险期限等内容的明确规定,不一定影响要约的成立。

《海商法》第217条所规定的8项"主要内容",都是海上保险合同的"实质性"内容,受要约人对要约中的这些内容的任何变更,皆导致要约失效,而构成一个新的要约。保险保证也是海上保险合同的实质性内容。

承诺对要约无"实质性"变更的,该承诺有效,且以承诺内容作为合同内容。承诺生效时合同成立。承诺生效的地点为合同成立的地点。

根据《民法典》第480条,承诺应以通知的方式做出,但根据"交易习惯"或者要约表明可以通过行为作出承诺的除外。故保险人出立正式保险单证,要求收取保险费或接受支付保险费,皆是有效的承诺方式。

---

[1]《民法典》第471～494条。

[2] 详见本章后文对告知义务的分析。详见《民法典》第469～501条。

[3] 但保险人仍需注意《保险法》第18条要求保险人说明除外条款的义务。

值得注意的是,保险合同成立后,保险合同的内容包括投保单和保险单(附保险条款),以及双方的其他特别约定。当投保单与保险单的内容不一致时,哪一个文件的效力更高?目前尚有争议。海事司法实践中法院倾向于保护被保险人的利益,因此保险人应将保险单中对其有利的特约条款(如航区保证、不保甲板货风险、免赔额等),明确填写在投保单中,并要求投保人在投保单上亲自签字和/或盖章(投保人为公司的情况下)。

在《电子签名法》的基础上,《民法典》第469条澄清了电子合同一般不是书面合同的一种形式;如其能够有形地表现所载的内容并可以随时调取查用,则视为书面形式。

根据我国《民法典》第491条,在成立时间上,电子合同有其特殊性:如果双方选择以确认书形式订立电子合同,则签订确认书时合同成立;如果保险人通过互联网等信息网络发布的保险产品信息内容确定,而且表明一经承诺即受约束的意思,则该保险产品信息符合要约,被保险人提交投保单时保险合同即成立。

根据我国《民法典》第512条,在合同效力方面,系统生成的保险单电子凭证(电子合同标的物)时间为提供保险服务的时间,保险单电子凭证进入被保险人指定的特定系统,而且能够检索识别的时间为交付时间。

3.承保条与暂保单

在英国海上保险市场上,通过保险经纪人安排保险事宜,从保险人签署"承保条"(Slip)起,海上保险合同成立。保险经纪人向其委托人(被保险人)签发的"暂保单"(Broker's Cover Note),通知其委托人保险人已接受承保,并非海上保险合同成立的证明,并不约束保险人;如果海上保险合同事实上没有成立,保险经纪人就违反了对其委托人的"保证"(Warranty)。可见,保险经纪人向其委托人签发的暂保单,不同于劳合社保险人的国外代理人在收到被保险人的投保单(要约)之后和在劳合社保险人正式签发保险单接受承保之前,代表劳合社保险人接受承保(承诺)时向被保险人签发的"暂保单"(Cover Note)。这种暂保单是保险合同成立的证明,在暂保单的有效期内约束保险人,只不过保险人可以在签发保险单确认接受承保之前,随时撤销暂保单。在没有劳合社保险经纪人的市场上,这种暂保单取代了承保条,二者的效力也不相同。① 但这些做法正在改变,例如从2009年起要求出立附有全部保险条款的保险单,而不是暂保单。

4.海上保险合同的"续订"(Renewal)与"恢复"(Revival)

有很多海上保险合同,如船舶定期保险合同和货物预约保险合同,在保险期间结束之前,对下一个期间(年度)保险安排,如果仍选择原来的保险人,就有一个

---

① Ivamy-Principles,Ch.9.pp.110—116.

续约问题,此即海上保险合同的续订。续订时,一般主要涉及对保险费率的调整,要约和承诺的内容也主要涉及保险费率的增减或维持。

在目前有效的海上保险合同中,如果未对续约做出规定,则海上保险合同的续订需要双方同意。但目前有效的海上保险合同可能规定由被保险人"选择"(Option)续订,或者规定除非一方提前通知不续订,保险合同的续订便自动生效。自动生效的保险合同的续订实际上是原保险的继续,一般常见于人身保险,续订时被保险人不负有告知义务。海上保险合同的续订通常需要双方同意,即使保险费和其他条件保持不变,也是重新签订合同,或者说是订立新的合同,而非原保险合同的继续,故被保险人重新负有告知义务,须告知保险人保险标的在续订时的重要情况。

续订通常需要在原保险期间届满之前或之时完成,但双方其后的行为可能构成原海上保险合同的"恢复"。例如,在原保险期间届满后,被保险人按原费率支付下一个年度的保险费,保险人接受了保险费。再如,其后保险人要求被保险人按某一费率支付新年度的保险费,被保险人按照此要求向保险人支付了保险费。恢复的日期通常"溯及"上一个保险期间届满时,但所恢复的合同仍是一个新合同,被保险人仍负有告知义务,而且在实际恢复日前发生的损失,不能根据所恢复的保险合同向保险人索赔。[1]

二、海上保险合同成立的法律后果

海上保险合同成立后,双方就受该合同的约束。"保险人应当及时向被保险人签发保险单或其他保险单证,并在保险单或其他单证中载明当事人约定的合同内容。"[2]"除合同另有约定外,被保险人应当在合同订立后立即支付保险费;被保险人支付保险费前,保险人可以拒绝签发保险单证。"[3]"发生保险事故造成损失后,保险人应当及时向被保险人支付保险赔偿。"[4]

海上保险合同的生效有时附一定条件或期限,例如船舶保险人在承保时发现船舶适航证书已失效,要求船东尽快办妥,但先收了保险费,应认为船舶保险合同已成立,只是要等到适航证书办妥时该合同才生效。

海上保险合同生效与海上保险人责任开始不是同一概念。例如双方事先订立了海上货物运输保险合同,约定保险人的保险责任从保险货物离开被保险人的仓库开始起运时开始,该合同在合同成立时已经生效,但保险人的责任在货物起运时才开始。

---

[1] Ivamy-principles, p.273.
[2]《海商法》第 221 条。
[3]《海商法》第 234 条。
[4]《海商法》第 237 条。

此外,被保险人对保险人不再负有告知义务,因为告知义务仅存在于"合同订立前"。[①] 但是,被保险人对保险人负有"立即通知"保险事故的义务,[②] 和"及时通知"保险标的危险程度增加的义务。[③]

三、海上保险合同的证明:海上保险单证

证明海上保险合同的单证称为海上保险单证或海上保险凭证。[④] 其主要有以下几种形式:

(1)保险单(Policy);[⑤]

(2)保险凭证(Certificate of Insurance);

(3)联合保单(Combined Insurance Certificate);

(4)承保条(Slip);

(5)暂保单(Cover Note)。

承保条是通过经纪人投保时,由保险人签发给保险经纪人的,而暂保单是由保险人的代理人签发给被保险人,在我国基本上未予使用。联合保单,在我国主要用于内地与港澳之间的陆上货物运输保险。保险凭证与相应保险单的内容完全一致,只是未附保险条款,常用于根据预约保险合同承保的货物。[⑥] 目前,在我国海上保险实务中,基本上仅使用海上保险单来证明海上保险合同,保险单也是保险合同的正式凭证。[⑦]

《海商法》第221条后半部分规定,保险合同成立后,"保险人应当及时向被保险人签发保险单或其他保险单证,并在保险单或者其他保险单证中载明当事人双方约定的合同内容。"

海上保险合同的主要内容,按《海商法》第217条的规定,包括下列8项:

(1)保险人的名称;

(2)被保险人的名称;

(3)保险标的;

(4)保险价值;

(5)保险金额;

(6)保险责任和除外责任;

---

① 《海商法》第222条。

② 《海商法》第236条。

③ 《保险法》第237条。

④ 《保险法》第13条使用"其他保险凭证"一词。

⑤ 源于意大利语"Polizza d'assecurazione"。

⑥ Certificate of Insurance 由货物被保险人填好,交给保险人签名盖章,可代替 Policy 使用。

⑦ 英国《1906年海上保险法》第22条规定海上保险合同必须包括在海上保险单中,但 Arnould's §4 认为并非只有正式的保险单才被法院接受。

(7)保险期间;

(8)保险费。

除此之外,双方还可能约定了其他内容,如航区保证等,亦要在保险单或其他保险单证中载明。

四、海上保险单的分类

根据不同的分类标准,海上保险单常被分为:

(1)定值保险单与不定值保险单;

(2)航次保险单、定期保险单与混合保险单;

(3)单一保险单与集合保险单;

(4)记名保险单、浮动保险单与预约保险单。

上述第一种分类,是根据保险单中是否约定了保险价值,如果双方当事人在保险单中约定了保险价值,此保险单称为"定值保险单"(Valued Policy);否则为"不定值保险单"(Unvalued Policy)。海上保险单大都为定值保险单。对同一保险利益,根据两种保险单得到的赔款可能相差很大。

上述第二种分类的标准是确定保险期间的方式,保险期间为具体的一个或数个航次的,为"航次保险单"(Voyage Policy);保险期间为固定的一段时间的,为"定期保险单"(Time Policy);保险期间结合航次和固定时段两种方式来界定的,称为"混合保险单"(Mixed Policy)。在英国法中,航次保险单与定期保险单的性质相差很大,混合保险单同时具有两种保险单的性质。但在我国法律和实务中,航次保险单与定期保险单在法律性质上的差别不明显,《海商法》和《保险法》皆未像英国《1906年海上保险法》一样,对航次保险加诸一些额外的对被保险人不利的默示保证规定,而且人保财险《船舶保险条款》对船舶不适航的除外责任,也未区分航次保险与定期保险。

上述第三种分类主要用于海上货物运输保险单,分类的标准是载运被保险货物的船舶是否在保险单中载明。"记名保险单"(Named Policy)是将货物运输限于某一约定船舶履行的海上货物运输保险单。英国《1906年海上保险法》第29条第一款将"浮动保险单"(Floating Policy)定义为笼统地规定保险,而船名和其他细节留待被保险人以后通报的保险单。"预约保险单"(Open Policy)是在浮动保险单的基础上发展起来的,[①]而且已基本在海上货物运输保险中取代浮动保险单。两者的主要区别是:浮动保险单约定了保险金额的总限额,每承保一批货物,该限额就自动递减一部分,直至该限额减为零;而预约保险单对保险单有效期间的总保险金额并无限制,被保险人无须担心因保险金额的限额用完而漏保。预约保险

---

①英国《1906年海上保险法》仅对浮动保险单有所规定(该法第29条)。

单和浮动保险单中都可能订有一次装船货物价值限额条款和"地点条款"(Locality Clause),后者规定装船前在同一地点存放的货物的保险金额不能超过某一限额,其目的皆是避免风险过于集中和便于保险人安排分保。再保险也可能采用预约保险单。浮动保险单现在一般只用于货物仓储保险,因仓库内的货物每天有进有出,但总的价值可能变化不大,使用浮动保险单就很合适。

船舶保险单,还可分为"单一保险单"(Single Policy)和"集合保险单"(Collective Policy)。单一保险单,又称"个别保险单"(Individual Policy),是指只有一个保险标的的保险单,最为常见,不限于船舶保险使用。例如,根据预约保险单承保的货物,对其中具体每一批货物,都可能要再签发一套个别保险单,因每批货物的买方或保险单受让人常常不同。集合保险单,是指在同一张保险单上承保同一被保险人的多个同类保险标的,而每一个保险标的又各订明其保险金额和/或保险价值,保险条款和保险费率可能相同,也可能不同,如果不同,应分别订明。在海上保险实务中,集合保险单用于"船队保险"(Fleet Insurance),尤其是船队保险的年度"续订"(Renewal),一般在下一年度开始前,船公司和保险公司就已通过协商签订了下一年度的船队集合保险单,而每艘船舶的个别保险单再根据集合保险单,由保险公司一一签发给船公司。

五、海上保险单的格式与劳氏 S.G. 保险单

海上保险单的格式(Form)因保险人的不同而异,但其内容实际上基本相同。现代海上保险单皆采用保险单与保险条款分开的方式,保险单的内容限于海上保险合同的特别事项,保险人的名称(抬头)、保险种类(标题)、被保险人、保险标的、保险价值(如果约定)、保险金额、保险期间、保险费、保险条款和其他附加条款、保证等,此外是保险人的法人代表签署和加盖公章一栏。

英国海上保险市场,在 20 世纪 80 年代初采用所谓"新海上保险单格式"(New Marine Policy Form)之前,从 17 世纪末就开始一直使用大名鼎鼎的"劳氏保险单"(Lloyd's Policy)。劳氏保险单又称"劳氏 S.G. 保险单"(Lloyd's S.G. Policy),其中 S 代表"船舶"(Ship),G 代表"货物"(Goods),表明开始时船舶和船上的货物是用同一个保险单同时承保的。劳氏保险单包括保险条款,即保险条款没有像现在这样单独印备,而且同时承保"水险"(Marine Risks)和"战争险"(War Risks),直到 1898 年才在劳氏保险单中加贴"不保捕获和扣押保证条款"(Free of Capture and Seizure Warranty Clause,简称 F.C.& S. Clause),强制将战争险分开承保。① 英国《1906 年海上保险法》将劳氏保险单作为附录,即承认其为标准海上保险单。

---

① 杨良宜,汪鹏南.英国海上保险条款详论(第 2 版).大连:大连海事大学出版社,2009,p.156.

六、预约货物保险单

从事货物进出口的贸易公司与其选择的保险公司之间签订长期(如一年)的预约货物保险单,早已是习惯的做法,因为这对合同双方皆有许多好处,对被保险人(货方)来讲,主要优点是可以避免漏保和防止保险费增加,对保险人来讲,最大的好处是保障了稳定的保险费收入。

具体从货方立场看,对于货物的买方(如 FOB 或 CFR 买方)而言,可能发生买方已承担了货物的风险,但在接到卖方通知前,买方忽视了货物已发运的事实,而且不知道货物的价值和载运船舶的名称;但如果已与保险公司签订了预约保险单,从货物发运和风险转移时起,买方已有保险保障。类似地,对于货物的卖方(如 CIF 卖方)而言,有义务按买卖合同的要求及时投保货物运输险,预约保险单大大简化了保险安排,而且可以避免疏忽引起的漏保。

《民法典》第 495 条首次明确预约合同是一种合同,并明确规定了违反预约合同应承担民事责任。

在法律性质上,预约货物保险单是一种长期货物运输保险合同的证明,从该合同规定的保险责任开始时起,[①]或约定的整个合同有效期间,合同约定范围内的货物一经装运,保险责任自动开始,其价值由被保险人在货物装船后申报给保险人,仅受一次装运的货物价值不能超过预约保险单规定的限额的限制。

主要为了保护保险人的利益,使其摆脱无利可图的保险费率的限制,在预约货物保险单中(特别是"Always Open"的保险单中),常有一个"解约条款"(Cancellation Clause),规定任何一方当事人在给予对方约定的通知期[②]后,预约保险单解除。

"被保险人知道经预约保险合同保险的货物已经装运或者到达的情况时,应当立即通知保险人。通知的内容包括装运货物的船名、航线、货物价值和保险金额。"[③]"应当"通知,是指被保险人不能取巧只通知出了险的货物,必须依次申报预约保险合同项下的每一批货物。"立即"通知,是指须尽可能早[④]地向保险人发出通知。如果通知是在损失发生后或货物抵达后,英国《1906 年海上保险法》第 29 条第四款规定,除保单另有规定外,应按不定值保险处理,即不考虑货物的预期利润。我国法律对此尚无明确规定,为避免争议,双方宜在预约保险单中订明此种情况下保险价值(赔偿限度)的确定方法。

如果通知内容有错误或遗漏,英国《1906 年海上保险法》第 29 条第三款规定,

---

①这种预约保险单只有保险责任开始日期,没有事先约定终止日期,称为"Always Open"。
②一般约定的通知期:水险为 30 天,战争险和罢工险为 7 天,进出美国的货物的罢工险为 48 小时。
③《海商法》第 233 条。
④预约保险单可能规定了被保险人发出通知的期限,这一规定是一项保证。

被保险人有权申请法院"矫正"(Rectify),即使通知时已发生了损失或货物已抵达,但被保险人的漏报或误报必须是善意的,即纯粹是疏忽所致,没有故意漏报或误报的行为。在被保险人欺诈性地通知保险人时,保险合同无效,不得矫正。而且,依照协会货物保险条款,如果通知内容有错误或遗漏,被保险人须办理"续保"(Held Covered)手续,即被保险人应在知悉后立即通知保险人,并在必要时加缴保险费,本保险才继续有效。PICC海洋运输货物保险条款第5条第三款也做了类似的规定。

依我国《海商法》第232条第一款规定:"应被保险人要求,保险人应当对依据预约保险合同分批装运的货物分别签发保险单证。"实务中的做法是由保险人将"空白"(In Blank)海上货物运输"保险凭证"(Certificate of Insurance)(即未盖公章的所谓小保单)交给被保险人,每批货物装运后,被保险人将船名和所装运货物的细节填入保险凭证,并将其中的一份或数份交给保险人(等于通知了保险人),保险人审核后,根据被保险人的要求,视情况直接在保险凭证上签名盖章或根据保险凭证另外签发保险单,再交给被保险人。保险费是定期结算,如本月结算上月的保险费总额,故保险单或保险凭证上保险费一栏一般注明为"依安排"(As Arranged)。

七、被保险人的告知义务

保险关系的信息非对称性决定了在保险合同订立过程中,被保险人对保险人负有告知义务;如果被保险人违反告知义务,保险人有权解除合同,并且在被保险人故意违反时,或者未告知或错误告知的重要情况对保险事故的发生有影响的情况下,有权对合同解除前发生的损失不负赔偿责任。

我国《海商法》就被保险人的告知义务有关规定如下:

第222条规定:"合同订立前,被保险人应当将其知道的或者在通常业务中应当知道的有关影响保险人据以确定保险费率或者确定是否同意承保的重要情况,如实告知保险人。

保险人知道或者在通常业务中应当知道的情况,保险人没有询问的,被保险人无须告知。"

第223条规定:"由于被保险人的故意,未将本法第二百二十二条第一款规定的重要情况如实告知保险人的,保险人有权解除合同,并不退还保险费。合同解除前发生保险事故造成损失的,保险人不负赔偿责任。

不是由于被保险人的故意,未将本法第二百二十二条第一款规定的重要情况如实告知保险人的,保险人有权解除合同或者相应增加保险费。保险人解除合同的,对于合同解除前发生保险事故造成的损失,保险人应当负赔偿责任;但是,未告知或者错误告知的重要情况对保险事故的发生有影响的除外。"

告知义务始于被保险人要求保险之初,终于保险合同成立之时,是被保险人所负的一项特殊的法定义务,一项"合同前义务"(Pre-contractual Duty)。

告知义务的立法例,始于英国普通法案例"Carter v.Boehm"(1776),[①]英国《1906 年海上保险法》第 17 条至第 20 条对被保险人的告知义务有较详尽的规定,是所谓"无限告知义务主义"立法例的代表,即对保险人没有问及的重要情况,被保险人也需主动告知。我国法律中首次明确规定被保险人的告知义务的,是 1983 年 9 月 1 日国务院颁布的《财产保险合同条例》第 7 条。该条规定了投保方(被保险人)"应当按照保险方的要求",将主要危险情况告知保险方。一般理解《财产保险合同条例》第 7 条的上述规定,是所谓"询问回答告知义务主义"(又称"有限告知义务主义"),即被保险人只需如实回答保险人的询问,如实填写投保单,就算尽了告知义务。上述《海商法》第 222 条的规定,却参照英国法,采用无限告知义务主义,而《保险法》第 16 条的规定,仍秉承《财产保险合同条例》,采用有限告知义务主义。可知,在被保险人所负的告知义务方面,海上保险合同与其他保险合同之间有很大差异。英国《2015 年保险法》对告知义务有重大修改。

对《海商法》第 222 条规定的告知义务的履行标准,需要小心地加以解释。作者认为,可以从下述四个方面对本条规定做一个完整准确的理解。[②]

第一,被保险人履行告知义务的履行期是从被保险人提出保险要求时开始,在双方协商过程中持续,直至双方就海上保险合同的条款达成协议,即海上保险合同成立之时。因此,在双方协商过程中,被保险人才了解到的重要情况和从不重要变得重要的情况,被保险人都有义务告知保险人。同样,在双方协商过程中,被保险人如发现已告知的重要情况与实际不符或发生了变化,被保险人有义务予以修正。另外,被保险人没有义务告知在合同订立后才知道的新情况;但是,在海上保险合同成立后,被保险人为自身利益提出对原合同条款的修改,那么在合同内容变更的范围内,被保险人就重新负有告知义务直至双方达成新的保险合同。[③]

第二,"被保险人知道"无疑是指"被保险人实际知情"(Actual Knowledge),例如,船员作证已将某一重要情况告诉了船东。"被保险人在通常业务中应当知道",却引入了一个客观标准,要求被保险人去做"合理查询"(Reasonable Enquiry),以掌握有关重要情况,这无疑大大加重了被保险人所负的告知义务,要求被保险人有一个适当的工作程序而且已尽合理谨慎的管理责任。另外,本条规

---

①3 Burr,1905 per Lord Mansfield.

②汪鹏南.告知义务及违反该义务的法律后果.中国海商法年刊,1993,p.158;汪鹏南.海上保险中的最大诚信原则——CMI 第 35 届国际会议专题研讨综述.海事审判,1995(1).

③Ivamy-Principles,p.168.

定并不苛求被保险人告知其经过合理查询仍未获知的重要情况或其准确性，告知义务不同于遵守保证条款的义务。[①]

第三，何谓"影响保险人"的"重要情况"（Material Facts）？这是困扰各国法院的一个极富争议性的解释问题。从立法政策上来考虑，需要妥善地平衡海上保险合同双方的权利义务，一方面，本条规定的首要目的是保护保险人，要求被保险人如实告知有关保险标的风险大小的重要情况，即使保险人没有询问到，否则保险人无从正确选择是否接受承保，或无法准确确定应收取的保险费；另一方面，要防止保险人将被保险人所负的告知义务作为一种"技巧性的抗辩"（Technical Defence），来规避其应承担的保险赔偿责任，因为保险人可能在核保时粗心大意，而被保险人可能并不善于评估保险标的的风险，不善于从大量的有关的情况中，找出保险人认为重要的情况。因此，作者认为，综合上述两方面的考虑，被保险人须如实告知的重要情况，是指对一个"合理的保险人"（Reasonable Insurer），在考虑是否接受承保或保险费率高低时，有决定性影响的那些情况。

在英国普通法中，英国贵族院（House of Lords）在"Pan Atlantic Insurance Co. Ltd.v. Pine Top Insurance Co.Ltd."（1994），[②]推翻了上诉院对该案的判决和以前的案例，对告知义务的标准做出了一个颇为新颖的解释：想解除海上保险合同的保险人必须证明，不实告知的情况实际上使他做出了不同的决定，而且一个"谨慎的保险人"（Prudent Insurer）在评估风险时可能考虑该情况。即一方面不能忽视具体海上保险合同中特定保险人对风险评估的实际做法，另一方面不要求对一个谨慎的保险人有决定性的影响。

第四，"如实告知"是指全部告知并且正确告知，其反义词为"未告知"和/或"错误告知"，包括对某一重要情况部分内容未告知或只告知了"部分真实情况"（Half Truth）。《海商法》第223条还将被保险人违反告知义务区分为"故意违反"与"非故意违反"。将这两个分类标准结合起来，可以将"未告知"进一步分为"不申报"和"隐瞒"，将"错误告知"进一步分为"误报"和"伪报"。与英国《1906年海上保险法》相比较，《海商法》中规定的告知义务包括英国法中的"明告"（Disclosure）和"申报"（Representation）两方面的内容。

此外，对保险人没有问及的情况，如果是保险人实际知情的，或者是一个合理的保险人在通常业务中应该知道的，被保险人就无须告知。在实际知情方面，保险人的情报来源并不重要。在推定知情方面，法官的自由裁量权很大，英国案例曾判保险人应当知道一般的推理，如引起自然灾害的各种原因；应当知道航次中

---

①关于保证，详见本章后文的论述。
②3 W.L.R.677.

通常会遇到的困难,如季节性的天气海况特征和减载的可能性等;还应知道公众关注的事件,如某地区爆发了战争等,[①]可资参考。

对违反告知义务的法律后果,《海商法》区分为故意违反与非故意违反,与英国法的规定不同,而与日本、意大利等大陆法系国家的法律规定则有相近之处。[②]与被保险人违反告知义务有关的法律后果,包括下述 4 项内容:

(1)保险人是否有权解除合同;

(2)保险人解除合同时,是否有权不退还保险费;

(3)保险人解除合同时,是否有权对解约前发生的损失拒绝赔偿;

(4)保险人不解除合同时,是否有权相应增加保险费。

按照《海商法》第 233 条的规定,无论被保险人违反告知义务是否出于故意,保险人皆有解除合同的"选择权"(Right of Option),并非合同无效,而且解约的效力并非皆溯及合同成立之时。

被保险人故意违反告知义务的,保险人选择解约时,有权不退还保险费。但在被保险人非故意违反告知义务的情况下,保险人的这一权利在《海商法》中不明确;虽有《保险法》第 17 条第四款的规定,仍以解释为保险费不应退还给被保险人为宜。[③]

被保险人故意违反告知义务的,保险人选择解约时,有权对解约前保险事故造成的损失不负赔偿责任。但在被保险人作故意违反告知义务的情况下,保险人的这一权利限于未告知或错误告知的重要情况对保险事故的发生有影响这一例外情况。这里所谓"有影响",作者认为,不是指有法律上的因果关系,而仅指有一定的因果牵连即可。

保险人选择不解约时,既然在被保险人非故意违反告知义务的情况下,保险人明确有权相应增加保险费,就没有理由认为,在被保险人故意违反告知义务的情况下,保险人不享有此项权利,虽然《海商法》对此无明确规定。

与被保险人违反告知义务有关的争议,既是一个困难的法律标准解释问题,又是一个困难的举证责任分配问题,从《海商法》和《保险法》的有关法律条文中,无法推出任何有说服力的结论。作者认为,从立法政策上来分析,围绕被保险人违反告知义务的法律争议,举证责任基本上落在保险人一方,而且分下述两个层次。

(1)保险人以被保险人违反告知义务解约或增收保险费时,需证明被保险人违反了告知义务。具体地讲,保险人需证明:

---

① Ivamy-Principles p.51～54.

② CMI's Marine Insurance Seminar,Sydney,4 October 1994.

③ 建议在修改《海商法》时予以澄清。另参见英国《1906 年海上保险法》第 84 条第三款第(1)项。

①争议中的某一情况是重要情况；

②被保险人或其代理人实际知道或在其通常业务中应该知道该情况或正确的情况；

③被保险人或其代理人（如保险经纪人）在合同订立前未告知或曾错误告知该情况。

（2）保险人不赔偿解约前保险事故引起的损失时，还须证明被保险人违反告知义务是出于故意，或者未告知或错误告知的情况对该保险事故的发生有影响。

简言之，《海商法》对海上保险合同关系中被保险人所负的告知义务及其法律后果的规定，改变了《财产保险合同条例》中的有关规定，也不同于《保险法》的有关规定，强调被保险人的告知范围不限于保险人询及的内容，而需主动申报有关海上保险标的的重要情况，违反该义务将导致保险人不负赔偿责任这样严重的法律后果，值得船东、租船人、船舶管理人、保险经纪人、进出口公司和货运代理人等特别重视。但是，保险人知道被保险人违反告知义务仍收取保险费或者支付保险赔偿的，视为保险人弃权。①

八、保险责任开始前解除海上保险合同

合同解除，是指合同的合法解除，包括因对方当事人毁约而解除合同。

如前所述，海上保险合同成立可以在保险人的"保险责任开始"（Risks Attach）之后，甚至在保险人承担的赔偿责任发生之后，如果被保险人是"诚实的"（In Good Faith），即海上保险合同的效力可以溯及既往。但是，海上保险合同成立通常是在保险人的保险责任开始之前。在合同成立后，保险责任开始前，被保险人有支付保险费的义务，但保险人并无赔偿责任，故《海商法》第 226 条允许被保险人单方提出解除海上保险合同，保险人应将被保险人已支付的保险费退还给被保险人。但是，保险人核保和办理有关承保手续已花费了劳动和费用，故在被保险人单方面任意解约时，有权向被保险人收取手续费，并有权从已收取的保险费中"冲抵"（Set-off）。此种手续费，在我国海上保险实务中，是参照短期费率表收取的。②

如果保险合同是通过保险经纪人订立的，在被保险人任意解约时，保险经纪人是否有权照常收取佣金呢？这在我国法律中尚不明确，也无法参照英国的做法，因为英国法不允许被保险人如此任意解约。作者认为，在这种情况下，保险经纪人有权按已完成的工作比例收取佣金。

---

①最高人民法院《关于审理海上保险纠纷案件若干问题的规定》第 4 条："保险人知道被保险人未如实告知海商法第二百二十二条第一款规定的重要情况，仍收取保险费或者支付保险赔偿，保险人又以被保险人未如实告知重要情况为由请求解除合同的，人民法院不予支持。"

②已废除的《财产保险合同条例》第 10 条第二款明确赋予保险人这一权利。

保险责任开始前,不允许保险人单方任意解除合同。

九、保险责任开始后约定解除海上保险合同

我国《海商法》只规定了海上保险合同的"解除",该概念包括了海上保险合同的"终止"。我国《民法典》第 557 条区分了合同解除与单个债权债务终止;合同解除的效果是合同法律关系的消灭,即合同项下的权利义务关系终止;合同解除后,未履行的合同债务终止履行,已经履行的部分进入清算关系,因合同解除发生新的返还之债。

根据我国《民法典》,当事人可以约定一方解除合同的条件,解除合同的通知到达对方时生效。海上保险合同中可能约定,在保险责任开始后,在一定情况下,某一方当事人有权解除合同;[①]但货物运输或船舶的航次保险的被保险人,在保险责任开始后,不得要求解除合同,即使合同中约定被保险人有权解除合同。[②]

例如,人保财险《船舶战争、罢工险条款》第 3 条第一款规定:"保险人有权在任何时候向被保险人发出注销本保险的通知,在发出通知后 7 天期满时生效。"再如,人保财险《集装箱保险条款(定期)》第 5 条规定:"本保险双方均可用 30 天事先通知的方式取消。如由被保险人提出在保险期限内退保,应按本公司短期费率计算退费(不满一个月按一个月计)。"

根据《民法典》第 563 条,当事人一方延迟履行主要债务,经催告后在合理期限内仍未履行的,对方可以解除合同。在海上保险合同争议中,近年来常出现的问题是,被保险人拖欠保险费时,保险人是否有权解除合同?《海商法》和《保险法》都只是强调除合同另有约定外,保险责任开始后,保险人不得解除合同[③],故根据《海商法》的有关规定,在保险责任开始后保险人无权以被保险人拖欠保险费为由解除海上保险合同,除非合同中另有约定。《民法典》第 563 条并不能改变《海商法》的有关规定,因为特别法的规定应优先适用。

实务中,船舶保险合同可约定被保险人拖欠保险费时保险人有权解除合同。船舶抵押权人对此应予注意。

但是海上货物运输保险因可自由转让,即使当事人约定保险人得以被保险人拖欠保险费为由解除合同,此种约定也不能对抗善意的保险单受让人,只是保险单受让人应对拖欠的保险费承担连带赔偿责任。

十、海上保险合同的约定自动终止

人保财险《船舶保险条款》第 6 条规定,在下述 3 种情况下,船舶保险合同"自

---

① 《海商法》第 227 条第一款。
② 《海商法》第 228 条。
③ 《海商法》第 227 条、228 条;《保险法》第 34 条。

动终止"（Automatic Termination）。

（1）被保险船舶按全损赔付后；

（2）船舶的船级社变更，或船舶等级变动、注销或撤回，或船舶所有权或船旗改变，或转让给新的管理部门，或光船出租或被征购或被征用，事先没有书面征得保险人同意；

（3）被保险人违反船舶保险合同约定的保证，没有立即通知保险人并同意接受修改后的承保条件及所需加付的保险费。

人保财险《船舶战争、罢工险条款》第3条第二款规定，在下列3种情况下，保险应自动终止。

（1）任何原子弹、氢弹或核武器的敌对性爆炸发生；

（2）联合国安理会常任理事国之间爆发的战争（不论宣战与否）；

（3）船舶被征用或出售。

而人保财险《海洋运输货物保险条款》第3条等对保险责任期间的一系列限定，实际上也是规定保险责任提前自动终止。

保险自动终止的效力，与保险人解除合同的效力相同，只是前者无须保险人主动通知被保险人注销保险合同，被保险人需特别警惕这种"秘密"的合同解除。

十一、结论一：双方有权解除合同的种种情形

1. 保险人有权解除合同的情形

保险人解除合同。除了上述合同约定的保险自动终止和合同约定的保险人有权解除合同外，法律还赋予保险人在一系列情况下解除合同的法定权利。归纳一下，主要在下述10种情况下，保险人有权解除合同：

（1）被保险人违反告知义务；[①]

（2）被保险人违反保证；[②]

（3）根据合同的约定；[③]

（4）保险人选择全额支付合同约定的保险赔偿；[④]

（5）被保险人或受益人谎称发生了保险事故或者故意制造保险事故；[⑤]

（6）被保险人（投保人）未按照约定履行其对保险标的的安全应尽的责任；[⑥]

[①]《海商法》第223条。

[②]《海商法》第235条；最高人民法院《关于审理海上保险纠纷案件若干问题的规定》第6条、第7条和第8条。

[③]《海商法》第235条。

[④]《海商法》第255条。

[⑤]《保险法》第27条。

[⑥]《保险法》第51条。

（7）被保险人未按照约定及时通知保险人保险标的危险增加的情况；①

（8）保险标的发生部分损失，在保险人赔偿后 30 日内，提前 15 天通知被保险人，除非合同约定不允许；②

（9）承保风险不合法；③

（10）被保险人未按《海商法》第 234 条的规定向保险人支付约定的保险费，保险人在保单签发前和保险责任开始前，有权解除保险合同。④

2.被保险人有权解除合同的情形

被保险人有权解除合同。这主要限于下述 4 种情况：

（1）在保险责任开始前；

（2）根据合同的约定，但货物运输或船舶的航次保险除外；

（3）保险标的发生部分损失，在保险人赔偿后 30 日内；⑤

（4）被保险人对保险合同有重大误解或合同内容显失公平。⑥

此外，被保险人因保险人的欺骗而订立海上保险合同时，被保险人也应有权解除合同。⑦

十二、海上保险合同的转让

在我国法律中，合同转让是指合同的主体变更。海上保险合同的转让（Assignment），是指保险人或被保险人变更（Alteration）。在海上保险实务中，保险人变更的情况几乎没有，⑧但常发生被保险人的变更。

《民法典》第 546 条规定："债权人转让债权，未通知债务人的，该转让对债务人不发生效力。债权转让的通知不得撤销，但经受让人同意的除外。"根据《保险法》第 49 条规定：保险标的转让的，保险标的之受让人承继被保险人的权利和义务，只要求受让人或被保险人及时通知保险人。但是，货物运输保险合同和合同另有约定无须通知的除外。《海商法》仅具体对船舶保险合同的转让和海上货物运输保险合同的转让有所规定，因此其他海上保险合同的转让应适用前述《保险法》的有关规定。

《海商法》第 230 条规定："因船舶转让而转让船舶保险合同的，应当取得保险

---

① 《保险法》第 52 条。

② 《保险法》第 58 条，这一规定是否适用于水险，作者认为是有疑问的。

③ 《民法典》第 8 条、第 153 条。

④ 最高人民法院《关于审理海上保险纠纷案件若干问题的规定》第 5 条。

⑤ 《保险法》第 58 条，该条规定"投保人"可解约，作者认为很奇怪。

⑥ 《民法典》第 147 条、第 151 条。

⑦ 《民法典》第 148 条。

⑧ 《保险法》第 92 条规定，人寿保险公司撤销或破产时，由其他人寿保险公司承担原保险人的权利义务。但对财产保险合同（包括海上保险合同），法律上未规定保险人的强制变更。

人同意。未经保险人同意,船舶保险合同从船舶转让时起解除;船舶转让发生在航次之中的,船舶保险合同至航次终了时解除。合同解除后,保险人应当将自合同解除之日起至保险期间届满之日止的保险费退还被保险人。"

最高人民法院《关于审理海上保险纠纷案件若干问题的规定》(2020 修正)第9 条补充规定:"在航次之中发生船舶转让的,未经保险人同意转让的船舶保险合同至航次终了时解除。船舶转让时起至航次终了时止的船舶保险合同的权利、义务由船舶出让人享有、承担,也可以由船舶受让人继受。船舶受让人根据前款规定向保险人请求赔偿时,应当提交有效的保险单证及船舶转让合同的证明。"

《海商法》第 229 条规定:"海上货物运输保险合同可以由被保险人背书或者以其他方式转让,合同的权利义务随之转移。合同转让时,尚未支付保险费的,被保险人和合同受让人负连带支付责任。"

简言之,除法律和合同另有约定外,海上保险合同可以转让,而且转让无须事先取得保险人的同意,只应当通知保险人。

《海商法》和《保险法》特别允许货物运输保险合同可以自由转让,不需要通知保险人,是为了便利国际贸易(尤其是单证买卖)的需要,与国际惯例一致;而且,对保险人来讲,由于货物处于承运人的控制之下,被保险人的变更,对货物及运输的风险一般不会造成任何影响,没有理由去限制(海上)货物运输保险合同(保险单)的转让。货物保险单的转让,一般采用在保险单上做"空白背书"(Endorsement in Blank)的方式,即在保险单背面仅签上被保险人(转让人)的名字。实务中,常发现被保险人未履行此背书手续,但保险人很少对此提出异议。

十三、保险标的的转让与保险合同的转让

"保险标的的转让"(Assignment of the Subject Matter Insured under the Policy)与"保险合同的转让"(Assignment of the Policy)是两个有联系但不相同的概念。一方面,保险标的的转让常常是保险合同转让的原因。在未有效转让保险合同时,保险标的的转让,是否影响到保险合同的效力,取决于被保险人对保险标的是否还具有保险利益。如果保险标的转让后,在损失发生时,被保险人对保险标的还具有保险利益,那么,在该保险利益的范围内,除保险合同另有规定外,[①] 被保险人仍有权根据保险合同向保险人索赔。[②]《海商法》第 230 条中规定的"因船舶转让而转让船舶保险合同",是指船舶的"绝对转让"(Absolute Conveyance),即原船东已因转让而对保险船舶无任何保险利益的情况。

---

① 例如人保财险 2009 版《船舶保险条款》第 6 条第二款规定,船舶所有权变更时,除非事先取得保险人同意,船舶保险合同自动终止。但根据最高人民法院《关于审理海上保险纠纷案件若干问题的规定》第 9 条,"在航行之中发生船舶转让的,未经保险人同意转让的船舶保险合同至航行终了时解除。"

② Ivamy-principles,Ch.32,p.337.

根据《保险法》第 49 条之规定,保险标的或保险利益的转让导致保险合同的转让,但因保险标的转让而取得对保险标的的保险利益的受让人,非经通知保险人,无权取得保险合同的权益,法律上规定的唯一例外情况,是货物运输保险。

最高人民法院关于适用《中华人民共和国保险法》若干问题的解释(四)(2020 修正)第 1 条规定:"保险标的已交付受让人,但尚未依法办理所有权变更登记,承担保险标的的毁损灭失风险的受让人,依照保险法第 48 条、第 49 条的规定主张行使被保险人权利的,人民法院应予支持。"

第 2 条规定:"保险人已向投保人履行了保险法规定的提示和明确说明义务,保险标的的受让人以保险标的的转让后保险人未向其提示或者明确说明为由,主张免除保险人责任的条款不成为合同内容的,人民法院不予支持。"

第 3 条规定:"被保险人死亡,继承保险标的的当事人主张承继被保险人的权利和义务的,人民法院应予支持。"

第 5 条规定:"被保险人、受让人依法及时向保险人发出保险标的的转让通知后,保险人做出答复前,发生保险事故,被保险人或者受让人主张保险人按照保险合同承担赔偿保险金的责任的,人民法院应予支持。"

此外,在被保险人破产时,被保险人对保险标的的保险利益转移给破产管理人,保险单的效力不受影响,对其后或此前发生的损失,破产管理人皆有权请求保险赔偿。[①]

十四、保险赔偿支付条款与海上保险合同的转让

如上所述,海上保险合同的转让,实际上主要是被保险人的债权让与,即保险赔偿请求权的转让。在"船舶抵押权"(Ship Mortgage)与海上保险的关系上,"船舶抵押权人"(Ship Mortgagee),除了独立投保船舶抵押保险外,为了获得船舶保险的保障,可能将自己列为船舶保险的被保险人之一,或者要求船东(抵押人)将船舶保险权益转让给他,同时,通过在船舶保险合同中订立"保险赔偿支付条款"(Loss Payable Clause),要求保险人将船舶保险金的全部或一定额度以上,直接支付给船舶抵押权人。[②] 根据英国普通法,"Loss Payable Clause"本身并不赋予船舶抵押权人任何保险权益,并不构成船舶保险合同的有效转让。[③]

十五、结论二:海上保险合同转让的特点[④]

(1)海上保险合同依法得予"转让"(Assignable),即使在损失发生后,但合同

①Ivamy-principles,pp.335～336,349～350.

②汪鹏南.船舶抵押权与海上保险.中国海商法年刊,1994,p.159.

③Iain S.Goldrein,Ship Sale and Purchase,Law and Technique,London:LLP,1985,pp.65～66.

④王家福.民法债权.北京:法律出版社,1991,pp.69～80.

可做相反的约定,如船舶保险合同条款和运费保险合同条款。

（2）海上保险合同的转让,除海上货物运输保险合同外,需事先通知保险人;否则转让不能对抗保险人。

（3）海上保险合同的转让是一种不要式合同行为,没有形式要件方面的要求,"让与人"（Assignor）与"受让人"（Assignee）之间达成合意即可。

（4）转让以海上保险合同有效存在为前提条件,对保险标的无保险利益的人,无权让与海上保险合同。

（5）转让不改变海上保险合同的内容,受让人获得让与人的全部合同权利,得以自己的名义请求保险赔偿,保险人对受让人的抗辩权也不因此而改变,受让人需承受转让前被保险人（让与人）的作为或不作为的后果。

（6）"Loss Payable Clause"起到了通知保险人向谁支付保险赔偿的作用,但不是转让海上保险合同。

（7）海上保险合同总是以在损失发生时被保险人对保险标的有保险利益为生效要件,而在海上保险合同转让时,通常要求同时转让对保险标的的全部保险利益;但反过来,保险标的或保险利益的转让,并不自动发生海上保险合同的转让。除合同有效和让与人有权转让外,后者还需要同时满足下述 4 个条件:

①让与人已将保险标的或保险利益全部转让给受让人;

②让与人与受让人之间有同时转让海上保险合同的合意;

③依法或依合同,海上保险合同不禁止转让;

④必要时已取得了保险人的同意（如对船舶保险合同）或通知了保险人（否则,即使说合同转让已经成立,也不能约束保险人）。

（8）让与人与受让人之间的权利义务,依据转让合同,与海上保险合同无关,与保险人无关。例如转让合同可能约定,受让人取得的保险赔偿,如超过其本身遭受的损失,应将超过部分付给让与人（原被保险人）。

在海上保险合同的转让方面,可以参见英国《1906 年海上保险法》第 50 条的有关规定。[①]

十六、结论三:有权请求保险赔偿的人

有权以自己的名义向保险人请求保险赔偿的人,可以分为两大类:

（1）原来的被保险人（Previous Assured）。

（2）保险单受让人（Assignee of the Policy）。

根据诸如"Loss Payable Clause"有权得到保险赔偿的船舶抵押权人（作为"Loss Payee"）,或只受让了部分保险利益的人,无权独立以自己的名义起诉保

[①]参见:Ivamy-Principles,Ch.32、34;Ivamy-Marine Insurance,Ch.22,pp.344～351.

险人。

这两类请求权人的主要区别是,保险单受让人的权利受到让与人的作为或不作为的约束。例如,在船东故意将船凿沉的案子中,如果船舶抵押权人是船舶保险合同的受让人,保险人也有权利拒赔,但如果船舶抵押权人是原来的被保险人,保险人就无权拒绝赔偿船舶抵押权人。①

原来的被保险人,一般是与保险人订立合同,意图对其保险标的的保险利益获得保险保障的人,即保险单上载明的被保险人,但该被保险人可能是作为"真正的"(Beneficial)被保险人的代理人,保险合同承保的保险利益亦是属于该"隐名的"(Undisclosed)真正的被保险人的,该真正的被保险人有权向保险人提出"认可"(Ratify or Adapt)该保险合同,并以自己的名义向保险人提出保险索赔。② 在海上保险合同中,最有代表性的是船舶抵押权人,其在船舶保险合同中的地位,是被保险人还是保险合同受让人,是一个事实问题,取决于外部证据并考虑全部有关的情况。例如,在 Samuel v.Dumas(1924)③一案中,贵族院一致认为,该案中船舶保险合同是为船舶抵押权人的利益订立的,虽然保险单中被保险人一栏所记载的不是船舶抵押权人,而且船舶抵押权人没有伙同船东故意将船凿沉,但船舶抵押权人对保险人的索赔因其他理由被驳回。

我国法律中对隐名代理的规定不够详尽,但《民法典》第 926 条明确承认默示授权,人寿保险实务中也承认保险受益人,故作者认为,在海上保险中也没有理由排除保险受益人。

十七、海上保险合同的变更与矫正

海上保险合同的"变更"(Alteration),专指海上保险合同内容的变更,而且是通过双方当事人协商一致。根据法院的判决对海上保险合同内容的修改,本书为与双方协议变更合同内容相区别,将其称为海上保险合同的"矫正"(Rectification),虽然在我国民法理论中将两者皆称作债的变更。④

《保险法》第 20 条规定:"投保人⑤和保险人可以协商变更合同内容。变更保险合同的,应当由保险人在原保险单或者其他保险凭证⑥上批注或者附贴批单,或者由投保人和保险人订立变更的书面协议。"

本条规定同样适用于海上保险合同,要求双方合意而且以书面的形式予以证

---

①Graham Joint Stock Shipping Co.v. Merchants Marine Insurance Co.[1924]A.C.294.
②Arnould's §§241~250;英国《1906 年海上保险法》第 86 条和第 87 条。
③[1924]A.C.431.
④王家福.民法债权.北京:法律出版社,1991,p.65.
⑤《海商法》中称被保险人。
⑥《海商法》中称"其他保险单证"。

明；否则不发生法律效力。书面形式有直接在保险单证上批注、在保险单上附贴"批单"（Endorsement）和签订单独的"备忘录"（Memorandum）等3种方式，其中以附贴批单的方式最为常见。保险人有自己的标准批单格式，供双方协议变更保险单内容时采用。

海上保险合同的变更不同于海上保险合同的"改正"（Correction），后者是将保险单证中由于"失误"（Mistake）而没有正确表达双方达成的协议的地方，修改为正确的表述。例如，保险人在出立保险单时出现打字错误，或被保险人根据预约保险合同申报的所装运的货物和船名等情况与实际不符。此种失误必须是出于"善意"（In Good Faith）；否则不允许改正。例如，人保财险2009年版《海洋运输货物保险条款》第4条第三款规定："如……或发现保险单所载明的货物、船名或航程有遗漏或错误时，被保险人在知悉后应立即通知保险人，并在必要时加缴保险费，本保险才继续有效。"双方发现保险单证中有错误时，均应及时提请对方注意，并予以改正，如果错误很多，应重新出立保险单证，而不宜使用批单等形式，以免与合同变更相混淆。

如果对方当事人对改正保险单证内容有异议，就需要诉诸法律来"矫正"（Rectification）。

法律上推定保险单证代表双方的"真实协议"（Real Terms），故寻求法律帮助以矫正保险单证的一方负有举证责任证明：

（1）双方达成协议的事实。

（2）该协议的条款。

（3）实际签发的保险单证不正确。

法院在审理时，允许双方提供与签发保险单证有关的证据，如投保单、承保条和有关的来往函件，以及口头证据。

如果被保险人没有及时要求改正保险单中的错误，并根据错误的保险单证向保险人索赔，事后就不得主张改正或矫正保险单证。[1]

此外，根据《民法典》第147条和第151条的规定，行为人对行为内容有重大误解或显失公平的民事行为，有权请求人民法院或者仲裁机关予以变更或撤销。在诉诸法院之前，当事人之间亦可通过协议变更合同内容或解除合同。例如，船东不了解船舶保险条款和沿海内河船舶保险条款的区别，对其远洋船舶误按沿海船舶保险条款投保，应允许提前解除原保险合同，按船舶保险条款投保，因为沿海船舶保险条款的承保责任范围明显不足。这不同于上述因表述错误引起的改正或矫正。

---

[1] Ivamy-Principles，Ch.24，pp.258～261.

十八、海上保险合同的解释与保险人的说明义务

海上保险合同的解释,同其他合同的解释一样,其目的是要弄清双方当事人的协议内容,即双方当事人达成的"合意"(Intention),在法理上需要解决两个相关联的问题,即:(1)依据什么来解释海上保险合同;(2)如何来解释这一依据。

首先,只应依据合同本身来解释合同。由于海上保险合同是由海上保险单或其他保险单证来证明的,故原则上只应依据海上保险单或其他保险单证来解释海上保险合同。"任何法律原则都有例外"(Every legal rule has exceptions to it),依据合同来解释合同这一法律原则的主要例外是,应结合"交易习惯"(Usage of Trade)来解释合同。因此在解释海上保险合同时,除了基于海上保险单或其保险单证本身外,其次,应结合海上保险的习惯做法。①

《民法典》第142条规定了对所有合同条款的解释规则,第498条对如何解释格式条款规定了三个原则,第510条和第511条对如何补充合同的欠缺条款又作了具体规定,可见立法者充分了解合同解释问题在司法实践中的重要性。

根据《民法典》第142条,合同条款的真实意思,要根据下列要素来确定:

(1)合同所使用的词句:文义解释;

(2)合同的有关条款:整体解释;

(3)行为的性质和合同的目的:目的解释;

(4)交易习惯:习惯解释;

(5)诚实信用原则:所谓"帝王条款"。

文义解释规则是在合同条款不存在含糊不清的情况下的首要解释规则,必要时需要结合适用整体解释规则;整体解释规则,一般适用于在合同中如果数个条款相互冲突或当事人使用了多种语言进行同一意思表示的表达;但对于技术词汇、保险和再保险专业术语应采用其专业含义;而对于法律术语,最好在定义条款中明确界定。

目的解释规则、习惯解释规则和诚实信用原则是在合同没有约定或约定不明且无法达成补充协议情况下才适用的解释规则。目的解释,一般适用于有关的文本中所使用的文字的含义与当事人所明确表达的目的相违背及对于不同的解释结论,需要用目的解释方法来判断哪一个结论才是合理的;习惯解释,一般适用于当事人已初步证明习惯存在;帝王条款则是最后的解释方法,避免荒谬的结果。

对合同条款理解有争议的解释,是从案情到解释规则交互反复的适用过程。首先,应根据解释规则的需要具体分析案件事实,包括争议条款、相关条款、当事人主张和交易背景等;其次,按照解释方法适用顺序、对应适用情形,选择解释方

---

① 参见《合同法》第61条。

法,依照具体解释方法的适用步骤,得出并检查解释结果;最后,以合法合理标准评价整个解释的过程与结果,比较并确定最优解释。

能够被法院接纳为证据的海上保险的习惯做法,必须同时满足下述4个方面的要求:

(1)不与合同条款相冲突,因为习惯之所以被接纳,是推论其反映双方当事人的意图,如果所主张的习惯与合同条款相冲突,那该习惯显然没有反映双方当事人的意图;

(2)足够"确定"(Certainty)和"统一"(Uniformity),否则,不能构成习惯,也不能使合同更明确;

(3)"合理"(Reasonableness);

(4)"合法"(Legality)。

合同解释的第二个基本问题,是如何来解释合同本身,以确定双方当事人在合同中表达的意图。合同之所以需要解释,是因为合同订得不明确或者说"含混"(Ambiguity),双方对其措辞可能有不同的解释,因而需要法院或仲裁庭来做出适当的解释。对合同措辞的不同理解,与表达错误不同,对后者需要改正或矫正,而非解释。英国案例法对合同包括海上保险合同本身的解释,确定了一系列原则,[①]对我国法律有参考价值,兹简述如下:

(1)对合同措辞,须取其"大家都明白的和通常的含义"(Plain and Ordinary Meaning)。这被认为是合同解释的首要原则(Primary Canon of Construction),但对海上保险术语,须取其技术上的或习惯的含义。

(2)首先,合同措辞须结合上下文来解释;其次,合同措辞须置于合同整体中予以解释。

(3)"手写条款"(Written Clauses)的效力优于"打印条款"(Printed Terms),[②]对手写条款应更严格地予以解释;打印条款的效力又优于"印备的保险单条款"(Form Parts of the Policy);"首要条款"(Clause Paramount)的效力高于合同中任何形式的其他条款。

(4)"明示条款"(Expressed Term)完全超越这方面的"默示条款"(Implied Term)(*expressum facit cessare tacitum*)。

(5)海上保险合同须置于海上保险实务中来予以解释,为此,法院可自由接受专家证据。"合同目的"亦是重要的考虑因素。[③]

(6)海上保险合同中标准条款(格式条款)须做对保险人不利的解释(*Verba*

---

① Arnould's Ch. 3 §§ 61~112; Ivamy-Principles, Ch.35; Ivamy-Marine Ins. Ch.23.

② 参见《合同法》第41条。

③ 参见《合同法》第62条。

cartarum fortius accipiuntur contra proferentem）。基于（海上）保险合同是一种
"格式合同"（Contract of Adhension），我国保险法律已明确承认这一保险合同解
释原则，《保险法》第 30 条规定："采用保险人提供的格式条款订立的保险合同，保
险人与投保人、被保险人或者受益人对合同条款有争议的，应该按照通常理解予
以解释。对合同条款有两种以上解释的，人民法院或者仲裁机关应当做出有利于
被保险人或受益人的解释。"

《合同法》第 41 条更确切地表达了上述解释原则，不应庸俗地理解为只要有
争议，就采纳被保险人的解释，有争议仅指存在一种以上的"通常理解"。

应该注意的是，这一解释原则仅适用于依据前述其他解释原则仍无法确定保
险合同双方当事人的意图时。而且仅仅针对由保险人单方拟订的格式保险单条
款，对于双方通过"协商"（Negotiation）写入保险单中的条款，这条解释原则不能
适用。

与《合同法》相比，《民法典》扩大了对格式合同下保险人的明确说明义务和不
利解释规则的适用范围及其法律后果。

《民法典》对于规范格式条款，形成了订入规则（第 496 条）、效力规则（第 497
条）和解释规则（第 498 条）。根据《民法典》第 496 条第二款的规定，采用格式条
款订立合同的，提供格式条款的一方应当遵循公平原则确定当事人之间的权利义
务，并采取合理的方式提示对方注意免除或者减轻其责任等与对方有重大利害关
系的条款，按照对方的要求，对该条款予以说明。提供格式条款的一方未履行提
示或说明义务，致使对方没有注意或者理解与其有重大利害关系的条款的，对方
可以主张该条款不成为合同的内容。

对保险合同中的"免责条款"，《保险法》第 17 条要求保险人，在订立保险合同
时向投保人明确说明，未明确说明的，该条款对被保险人不产生效力。而《民法
典》将保险人应该明确说明的条款范围扩大到"免除或者减轻其责任等与对方有
重大利害关系的条款"，要求保险人在合同成立之前提请被保险人注意，并在被保
险人有要求时予以说明，并明确规定保险人未提请注意或未说明的法律后果是这
种条款可以不是合同内容。围绕《保险法》第 17 条的争议尘埃未定，《民法典》第
496 条第二款将再起烽烟。

该规定将对海上保险合同产生重大的影响，因为海上保险合同几乎都是由保
险人指定的格式保险单条款，而且保险条款在 2009 年全面修订后仍有许多条款
陈旧，与《海商法》和《保险法》有诸多冲突之处。

保险人的明确说明义务和不利解释规则的扩大适用，对消费者保险合同（如
人身险、车险）是合适的，但对海上保险合同这种商业保险合同并不合适。作者认
为，在将保险人的说明义务和不利解释规则适用于海上保险合同时，应从严解释，

71

因为海上保险合同通常不属于消费者合同，保险合同本质上是一种限定性赔偿合同，而且很少修订，被保险人应该理解格式海上保险合同条款的内容，否则可能会被法官或仲裁员滥用，而致全部保险条款无效，把保险合同变成了保证合同。保险人免除其责任或排除被保险人的主要权利，应限于保险人在保险单条款中规定一些免责条款，免除其通常情况下应承担的保险赔偿责任，而且与其承保的险别和收取的保险费极不相称。海上保险合同中的保证条款、保险赔偿先决条件条款等，只要与国际惯例相一致，就是有效的，尽管对被保险人很苛刻。

无论如何，《民法典》对格式条款的规定应引起保险公司的高度重视，应对措施包括：在承保前提供保险条款及相关重要信息、增补保险单条款的解释条款，将其作为保险条款的组成部分，并在投保单和保险单上以红色粗体字提请被保险人注意；并借鉴银行的双录做法，要求被保险人在投保单或其他适当文件上亲自签字确认他已仔细阅读全部条款，理解其内容，特别是免责条款和限制责任条款的内容，以避免日后被保险人作纯技巧性的抗辩，使保险变质为保险人保证补偿被保险人的一切损失。

《民法典》的相关规定也对《保险法》和《海商法》（海上保险合同一章）的修订提出迫切要求，例如可以仿效德国保险法，明确规定将特种大额风险保险（海上保险合同通常属于这种保险）和通过专业保险经纪人和保险代理人承保的业务等，作为适用一般规定的例外情况。

第二，《民法典》中的格式合同效力规则（第497条），限制保险人任意设定保险条款，避免保险合同显失公平。《民法典》的规定比《保险法》第19条的规定更宽泛。这对消费者保险合同（如人身保险合同）将产生重大影响。就商业性的海上保险合同而言，何为"不合理地免除或减轻保险责任"？何为"不合理地限制对方权利"或"排除对方主要权利"？也有待司法实践检验。

第三，《民法典》第498条规定了解释格式合同的三条原则。其一，应遵循"通常理解"的原则。这是一个总的解释原则，对非格式合同也同样适用。其二，对格式条款有两种以上通常解释的，应当做出不利于提供格式条款的一方的解释。此前，在原《保险法》第30条有类似规定，但表述不当①，在审理海上保险合同争议时，这一解释原则可能被错误地理解为，按被保险人的观点去解释保险单条款。诉讼或仲裁时，肯定是保险人与被保险人各执一词，但并不等于所争议的条款，根据"通常解释"原则，可能出现两种或两种以上的理解，也不等于双方各自声称的观点就是各为"通常理解"中的一种；现行《保险法》第30条已修改为指"通常解

---

① 《保险法》第30条规定："对于保险合同的条款，保险人与投保人、被保险人或者受益人有争议时，人民法院或者仲裁机构应当作有利于被保险人和受益人的解释。"

释",与《民法典》第 498 条的规定一致。其三,该条款规定明确了追加条款的效力高于格式条款效力的解释原则。在普通法中,还有手写条款的效力高于打印条款的效力之必要规定。

英国普通法很少对海上保险合同适用这一解释原则,因为普通法认为对广泛使用的标准合同,其条款对双方都是清楚的,几乎不应适用这一解释原则。[①]

第三节 被保险人的义务

在海上保险合同成立前,被保险人负有"告知义务"(Duty of Disclosure)。[②] 在海上保险合同的履行过程中,根据《海商法》和《保险法》,被保险人对保险人还负有下述 8 项法定义务,即:

(1)及时交纳保险费的义务;

(2)严格遵守保证的义务;

(3)防灾防损义务;

(4)危险增加时的通知义务;

(5)出险时的通知义务;

(6)出险时的施救义务;

(7)保护代位求偿权并协助追偿的义务;

(8)提供索赔单证并证明其请求权的义务。

一、及时交纳保险费的义务

"保险费"(Premium),是保险人承担风险的"对价"(Consideration)。[③] 保险费的金额和支付时间,一般在海上保险合同中有明确约定,如果没有约定,被保险人有义务在合同订立后立即向保险人支付全部保险费。

1.保险费的金额

保险费的金额纯粹是一个合同问题,取决于保险人对承保风险的评估。在海上保险实务中,保险人一般并不一一评估特定保险标的的风险,而是将风险归"类"(Class),并制定相应的"费率表"(Tables of Premiums)。例如,海上货物运输保险,一般依据费率表来计算保险费,而船舶保险的费率表每年皆有所调整,而且有一定的上下幅度,在这个幅度内区别对待某一类的船和/或船东。保险费可能按"每 100 美元(涉外保险)或人民币(国内保险)的保险金额应收多少"这样一

[①] Tersons Ltd. v. Stevenage Development Corp. [1963] 2 Lloyd's Rep.333 at p.368.

[②]《海商法》第 222 条、第 223 条。

[③] 王家福.民法债权.北京:法律出版社,1991,p.820.

个比率来计算。例如,涉外船舶保险费率如定为 1 美元,则该船保险金额为 100 万美元时,保险费应为 1 万美元。

保险费是海上保险合同的条件条款之一,故双方须就保险费的金额协商一致;否则海上保险合同不能成立。但并非指双方一定要在合同成立前约定一个精确的数额,只需要对保险费的金额达成某种协议即可。例如,人保财险《海洋运输货物保险条款》第 5 条第三款规定:"如遇航程变更或发现保险单所载明的货物、船名或航程有遗漏或错误时,被保险人应在知悉后立即通知保险人,并在必要时加缴保险费",就尚未确定保险费的具体数额,应事后按"合理性"这个标准来决定。①

船东、租船人等在保赔协会投保保赔保险时所需支付的保险费很特殊,称为"会费"(Call),由于是相互保险,它实际上是被保险人对其他会员应承担的责任,一般做法是在入会和保险责任开始时,交纳一笔"预付会费"(Advance Call),待到保险年度结束后一段时间,保赔协会根据当年的实际收支平衡情况,决定是否追加及收取多少"追加会费"(Supplementary Call),即使提前退会或下一年度不在该保赔协会续保,追加会费的责任亦不能免除。另一方面,如果预付会费有多余,保赔协会可决定将其转入下一保险年度或退还一部分给会员。② 但也有按固定费率承保海上责任保险的做法(如对小型船舶、承租人责任和船代、货代责任等)。

非海上保险的责任保险,如雇主责任保险,虽然不是相互保险,但保险费也是在保险合同订立时收取一部分,剩余部分在保险期满时,根据实际雇员数予以确定。

保险费确定后,保险合同和《保险法》可能规定在风险增大时增加保险费和在风险减小时减少保险费。例如,人保财险《船舶保险条款》第 7 条第一款规定了船舶停泊退费,《保险法》第 38 条规定在保险标的的危险程度或保险价值明显减少时,除合同另有约定外,保险人应当降低保险费。

2.保险费的支付

保险费应由被保险人(投保人)或其授权代理人(如保险经纪人)支付给保险人或保险人的授权代理人;否则不约束保险人,保险人得向被保险人请求保险费。

保险费应以保险合同中规定的货币支付,包括现金和保险人能够接受的支票、汇票、期票或银行转账等方式。保险费应一次付清,除非双方约定可分期支付。

《海商法》第 234 条规定:"除合同另有约定外,被保险人应当在合同订立后立

---

① 参见英国《1906 年海上保险法》第 31 条第一款、第二款。
② 杨超等.保赔保险.上海:中国航海学会,1990,p.82.

即支付保险费;被保险人支付保险费前,保险人可以拒绝签发保险单证。"支付保险费与签发保险单是"对流条件"(Concurrent Conditions)。但是,支付保险费与保险责任开始或保险合同生效并非对流条件,保险费的支付并非保险合同生效的必要条件,故除非合同另有约定,被保险人迟延支付保险费,并不影响保险合同生效或保险人的保险责任的开始。有一点值得注意,《海商法》和《保险法》都没有保留《财产保险合同条例》第12条的规定,即根据现行法律,对于定期的不可自由转让的保险合同,如果合同约定保险人有权解约,则在被保险人拖欠保险费的情况下,保险人有权解约。但按照最高人民法院《关于审理海上保险纠纷案件若干问题的规定》第5条,即使合同未约定保险人的解约权,在保单签发前和保险责任开始前,保险人也有权解除海上保险合同。

如果合同约定支付保险费是合同生效或保险责任开始的"先决条件"(Condition Precedent),应视为当事人对保险合同的效力约定了附生效条件,那么在被保险人依约支付保险费之前,保险人无签发保险单证的义务,对所发生的损失,保险人亦无赔偿责任,虽然保险合同已经成立。[①] 但如某保险人给了被保险人支付保险费的"宽限期"(Days of Grace),在该宽限期届满前,保险合同有效,保险人应对此期间内保险事故引起的损失负赔偿之责。如果保险人错误地拒绝被保险人履行支付保险费的义务,保险合同的效力不因此而受影响。

保险人接受保险费或续订保险费的事实,推定保险合同生效或已完成续订,而且如果当时保险人知道被保险人违反了告知义务而未拒绝接受保险费,保险人就失去了以被保险人违反告知义务要求增加保险费、解除合同或拒绝赔偿的权利。[②]

二、严格遵守保证的义务

1.法律依据和对保险条款的影响

海上保险中的"保证"(Warranty),是双方在海上保险合同中约定;被保险人对某一事项作为或不作为,或担保某一事项的真实性,在我国海上保险实务中称作"保险单特款规定",源自英国海上保险,在我国法律中,是海上保险特有的一个制度,无民事法规可供参照,《财产保险合同条例》和《保险法》皆未涉及,而《海商

---

①原《民法通则》第62条;保监会给大连海事法院"关于保险合同效力问题的复函"(保监法〔2000〕14号)。

②参见 Ivamy-Principles,p.206,最高人民法院《关于审理海上保险纠纷案件若干问题的规定》第5条:"被保险人未按照海商法第二百三十四条的规定向保险人支付约定的保险费的,保险责任开始前,保险人有权解除保险合同,但保险人已经签发保险单证的除外;保险责任开始后,保险人以被保险人未支付保险费请求解除合同的,人民法院不予支持。"

法》的规定仅限于第 235 条,因而需要小心地参照国际海上保险惯例。[①] 保证在我国海上保险实务中的运用却有扩大的趋势,如目前使用的人保财险《沿海内河渔船保险条款》第 18 条、第 19 条和第 20 条都有涉及。英国《2015 年保险法》对保证做了重大修改。

《海商法》第 235 条规定:"被保险人违反合同约定的保证条款时,应当立即书面通知保险人。保险人收到通知后,可以解除合同,也可以要求修改承保条件、增加保险费。"

人保财险 2009 版《船舶保险条款》第 6 条第三款规定:"当货物、航程、航行区域、拖带、救助工作或开航日期方面有违背保险单特款规定时,被保险人在接到消息后,应立即通知保险人并同意接受修改后的承保条件及所需加付的保险费,本保险仍继续有效;否则,本保险应自动终止。"

对违反保证的法律后果,《海商法》第 235 条的规定与人保财险《船舶保险条款》第 6 条第三款的规定显然不同,前者对保险人更有利——即使被保险人立即通知了保险人,保险人也有权选择解除保险合同。如果将《海商法》的上述规定理解为强制性规范——不能协议改变的法律规范,那么在《海商法》生效后,上述保险条款就无任何意义。作者认为,在《海商法》生效后,仍宜确认上述保险条款的效力,因为上述保险条款的目的,是在一定程度上缓和违反保证的法律后果,即:如果所违反的保证是在货物、航程、航行区域、拖带、救助工作或开航日期这 6 个方面,只要被保险人在知情后,立即通知了保险人,而且同意接受修改后的承保条件及所需加付的保险费,保险合同就继续有效,保险人无权以被保险人违反这 6 种保证为由而解除合同,也无权对被保险人违反此类保证后保险事故造成的损失,拒绝承担赔偿责任——这与主导海上保险的英国法律和实务是一致的[②]。但是,在船舶保险合同中,如果被保险人违反了其他方面的保证,被保险人就无权获得上述宽容,即使被保险人及时通知了保险人并愿意接受保险人可能提出的附加条件,保险人也有权解除合同,特别是有权对违反保证后发生的任何损失不负赔偿责任,无论被保险人是否有过失,无论该损失的发生与违反保证之间有无任何因果牵连,也不论违反保证是否增加了风险[③]——违反保证的后果是如此的严重,以至于被保险人要么在保险合同中不接受任何保证,要么严格地去遵守保证。

为统一司法实践,最高人民法院《关于审理海上保险纠纷案件若干问题的规定(2020 修正)》第 6 条规定:"保险人以被保险人违反合同约定的保证条款未立即

①最高人民法院《关于审理海上保险纠纷案件若干问题的规定》第 6 条、第 7 条和第 8 条,充分肯定了《海商法》第 235 条对保险人有利的规定。
②《协会船舶定期保险条款》第 3 条"延续条款"(Continuation Clause)。
③英国《1906 年海上保险法》第 33 条。

书面通知保险人为由,要求从违反保证条款之日起解除保险合同的,人民法院应予支持。"第 7 条规定:"保险人收到被保险人违反合同约定的保证条款书面通知后仍支付保险赔偿,又以被保险人违反合同约定的保证条款为由请求解除合同的,人民法院不予支持。"第 8 条规定:"保险人收到被保险人违反合同约定的保证条款的书面通知后,就修改承保条件、增加保险费等事项与被保险人协商未能达成一致的,保险合同于违反保证条款之日解除。"

2.船舶适航性与保证

在我国海上保险法律和实务中,不存在航次保险中"船舶适航"(Ship's Seaworthiness)这项"默示保证"(Implied Warranty),而与英国《1906 年海上保险法》第 39 条的规定不同,因为《海商法》第 244 条的规定,明确将船舶不适航作为一项除外责任,仅对被保险人知道或应该知道的船舶开航时不适航造成的损失,保险人才有权拒赔,而且依 PICC 船舶保险条款第 2 条第一款,此种船舶不适航除外责任的适用,不因定期保险或航次保险而有别。① 沿海内河船舶保险条款中的船舶适航也应理解为除外责任,但不限于被保险人知情,也不限于开航时的不适航,对被保险人要不利得多。但现行沿海内河渔船保险条款规定被保险人须保证船舶的适航性,对被保险人非常苛刻,有失公平。

3.保险利益合法性与保证

如果一定要说我国法律中也有默示保证的话,那么可以说保险利益的合法性(Legality)是一项默示保证,而且是唯一的一项。保险利益必须合法,这是毋庸置疑的,因为"保险利益是投保人或者被保险人对保险标的具有的法律上承认的利益",②而且违反合法性不能因保险人"弃权"(Waive)而得到补救。因此,作者认为,没有必要将保险利益的合法性作为一项保证来看待。

承保风险不合法的情况,在和平时期并不多见,主要可能有走私货物的保险,在战时,如果从事与敌国的贸易,运输"禁运品"(Contraband),其保险也是违法的。

对违法的保险,保险人不负赔偿责任,即使在承保时,保险人知道不合法,而且一般有权不退还保险费。③

在"Canadian Harvest"(1997)沪海法商字第 486 号案中,法院认为拖带航次保险默示保证在合理时间内开航,所依据的是"国际惯例"。

最后须指出,从各国立法趋势来看,现代保险立法对保证的适用采取限制的态度,例如规定保证必须在保险单中确认,写明违反该项规定的法律后果;保证的

---

①汪鹏南,司玉琢.船舶适航性与船舶保险理赔.//司玉琢海商法论文集.北京:法律出版社,1995,p.208.
②《保险法》第 12 条第六款。
③Arnould's Ch.21,§ 754.

事项必须属于重要事项;违反保证与损失之间要有因果关系;被保险人违反保证时,保险人应向被保险人发出通知,方可解约等。① 故在保险条款中,保险人宜写明违反某项规定的具体法律后果,如合同自违反时起自动解除,或在违反期间保险人不承担任何责任,以及是否应退还净保险费等,而不宜简单地依赖理论上严格的保证概念,况且我国《海商法》中的保证概念非常模糊。

三、防灾防损的义务

《保险法》第51条规定:"被保险人应当遵守国家有关消防、安全、生产操作、劳动保护等方面的规定,维护保险标的的安全。保险人可以按照合同约定对保险标的的安全状况进行检查,及时向投保人、被保险人提出消除不安全因素和隐患的书面建议。投保人、被保险人未按照约定履行其对保险标的的安全应尽责任的,保险人有权要求增加保险费或者解除合同。保险人为维护保险标的的安全,经被保险人同意,可以采取安全预防措施。"

《保险法》上述的规定明确了被保险人负有遵守有关规章、防灾防损、维护保险标的的安全的义务,但对被保险人违反这一义务的法律制裁以及保险人干预的权利的规定不明确。例如,合同可否自违反时起解除?

根据《保险法》第51条的规定,保险人干预保险标的的安全状况的权利是有限的:保险人对保险标的的安全状况进行检查,须在合同中有如此约定时方可进行;保险人主动对保险标的采取安全措施,须取得被保险人的同意。如果这样来理解是正确的话,那么海上保险人就应考虑在海上保险单条款中增加一条,保险人有权利随时检查保险标的的安全状况的条款。

按《保险法》第51条第一款,被保险人负有防灾防损的法定义务,但按同条第三款,仅在被保险人违反约定对维护保险标的的安全应尽的责任时,保险人才有权要求增加保险费或者解除合同。也就是说,《保险法》对被保险人违反法定的防灾防损义务,缺乏明确的法律制裁,似乎是鼓励保险人在保险单条款中,对被保险人应尽的安全维护责任,做出具体的约定,但在海上保险单中这种约定很少见。人保财险2009版《沿海内河船舶保险条款》第19条规定:"被保险人及其代表应当严格遵守港航监督部门制定的各项安全航行规则和制度,按期做好船舶的管理、检验和修理,确保船舶的适航性。"中国船东互保协会章程中"保持船级和符合法定要求"是另一个此种约定的例子。此种约定是否构成保证还需参照其他合同条款而定。

通过上面的分析可以看出,虽然被保险人负有防灾防损的法定义务,但保险人要求增加保险费、解除合同或拒绝赔偿的权利,却很难依赖被保险人所负的此

---

① 李嘉华.涉外保险法.北京:法律出版社,1991,p.53.

种法定义务,而须更多地援用保险单条款的约定(如责任终止条款、保证条款或除外条款)和被保险人所负的其他法定义务(如告知义务、危险增加时的通知义务等)。

防灾防损是保险的重要职能之一,但这一职能的体现,不是主要通过在保险合同关系中通过保险法直接制约被保险人,而是更多地依赖:(1)保险人对防灾防损所积累的经验和能够提供的安全咨询、宣传和指导等服务;(2)保险人拨付的专项防灾防损基金,用来改善保险标的的安全状况;(3)保险人将赔付率作为决定下一保险年度的保险费率增减的主要因素等保险费率手段,达到鼓励预防,避免完全靠保险来管理风险的目的。

四、危险增加时的通知义务

《保险法》第52条规定:"在合同有效期间内,保险标的的危险程度显著增加的,被保险人应当按照合同约定及时通知保险人,保险人可以按照合同约定要求增加保险费或者解除合同……被保险人未履行前款规定的通知义务的,因保险标的的危险程度显著增加而发生的保险事故,保险人不承担赔偿保险金的责任。"

《保险法》大大限制了保险标的危险增加时被保险人所负的通知义务,即将其限于保险合同对此种通知义务有约定的情况下。因此,《保险法》第52条的意义,似乎仅在于确认保险合同中的此种通知义务条款有效和补充规定保险人所享有的权利。

《海商法》没有涉及危险增加时的通知义务,但上述《保险法》的规定也适用于海上保险合同。

如果保险合同中没有做出明确约定,保险标的危险程度显著增加,是指由于与保险标的有关的环境和情况的变化,使得保险标的的危险状况,明显超过了合理谨慎的保险人在保险合同成立时对保险标的危险程度的合理预计,或者说大大超过了对承保风险的合理预计,这与保险单中对保险标的的"表述"(Description)有很大的关系。保险标的危险程度是否"显著"增加是一个事实问题,有待保险人举证。[①]

最高人民法院关于适用《中华人民共和国保险法》若干问题的解释(四)(2020修正)第4条规定:"人民法院认定保险标的是否构成保险法第四十九条、第五十二条规定的'危险程度显著增加'时,应当综合考虑以下因素:(一)保险标的的用途的改变;(二)保险标的的使用范围的改变;(三)保险标的的所处环境的变化;(四)保险标的因改装等原因引起的变化;(五)保险标的的使用人或者管理人的改变;(六)危险程度增加持续的时间;(七)其他可能导致危险程度显著增加的因素。保险标的的

---

①Ivamy-Principles,pp.325～327.

危险程度虽然增加,但增加的危险属于保险合同订立时保险人预见或者应当预见的保险合同承保范围的,不构成危险程度显著增加。"

五、出险时的通知义务

及时知道发生了保险事故,对于保险人来说特别重要:一是可以及时安排检验,以确定损失的范围和事故的性质;二是可以及时采取施救措施,给被保险人适当的指示,以尽量防止损失扩大;三是可以及时通过被保险人或以被保险人的名义,采取法律行动,保护或保全保险人的代位求偿权,因为代位求偿权是在赔付被保险人后才取得的;四是可以准确地评估在本保险期间(年度)被保险人的赔付率和决定续约时保险费率的调整;此外,保险人还可以更精确地确定未决赔款准备金等。因此,法律上[1]和海上保单条款中[2]都明确规定了被保险人在出险时的通知义务,有人称之为保护保险人权益的"安全网"(Safety Net)。

对于涉外海上保险来说,保险人更强调被保险人应立即通知所发生的保险事故,因为船舶、货物等保险标的处于他国或海上,需要委托代理来安排检验,取证更困难,损失扩大的机会会更大,法律风险也更大。

何谓"立即"通知,取决于具体案件的事实情况。人保财险 2009 版《船舶保险条款》第 8 条第一款规定,被保险人应在 48 小时内通知保险人。

在被保险人违反了出险时的通知义务的情况下,保险人的法律救济并不明确,保险人很难据以扣减保险赔偿或拒绝赔偿,但可能导致被保险人不能及时获得保险赔偿,因为被保险人没有立即通知保险人,常常妨碍保险人及时调查取证,掌握保险标的的损失情况,因而需要更多的核赔时间,需要被保险人提供更多的证据去充分证明其保险索赔。

除保险合同另有约定外,损失或保险事故通知无须是书面的,可以通过被保险人的代理人发出,也可以只通知保险人的授权代理人。

应注意的是,此项通知义务是连续的,被保险人不仅有义务通知保险事故或损失的发生,还有义务通知其后的发展。

六、出险时的施救义务

与出险时的通知义务密切相关的是被保险人还负有出险时的"施救义务"(Duty of Sue & Labour),故《海商法》第 236 条及海上保险条款[3]通常将其一并予以规定。《海商法》第 236 条规定:"一旦保险事故发生,被保险人应当立即通知

---

[1]《海商法》第 235 条。

[2] 如人保财险 2009 版《船舶保险条款》第 8 条第一款;人保财险 2009 版《海洋运输货物保险条款》第 4 条第一款。

[3] 如人保财险 2009 版《船舶保险条款》第 8 条第一款。

保险人,并采取必要的合理措施,防止或者减少损失。被保险人收到保险人发出的有关采取防止或减少损失的合理措施的特别通知的,应当按照保险人通知的要求处理。对于被保险人违反前款规定所造成的扩大损失,保险人不负赔偿责任。"

根据本条规定,在保险事故发生时,被保险人有义务采取必要的和合理的措施以避免或减少损失。如果所发生的事故不是保险事故,就与保险人无关,不存在施救义务问题。被保险人不包括船长、船员,因为船长、船员的疏忽,甚至背信行为,即故意有损被保险人利益的行为(Barratry),都是承保危险,只包括被保险人本人及其"代表"(Alter Ego)。因此,船长自行不合理地决定拒绝救助,不构成被保险人违反施救义务。[①] 在再保险合同中,"原保险人"(Original Insurer)也不负有施救义务。被保险人须采取一切必要和合理的措施,何谓"必要"(Necessary)和"合理"(Reasonable),是一个事实问题,取决于当时具体环境和情况,不能"事后诸葛亮"。所采取的措施的目的限于避免或减少损失,而非确定损失或其他,因此被保险人没有采取其他目的的措施时,保险人不能以被保险人违反施救义务而拒赔。[②]

保险人在征得被保险人同意后,可以自行采取施救措施以防止或减小保险标的的损失。保险人还有权就施救的合理措施,向被保险人发出特别通知,对此种特别通知,被保险人有义务照办,除非它是不合理的。

无论是被保险人采取的施救措施,还是保险人采取的施救措施,皆不影响对保险标的的"委付"(Abandonment)或双方的其他保险权益。[③] 因此,双方在决定施救行动时,只需考虑"合理"和"必要"这两个标准。

最高人民法院《关于审理海上保险纠纷案件若干问题的规定(2020 修正)》第12 条规定:"发生保险事故后,被保险人为防止或者减少损失而采取的合理措施没有效果,要求保险人支付由此产生的合理费用的,人民法院应予支持。"《保险法》司法解释(四)第 6 条有类似规定。

被保险人违反施救义务的法律后果,是保险人有权对因此造成的扩大的损失,不负赔偿责任。

被保险人履行了此项义务时,对因此而支出的费用,应由保险人在保险标的损失赔偿之外另行支付。[④]

---

① cf:The "Gold Sky"[1972] 2 Lloyd's Rep.187,Q.B.D.
② cf:Irvin v. Hine [1949] All E.R. 1089,K.B.D.
③ 人保财险 2009 版《船舶保险条款》第 8 条第二款;1981 年《海洋运输货物保险条款》第 4 条第二款。
④ 见本章后文对《海商法》第 240 条的分析。

七、保护代位求偿权并协助追偿的义务

根据赔偿原则派生出来的代位原则,在债权代位方面,如果保险人赔偿的损失,是由第三人造成的,被保险人向第三人要求赔偿的权利,自保险人支付赔偿之日起,相应转移给保险人,此即保险人享有的法定的代位求偿权。[①]

保险人的代位求偿权需要被保险人的保护,其原因主要有二:一是在保险人支付保险赔偿之前,被保险人有权放弃向第三人的请求权,而被保险人可能以最终牺牲保险人的利益来换取对己有利的利益;二是在保险人支付保险赔偿之前,保险人不能以自己的名义采取法律行动,如在法定期限内通知损失、保护时效、取得保证等,只能借助被保险人,但被保险人因有保险保障,而对向第三者请求损害赔偿缺乏动力或不在意。因此,为保护保险人的代位求偿权,《海商法》第253条规定:"被保险人未经保险人同意放弃向第三人要求赔偿的权利,或者由于过失致使保险人不能行使追偿权利的,保险人可以相应扣减保险赔偿。"但保险人仍应自行注意诉讼时效、垫付费用、安排起诉、扣船等。

在国内海上保险业务中,船舶保险条款和货运险条款皆规定被保险人需先向第三责任人索赔和起诉。当向第三责任人起诉的时效届满时,保险人可能主张要扣减部分保险赔偿,理由是被保险人违反了保护代位求偿权义务。对此,各海事法院判法不一。对此项合同义务规定的正确的理解应该是被保险人应像一个未投保的人一样及时采取必要的法律行动,包括申请财产保全和起诉;而保险人应根据合同约定及时理赔,无权将被保险人完成追偿作为支付保险金的先决条件。在这一方面,2009版水险条款已趋合理合法。

对于"侵权"(Tort)的损害赔偿,被保险人只可能在损害发生后予以放弃,此为法律所明文禁止,不致引起争议。但对于"违约"(Breach of Contract)的损害赔偿,被保险人可能在损害发生之前在合同条款中就实际放弃了对第三人的请求权,这是一种"隐蔽"的放弃,是否需要保险人事先同意,不能一概而论。例如,在港口拖带服务合同中,一般约定拖轮不负任何赔偿责任,此种约定已成惯例,被保险人不得不接受,故保险人不能根据《海商法》第253条的规定主张相应扣减保险赔偿。再如,在现代班轮航线的经营实务中,参加联盟或"康采恩"(Consortium)的"船东"(Lines)之间,通过签订适当的协议,相互放弃对船舶损害的请求权,使得对期租租船人的责任保险的安排可以减到最少。这种相互放弃请求权,就损害了船舶保险人的代位求偿权,需要事先取得船舶保险人的同意。货物保险人根据海上货物运输合同向承运人的代位求偿权,无论提单或租约是如何规定的,一般皆受到《海牙规则》或类似《海牙规则》的保护,合同约定中对追偿可能构成致命威

[①] 见本章后文对《海商法》第252条的分析。

胁的只是非常低的海事赔偿责任限制,而且保险人不能在这方面抗辩被保险人(货方)未经其同意放弃了向承运人的请求权。

保险人在行使代位求偿权时,还需要被保险人的协助,不只是在保险赔付之前,只能由被保险人出面向第三人索赔,即使在取得代位求偿权之后,有关的证据材料也需要被保险人协助提供,因此《海商法》第252条第二款明确规定:"被保险人应当向保险人提供必要的文件和其所需要知道的情况,并尽力协助保险人向第三人追偿。"

在海上保险业务中,理赔和追偿是密切相关的,而且皆受到海上保险人的重视,故不难理解,海上保险单条款中一般皆明确约定了被保险人保护保险人的代位求偿权和协助保险人追偿的义务。①

最高人民法院关于适用《中华人民共和国保险法》若干问题的解释(四)(2020修正)(简称"《保险法》解释(四)")第9条规定:"在保险人以第三者为被告提起的代位求偿权之诉中,第三者以被保险人在保险合同订立前已放弃对其请求赔偿的权利为由进行抗辩,人民法院认定上述放弃行为合法有效,保险人就相应部分主张行使代位求偿权的,人民法院不予支持。保险合同订立时,保险人就是否存在上述放弃情形提出询问,投保人未如实告知,导致保险人不能代位行使请求赔偿的权利,保险人请求返还相应保险金的,人民法院应予支持,但保险人知道或者应当知道上述情形仍同意承保的除外。"

第10条规定:"因第三者对保险标的的损害而造成保险事故,保险人获得代位请求赔偿的权利的情况未通知第三者或者通知到达第三者前,第三者在被保险人已经从保险人处获赔的范围内又向被保险人做出赔偿,保险人主张代位行使被保险人对第三者请求赔偿的权利的,人民法院不予支持。保险人就相应保险金主张被保险人返还的,人民法院应予支持。

保险人获得代位请求赔偿的权利的情况已经通知到第三者,第三者又向被保险人作出赔偿,保险人主张代位行使请求赔偿的权利,第三者以其已经向被保险人赔偿为由抗辩的,人民法院不予支持。"

第11条规定:"被保险人因故意或者重大过失未履行保险法第六十三条规定的义务,致使保险人未能行使或者未能全部行使代位请求赔偿的权利,保险人主张在其损失范围内扣减或者返还相应保险金的,人民法院应予支持。"

八、提供索赔单证并证明其索赔的义务

我国《海商法》第251条规定:"保险事故发生后,保险人向被保险人支付保

---

① 如人保财险2009版《船舶保险条款》第8条第五款;人保财险2009版《海洋运输货物保险条款》第4条第四款;《协会货物保险条款》第16条第二款等。

险赔偿前,可以要求被保险人提供与确认保险事故性质和损失程度有关的证明和材料。"

被保险人根据海上保险合同向保险人提出保险赔偿请求时,必须提供证据证明其索赔属于保险人的赔偿责任范围,如果被保险人没有提供或所提供的证据不齐全,保险人有权拒绝赔偿或只赔偿可以确定的那一部分,被保险人无权主张保险人迟延给付的责任。

被保险人所需提供的索赔单证的种类,取决于保险索赔的性质。[1] 例如,人保财险《海洋运输货物保险条款》第4条第四款规定:"被保险人在向保险人索赔时,必须具备下列单证:保险单正本、提单、发票、装箱单、磅码单、货损货差证明、检验报告及索赔清单。如涉及第三者责任,还须提供向责任方追偿的有关函电及其他必要单证或文件。"

被保险人为此而支出的费用,除"为确定保险事故的性质、程度而支出的检验、估价的合理费用"[2]外,不能向保险人索赔。[3]

被保险人应特别注意的是,有些海上保险合同条款还规定保险索赔必须在一定时间内提出,即有所谓"索赔时限"(Limitation of Time for Claims)的约定;被保险人若有违反,则丧失了向保险人索赔的权利,例如,中国船东互保协会保险条款通用规则关于时间限制的规定。这类合同义务规定如果短于两年,就与《保险法》第26条相抵触,其法律效力要根据公平原则来确定。[4]

第四节 保险人的责任

一、引言：保险人的抗辩

一旦保险标的发生损失,被保险人可能决定根据保险合同(保险单)向保险人索赔该损失,但只有在保险单"有效"(Valid)而且"继续存在"(Subsisting)的情况下,被保险人才有权提出索赔。基于此,保险人享有如下"抗辩"(Defence)途径：

(1)双方未达成"合意"(ad idem),保险合同未成立；

(2)保险人未承诺投保人的要约,保险合同未成立；

(3)保险责任从未开始；

(4)被保险人违反了告知义务；

---

[1] cf:J.Hudson & A.C. Allen,Marine Claims Handbook,LLP,1983.
[2]《海商法》第240条。
[3] 参见人保财险2009版《船舶保险条款》第8条第二款。
[4] 保监会对太保"关于对《保险法》有关索赔时限理解问题的批复"(保监复〔2000〕304号)。

(5)被保险人违反了保证；

(6)被保险人未支付保险费,而支付保险费是合同约定的生效或继续有效的先决条件；

(7)保险单在该损失发生前已经到期；

(8)被保险人欺诈性地索赔等。

即使合同有效而且继续存在,保险人也只对"保险事故"(Perils Insured Against)造成的在"保险期间"(Period of Insurance)内发生的损失负责。基于此,保险人可以辩称:

(1)被保险人没有证明该损失是由保险事故造成的；

(2)该损失不是由保险事故造成的；

(3)保险事故并未实际发生；[①]

(4)该损失是一种保险除外责任；

(5)该损失是被保险人故意造成的。

此外,保险单中还可能存在各种各样的限制被保险人索赔的条件,使得保险人还可能提出诸如下述的抗辩:

(1)保险索赔未在约定期限内提出；[②]

(2)保险索赔未超过"免赔额"(Deductible)等。

二、保险期间的意义

海上保险合同(海上保险单)所承保的是一定的"风险"(承保损失)而非"危险"(造成损失的事故,即保险事故),故被保险人有权向保险人索赔的损失,必须发生在保险期间内。另外,保险人仅对由保险事故造成的损失负责赔偿,故被保险人有权向保险人索赔的损失,还必须是在保险期间内发挥作用的保险事故造成的损失。财产损害保险是以损害"发生"(Occurrence)为基础。

如果损失和引起该损失的保险事故皆发生在保险期间内,一般不致引起争议。但在下述情况下,就会碰到困难:

(1)某一事故发生在保险期间内,其所造成的损失的全部或一部分也发生在保险期间内,但是在保险期间届满后才发现或确定的。

(2)某一事故发生在保险责任开始前,其所造成的损失也发生在保险责任开始前,但是在保险期间内才发现的。

(3)某一事故发生在保险责任开始前,但其所造成的损失的全部或一部分,是

---

① 如只是为了避免发生保险事故或臆想发生了危险而采取措施。

② 如协会定期船舶保险条款 ITC(Hulls)1995 规定的期限为 1 年;而 2002 年 IHC 规定的期限只有 180天。

在保险期间内才产生的。

在上述第一种情况下,保险人仍应承担责任。例如,某船在保险期间遭受海难,但一直保持漂浮,直到保险期满后才沉没,保险人应赔付全损。[①] 另外,如果在保险期间内仅发生了某一事故,但该事故并未对保险标的造成损失,直至保险期满,那么保险人就无须负责。例如,在 Mitsui v. Mumford (1915)[②] 一案中,货物存放在安特卫普港,在保险期间内战争危险已经存在,但直到保险期满,该货物才被扣押,货物战争险保险人无须负责赔偿。

在上述第二种情况下,保险人无须赔偿。例如,在 Buchanan v.Faber(1899)[③]一案中,某船在保险期间内发生全损,但其是由本保险生效前发生的事故造成的,法院判本保险没有责任。

在上述第三种情况下,如果被保险人没有违反告知义务,本保险应负全部或部分责任,但与上述第二种情况很难区分,船舶保险中常存在此类争议。例如,某船在本保险期间进干坞做定期检验时才发现船底有搁浅造成的损害,但无法确定是上次进干坞后的何时发生的,本保险得负全部责任。再如,上次坞修时,由于修船工人的疏忽,未将螺旋桨的密封圈装好,导致螺旋桨腐蚀,直至 4 年后本保险期间坞修时才发现,对该损失须在 4 个保险年度的保险人之间按时间比例分担,而非仅由疏忽发生当时的保险人负责。[④]

因此,保险人不仅关注发现损失的时间,而且关注损失发生的时间和引起该损失的事故发挥作用的过程,这常常涉及复杂的举证问题。能够得到赔偿的损失必须发生在本保险期间,而且是本保险的承保危险作用的结果,但该承保危险可以是本保险责任开始前就存在的。

而现代"责任保险"(Casualty,Liability Insurance)中对损失原因的约定,已经从"事故"(Accident)变为"事件"(Event,Occurrence);而且触发保险赔偿责任的基础还可能约定为在保险期间内(第三人)"提出索赔"(Claims Made)或"发现损失"(Losses Discovered)(特别是在职业责任保险业务中),因此就出现了两种责任保险保单,即"发生保单"(Losses Occurring Policy)和"索赔保单"(Claims Made Policy)。

"事件"是指在某一特定的时间、特定的地点,以特定的方式发生的事情。这一特定事件不需要是导致损失发生的近因,但其间的因果联系必须十分显著,能够经受时间一致、地点一致、发生方式一致的"一致性"(Unites)标准的检验。"事

---

①cf:Knight v. Faith (1850),15.Q.B. 649 per Lord Campbell,C.J.

②(1915) 2 K.B. 27(war insurance).

③(1899),4 Com. Cas. 223.

④N.G. Hudson & J.C. Allen,The Institute Clauses Handbook,LLP,1986(hereinafter "Hudson-Handbook").pp. 91~92.

件"是否构成最终是个案事实问题。

对责任保险中约定的事件,不能类推适用财产本身损失保险中对损失"事故"(Accident)发生的认定方法。事件本身也许就是损失事故,由此确定了被保险人对第三人的责任;但事件也有可能是一项标志着损失事故发生进展中重要阶段的较早事件。诸如医疗事故、污染和中毒的索赔可能在事件发生后数年才被提出,涉及可能潜伏多年的损害、疾病(如职业病)或伤害,逐渐显露和显明。由此可知,事件这一概念的外延包括事故,在现代责任保险中,已经用事件来代替事故,以便更广泛地定义责任保险中损失的原因。

在责任保险中,"事件"(Event)与"损失发生"(或称"事发",Occurrence)可以作为同义词。一次事件或事发可能包含多起事故,例如,一次翻车伤及多人,一次风暴损伤无数房屋、树木等财产并导致多人伤亡。

事件的另一个近义词是"初始原因"或称"事由"(Originating Cause),都是要求持续不断或反复暴露在同一有害条件中,但英国普通法案例认为"初始原因"的外延要比"事件"的外延更广。

此外,还要考虑公共政策,例如,有害微尘导致的"职业病"(Occupational Disease)可能是多年积累的结果,出于公共政策的考虑,可能被视为一个事件,要求相关期间的不同责任保险人承担连带责任,故相关责任保险最好在保险合同中予以明确约定。

在责任保险中,事件、事发或事由既用于表明承保危险发生的时间,赋予保险期间以意义;又用于表明损失发生的时间,通过"损失累积"(Loss Aggregation),赋予保险人的"责任限额"(Limit)以意义:如果一系列的损失可以归于同一初始原因或同一事件,即这些损失的发生具有"共同因素"(Unifying Factor),则这些损失应作为一次事件、事发或事由造成的损失,仅应适用一次"免赔额"(Excess)和一次责任限额。因此,事件、事发或事由是责任保险和非比例分保协议的核心法律概念之一。

责任事件多是由被保险人的疏忽(过失)造成的。如果是一段时间的疏忽后逐步形成的损失、疾病或伤害,就会产生应认定为一个事件(疏忽)造成多个损失,还是多个事件(疏忽)造成多个损失方面的争议。

"发生保单"是指保险人对在保险期间内发生约定的事故造成的保险标的之损失负责赔偿。而责任保险中的"索赔保单"是指保险人对在保险期间内提出的索赔或发现的并且已经确定的全部损失承担责任。另外,保险人不负责对保险期间(包括"报告期",Notice Period)届满后才提出的索赔。但是,索赔或损失的原因仍然应限于保险合同约定的事件、事发或事由。

通过约定索赔保单,在保险合同成立时,保险人不承担保险期间开始或续保前被保险人知道的潜在的索赔("已知的索赔"或"已知的风险累计"),能够将部分未来不确定的风险又转嫁给被保险人,因为被保险人投保时负有告知义务。索赔保单的保险期间一般还包括合同约定的"追溯期"(Retrospective Period),以便与前手索赔保单的终止日期相衔接,避免两个索赔保单构成重复保险,或给予初次投保索赔保单的被保险人一个优惠,因为客观上存在被保险人不知情的隐藏的责任事件("未知的索赔"或"未知的风险累计")。索赔保单常见于美国市场上的产品责任险保单。我国市场上的环境污染责任险保单也常采用索赔保单。

责任保险中的索赔保单,是近期由保险人发展出来规避责任险保单的"长尾"(Long Tail)保险责任。保险期间届满后,如果没有续保,保险条款一般仅约定很短一段报告期(如3个月),容许被保险人继续有效提出索赔,而且引起该索赔的事件还不能是保险期间届满后才发生的。如果被保险人需要更长的报告期,就需要续保,或另付保险费购买更长的报告期,把索赔保单变为发生保单。

三、因果关系原则的运用

"因果关系原则"(Principle of Legal Causation)是(海上)保险合同的一个基本原则。被保险人在向保险人索赔时,须证明所索赔的损失是由承保危险造成的。而保险人的抗辩包括:

(1)被保险人未证明损失是承保危险造成的;

(2)损失不是承保危险造成的;

(3)证明所拒赔的损失是由除外原因引起的。保险单条款可以修正或排除这一原则的适用,例如,海上保险单条款可能规定保险人承担某一事件"直接或间接"(Directly or Indirectly)造成的损失。

哲学家告诉我们,任何事件皆是其他原因的结果,所谓有因必有果,有果必有因,但是却不存在一因一果这样孤立的对应关系。难就难在法学家的任务类同于历史学家的任务,就是要去找到造成某一结果的原因。哲学家却没有这样的烦恼,也许正因为如此,在哲学家看来,法学家们关于法律上的因果关系的论述,都未免幼稚,都不知不觉要落入概念的循环。也只有真正博学的法官才敢于承认,他们对因果关系的判断,归根到底是基于人们的"常识"(Common Sense),[1]而案例所表达的常识,即使在非普通法系国家中,亦影响到人们对常识的认识。因此,也许认识法律上因果关系的理论和因果关系原则在海上保险中的运用的最好途径,是认真体会前人留下的案例。

法律上的原因,在普通法中称为"近因"(Proximate Cause)而被解释或表达为"主要原因"(Dominant Cause)、"直接原因"(Direct Cause or Immediate Cause)、

---

①cf:The Coxwold [1942]A.C. per Lord Wright.

"决定性的原因"(Determining Cause)或"有效的和居支配地位的原因"(Effective and Predominant Cause)等,[①]而在保险单条款中表述因果关系的用词有如"造成"、"引起"和"归因于"(Caused by,Arising from,Occasioned through,Attributable to,Originating from,In Consequences of or Traceable to)等,但这些用词本身并不能告诉我们除其字面意思以外更多的东西,只不过说明语言是如此的丰富而已。

尽管有循环定义之缺陷,"因果链"(Chain of Causation or Sequence of Causes)和"插入因素"(Intervenning Cause)这两个术语,仍有助于演示关于因果关系的一些规则。借助这些术语,Ivamy 教授将对某一损失是不是承保危险造成的这一问题的回答,概述为如下 3 种情况,[②]即:

(1)如果损失的"最近原因"(Last Cause)是承保危险,那么就认为损失是承保危险造成的,或者说上述时间顺序上最近的原因就是近因,没有必要进一步调查"此前的原因"(Preceding Cause)和确定何者是近因,[③]除非保险人证明此前的原因是除外原因,而且该最近原因是除外原因的"合理的"(Reasonable)和"可能的"(Probable)结果,因果链并未"中断"(Break)。

(2)如果承保危险不是损失的最近原因,而是此前的原因,在最近的原因没有中断此前的原因的结果,或者说在最近的原因不构成插入因素的情况下,认为损失是此前的原因(承保危险)造成的,保险人应负赔偿责任。[④]

(3)如果两个或两个以上的原因"同时"(Concurrent)造成损失,该双重原因皆为近因;[⑤]只要其中一个原因是承保危险,保险人就应负责,除非其中另一个原因是除外原因。[⑥] 除外原因能"盖过"承保危险。Arnould's 认为在普通法中并无确定的权威,只不过是占优势的观点而已,除非保险单条款明确规定除外责任条款的效力优先于承保风险条款的效力,如现行协会货物保险条款。

近年来我国海事法院出现多个按"一果多因"判决比例赔付保险责任的重要案例。

【重要案例分析 1】　再审申请人(一审原告、二审上诉人)曲××与再审被申请人(一审原告、二审上诉人)中国大地财产保险股份有限公司威海中心支公司、中国大地财产保险股份有限公司石岛支公司案。〔2012〕青海法海商初字第 240

---

①Arnould's § 762 认为"dominant"一词最有用。

②Ivamy-Principles,Ch.38,pp.404~419.

③Redman v.Wilson (1845),14M.& W.476.

④Reischer v.Borwick〔1894〕2 Q.B.548,C.A.; Leyland Shipping Co.v.Nowich Union Fire Insurance Society Ltd;〔1918〕A.C.350.

⑤Hagedorn v. Whitmore(1816),1 stark,157;Hahn v.Corbeti(1824),2 Bing,205;Anderson v. Marten〔1908〕A.C. 334.

⑥Samuel (P.)& Co. Ltd.v. Dumas,〔1924〕A.C. 431,H.L.

号,〔2016〕鲁民终 1542 号,〔2017〕最高法民再 413 号。

该案中,2011 年 5 月 25 日,被保险人曲××就渔船"鲁荣渔 1813"船和"鲁荣渔 1814"船在保险人中国大地财产保险股份有限公司石岛支公司(以下简称大地保险石岛公司)分别投保远洋渔船保险,险别为综合险,保险条款为《中国大地财产保险股份有限公司远洋渔船保险条款》(以下简称保险条款)。两渔船保险价值分别为 428.57 万元,保险金额 300 万元,保险期限 12 个月,自 2011 年 5 月 26 日 0 时起至 2012 年 5 月 25 日 24 时止。在曲××不在场的情况下,大地保险石岛公司的业务人员在保险单上手写了"发生全损时,每条船最高赔偿金额不超过 150 万元"等特别约定,并在投保人签名处模仿了"曲××"的签字和手印。

两渔船于 2011 年 6 月 1 日进入休渔期后,在山东省荣成市烟墩角北港渔码头进行船体维护和船上机械保养,其中"鲁荣渔 1813"船主机于 6 月 20 日被吊出舱维修。曲××通过天气预报得知"米雷"台风已接近,决定趁风力还不大,将两船移泊至烟墩角南码头避风。2011 年 6 月 25 日 19 时许,曲××连同船长吴××、大车孟××等,试图单靠"鲁荣渔 1814"船动力将两船驾驶至南码头,后在驶往南码头途中因舵机失灵,两船抛锚等待救助。其间,风力逐渐加大,至 6 月 26 日 0 时许在台风、大浪作用下,两船锚缆断裂,发生走锚,处于失控状态。6 月 26 日凌晨 3 时许,两船被大浪拍打至荣成烟墩角水产有限公司海参池子东侧搁浅。2011 年 9 月 15 日,中华人民共和国荣成渔港监督局做出《渔业海上交通事故调查报告书》,认定:该两船在避台风中,因海上风浪大,锚缆断裂而失控,被风浪拍打至海参池边礁石搁浅,经多次抢救无效,导致报废。2013 年 1 月 1 日前,两船残骸在码头填海施工中被彻底填埋于海底,并被办理渔业船舶注销登记。事故发生后,船东索赔全损。2012 年 2 月 7 日,大地保险公司出具拒赔通知书。

青岛海事法院一审判决保险人应按保险金额全赔:

涉案事故发生的直接原因是"鲁荣渔 1813"船和"鲁荣渔 1814"船在避台风过程中遭遇暴风雨、台风,触礁搁浅而全损。该原因属于保险合同约定的保险赔偿范围。该两船当时正值休渔期,曲××对渔船进行适当的维修和保养,并不违反法律规定。船员放假回家,船员配备不足不构成重大过失。大地保险石岛公司关于曲××消极地不予求助的主张,不符合当时海上客观情况。曲××也不存在故意造成保险事故的行为。大地保险石岛公司依照《海商法》第 242 条的规定,主张其不负赔偿责任,没有事实和法律依据。曲××将渔船从烟墩角北码头驶往南码头,属于为避险而进行的移泊,而非《中华人民共和国海商法》规定的船舶开航,大地保险石岛公司不能依照该法第 244 条的规定,主张船舶不适航,不负保险赔偿责任。

"鲁荣渔 1813"船和"鲁荣渔 1814"船已经实际全损。渔船的保险金额为每船

300万元,大地保险石岛公司赔偿曲××因保险事故造成的损失,两船总损失应以保险金额600万元为限。大地保险石岛公司在保险单中单方所做的特别约定是为减轻其赔偿责任,未经曲××明确书面同意与认可。所有保险单等材料上的签字及手印都不是曲××本人所为,曲××对此特别约定并不知情,且事后亦不存在追认和认可的情况。曲××按照每艘船保险金额300万元的保险费比例交付了6.6万元的保险费,大地保险石岛公司应按每艘船300万元进行赔付,两艘船舶赔付600万元。涉案渔船实际全损的时间为2012年度,保险赔偿款的利息应从2013年1月1日起算。大地保险威海公司作为主管大地保险石岛公司的上级分支机构,应承担相应的补充给付责任。

山东省高级人民法院二审改判保险人按保险金额赔50%:

按照保险条款的约定,保险人对由于台风造成的船舶损失承担赔偿责任,对由于船东的疏忽造成的船舶损失不承担赔偿责任。曲××在一船没有动力,一船配员不足,两船通信设备不能正常工作,台风即将来临的情况下,贸然指令"鲁荣渔1814"船傍拖"鲁荣渔1813"船驶往约4海里外的烟墩角南码头,存在明显的疏忽,且其疏忽与本案事故发生之间有因果关系。本案所涉事故,先有船舶所有人的疏忽,后有台风的影响,缺乏任何一个原因,事故均不会发生,且哪一个为直接、有效、起决定作用的原因难以确定,大地保险威海公司、大地保险石岛公司应按照50%的比例,向曲××支付保险金。

大地保险公司未举证证明在保险事故发生时每艘船的价值低于300万元,保险单记载的保险金额并未超过保险事故发生时船舶的价值。两艘渔船发生全损,大地保险公司应就每艘渔船向曲××支付的保险赔偿金为300万元的50%,即150万元,两艘渔船的保险赔偿金共计300万元。两艘渔船实际全损的时间为2012年,一审法院确定大地保险公司承担逾期付款利息的起算时间为2013年1月1日,并无不当。

最高人民法院再审改判保险人按保险金额赔75%。

保险赔偿责任的认定涉及事故原因、保险承保范围、(约定和法定)保险除外责任、保险承保风险的影响程度等层面的问题。对于保险人是否应当对特定事故承担保险责任以及承担保险赔偿责任的程度,首先应当分析事故原因和保险承保范围,认定全部或者部分事故原因是否属于保险承保范围;然后审查保险合同约定的除外责任条款是否生效以及是否存在法定除外责任所涉原因,认定保险人是否有权根据约定或者法定除外责任相应拒绝赔付;最后根据保险承保风险的影响程度(因果关系构成情况)相应确定保险人最终所应当承担的保险赔偿责任。

曲××作为"鲁荣渔1813""鲁荣渔1814"船的船东(所有人)得知"米雷"台风接近该两船停靠的港口,于2011年6月25决定移泊避免台风损害,该项决定的动因正当合理。该两船在移泊过程中受海上大风浪作用失控而搁浅全损,在事故起因和损失成因中,台风具有直接、重要影响。从移泊中一船机舱因无人注意而进水的事实来看,该事故发生过程中也存在人为应对不当的原因:

首先,曲××组织移泊行动时应当事先注意两船均未修理完工(其中一船没有动力)且将在台风中移泊约4海里,该移泊存在较大困难和风险,从而相应召集配备足够船员驾驶并看管两船,而上述事实表明曲××没有配备足够船员导致其与3名船长、船员在移泊中难以顾全两船的驾驶及其安全;其次,船长、船员在移泊过程中没有尽适当注意对船舶机舱进行防水、排水,对其中一船机舱进水失去动力并造成事故也有一定影响。据此可知,涉案事故系由台风、船东的疏忽、船长和船员的疏忽3个原因共同造成,其中台风是主要原因。

涉案保险条款列明综合险承保的3项原因,其中第1项原因是暴风雨、台风、搁浅、触礁等自然灾害和意外事故,"意外事故"通常被理解为非因当事人的故意或过失,而是由于当事人意志以外的原因而偶然发生的事故,据此可以认定第1项原因不含当事人方面的疏忽或者故意;第2项原因是船壳和机器的潜在缺陷,涉案事故并不涉及;第3项原因为"船长、大副、船员、引航员或修船人员的疏忽",其中列明疏忽的人员范围不含船东本人。上述3项原因的列明方式表明涉案保险条款将相关人员的疏忽专门予以列明,由此也印证第1项原因不含当事人方面的疏忽。涉案保险条款已经清楚表明船东疏忽不属其列明的承保范围。尽管涉案保险条款第3条(除外责任)列明船东的疏忽,但这只能表明该保险条款在除外责任部分同时(反向)强调保险人不负责赔偿船东疏忽引起的损失,而不能表明船东的疏忽原本在该条款列明的承保范围中。涉案保险条款第2条(责任范围)所列明的3项原因即为该保险所承保的风险,据此可以认定,在造成涉案事故的3个原因中,台风与船长船员的疏忽属于承保风险,而船东的疏忽为非承保风险。

根据《保险法》第17条第二款的规定,保险人在订立合同时未对免除保险人责任的条款向投保人做提示或者明确说明的,该条款不产生效力。大地保险公司未提供证据证明其在订立保险合同时已向曲××明确说明除外责任条款。尽管曲××确认与大地保险石岛公司订立保险合同采用涉案保险条款并认可该条款的效力,但在曲××对其中除外责任条款的效力提出异议的情况下,不能据此认定除外条款也与其他条款一并生效。曲××主张涉案保险条款中的除外责任条款不生效,具有事实和法律依据,应予支持。大地保险石岛公司根据涉案保险条款载明的除外责任条款提出免责抗辩,不能成立。

我国《海商法》第244条第一款规定:"除合同另有约定外,因下列原因之一造成保险船舶损失的,保险人不负赔偿责任:(一)船舶开航时不适航,但是在船舶定期保险中被保险人不知道的除外;(二)船舶自然磨损或者锈蚀。"该法规定的船舶适航,是指船舶在各个方面适于预定航次的航行,具备承受该航次中可能遇到的一般海上风险的能力,使船舶处于安全航行状态。该法之所以对船舶适航的要求限定于"开航时",是因为在预定航次中,船舶可能遇到的风险大于港内,且船舶在港内修理、装卸等活动,客观上难以一直保持适于出港航行的状态。因此,我国《海商法》第244条中规定的"开航",应指船舶离港,开始预定航次的航行,而不包括船舶在港内移泊。在航运实践中,船舶从锚泊、系岸、搁浅状态转换到非锚泊、非系岸、非搁浅状态,属于在航(Underway),但并非所有在航状态的开启均属于上述法律规定的开航(Commencement of the Voyage),大地保险石岛公司主张"开航"应理解为非锚泊或者非系岸状态,与法律规定和航运实践中的通常理解不符,本院不予支持。曲××在涉案两船靠港修理期间,为避台风而安排船舶港内移泊,并非安排船舶离港开始预定航次的航行,该类港内移泊不属于《海商法》第244条第一款第(一)项规定的"船舶开航",大地保险石岛公司根据该条法律规定主张免除保险赔偿责任,缺乏事实依据,本院不予支持。

如上所述,本案事故系由承保风险(台风与船长船员的疏忽)和非承保风险(船东的疏忽)共同作用而发生,其中台风为主要原因。根据上述各项风险(原因)对事故发生的影响程度,最高人民法院酌定大地保险石岛公司对涉案事故承担75%的保险赔偿责任。

作者认为,本案例涉及因果关系的理论依据问题。在本案中,最高人民法院认为,如果某一事故是由多种原因直接造成的(多因一果),且部分原因属于承保风险、部分原因不属于承保风险,则保险人仅就属于承保风险的原因造成的保险事故部分承担比例赔偿责任。例如,本案事故是由台风、船东的疏忽、船长船员的疏忽3个原因共同直接造成,其中台风、船长船员的疏忽属于承保风险,而船东的疏忽为非承保风险,最高人民法院根据上述各项风险(原因)对事故发生的影响程度,酌定大地保险石岛公司对涉案事故承担75%的保险赔偿责任。这种基于类似于因果理论的判决方法可能使得个案结果更公平,但同时带来判决结果的不确定性。一审判决书是基于类似于英国普通法的近因原则,其结果一般是要么全赔,要么不赔,法院的自由裁量空间很小。

Arnould's深入分析了海上保险中运用近因原则的一些容易引起混乱的问题,对我们亦有一定的参考价值。

(1)关于被保险人,或者雇员、代理人的"疏忽"(Negligence)的影响。根据Arnould's § 5763 A,除保险单另有规定外,[①]被保险人本人,或其代理人、雇员的疏忽,一般不排除被保险人向保险人索赔的权利,如果损失的近因是某种承保

---

① 如 ITC(Hulls) 1.10.83 之 Cl.6.2 规定,被保险人本人不能"未恪尽职责"(want of due diligence)。

危险。例如，"海难"（Perils of the Seas）的意外特征，常常是由船员的疏忽体现出来的。

（2）关于被保险人，或其雇员、代理人的"故意恶行"（Wilful Misconduct）的影响。基于公共政策，英国《1906 年海上保险法》第 39 条第五款规定，如果被保险人本人的故意恶行是损失的原因之一，保险人就有权拒绝赔偿，即使保险单中有相反的约定。但是，船长、船员"有意损害船东的行为"（Barratry）是承保危险之一，而且如果 Barratry 是损失的原因之一，英美法院就倾向于判定保险人应负责赔偿，除非近因之一是某种除外原因。① 因此，有人批评"Barratry"可能成为船东道德风险（例如故意把船凿沉）的避难所。②

（3）除保险单另有规定外，③仅仅担心有危险而采取措施，不同于为避免实际存在的危险发挥作用，不能向保险人索赔。例如，在 Hadkinson v. Robinson（1803）④这一权威案例中，被保险货物由英国船从 Cornwall 运往 Naples，并有军舰护航，途中接到情报说 Naples 王国的港口都在攻打英国船只，该船就把货物运往 Minorca 的 Mahon 港，并在那里以很低的价格将货物出售，货物被保险人以"捕获"（Capture）和"王子的拘留"（Restraint of Princes）向保险人索赔推定全损。法院判损失非因承保危险造成。其后在 Becker, Gray and Co. v. London Assurance Co.⑤一案中，英国商人的一批货物在和平时期由德国商船从加尔各答港运往汉堡港，途中英德之间爆发战争，就开到 Messina 港，并放弃了航程。英国贵族院判保险人无须负责。但在 Sanday & Co. v. British and Foreign Marine Insurance Co.（1916）⑥一案中，英国商人的货物由英国船运往汉堡，途中英德之间爆发战争，英国法禁止英国人与敌人进行贸易，船长返航将货物卸到英国，货物被保险人委付货物，向保险人索赔推定全损。贵族院判被保险人胜诉。本案与前文 Becker 案的区别是，本案中继续航次已变得非法，船长有法定义务改变航程。

（4）根据英国《1906 年海上保险法》第 78 条四款，在保险事故发生后，被保险人有义务采取施救措施，但对被保险人违反这一义务的法律后果却无明确规定。Arnould's § 770～771 认为，如果被保险人没有履行施救义务构成一个插入因

---

① 英国近期案例有如 The "Eurysthenes"［1976］2 Lloyd's Rep. 171；美国代表案例有如 The "Hai Hsuan"［1957］1 Lloyd's Rep. 428.

② S.J. Hazelwood, "Barratry"—the Scuttler's easy route to the "golden prize"［1982］3 LMCLQ 383.

③ e.g. Atlantic Maritime Carriers S.A. v. Hellenic Mutual War Risks Association［1969］1 Lloyd's Rep. 359.

④（1803）3 B. & p.388.

⑤［1918］A.C.101（H.L.）.

⑥［1916］1 A.C. 650（H.L.）.

素(新原因),保险人就有权拒赔;如果这只是近因之一,保险人就有权比例拒赔。[①]

(5)"延迟"(Delay)造成的损失,如货物腐烂、牲畜死亡、市价跌落,甚至推定全损,船舶修理费用的增加及修理期间的船舶维持费用等,不能向保险人索赔,即使延迟是由某种承保危险引起的,这是英国《1906 年海上保险法》第 55 条第二款第(2)项的明确规定。

四、举证责任

1.对损失的证明

根据《民事诉讼法》第 64 条第一款,"当事人对自己提出的主张,有责任提供证据",因此证明损失是由承保危险引起的举证责任在被保险人一方。除非被保险人完成了此项举证责任,保险人有权拒绝赔偿。所谓"完成"举证责任,在普通法中是指"初步"(Prima Facie)证明了对自己有利的案件即可。[②] 我国民法学者认为,举证的程度必须"合理确定",而且不承认西方的自由心证理论。以事实为根据、以法律为准绳是我国司法的基本原则之一,有人认为不应有丝毫的动摇。在抗辩式改革过程中,仍不能忽视法院主动调查的必要性和重要性。

2.对除外责任的举证

如果被保险人已证明损失是由承保危险造成的,保险人有权证明损失是由除外原因引起的。除保险单条款另有规定外,证明损失属除外风险的责任在保险人一方。为此,保险人无疑应提供更有优势的证据。例如,在大连海事法院审理的"辽丹 344"船国内船舶保险合同纠纷案件(1994)中,[③]1992 年 8 月,该船在大连松辽港受载,经大连港务监督现场监督签证放行,适航证书和船员资格证书皆有效,但该船开航后不久,在大连港黄白嘴真方位75°.6,距离 1′.03 处沉没,当时天气海况良好。船东以承保危险"沉没或倾覆"向保险人索赔全损,保险人以港监部门"推断其沉没原因系属装载不当"的分析意见为由拒赔,因为船舶不适航是除外原因。初审和终审法院皆判保险人未充分举证证明损失原因是船舶不适航,而港监部门的意见是仅凭船员口供做出的,不能作为定案依据而不予采纳。

3.一切险与列明风险对举证责任的影响

船舶保险皆为"列明风险"(Named Risks),[④]人保财险 2009 年版《沿海内河船舶保险条款》也是列明风险。列明风险表示保险人只承保了列明危险造成的列

---

① 我国《海商法》第 236 条第二款明确规定:"对于被保险人违反前款规定所造成的扩大的损失,保险人不负赔偿责任。"

② Ross v. Hunter (1790),4 Term Rep.33.

③ 大连海事法院(1994)大连法商初字第 88 号案;辽宁省高级人民法院〔1995〕辽经终字第 4 号案。

④ 人保财险 2009 年版《船舶保险条款》所规定的"一切险",实际上仍是列明风险。

明损失、费用和责任。

【重要案例分析2】 再审申请人（一审原告、二审上诉人）：广东仁科海运有限公司与被申请人（一审被告、二审上诉人）中银保险有限公司广东分公司（2016）沪72民初820号，（2017）沪民终4号，（2017）最高法民申4639号。

2010年11月1日，广东仁科海运有限公司（以下简称"仁科公司"）就"某某1"船在中银保险有限公司广东分公司（以下简称"中银保险广东公司"）投保沿海内河船舶保险一切险，保险条款为《中银保险有限公司沿海内河船舶保险条款（2019版）》（以下简称"《保险条款》（2019）"），保险期限自2010年11月1日至2011年10月31日。

2011年2月3日，"某某1"船触碰中国石油化工股份有限公司上海石油分公司罗泾油库（以下简称罗泾油库）码头，"某某1"船和码头均受损，产生了"某某1"船船舶修理费用、施救费用和触碰责任。2011年3月8日，罗泾油库向上海海事法院起诉，要求仁科公司赔偿触碰事故给码头造成的损失。

《保险条款》（2019）第2条"一切险"规定："本保险承保第一条列举的六项原因所造成保险船舶的全损或部分损失以及所引起的下列责任和费用：

一、碰撞、触碰责任：本公司承保的保险船舶在可航水域碰撞其他船舶或触碰码头、港口设施、航标，致使上述物体发生的直接损失和费用，包括被碰船舶上所载货物的直接损失，依法应当由被保险人承担的赔偿责任。本保险对每次碰撞、触碰责任仅负责赔偿金额的四分之三，但在保险期间内一次或累计最高赔偿额以不超过船舶保险金额为限。……"

《保险条款》（2019）第3条（除外责任）规定："保险船舶由于下列情况所造成的损失、责任及费用，本保险不负责赔偿：……五、清理航道、污染和防止或清除污染、水产养殖及设施、捕捞设施、水下设施、桥的损失和费用。六、因保险事故引起本船及第三者的间接损失和费用以及人员伤亡或由此引起的责任和费用；……"

中银保险广东公司支付部分保险赔偿，但认为受损码头清障费用、事故现场及航道看护费、设标费、倒塌综合楼内的财物损失、码头临时值班房购置费用等5项损失不属于保险责任赔偿范围，并拒绝赔偿。仁科公司据此向上海海事法院提起索赔诉讼。

上海海事法院一审判决：

（一）关于受损码头清障费用

中银保险广东公司认为：（1）清障费用源于上海海事局出具的《海事行政强制措施决定书》，是为了维护航道安全发生的清理航道费用，不是事故导致的直接损失，依据保险条款第二条"触碰、碰撞责任"条款，承保范围仅限于被触碰的罗泾油库码头所发生的直接损失和费用，并且依据第三条第五项约定，清理航道费用属于除外责任,因此中银保险广东公司不承担保险赔偿责任;(2)根据《最高人民法院关于保险船舶发生保险事故后造成第三者船舶沉没而引起的清理航道费用是否属于直接损失的复函》,清障费用不属于保险事故导致的直接损失,不在涉案保险约定的承保范围之内。

上海海事法院判决,根据保险条款"一切险"的表述看,保险人所承保的碰撞、触碰责任限定为受碰撞的其他船舶和受触碰的"码头、港口设施、航标""发生的直接损失和费用",而并非前述物体的所有人或权利人发生的直接损失和费用。而根据另案再审判决的认定,"罗泾油库根据上海海事局限期打捞清除的行政决定立即委托打捞作业人清除码头残骸,由此产生的清障费用属于为保障航道畅通所必然发生的费用"。因此受损码头清障费用性质上属于清理航道费用,虽然是罗泾油库因触碰事故而必然发生的费用,但并非"码头、港口设施、航标"因触碰事故而发生的直接损失和费用,因此不属于中银保险广东公司的保险责任范围。并且,作为"清理航道"费用,中银保险广东公司也可以根据保险条款第三条第五项的免责事项的约定予以免赔。

(二)关于事故现场及航道看护费、设标费

中银保险广东公司认为,仁科公司索赔的事故现场及航道看护费并非触碰造成的直接损失,亦非码头修复的必要支出,属于涉案保险除外的"间接损失"。

上海海事法院认为,根据另案再审判决的认定,"涉案码头触碰事故发生后,为防止发生次生事故而在现场水域设立专用浮标并派船守护事故现场,由此产生事故现场及航道看护费用和设标费用,均是为保障水域航行安全所采取必要措施的费用"。因此,事故现场及航道看护费、设标费这两项费用是触碰事故引起的必要费用,但是不属于"码头、港口设施、航标"因触碰事故而发生的直接损失和费用,依据保险条款第二条"一切险"以及第三条第六项"除外责任"的约定,即"因保险事故引起本船及第三者的间接损失和费用以及人员伤亡或由此引起的责任和费用",不属于中银保险广东公司的保险责任范围。

(三)关于倒塌综合楼内的财物损失

中银保险广东公司认为,综合楼内的财物不是码头的物理组成部分,不属于涉案保险承保的损失标的范围。如果认为其是码头的物理组成部分,鉴于中银保险广东公司已经赔付了码头本身的修复费损失,因此中银保险广东公司不用再额外予以赔偿。

上海海事法院认为,根据另案再审判决的认定,"涉案码头被'某某1'船触碰后,码头北端上面所建综合楼一同损毁,该综合楼原本具有其特定用途,可安置值班人员,并为码头提供夜间照明。"可见,倒塌综合楼属于港口基础设施的一部分,有其特定用途,而综合楼为实现其特定用途必然要配备必要的设备及财物。因此倒塌综合楼内的财物损失属于"码头、港口设施、航标"因触碰事故而发生的直接损失，与码头修复费用并不构成重复索赔，依据保险条款第二条"一切险"的约定，属于中银保险广东公司的保险责任范围。

（四）关于码头临时值班房购置费用

中银保险广东公司认为，码头临时值班房并非码头的物理组成部分，不属承保的损失标的范围，因此不是承保责任。如果认为其是码头修复支出，则中银保险广东公司已经赔付的码头修复费用中应已涵盖。

上海海事法院认为，根据另案再审判决的认定，"鉴于涉案码头需要一定时间修复，罗泾油库在修复期间购置集装箱活动房用作临时值班房，产生费用211 567.09元，是必要的临时替代费用，罗泾油库同时请求该码头临时值班房购置费用与码头修复费用，并不构成重复索赔"。可见，另案再审判决已经明确了码头临时值班房费用是罗泾油库码头恢复原状过程中的必要费用，且与码头修复费用并不构成重复索赔，鉴于另案再审判决确认了以罗泾油库码头恢复原状所需费用认定触碰事故造成的码头损失的思路，而码头临时值班房购置费用性质上属于码头直接损失的一部分，因此是涉案触碰事故所造成的直接损失，应属中银保险广东公司的保险责任范围。此外，仁科公司还主张了码头临时值班房购置费用的利息损失，上海海事法院认为，该部分利息损失属于保险事故引起的仁科公司的间接损失，依据保险条款第二条"一切险"以及第三条第六项"除外责任"的约定，不属于中银保险广东公司的保险责任范围。

上海市高级人民法院维持一审判决：

根据另案再审判决认定的事实，涉案受损码头清障费用系基于上海海事局《海事行政强制措施决定书》而发生，而上海海事局出具该《海事行政强制措施决定书》的原因则是"罗泾油库码头水域船舶交通密集、码头损毁并倒塌沉入江底部分已经严重影响了该水域的通航安全"。因此，该笔费用来由清晰、指向明确，性质上是为保障航道安全与畅通所发生的清理航道费用，属于保险条款第三条第五项除外责任范围。

事故现场及航道看护费、设标费用，根据另案再审判决的认定，均是为保障水域航行安全所采取必要措施的费用，非属船舶触碰码头造成的直接损失和费用，亦属于保险条款第3条第六项除外责任范围。因此，受损码头清障费用、事故现场及航道看护费、设标费用均不属于中银保险广东公司保险责任范围，一审判决对仁科公司相应诉讼请求不予支持并无不妥。

上海市高级人民法院判决驳回广东仁科海运有限公司的上诉并维持原判。

最高人民法院再审维持原判：

最高人民法院结合另案再审判决认定，受损码头清障费用、事故现场及航道看护费、设标费均系为了保障航道畅通、安全所发生,不属于罗泾油库码头因涉案触碰事故产生的直接损失。依据保险条款第二条之约定,中银保险广东公司承保的碰撞、触碰责任仅包括承保的保险船舶在可航水域碰撞其他船舶或触碰码头、港口设施、航标,致使上述物体发生的直接损失和费用。二审判决认定受损码头清障费、事故现场及航道看护费、设标费不属于涉案保险责任范围并无不当。最终,最高人民法院裁定驳回广东仁科海运公司的再审申请。

三审法院一致判定:涉案码头触碰事故发生后,(1)罗泾油库根据上海海事局限期打捞清除的行政决定立即委托打捞作业人清除码头残骸,由此产生的清障费用属于为保障航道畅通所必然发生的费用(清理航道费用),虽然是罗泾油库因触碰事故而必然发生的费用,但并非"码头、港口设施、航标"因触碰事故而发生的直接损失和费用,没有做拟人化的扩大解释;(2)为防止发生次生事故而在现场水域设立专用浮标并派船守护事故现场,由此产生事故现场及航道看护费用和设标费用,均是为保障水域航行安全所采取必要措施的费用,是触碰事故引起的必要费用,但并非"码头、港口设施、航标"因触碰事故而发生的直接损失和费用。

而海上货物运输保险,既有列明风险(如人保财险的平安险、水渍险,英国的 B 条款、C 条款),又有"一切险"(All Risks)(英国现行条款称其为 A 条款)。在保险人承保一切险的情况下,被保险人只需证明损失是一种风险,即属于意外损失即可,很容易完成举证责任,保险人若想拒赔,一般只有充分举证损失属于除外责任。而在保险人实际上只承保了列明风险的情况下,被保险人须首先证明损失系由某种具体的列明承保危险造成的,在被保险人完成此项举证责任之前,保险人有权拒赔,而无须主动证明损失是除外原因引起的。

【重要案例分析3】 洋浦福海船务有限公司诉中华联合财产保险股份有限公司唐山中心支公司"金泰 68"船沿海货运险合同纠纷再审案,(2017)最高法民申 2477 号。

2015 年 6 月 16 日,河北东海特钢集团有限公司(以下简称东海公司)与林××签订《工矿产品购销合同》,林××向东海公司购买螺纹钢 13 250 吨和盘螺 3 050 吨,货值 34 230 000 元,该批货物由东海公司代办运输(运至广州鱼珠码头),运费由林××负担。后东海公司委托福海公司全权负责货物运输事宜。

福海公司为该批货物向联合财保公司投保国内水路货物运输保险,保险单号 011513020500021F000030,投保人为福海公司,被保险人为公司员工李春玲。涉案货物由唐山康必物流有限公司装运,共装运螺纹钢 3 999 件 13 221.84 吨、盘螺钢材 1 470 件 3 052.9 吨,总计 5 469 件 16 274.74 吨。涉案货物由"金泰 68"船运至广州鱼珠码头,由广东广物物流有限公司鱼珠分公司卸货,经清点收到螺纹钢 3 995 件 13 213.09 吨、盘螺钢材 1 470 件 3 049.91 吨,16G 螺纹钢短少 4 件。福海公司多次向联合财保公司索赔未果。

天津海事法院一审判决如下：

"（1）虽然保险合同中约定福海公司应当提交"所能提供的其他与确认保险事故的性质、原因、损失程度等有关的证明和资料"，但该条款并非约定由福海公司承担证明保险事故原因的义务，向公安机关报警证明涉案钢材短少系因盗窃造成亦非保险合同约定。根据我国《保险法》第21条的规定："投保人、被保险人或者受益人知道保险事故发生后，应当及时通知保险人。故意或者因重大过失未及时通知，致使保险事故的性质、原因、损失程度等难以确定的，保险人对无法确定的部分，不承担赔偿或者给付保险金的责任，但保险人通过其他途径已经及时知道或者应当知道保险事故发生的除外。"因此，福海公司在涉案货物发生保险事故后履行了及时通知义务的情况下，不承担确定保险事故原因的义务。故对于联合财保公司要求福海公司承担证明保险事故原因的抗辩主张不予支持。在涉案货物确实发生短少的情况下，且货物短少有可能因"遭受盗窃"造成时，福海公司为维护自己的利益，依据保险合同中"遭受盗窃的损失"这一条款向联合财保公司申请索赔系正当行使自己的权利，并不违反诚实信用原则。而联合财保公司接到报险后，未及时、积极确定保险事故的原因。诉讼中，联合财保公司亦未提交证据证明涉案货物短少不属于保险责任范围或者属于除外责任。因此，联合财保公司应当承担向福海公司支付保险金的责任。

（2）福海公司和联合财保公司在保险合同中约定每吨螺纹钢的保险价值为2 500元（33 054 600元÷13 221.84吨）。在本案中，福海公司主张按照每吨2 100元计算短少钢材的价值系自行处分其权利且不违反法律规定，联合财保公司亦予以认可。因此，联合财保公司应当支付福海公司保险金28 946.40元。"

天津市高级人民法院二审判决如下：

"双方订立的《国内水路货物运输保险保险单》载明'本案保险适用条款名称为《水路货物运输保险条款》（中华联合（备案）〔2009〕N32号）'，双方的权利义务应依据保险单所约定的保险条款确定。福海公司主张联合财保公司承担综合险保险责任，因福海公司投保的综合险属于列明险，只有属于《水路货物运输保险条款》第6条列明的5种保险事故造成的损失，联合财保公司才负有赔偿责任。故，本案双方争议的焦点为是否发生了保险条款中列明的保险事故。"

《中华人民共和国民事诉讼法》第64条第一款规定，当事人对自己的主张，有责任提供证据。我国《保险法》第22条第一款规定，保险事故发生后，按照保险合同请求保险人赔偿或者给付保险金时，投保人、被保险人或者受益人应当向保险人提供其所能提供的与确认保险事故的性质、原因、损失程度等有关的证明和资料。福海公司提起本案一审诉讼，主张涉案货物"遭受盗窃"发生短少，其作为原告和被保险人,有责任提供证据证明其所主张的保险事故实际发生。

本案中,福海公司虽提供证据证明涉案货物发生短少,联合财保公司对此亦予以认可,但在案证据并不能证明货物短少是因为遭受盗窃所造成的,福海公司所提交的证据中,并无有关保险事故发生的直接证据,其未就事故性质完成初步举证责任。联合财保公司接到报案后,对事故现场进行核验,未出具拒赔通知书等行为,尚不构成对发生保险事故的自认,不能以此免除福海公司对该项主张的举证责任。所以,福海公司关于遭受盗窃损失的保险事故,联合财保公司应对其承担保险赔偿责任的主张证据不足,本院不予支持。

最高人民法院判决要点如下:

"涉案《国内水路货物运输保险保险单》明确约定保险人负责赔偿货物遭受盗窃的损失,福海公司主张其遭受该项列明风险损失,应当举证证明该盗窃风险的发生。根据《中华人民共和国保险法》第22条规定:'保险事故发生后,按照保险合同请求保险人赔偿或者给付保险金时,投保人、被保险人或者受益人应当向保险人提供其所能提供的与确认保险事故的性质、原因、损失程度等有关的证明和资料。'福海公司主张涉案货物发生遭受盗窃损失的保险事故并请求联合财保公司赔偿保险金,应当向保险人提供相关证明和资料,但其仅能证明货物数量短少,而未能说明盗窃发生的时间、地点等具体情况与合理依据并相应举证,二审判决认定福海公司未就事故性质完成初步举证责任,具有事实和法律依据。鉴于福海公司没有证据证明其提出货物被盗窃的事实主张,联合财保公司无须提供相反证据。联合财保公司查勘核实事故现场、确认货物短量等,并不表明联合财保公司确认发生福海公司所称的保险事故。福海公司主张联合财保公司认可保险事故的发生,亦未提供相应证据予以证明,二审判决不予认定,进而驳回其诉讼请求,并无不当。福海公司与联合财保公司在本案中的争议是福海公司能否证明涉案货物损失属于保险合同约定承保的风险———盗窃,并不涉及保险人是否可以援用免除其责任条款的问题,且就本案争议而言,也不存在保险合同约定不明的情形。二审法院审理本案没有适用《中华人民共和国保险法》第17条、《中华人民共和国合同法》第62条的规定并无不当。驳回洋浦福海船务有限公司的再审申请。"

最高人民法院在解释保险条款时,首先遵从条款的通常文义进行解释,在通常的文义解释可以确定承保范围的情况下,没有必要将其引申。本案中,"盗窃"通常理解就是人为原因有意的秘密窃取财物的行为,并没有什么歧义,如果被保险人主张按照盗窃险理赔,就应当证明发生了盗窃事故,仅仅发生短少并不能证明短少是盗窃造成的。

本案也体现了一种审判思路,在国内水路货物运输保险条款下,保险人承保的为列明风险,被保险人索赔时需举证证明发生了哪种列明风险,否则不能索赔成功。这种审判思路在〔2016〕辽民终 98 号案中也有体现。

该案中,原告和被保险人为锦州盛通物流有限公司,被告和货物保险人为中国人民财产保险股份有限公司义县支公司,货物为以集装箱形式运输的玉米,国内沿海水路运输。保险人承保水路货物运输综合险。货物到达目的港后,被保险人发现集装箱外表及铅封均完好,但过磅重量却比装货港的过磅重量少,被保险人在大连海事法院起诉保险人。一审法院认为被保险人没有举证证明货物短少是由于水路运输综合险下的列明风险造成的,驳回原告的诉讼请求。二审辽宁省高院予以维持。

五、全损的赔偿计算标准

保险"赔偿计算标准"或称"赔偿限度"(Measurement of Indemnity)因损失种类①而别,特别费用②的赔偿限度也不同于保险标的的损失的赔偿限度。

《海商法》第 238 条前半部分规定:"保险人赔偿保险事故造成的损失,以保险金额为限。"但《海商法》第 220 条后半部分规定:"保险金额不得超过保险价值;超过保险价值的,超过部分无效。"

因此,保险标的发生全损时,保险人的"赔偿限度",是保险标的的保险价值,而非保险金额。

赔偿限度是在足额保险的情况下,被保险人有权获得的保险赔偿(保险金)的最高限额,是保险人最高的赔偿责任,而非实际赔偿额。保险标的发生全损时,保险人的赔偿限度为保险价值,但保险人的实际赔偿额还受保险金额的影响,如果保险金额低于保险价值,即发生不足额保险,保险人的实际赔偿额为保险金额,即低于保险人的赔偿限度。可见,不足额保险的适用,同样及于全损赔偿的情况。③

至于保险价值,如前所述,根据《海商法》第 219 条的规定,因定值保险或不定值保险而别:在定值保险时,为双方在保险单中约定的价值;在不定值保险时,为保险责任开始时保险标的的实际价值和保险费的总和。但在重复保险的情况下,保险人的赔偿限度比较复杂,因为每一保单项下的保险价值可能不同,普通法认为应取法律所允许的最大的保险价值。此外,英国协会运费定期保险条款特别约定,保险人的责任不超过被保险人实际损失的总运费。④

六、船舶的部分损失

如果保险人承保的是"全损险"(Total Loss Only:TL only),保险人对部分损

---

① 关于保险标的的损失的分类,详见本章第五节的讨论。
② 特别费用主要是施救费用、确定损失大小的费用,以及合同约定的特别费用,如续运费用。
③ 《保险法》第 55 条和第 18 条第四款亦应如此结合起来理解,与《海商法》的上述规定,实质上一致。
④ Institute Time Clauses-Freight,Clause 7.

失不承担赔偿责任。

如果船舶的损失，未达到规定的"免赔额"（Deductible），保险人亦无须赔偿损失。但免赔额一般只适用于"单独海损"（Particular Average），不适用于"共同海损"（General Average）、"救助费用"（Salvage Charges），也不适用于"特别费用"（Particular Charges），例如"施救费用"（Sue & Labour Charges）。[①]

对超过免赔额的单独海损，保险人的赔偿限度因修理情况及是否出售而别，需要分下述 4 种情况来讨论，即：

（1）船舶已修理。根据人保财险 2009 版《船舶保险条款》第 9 条（招标）和第 10 条（索赔和赔偿）第三款（部分损失），船舶已修理时，保险人的赔偿限度是合理的修理费，但每次损失赔偿不得超过保险金额。多次事故的损失赔偿之和可以超过保险金额。该条款还特别约定不做"新换旧"（New for Old）的折减，而且对"干坞费用"（Docking Expenses），如果仅为海损修理之必要，被保险人得免费趁干坞之便进行自修项目或安排船级检验；如果船东自修项目是必需的或通常进入干船坞，同时进行海损修理时，干坞费用的一半可向船舶保险人索赔。

（2）船舶只进行了部分修理。赔偿限度为已修理部分的合理修理费和因部分未修理而导致的船价"贬值"（Depreciation），但不得超过全部修理的合理修理费，[②]当然也不得超过保险金额。

（3）船舶未修理且保险期满时未出售。赔偿限度为因未修理而导致的船舶贬值，但不得超过合理的修理费，[③]当然也不得超过保险金额。在计算船舶贬值时，不是用当时的市价作为标准，须考虑约定的保险价值。[④] 在估算修理费时，可以考虑如果修理便会发生的船舶检验和其他检验的费用。[⑤]

但是，如果其后在保险期满前发生全损，保险人对未修理的损害无须赔付，即使全损不是保险事故造成的。[⑥]

（4）船舶未修理且在保险期满前出售。普通法案例认为此时的保险赔偿限度是预计修理费用，扣除通常的新换旧的扣减。[⑦] 既然人保船舶保险条款不做新换旧的扣减，按人保财险的保险条款理赔时，赔偿限度应为预计的合理修理费用，但不得超过保险金额，而非受损前的完好市价与实际售价之差。

---

①人保财险 2009 版《船舶保险条款》第 3 条。

②英国《1906 年海上保险法》S.69(2)。

③英国《1906 年海上保险法》S.69(3)。

④Irvin v. Hine [1949] 2 All E.R.1089,K.B.D.

⑤The "Medina Princess",[1965] 1 Lloyd's Rep.361,Q.B.D.

⑥《海商法》第 239 条。

⑦Pitman v. Universal Marine Insurance Co.(1882),46 L.T. 863,C.A.

七、货物的部分损失

根据人保财险船舶保险条款,海上货物运输保险人对保险货物的共同海损牺牲、分摊和救助费用总是要承担责任的,除非属于除外责任;保险人还须对特别费用,如施救费用负责。"平安险"(F.P.A.—Free from Particular Average)原则上排除自然灾害造成的部分损失;此外,保险单中可能规定了一定百分比的"免赔量"(Excess),保险人仅对实际损失量超过此免赔量的剩余部分负责赔偿。

《海商法》和现行人保财险 2009 年版《海洋运输货物保险条款》等皆未对货物的部分损失的赔偿限度做出规定。[①] 英国《1906 年海上保险法》第 71 条将货物的部分损失分为下述两种情况来处理:

(1)货物的一部分全损;

(2)货物的一部分或全部遭受部分损失。

在上述第一种情况下,保险赔偿限度又因定值保险或不定值保险而别:如为定值保险,赔偿限度为约定保险价值中,全损的那部分货物的保险价值占全部货物的保险价值的比例部分,即约定保险价值×(受损货物的可保价值/全部货物的可保价值),而可保价值是如同按未定值保险的情况确定的;如为不定值保险,赔偿限度为受损货物的可保价值,即如同按全损来处理。

在上述第二种情况下,保险赔偿限度为约定保险价值(定值保险时)或可保价值(未定值保险时)中,货物抵达当时当地总完好价值与总受损后价值之差占总完好价值的比例部分,即约定保险价值或可保价值×[(总完好价值-总受损后的价值)/总完好价值],而总完好价值是指货物到达当时当地包括卖方在交货前应承担的所有费用的价值。

此外应注意以下几点:

(1)损失的确定与目的港(地)货物市场价值的涨落无关。[②]

(2)在中途重新整理货物以便续运的费用,即"重整费用"(Reconditioning Cost),可按施救费用索赔,但与赔偿限度的确定无关。[③]

(3)货物保险人不负责运费或利润损失,[④]故货方为得到全部保险保障,须在定值保险单中考虑运费和利润风险,或另行安排投保货物预期利润保险(如增加价值保险)。

(4)如果货物发生混票无法识别货主(被保险人),而且部分货物全损,部分货

---

①仅《海洋运输散装桐油保险条款》第 6 条涉及一些赔款的计算。

②Lewis v.Rucker(1761),2 Burr.1167;Arnould's,§§ 1104~1108.

③Francis v.Boulion (1895),1 Com. Cas.217;现在被保险人可更便利地根据保险单中的续运费用条款索赔。

④Benecke,Principles of Indemnity,p.22.

物只遭受部分损害,则按比例来确定每个被保险人遭受的两种损失。[1]

魏润泉所著《国际货物运输保险》(1990)一书第五章第五节介绍了原中国人民保险公司在海上货物运输保险实务中,对货物遭受部分损失时保险赔款的计算方法和公式。[2] 这些公式是基于货物定值保险而且足额保险,故保险金额即为保险价值,保险赔款即为保险赔偿限度。如果保险单为未定值保险单,则仍需参照上述英国《1906 年海上保险法》第 71 条的规定来确定赔偿限度,再考虑不足额保险的适用来决定保险赔款。

八、连续损失

《海商法》第 239 条规定:"保险标的在保险期间发生几次保险事故所造成的损失,即使损失金额的总和超过保险金额,保险人也应当赔偿。但是,对发生部分损失后未经修复又发生全部损失的,保险人按照全部损失赔偿。"

从上述规定可知,保险人应对"连续损失"(Successive Losses)负责赔偿,《海商法》第 238 条规定之"保险人赔偿保险事故造成的损失,以保险金额为限",是指对每次保险事故造成的损失,不包括施救费用和为确定赔款的费用,[3]以一个保险金额为限。

保险人对连续损失的责任的例外,是被保险人没有对部分损失进行修理,而其后又发生全损的情况,理由是在海上保险中,赔偿限度与保险标的的受损价值无关,[4]而且在这种情况下,被保险人并没有因未修理的损害而实际遭受损失。在理解本条但书规定时,作者认为有 3 点值得注意:

(1)发生全部损失,限于本保险责任期间(包括延展期间)届满之前。[5] 本保险期限后才发生全损,与根据本保险的责任无关。

(2)如果所发生的全损是"推定全损"(Constructive Total Loss)而非"实际全损"(Actual Total Loss),被保险人有权选择是否按全损索赔,[6]因此,如果被保险人不委付保险标的,按部分损失向保险人索赔,保险人就不能免除对此前未修理的部分损失的责任,[7]除非保险人根据《海商法》第 255 条的规定,选择按全损赔付而解除对保险标的的责任。[8]

(3)如果其后发生的全损不是保险事故,即不是由承保危险引起的,保险人是

---

[1] Spence v. Union Marine Insurance Co.(1868),L.R.C.P.427.

[2] 在本书第四章中再详细予以引用。

[3] 《海商法》第 240 条。

[4] 唯一的例外是发生重复保险时,参见《海商法》第 225 条。

[5] 参见 Institute Time Clauses-Hulls 1.10.70,Cl.16.

[6] 《海商法》第 249 条。

[7] cf:Ivamy-Marine Insurance,p. 478.

[8] 汪鹏南,刘津民.论海上保险人的提前解约权.大连海事大学学报,1995(3).

否应对此前未修理的损害负责,《海商法》未做明确规定。作者认为,保险人有可能仍应免除责任,如果被保险人并未实际遭受损失,被保险人不能因财产保险而获得额外利益。① 但如果被保险人实际遭受了损失,例如后一事故是第三人造成的,第三人仅对(后一)事故发生时保险标的的实际价值负赔偿责任。

九、施救费用

《海商法》第240条规定:"被保险人为防止或者减少根据合同可以得到赔偿的损失而支出的必要的合理费用,为确定保险事故的性质、程度而支出的检验或估价的合理费用,以及为执行保险人的特别通知而支出的费用,应当由保险人在保险标的的损失赔偿之外另行支付。

保险人对前款规定的费用的支付,以相当于保险金额的数额为限。

保险金额低于保险价值的,除合同另有约定外,保险人应当按照保险金额与保险价值的比例,支付本条规定的费用。"

(1)三种施救费用。本条第一款中"被保险人为防止或者减少根据合同可以得到赔偿的损失而支出的必要的合理费用",即海上保险实务中习惯所称之"施救费用",为本书重点讨论的内容;"为执行保险人的特别通知而支出的费用",也是"被保险人为防止或者减少根据合同可以得到赔偿的损失而支出的",是一种有点特殊的施救费用,基于一旦保险事故发生,被保险人收到保险人发出的有关采取防止或者减少损失的合理措施的特别通知的,应当按照保险人通知的要求处理;② 而被保险人"为确定保险事故的性质、程度而支出的检验、估价的合理费用",如果不是修理费用的一部分,也不是确定损失金额的费用的一部分,就是施救费用的一部分。③

(2)施救费用严格限于为防止或减少保险事故造成的损失所采取的措施的费用。如果所采取的行动是为了避免或减少非由本保险承保的损失,其费用不得作为施救费用向保险人索赔。因此,第一,承保危险必须已经发生,或者说保险标的已处于危险之中,而非仅仅是担心很可能发生危险;第二,危险所造成的损失必须是本保险承保的损失。例如,在 F.W.Berk & Co.,Ltd.v.Style(1955)④一案中,保险人对袋装硅藻土承保一切险,由于包装袋不结实,在从海船卸到驳船上时发生破裂,被保险人将重新包装的费用作为施救费用向保险人索赔。法院判包装袋不结实是装船前就存在的事实,这属于货物的"本质缺陷"(Inherent Vice),重新包

---

① 英国法与此观点相同,cf:British and Foreign Insurance Co. v. Wilson Shipping Co. Ltd. 〔1921〕1A.C. 188.(H.L.)。

② 《海商法》第236条。

③ 更多的是修理费用或确定损失金额的一部分,参见《保险法》第57条。

④ 〔1955〕2 Lloyd's Rep. 382,Q.B.D.

装货物不是为了避免或减小保险事故造成的损失,故保险人有权拒赔。

(3)施救费用必须是"必要的"(Necessary)和"合理的"(Reasonable)或者说是"合理必要的"(Reasonably Necessary)。例如,在 Wilson Brothers Bobbin Co.,Ltd.v. Green (1917)[①]一案中,保险人只承保了一票木材从 Raumo 到 Garston 的战争险,由一艘挪威船来承运,于 1914 年 11 月开航,途中由于德国军舰的干扰,船长被迫驶入挪威的 Grimstadt 港,货物在中途港卸下,其后转运到 Garston,被保险人将在中途港堆存和重装货物,以及转运货物的费用作为施救费用向保险人索赔,保险人抗辩货物应在早些时候以较低的运费成功转运到目的港,被保险人没有获得全部堆存和转运费用。对施救费用,不要求有效果。[②]

(4)施救费用限于被保险人支出的费用,不包括保险人支出的费用。被保险人支出的费用,包括其本人、代理人和/或雇员支出的费用。但是,另一方面,仅被保险人本人负有施救义务,故保险人不得因船长和船员的过失而拒赔因此而扩大的损失。实务中,尤其是发生推定全损,被保险人委付了保险标的时,双方可能达成协议对拯救保险标的采取一些措施,被保险人支付的此种费用可视为执行保险人的特别通知而发生的费用。

(5)施救费用的性质。《海商法》第 240 条最后明确规定,施救费用"应当由保险人在保险标的的损失[③]赔偿之外另行支付"。可知,施救费用是一种"特别费用"(Particular Charges),[④]不属于保险标的的本身的损失,既不属于"单独海损"(Particular Average),也不属于"共同海损"(General Average)。因此,某项费用,如果属于单独海损(如修理费),或根据准据法应列为共同海损(如救助费用),则不应作为施救费用向保险人索赔。

(6)施救费用的限额。保险人对施救费用的责任,以保险金额为限;而保险人对保险标的的损失,也是以保险金额为限,故保险人对一次保险事故的责任,可能达到两个保险金额。

严格区分施救费用与保险标的的损失,其实际意义在于防止被保险人将保险标的本身的损失作为施救费用向保险人索赔。

(7)救助费用与施救费用的关系。《海商法》没有明确规定救助费用与施救费

---

① 〔1917〕,116 L.T.637,K.B.D.

② 最高人民法院《关于审理海上保险纠纷案件若干问题的规定》第 12 条。

③ 《海商法》中所称"保险标的的损失",应做狭义的理解,即专指保险标的的本身的损失,包括保险标的的全损或部分损失。

④ 《海商法》没有提到"特别费用"这个术语,但我国海上保险实务中一直使用它;在《海洋运输货物保险条款》中其专指"运输工具遭遇海难后,在避难港由于卸货所引起的损失,以及在中途港、避难港由于卸货、存仓以及送送货物所产生的特别费用"。此外,几乎在每一个海上保险索赔中,都存在为确定索赔额而发生的特别费用,按惯例由保险人支付。

用的关系,但在人保财险的海上保险条款中,救助费用与施救费用是分开承保的,[①]而且船舶保险条款Cl.1.2.3明确规定,施救费用"不适用于共同海损、救助或救助费用,也不适用于本保险另有规定的开支"。[②]

在海上保险中,以前"救助费用"(Salvage Charges)仅指"纯救助"(Pure Salvage)的救助报酬,因其发生不是被保险人的有意行为的结果,故不将其列为施救费用有充分的理由。但现在大多数救助是根据诸如 Lloyd's Open Form (LOF)的救助合同的救助,海上保险中的"救助"(Salvage),既包括此种合同救助的救助报酬,又包括纯救助的救助报酬。[③] 1974 年、1994 年和 2016 年《约克-安特卫普规则》(YAR)数字规则第 6 条(Rule Ⅵ),将这两种救助报酬都作为共同海损费用,如果救助行为使多个利益方受益,不受"无效果—无报酬"(No Cure — No Pay)原则制约的"特别补偿"(Special Compensation)和"雇佣救助"(Employed Salvage Service)费用,皆不是船舶或货物保险中的救助,[④]前者由船东互保协会负责赔偿,后者或者是施救费用,或者是共同海损。因此,对支付给"救助人"(Salvor)的款项,被保险人到底应以何种名义——保险标的的损失、共同海损、救助或施救费用——向海上保险人索赔,不能一概而论,而且此种区分具有实际意义。救助或救助费用,如果不能作为施救费用,不论是否属于共同海损,皆是保险标的的"部分损失"(Partial Loss),在保险人只承保了"全损险"(Total Loss Only)时,就不能得到赔偿;而在部分损失索赔已超过保险金额时,被保险人得不到全部赔偿。

普通法中有一个很有趣的案例"Crowan v. Stanier"(1904),[⑤]该案中某船投保了 12 个月的全损险,在保险期间该船在亚马孙河的礁石上搁浅,船东委付该船,向船舶保险人索赔推定全损,保险人没有接受委付,但与一家修船厂签订起浮合同,该船被成功地拖到 Para 港。船东向保险人索赔推定全损被法院驳回,有趣的是保险人向船东反索赔支付给修船厂的起浮费用,保险人称该费用是施救费用或救助报酬,法院驳回了保险人的反索赔,理由是此种起浮费用,在救助法律关系中属于救助报酬,但在海上保险法律关系中属于施救费用,如果是被保险人(船东)支付的,被保险人有权向保险人索赔,而保险人支付此种费用而避免了全损赔偿责任,完全是为了自己的利益。

(8)施救费用条款的作用。在劳氏标准保险单(Lloyd's S.G. Policy)条款中,

---

①《海洋运输货物保险条款》Cl.1.1.5(施救费用)与 Cl.1.1.7(救助费用);《船舶保险条款》Cl.1.1.2(救助费用)与 Cl.1.2.3(施救费用)。

②船舶保险另有规定的开支,有如 Cl.1.2.1 中规定的碰撞责任(包括法律费用)。

③R. H. Brown,Dictionary of Marine Insurance Terms(Brown-Dictionary),4th edn.Witherby & Co.Ltd.,1975,pp.349~351.

④司玉琢.海商法详论.大连:大连海事大学出版社,1995,p.315.

⑤(1904)1 K.B.87;9 Com. Cas,27.

有一个著名的 Sue & Labour Clause,英国《1906 年海上保险法》第 65 条的规定也是基于海上保险单中有一个施救费用条款,因此,如果海上保险单中没有这样一个施救费用条款,就会对被保险人能否索赔施救费用及其赔偿限度产生争议。[①]《海商法》第 240 条将施救费用赔偿作为保险人的法定义务,即使保险条款中没有规定保险人对施救费用的赔偿责任(如人保财险船舶保险条款之全损险条款),保险人也要对施救费用负责。

但从货物被保险人的立场看,人保财险现行货物保险条款仍有一个不足,即没有规定保险人应对被保险人为保护保险人的代位求偿权而发生的费用(如法院费用和律师费)负责赔偿,因这种费用不是《海商法》第 240 条所指施救费用,故有必要参照英国的现行协会货物保险条款(ICC 1.1.82—Cl. 16.2)予以增补。船舶保险中,主要的追偿是碰撞责任,已在碰撞责任条款中有所规定。

(9)不足额保险的适用。在不足额保险的适用方面,《海商法》第 240 条第三款允许海上保险合同有不同的约定,[②]但中国人民财产保险公司现行海上保险单条款却无此种约定,[③]故在保险金额低于保险价值的场合,保险人对施救费用的责任,是保险金额与保险价值的比例部分。

十、共同海损分摊与救助、救助费用

"共同海损"(General Average ;G.A.)包括"共同海损牺牲"(G.A. Sacrifice)和"共同海损费用"(G.A. Expenditure),是海商法中特有的制度。共同海损应当由受益方按照各自的"分摊价值"(Contribution Value)的比例分摊。[④] "共同海损分摊"(General Average Contribution)是"海上航程"(Marine Adventure)中的一种特殊风险,比海上保险的历史更加悠久,从现代海上保险出现时起,就是现代海上保险承保的风险之一。海上保险人所承保的,不是保险标的遭受的共同海损牺牲或共同海损费用,而是保险标的应分摊的共同海损责任,即保险标的的共同海损分摊。

由于共同海损分摊的基础是共同海损分摊价值,而在海上保险中,保险人的一般责任基础是保险价值,[⑤]故有理由对海上保险人就共同海损分摊的保险赔偿责任的赔偿限度进行调整,为此,《海商法》第 241 条规定:

"保险金额低于共同海损分摊价值的,保险人按照保险金额同分摊价值的比

---

①Arnould's § 914A.

②但对其他性质的保险赔偿,《海商法》未允许合同另有约定。

③但英国协会船舶保险条款 ITC—Hulls 1.10.83, Cl.13.4 α Cl. 13.5 却规定要比较保险价值与船舶的完好价值,类似于保险人对共同海损和救助的赔偿责任在不足额保险方面的适用。

④《海商法》第 199 条第一款。

⑤《海商法》第 238 条,不足额保险一般是指保险金额低于保险价值。

例赔偿共同海损分摊。"

根据上述规定，在不足额保险的适用方面，对共同海损分摊，仅考虑或比较共同海损分摊价值和保险金额，[①]完全不考虑保险价值，也不考虑从保险价值中扣除在共同海损分摊价值中已经扣减了的和保险人应负责赔偿的发生在共同海损行为之前的那部分单独海损，故与英国《1906 年海上保险法》第 73 条的规定[②]有很大的不同。我国的法律和保险条款的规定，都是对被保险人更有利一些。[③]

因此，即使是定值保险而且保险金额与保险价值相同，在共同海损分摊方面，也可能发生不足额保险，使被保险人得不到全部赔偿，[④]被保险人须安排"共同海损超额责任保险"（General Average Excess Liability Insurance）。

此外，对保险标的的共同海损牺牲，英国《1906 年海上保险法》第 66 条第四款规定，被保险人可以从保险人处得到全部损失的赔偿，而无须实施向负责分摊的其他各方进行分摊的权利，即将保险标的的共同海损牺牲作为单独海损处理，保险人先行赔付，而由保险人取得对这部分共同海损要求各利益方分摊的代位求偿权。这对被保险人总是有利的，因为被保险人可以提前得到赔偿，而且不受共同海损分摊价值的影响。《海商法》无同样的规定，但人保财险《船舶保险条款》第 1 条第二款第 2 项第(1)小项规定："……保险船舶若发生共同海损牺牲，被保险人可获得对这种损失的全部赔偿，而无须先行使向其他各方索赔分摊额的权利。"即在我国海上保险实务中，对船舶的共同海损牺牲，保险人的赔偿责任与英国法的规定相同。人保财险《海洋运输货物保险条款》第 1 条第一款第(7)项将共同海损牺牲与分摊并列，也应做同样的对被保险人有利的解释。

保险人对共同海损牺牲和共同海损分摊的责任，不能完全取代保险人对救助或救助费用的责任，因为救助或救助费用发生于救助标的处于安全地点之时，如果保险标的在获救之后，但在抵达航程终止地（共同海损发生之时）之前灭失，就不存在共同海损，被保险人应被允许向保险人独立索赔救助费用。另一个好处是无须等待漫长的共损理算。现行人保财险海上保险条款皆将救助费用列为独立于共同海损的承保风险。

十一、重复保险时的赔偿限度

在发生"重复保险"（Double Insurance）时，根据《海商法》第 225 条的规定："除合同另有约定外，被保险人可以向任何保险人提出赔偿请求。被保险人获得的赔偿金额总和不得超过保险标的的受损价值。"因此，在发生重复保险时，每一

---

① 人保财险 2009 版《船舶保险条款》第 10 条第五款。
② 英国协会船舶保险条款无不同的约定。
③ 汪鹏南.论不足额保险的"两次适用".大连海运学院学报，1992(3)，p.322.
④ 如"春林""银山海"船搁浅共损案，载中国人民保险公司编印《船舶海损案例汇编》(1982 年)，p.6.

个保险人的保险赔偿限度,受赔偿金额总和不得超过保险标的的受损价值的限制。本条中"保险标的的受损价值",是指保险标的实际遭受的损失。但根据第一节的分析,这一规定仅适用于部分损失的情况。在发生全损时,赔偿限度应为法律所允许的最高的保险价值(包括约定的保险价值)。

十二、被保险人故意造成的损失

保险人的除外责任可分为两大类:一是法律所规定的除外责任,即法定除外责任;二是保险合同所规定的除外责任,即约定除外责任。本节主要讨论《海商法》规定的3种法定除外责任:

(1)被保险人故意造成的损失;

(2)货物保险人的法定除外责任;

(3)船舶保险人或运费保险人的法定除外责任。

《海商法》第242条规定:"对于被保险人故意造成的损失,保险人不负赔偿责任。"而且依《保险法》第138条,如果被保险人故意制造保险事故是为了骗取保险赔偿,就属于保险欺诈活动,构成犯罪的,依法追究刑事责任;不构成犯罪的,也要依照国家有关规定给予行政处罚。

上述法律规定,是基于社会公共利益的强制性的法律规定,海上保险合同(保险单)中与此相反的约定是无效的。

上述法律规定中,"被保险人"是指被保险人本人;如果是公司性质的,则指其"代表人"(Alter Ego),如董事、经理等,不包括其雇员(如船长、船员、一般管理人员)和代理人。[1]"故意"是指被保险人明知自己的行为可能造成的损害后果而仍然希望或放任其发生。例如,船舶被保险人指使船员将船舶"凿沉"(Scuttling)或纵火,是今天较常发生的船舶保险欺诈案件。[2]

在举证程度方面,只要被保险人的故意行为是保险标的损失的有效原因之一,保险人就有权拒赔,不要求保险人证明被保险人的故意行为是保险标的的发生损失的法律上的原因,[3]而且对"故意"的证明,也不要求达到刑法上规定的那样充分。

在海上保险中,被保险人或其他人故意造成保险标的的损失,还可能影响到其他保险的无辜的被保险人的保险索赔权利。例如,在英国协会货物保险 B 条款和

---

[1]如果被保险人不止一个,其中一个被保险人的故意行为本身不影响其他被保险人的索赔权,除非他们对保险标的的拥有的是"共同的利益"(joint interest):Samuel v. Dumas [1924]A.C.431(船东与船舶抵押权人的保险利益不相同)。

[2]英国《1906年海上保险法》S.55(2)(a)规定之"wilful misconduct"就是指被保险人有意损害保险标的的行为。Ivamy-Marine Insurance,pp.262~278。

[3]Trinder Anderson & Co. v. Thames & Mersey Marine Insurance Co.[1898]2 Q.B.114。

C 条款中，货物保险人的约定除外责任之一是任何人的"恶意行为"（Malicious Act）对保险货物造成的损失，如果船东故意将船凿沉以骗取船舶保险金，殃及船上的货物，非但船舶保险人可以拒绝船东的船舶保险索赔，而且 B 条款或 C 条款的货物保险人也可以拒绝赔偿随船沉没的货物损失。在这种情况下，货物被保险人无法证明货损的原因是"海水进入"（Entry of Sea Water）或其他承保危险。①

虽然保险人在被保险人故意造成损失的情况下的拒赔权利是明确和肯定的，而且只需要证明被保险人的故意行为是损失的有效原因之一即可，但实际的困难是证据的取得和法院对证据的认可。在这方面，普通法案例有一些参考价值。例如，对保险人主张船东故意将船弄沉，在 Lemos v. British and Foreign Marine，Insurance Co. Ltd.(1931)②一案中，Mackinnon 法官认为要适当考虑 3 个方面的问题：

（1）船舶全损的情况和事故的性质；

（2）船东与船长、船员之间实际联系的情况及此种联系机会的性质和大小；

（3）船长、船员和/或船东将船弄沉的动机，如船舶约定保险价值远远高出其实际价值，船东经济状况不好急需用钱等。

人保财险《船舶保险条款》和《海洋运输货物保险条款》，皆将"被保险人的过失"约定为除外责任，作者认为不妥，应至少将其限制性地解释为"重大过失"。

十三、货物保险人的法定除外责任

我国《海商法》第 243 条规定："除合同另有约定外，因下列原因之一造成货物损失的，保险人不负赔偿责任：（1）航行迟延、交货迟延或者行市变化；（2）货物的自然损耗、本身的缺陷和自然特性；（3）包装不当。"

人保财险 2009 年版《海洋运输货物保险条款》第 2 条"除外责任"规定："本保险对下列损失，不负赔偿责任：（1）被保险人的故意行为或过失所造成的损失；（2）属于发货人责任引起的损失；（3）在保险责任开始前，被保险货物已存在的品质不良或数量短差所造成的损失；（4）被保险货物的自然损耗、本质缺陷、特性以及市价跌落、运输延迟引起的损失或费用；（5）本公司海洋运输货物战争险条款和货物运输罢工险条款规定的责任范围和除外责任。"

从字面上看，人保财险《海洋运输货物保险条款》所约定的除外责任，已完全包括《海商法》第 243 条规定的法定除外责任。③

---

①cf：The Kien Kung (1965) 2 Malayan L.J.60.

②(1931)，39 Ll.L.Rep. 275，K.B.D.；cf：The "Gold Sky"［1972］2 Lloyd's Rep.187 Q.B.D.(被保险人未完成举证责任，虽然保险人未能证明故意凿船）；The "Michael"［1979］1 Lloyd's Rep.55.

③"包装不当"就是"属于发货人责任"之一。

1.航行迟延、交货迟延或行市变化

如果"迟延"(Delay)是货物损失的原因,被保险人就无权向货物保险人索赔,即使迟延是由某种承保危险引起的;如果迟延构成了插入因素,货物被保险人也得不到保险赔偿。常见的因迟延导致的货物损失,有如季节性货物的大幅度跌价、[1]交货迟延引起的违约责任、货物逐渐腐烂变质等。

但是,除合同另有约定外,航程"受阻"(Frustration)货物无法运抵目的地时,被保险人得向货物保险人委付货物而索赔"推定全损"(Constructive Total Loss);[2]此外,运输工具遭遇海难后需要续运货物时引起的"续运费用"(Forwarding Charges),被保险人得向货物保险人索赔,[3]虽然这两种情况都可能涉及长时间的航行或交货迟延。

迟延所造成的货物损失,如果属于"共同海损费用"(General Average Expenditure),其中应由货物分摊的部分,[4]也仍属于货物保险人的赔偿责任范围。

2.货物的自然损耗

货物的自然损耗,是必然发生的损失,不具有风险的特性,故除非海上保险单另有约定,货物保险人对保险期间发生的货物的自然损耗不负赔偿责任。

货物的自然损耗包括自然"磨损"(Wear and Tear),自然"渗漏"(Leakage),自然"破碎"(Breakage)和扬尘、黏附等引起的自然"短重"(Shortage)等,在海上保险实务中称为途耗。但海上货物运输保险理赔时,对自然损耗的考虑和/或扣减,取决于货物本身的特性和航程等因素。如果货物保险单中已约定了"免赔量"(Excess),就不应再考虑和/或扣减自然损耗。

3.货物"本身的缺陷和自然特性"(Inherent Vice and Nature)

货物保险人对完全由于保险货物本身的特性造成的损失或变质不负责任。例如,如果水果腐烂、煤炭自燃、粮食发热、酒变酸等,不是起因于保险人承保的外来的原因,而完全是货物内部发生化学反应的结果,则保险人可提出此项抗辩。例如,在 C.T. Bowring & Co. Ltd.v. Amsterdam London Insurance Co., Ltd.(1930)[5]一案中,一批花生从青岛运往欧洲港口,抵达时发现花生因受潮发热而严重受损,证据表明货物本身太潮,故法院判货物保险人有权拒赔。但在 E.D. Sassoon & Co. Ltd.v.Yorkshire Insurance Co.(1923)[6]一案中,一批香烟从格拉斯哥

---

[1]Federation Insurance Co. of Canada v. Coret Accessories Inc and Hirsh〔1968〕2 Lloyd's Rep.109.

[2]人保财险 1981 年及 2009 版《海洋运输货物战争险条款》Cl.2.2.

[3]人保财险 1981 年及 2009 版《海洋运输货物保险条款》Cl.1.1.6.

[4]人保财险 1981 年及 2009 版《海洋运输货物保险条款》Cl.1.1.7.

[5](1930),36 Ll.L. Rep.309,K.B.D.

[6](1923),16 Ll.L. Rep. 129,C.A.

运往巴格达,抵达时发现香烟发霉,包装箱里外都有锈迹,货物保险人以货物本身有缺陷为由拒赔,但英国上诉法院判保险人败诉,因为保险人未提供足够的证据证明香烟内部固有的水分是损失的原因。

4.包装不当(Improper Packing)

普通法案例曾认为包装不当是货物本身缺陷的一种,[①]但 Arnould's 认为没必要如此延伸货物本身缺陷的含义,[②]因为现代海上货物运输保险单已明确将包装不当作为约定除外责任,而且将其含义扩展到被保险人自行装箱的集装箱内的"积载"(Stowage)。[③] 的确,包装不当(包括包装不足、包装不良)是造成货损货差的主要原因之一;为了改进货运质量,保险人一方面强调包装不当是除外原因之一,另一方面也非常重视对货物包装质量改进的研究。

在保险理赔过程中,严格区分上述 4 种除外原因是很困难的,而且常常是不必要的,争议的关键还是货损到底是"意外的"(Fortuitous)还是必然发生的(Inevitable),货损的原因到底是"海上灾害"(Perils of the Seas)或其他承保危险还是某种除外原因。

十四、船舶保险人和运费保险人的法定除外责任

我国《海商法》第 244 条规定:"除合同另有约定外,因下列原因之一造成保险船舶损失的,保险人不负赔偿责任:(1)船舶开航时不适航,但是在船舶定期保险中被保险人不知道的除外;(2)船舶的自然磨损或者锈蚀。运费保险比照适用本条的规定。"

从本条规定来看,船舶保险人和运费保险人的法定除外责任有两项:一是船舶开航时不适航,[④]二是船舶的自然磨损或锈蚀。

1.船舶开航时"不适航"(Ship's Unseaworthiness)

我国《海商法》第 244 条的规定是任意性的法律规范,而且船舶保险合同的确另有约定。

(1)在人保财险 2009 年版《船舶保险条款》中,不论是定期保险,还是航次保险,船舶保险人得以船舶不适航为由拒赔的完整条件是——船舶开航时存在的某种不适航造成被保险船舶的损失、责任或费用,而且在船舶开航时被保险人本人

---

① Wilson, Holgate & Co. Ltd. v. Lancashire and Cheshire Insurance Corp., Ltd. (1922), 13 Ll. L. Rep. 486; C. T. Bowring & Co. Ltd. v. Amsterdam London Insurance Co., Ltd. (1930), 36 Ll. L. Rep. 309.

② Arnould's §782.

③ 中国人民保险公司 1981 年《海洋运输货物保险条款》中的除外事项"发货人的责任",包括包装不当。参保监会对太保"关于《海洋运输货物保险》中'发货人责任'条款解释的批复"(保监会〔1999〕11 号)。1995 年送审稿 Cl.2.2、Cl.2.6。2009 版没有进一步明确。

④ 汪鹏南、司玉琢.船舶的适航性与船舶保险理赔//司玉琢海商法论文集.北京:法律出版社,1995,p.208.

知道或应该知道此种不适航。

（2）在人保财险2009年版《沿海内河船舶保险条款》中，无论是定期保险，还是航次保险，只要船舶不适航是船舶损失、责任或费用的原因，船舶保险人对该损失、责任或费用就有权拒赔，没有将不适航限于开航时就存在，也没有限于被保险人本人在开航时知道此种不适航，对保险人要有利得多。在我国海上保险法律和实务中，不存在船舶适航保证，保险人以不适航为由拒赔，皆必须证明所拒赔的索赔与船舶不适航间存在法律上的因果关系。

在英国《1906年海上保险法》第39条中，船舶不适航对保险理赔的影响因航次保险和定期保险而有别，若为航次保险，被保险人要默示保证船舶在开航时适航，一旦被保险人违反此项保证，从违反时起保险人就有权解除合同，对违反保证后发生的损失不负赔偿责任，无论损失的发生与违反此项默示保证之间有无因果关系，对被保险人极为不利；若为定期保险，则不存在此种默示保证，仅在被保险人"明知"或"怀疑"（Privity）船舶不适航仍派船舶出海，而且在此种开航时存在的不适航导致船舶发生损失、责任或费用的情况下，船舶保险人才有权拒赔，即与我国《海商法》第244条的规定相类似。

"船舶适航"（Ship's Seaworthiness）是指船舶在各方面具备合理的准备和设备，能够经受得起计划航程中的一般风险。船舶不适航或船舶不具备适航条件，是指某一方面或某些方面没有具备合理的准备和设备，不能经受计划航程中的一般风险，如船体经受不住通常会遇到的大风浪，船舶机器设备有潜在缺陷，船长、船员不适任或不足，燃物料不充足，货物积载不当影响到船舶的稳性，等等。[①]

2.船舶自然磨损或者锈蚀

基于保险所承保的是风险而排除确定的或者说一定会发生的损失，船舶的自然磨损或者锈蚀当然是船舶保险的除外原因，船舶保险单条款中也皆明确约定对此不负责，包括不赔付正常维修保养船舶的费用，如更换磨损或腐烂了的索具及零件，船底定期入坞更换防腐锌板和重新油漆，甲板、货舱、舱盖和上层建筑内外除锈及重新油漆等。

但是有些自然磨损或者锈蚀却不那么直观明显。例如，在恶劣但仍属正常的天气海况情况下，发生船体裂缝、螺旋桨受损、舵叶变形，到底是自然磨损，还是海上灾害，就可能有很大争议。

此外，仍有必要区分自然磨损与"潜在缺陷"（Latent Defect），因为在现代船舶保险条款中，后者造成的船舶损失，属于船舶保险人的责任，虽然保险人不负责

[①] 侯树杰.船舶适航构成要件及几个有关问题.海事审判,1994(4),p.5.但运输合同中的适航更多的是注意是否适于装运货物,即"适货"（Cargo Worthiness）。

更换或修理有潜在缺陷部件本身的费用。①

《海商法》没有明确排除船舶保险人对"迟延"（Delay）造成的损失，人保财险《船舶保险条款》也未如此明确，②但在我国船舶保险理赔实务中，很明确船舶保险人对迟延造成的船舶损失也是不赔的。例如，船东无权索赔船舶海损修理期间的船期损失，除非属于共同海损费用。船舶保险人对重新进行修理招标期间发生的损失，是一种人为造成的损失，并由合同条款特别规定由保险人给予"补贴"（Allowance），很明显不是保险事故直接造成的损失。在法律和条款皆不明确的情况下，如果船东索赔时间方面的损失，船舶保险人的抗辩，除参照惯例外，还有因果关系原则，时间方面的损失常可定性为"间接损失"（Indirect Loss），从而可以说成不是保险事故的直接后果。

第五节　保险标的的损失和委付

一、保险标的的损失种类

"海上保险合同，是指保险人按照约定，对被保险人遭受保险事故造成保险标的的损失和产生的责任负责赔偿，而由被保险人支付保险费的合同。"③按照这个定义，海上保险人的赔偿责任包括：

（1）保险标的的损失。

（2）保险标的产生的责任。除此之外，保险人还负责赔偿。

（3）以施救费用为主的特别费用。

因为"被保险人为防止或者减少根据合同可以得到赔偿的损失而支出的必要的合理费用，为确定保险事故的性质、程度而支出的检验估价的合理费用，以及为执行保险人的特别通知而支出的费用，应当由保险人在保险标的损失赔偿之外另行支付"。④

船舶保险和海上货物运输保险承保的主要是保险标的的损失风险，此外船舶保险还可能同时附加承保保险船舶产生的碰撞责任风险，而保赔保险主要承保保险标的产生的责任风险。

在海上保险中，保险标的的损失可分为"全损"（Total Loss）和"部分损失"

---

① 人保财险 2009 版《船舶保险条款》Cl.1.1.7.2。
② 但 2009 版《沿海内河船舶保险条款》和《渔船保险条款》做出了明确的除外约定。
③《海商法》第 216 条第一款。
④《海商法》第 240 条第一款。

(Partial Loss)两大类。不属于全损的损失,为部分损失。① 被保险人要么向保险人索赔全损,要么索赔部分损失;如果不能索赔全损,就只能索赔部分损失。

全损又进一步分为"实际全损"(Actual Total Loss)②和"推定全损"(Constructive Total Loss)。

而部分损失包括"单独海损"(Particular Average)、"共同海损"(General Average)③以及"救助"(Salvage)、"救助费用"(Salvage Charges)。

将保险标的的损失区分为全损和部分损失的法律意义在于:第一,在有些海上保险合同中,保险人只承保保险标的的全损风险,④如果保险事故造成的保险标的的损失没有构成全损,被保险人就无权获得任何保险赔偿;第二,即使根据海上保险合同,保险人也承保保险标的的部分损失风险,对保险事故造成的损失,被保险人也只能向保险人索赔部分损失,除非被保险人能够证明已发生了全损;⑤第三,保险人按全损赔付后,海上保险合同就终止了;第四,保险标的发生全损,保险人按全损赔付后,即取得保险标的的物上代位权,⑥例如"损余"应归保险人;第五,全损赔偿不得扣除免赔额;第六,也是最重要的一点,二者的赔偿限度不同。因此可以理解为什么《海商法》和海上保险条款做出明确的规定,而且不存在法定和约定以外的全损。⑦

在中英保险法律和实务中,推定全损皆是海上保险中特有的。在海上保险中,须严格区分实际全损和推定全损,因为在发生推定全损时,如果被保险人向保险人索赔全损保险赔偿,被保险人须先向保险人"委付"(Abandon)保险标的。⑧船舶失踪因按船舶实际全损处理,⑨故被保险人无须先将船舶委付给船舶保险人。

部分损失的种类不同,海上保险人的赔偿责任也有很大不同。第一,各种部分损失的保险"赔偿限度"(Measurement of Indemnity)大不相同;⑩第二,不足额保险的适用,对单独海损,是指保险金额低于保险价值,⑪而对共同海损分摊,是指

---

① 《海商法》第 247 条。

② 以前称"绝对全损"。

③ 中英船舶保险条款皆规定保险人直接赔付船舶的"共同海损牺牲"(General Average Sacrifice),被保险人无须先行使向其他各方索取分摊额的权利。但共同海损费用必须等待共损理算,保险人赔偿的是被保险人应分摊的全部共同海损责任。

④ 所谓"全损险"(Total Loss Only)或"不保单独"(Free of Average)。

⑤ cf:The "Medina Princess"[1965] 1 Lloyd's Rep.361,Q.B.D.

⑥ 《海商法》第 256 条。

⑦ "协议全损"(Compromise Total Loss)是在损失发生后,海上保险合同双方重新约定的全损。

⑧ 《海商法》第 249 条。

⑨ 《海商法》第 248 条。

⑩ 详见本章第四节的讨论。

⑪ 《海商法》第 238 条。

保险金额低于共同海损分摊价值；①第三，免赔额的约定，只适用于单独海损，不适用于共同海损分摊、救助或救助费用；第四，除共同海损牺牲外，海上保险人对共同海损的保险赔偿责任，不是保险标的遭受的共同海损牺牲和共同海损费用，而是保险标的应分摊的共同海损责任，故要待共同海损理算结束后，才能确定保险赔偿责任，而对于单独海损，从发生时起，海上保险人就有责任赔付；第五，保险人对共同海损分摊的责任，不能取代其对救助或救助费用的责任：一方面，被保险人可要求保险人直接赔付其遭受的救助或救助费用；另一方面，有些救助、救助费用无法作为共同海损费用要求各有关方予以分摊。简单地讲，保险人对救助或救助费用，有单独理赔的义务，除非被保险人选择按共同海损索赔。

二、实际全损

《海商法》第 245 条规定："保险标的发生保险事故后灭失，或者受到严重损坏完全失去原有形体、效用，或者不能再归被保险人所拥有的，为实际全损。"②从本条规定中可知，实际全损有 3 种表现形式：

(1)灭失；

(2)完全失去原有形体、效用；

(3)不能再归被保险人所拥有。

在实际全损发生时，不要求被保险人向保险人发出委付通知，作为被保险人向保险人索赔全损的先决条件，③因为委付对保险人并无实际意义，保险人无从采取拯救措施以恢复保险标的，但是区分实际全损与推定全损的标准并不是看是否有必要委付，或者看委付对保险人有无实际意义，《海商法》第 245 条已对实际全损的构成规定了严格的标准。

"不能再归被保险人所拥有"，是指在保险事故发生时，可以认为被保险人已无可弥补地丧失了保险标的。

"灭失"或"完全失去原有形体、效用"，不同于"不能再归被保险人所拥有"，前者是指保险标的本身完全损坏，后者是指被保险人不可弥补地失去了对保险标的实际占有、使用、收益和处分的权能。"灭失"的例子，有如保险标的被大火烧成灰烬，沉入深海完全无打捞的可能性。保险标的发生解体无法修复，或发生生化反应变成废品等，就是"完全失去原有形体、效用"，虽没有灭失，但已不是原保险标的，被保险人有权索赔实际全损，无须先委付保险标的。

---

①《海商法》第 241 条。
②英国《1906 年海上保险法》S.57(1)与此规定相同。
③英国《1906 年海上保险法》S.57(2)与此规定相同。

1.船舶的实际全损

船舶发生实际全损的情况多种多样,[①]例如,船舶触礁断成两截,船壳进水沉入深海,船上货物爆炸将船舶机器和船体炸得面目全非,船舶被敌人或海盗拿捕,船舶受损后必须修理而又无法拖进港内修理等。

船舶"失踪"(Missing)是一种特殊情况,被保险人无法证明损失的原因,海上保险法律和实务中做出了对被保险人有利的规定,即推定船舶因海上灾难而受损,而且按实际全损处理,不要求被保险人委付保险标的。《海商法》第248条规定:"船舶在合理时间向未被获知最后消息的地点抵达目的地,除合同另有约定外,[②]满两个月后仍没有获知其消息的,为船舶失踪。船舶失踪视为实际全损。"

2.货物的实际全损

货物的实际全损,除没收等情形外,常见的有货物随船沉入深海、货物被抛弃、货物被完全烧毁、水泥进水结块、化肥被水溶解、食品被有毒货物沾污、水果腐烂、冻肉解冻变质、牲畜死亡等。

货物失去原有效用,是指其抵达目的地前失去"商销性"(Merchantability),或不再是原保险标的;因此如果在途中发现货物已开始腐烂,继续运往原目的地货物会全部腐烂,而在中途处理(如变卖)货物,被保险人也有权向保险人索赔实际全损。当然,中途处理货物所得,扣除处理费用后,应归保险人所有,但在海上保险实务中,实际上是由被保险人保留变卖所得,保险人负责赔偿保险价值与变卖所得之间的差额,此即所谓"救助损失"(Salvage Loss)。另外,如果货物在中途受损严重,但可合理预期运到目的地而不致改变其货物"种类"(Specie),被保险人没有安排续运或在中途将货物出售时,被保险人无权索赔实际全损,只有委付保险货物,索赔推定全损的可能性。

这里所谓保险货物全损,是指一张保险单上载明的全部某种货物全损。因此,同批发运的同一种货物,由几张保险单分别承保时,每张保单项下的货物应分别看待;同批发运的数种货物,由一张保险单承保时,该保单项下的数种货物也应分别看待。不构成全损的,就是部分损失,包括部分货物全损和部分或全部货物受损,其赔偿限度也不相同。

3.运费的实际全损

运费保险合同,是指保险人承担在发生保险事故致使被保险人无法赚取运费

---

① 人保财险2009版《船舶保险条款》Cl.10.2.1的规定与《海商法》第245条的规定含义相同。

② 人保财险2009版《船舶保险条款》Cl.10.2.2的规定与《海商法》第248条的规定含义相同,即从合理预计应抵达原定目的地之日起满两个月,仍无保险船舶的音讯;但人保财险2009版《国内沿海内河船舶保险条款》Cl.10要求满6个月;英国海上保险法律和实务上未规定固定的期限标准。

时,赔偿被保险人遭受的运费损失。运费是否发生实际全损,总的来说,要看赚取运费所取决的事件,是否因承保危险而绝对不可能发生或实际上毫无希望发生。

运费的实际全损,与运费的性质、运费保险的种类、运输合同的性质等有关,有时是船舶损失的结果,有时是货物损失的结果,有时是航程丧失的结果,十分繁多,难以一概而论。[①] 例如,如果保险运费的支付基于在目的地交付货物,不论何种原因造成货物未在目的地交付时,[②] 运费的实际全损就发生了。如果船舶在开航前灭失,通常就会导致运费实际全损,除非运费已经赚取。

三、推定全损

1.概述

前文已指出,"推定全损"(Constructive Total Loss)是海上保险中特有的制度。在英国海上保险历史中,推定全损被认为起源于船舶被"捕获"(Capture),船东丧失了对保险船舶的占有这类案子,但很快扩展到船舶、货物遭受有形损害的情形。[③]

推定全损制度不符合保险的基本原则——赔偿原则,按赔偿原则,保险人只负责赔偿被保险人的实际损失,而根据推定全损制度,保险人要对尚未成就的损失进行赔偿。作者认为,推定全损制度对赔偿原则的偏离,是基于海上风险的特殊性。例如,某船与他船碰撞后受损严重,大量进水,要使该船恢复适航状态,必须迅速卸下船上货物,控制海水涌入,并拖救到船厂进行全面修理。这些措施的费用是如此之高,以至于一个未投保的合理谨慎的船东会做出决定,认为不值得采取这些措施,因为从经济角度考虑得不偿失。再如,一批货物在运输途中因战争爆发,被载运船按照船东政府的命令强行改运至其他港口卸下,战争在持续,货主在合理时间内不大可能得到这批货物,一个未投保的合理谨慎的货主会认为他已经失去了这批货物。在上述情况发生时,按海上保险中特有的推定全损制度,允许被保险人向保险人委付保险标的,向保险人索赔全损赔偿。

推定全损与实际全损类似,实际上包括两大类情况:一是"受损严重"(Destruction);二是"丧失自由使用"(Deprivation)。在推定全损和实际全损之间并无绝对的界限,法院或仲裁庭的"自由裁量权"(Discretion)很大,虽然法定的标准是"客观的"(Objective)。但是,如果保险标的损失被法院或仲裁庭认定为推定全损而非实际全损,被保险人向保险人索赔全损的前提条件是,被保险人已将保险标的委付给了保险人;如果没有这样做,被保险人就丧失了索赔全损的权利,特别

---

①详见 Ivamy-Marine Insurance,pp.381～393。
②例如,货物中途全部灭失,或货物虽抵达目的地,但已完全失去商销性,或易腐货物在中途被出售等。
③Arnould's §1168.

是在"全损险"(Total Loss Only)或"不保单损"(Free of Average)的情况下,就意味着被保险人得不到任何保险赔偿。有鉴于此,在丧失对保险标的的自由使用或受损严重的情况下,被保险人若想向保险人索赔全损,就应将保险标的及时委付给保险人,除非绝对明显保险标的的已构成实际全损。另外,保险标的的损失到底是实际全损还是推定全损,并不取决于被保险人是否已向保险人委付保险标的。如果法院或仲裁庭事后认定损失是实际全损,委付便无任何意义,丝毫不影响被保险人按实际全损索赔的权利。因此,在海上保险实务中,几乎在每一个全损案件中,被保险人都向保险人发出"委付通知"(Notice of Abandonment),即视作推定全损来处理。可见,在海上保险中,推定全损的概念及相关的委付问题相当重要,比实际全损更加普遍,更有实际意义。

2.《海商法》的有关规定

《海商法》只规定了船舶和货物的推定全损,其他海上保险标的的推定全损,作者认为,只能类推适用《海商法》对船舶及货物推定全损的规定,并结合国际海上保险惯例。

《海商法》第 246 条规定:"船舶发生保险事故后,认为实际全损已经不可避免,或者为避免发生实际全损所需支付的费用超过保险价值的,为推定全损。货物发生保险事故后,认为实际全损不可避免,或者为避免发生实际全损所需支付的费用与继续将货物运抵目的地的费用之和超过保险价值的,为推定全损。"

本条规定共分两款,分别对船舶推定全损的构成和货物推定全损的构成做出法律规定。从本条规定来看,判断船舶或货物的推定全损有两个相互独立的标准:一是实际全损不可避免;二是"拯救费用"[①]会超过保险价值。

"实际全损不可避免",结合前述《海商法》第 245 条的规定来看,似乎包括三种情况:(1)灭失不可避免;(2)完全失去原有形体、效用不可避免;(3)不能再归被保险人所拥有不可避免。但是,作者认为,此处"不可避免"(Unavoidable)的含义是含糊的,而且极易与因果关系的概念产生混淆,如果说"不可避免"是指必然会发生,那么在推定全损和实际全损之间就没有任何界限,这显然站不住脚。结合上述第二个判断构成推定全损的标准和被保险人的施救义务,[②]在实务中,"实际全损不可避免",主要是指被保险人丧失对保险标的的自由使用,不大可能"在合理时间内"[③]重新获得该保险标的的情况。例如,船舶封锁在战区,战争何时结束

---

①本文权且使用这一称谓,在船舶保险实务中,有时简称为"修理费用",而在货物保险实务中,有时简称为"续运费用"。

②《海商法》第 236 条。

③在英国普通法案例 Polurrian Steamship Co. v. Young (1915) 20 Com. Cas,152 中,法官认为"在合理时间内"(within a reasonable time)是法律上所默示的,近期著名的仲裁案 The "Bamburi"[1982] 1 Lloyd's Rep. 312 认为,这个合理的时间是从发出委付通告时起 12 个月。

难以预料；货物在中途受损后，找不到续运船只；船舶受损后虽可起浮拖救，但因污染威胁，没有港口允许该船进港；货物被船东改卸至其他目的地，而且卸货当局不允许转运货物等。而在保险标的因保险事故遭受有形损害时，判断推定全损的标准通常是费用标准，即拯救费用是否会超过保险标的的保险价值。

《海商法》第246条将保险价值作为判断船舶或货物遭受有形损害后是否构成推定全损的比较基础，完全不考虑船舶、货物的实际价值，与英国海上保险法律和实务不尽相同。《海商法》第246条的规定与现行人保财险《船舶保险条款》相同，但与《海洋运输货物保险条款》的有关规定不同，[①]而伦敦海上保险人协会制定的协会船舶保险条款和协会货物保险条款皆改变了英国《1906年海上保险法》第60条和第27条的有关规定，在现行英国海上保险实务中，判断船舶推定全损的比较基础是船舶的保险价值，但判断货物推定全损的比较基础是货物要到达保险单所载明的目的地的价值。[②]

3.推定全损成立的时间

在被保险人委付保险标的后，双方法律上的权利确定前，如果环境和情况发生变化，使得保险标的推定全损变为部分损失，被保险人是否仍有权向保险人索赔全损呢？我国《海商法》对此未做规定，英国《1906年海上保险法》也未做出规定，但英国《1906年海上保险法》生效前的英国普通法认为，在这种情况下，被保险人无权索赔全损，即推定全损成立的时间，不仅是被保险人委付保险标的时，而且是被保险人起诉保险人请求全损赔偿时。[③]但是，这条普通法规则的实际作用已很有限，因为如果保险人拒绝接受委付（通常如此），就视为被保险人已起诉了保险人。[④]作者认为，我国没有必要借鉴上述复杂而无实际意义的普通法规则，即推定全损是否构成，只根据被保险人委付保险标的时的实际环境和情况来决定；实际全损的成立时间也是如此。

4.推定全损成立的法律后果

如果保险标的的损失构成了推定全损，被保险人有权选择向保险人委付保险标的，而索赔全损赔偿；当然，被保险人也有权不委付保险标的，选择恢复和修理保险标的，而索赔部分损失。但是，《海商法》第255条赋予保险人一种特殊的解约权，而妨碍被保险人选择索赔部分损失的权利。[⑤]

---

① 人保财险《海洋运输货物保险条款》规定为目的地的货物价值。

② 杨良宜，汪鹏南.英国海上保险条款详论（第2版）.大连：大连海事大学出版社，2009，p.499.

③ Ruys v. Royal Exchange Assurance Corporation，[1897]2 Q.B.135；Richards v. Forestal Land，Timber and Railways Co.，Ltd.，[1941]3 All E.R. 62，(H.L.)。

④ Ivamy-Marine Insurance，p.409.

⑤ 汪鹏南，刘津民.论海上保险人的提前解约权.大连海事大学学报，1995(1)，p.87.

四、船舶的推定全损

1.船舶不可能在合理时间内复归被保险人自由使用和处分

当保险船舶遭扣押、拘留、羁押或没收时,常常导致推定全损,即使船东雇用或委派的全部或部分船员仍留在船上,如果从当时环境和情况来看,船舶不可能在合理时间内复归被保险人自由使用和处分;①相反,如果被保险人对船舶丧失控制是暂时的,委付就无效。例如,在 Polurrian Steamship Co.v.Young (1913)②一案中,在 1912 年土耳其与希腊战争期间,一艘英国船被希腊扣押了 6 周,走过场似地等待捕获法院的判决就被释放,英国上诉法院判船东没有证明在委付时该船不可能在合理时间内复归被保险人自由使用和处分。

何谓"合理时间"呢? 在近期著名的伦敦海事仲裁案 The"Bamburi"(1982)③一案中,独任仲裁员 Staugton 法官认为,这个合理的时间是从发出委付通知时起12 个月。保险人通过保险条款改变了法律上的规定和判例,1983 年 10 月 1 日,协会船舶战争险和罢工险定期保险条款第 3 条"羁押条款"(Detainment Clause)规定,如果保险船舶已因扣押等保险事故,使被保险人丧失对该船的自由使用和处分达连续 12 个月,该船可视为推定全损。根据本条规定,被保险人等 12 个月后,推定全损才肯定成立,与法律上根据委付时的环境和情况分析船舶能否在 12个月内复归被保险人有效控制,有很大差别。1986 年 1 月 1 日中国人民保险公司制定的船舶战争、罢工险条款第 1 条第二款规定,捕获、扣押、扣留、羁押、没收或封锁赔案,必须从发生日起满 6 个月才能受理,与上述协会条款第 3 条的规定有两点不同:一是被保险人等待的时间是 6 个月而非 12 个月;二是该期间从保险事故发生之日起算,而非从被保险人向保险人发出委付通知之日起算。人保财险2009 版条款未做改变。

在海上保险实务中,绝大部分造成此类船舶推定全损的原因是捕获、扣押、羁押、没收或封锁,故人保财险现行《船舶战争、罢工险条款》第 1 条第二款的规定非常重要,而且关于什么是"合理时间"的研讨就似乎只有一点学术意义。

2.为避免船舶发生实际全损所需支付的费用会超过船舶的保险价值

在船舶遭受严重有形损害的情况下,判断保险船舶是否构成推定全损的最主要的标准,是看脱险和修理船舶的费用(本书权且称之为"拯救费用")是否会超过船舶的保险价值。在船舶保险中,几乎全部都是定值保险,在船舶保险单中已约

---

①Panamanian Oriental Steamship Corp.v. Wright [1970] 2 Lloyd's Rep.365,(Q.B.D.)(船员走私导致船舶被越南政府没收);Societe Belge des Betons,Societe Anonyme v. London and Lancashire Insurance Co. Ltd.(1938),60 Ll.L.Rep.225,(KBD)(西班牙内战期间)。

②(1913)19 Com. Cas. 143;(1915)1 K.B. 922 (C.A.).

③[1982]1 Lloyd's Rep.312(两伊战争期间)。

定了保险价值,故实务中困难的问题在于确定和估计脱险和修理船舶的费用。对此,《海商法》和人保财险的现行关于船舶保险的条款皆未做出规定。作者认为,英国伦敦海上保险人协会制定的 1983 年 10 月 1 日协会船舶定期保险条款第 19 条"推定全损条款"(Constructive Total Loss Clause)的规定、①英国《1906 年海上保险法》S.60(2)(ii)的有关规定及普通法的一些规则②可资借鉴。

(1)在拯救费用中,不得加入修理前船舶残骸的价值。

(2)在拯救费用中,不得扣减其他方应分摊的属于共同海损的修理费用。

(3)在拯救费用中,须加入将来的救助费用支出和修理后将来船舶应分摊的共同海损。

(4)在委付通知发出前发生的费用,可加入拯救费用中。

(5)修理的标准是使其适用于完成预定的航程,而非使其完全恢复到通常应有的适航状态。

(6)修理费用的估计是基于事故发生当时当地的环境和情况。

(7)在拯救费用中,可以加入临时修理费用。

(8)对老龄船,在拯救费用中,不得考虑因船舶破旧而增加的修理费。

(9)拯救费用只考虑同一保险事故引起的损失,不得将几次保险事故造成的损失加在一起来判断是否构成推定全损。

五、货物的推定全损

类似于船舶的推定全损,货物的推定全损也包括两大类情况:一是不可能在合理时间内重新获得对保险货物的自由使用和处分;③二是货物受损严重,拯救费用会超过货物的保险价值。④

海上货物运输保险的标的,除货物本身外,还包括货物的运送航程,或者说海上货物运输保险人承保的是保险货物抵达保险单所载明的目的地的约定风险。因此,第一,如果由于承保危险致使货物不能抵达保险单所载明的目的地,被保险人有权向保险人请求全损赔偿,即使货物本身没有发生有形损害;第二,在有可能将货物续运至目的地的情况下,在确定是否构成推定全损时,须将续运费用加入拯救费用中;第三,续运费用属于施救费用,如果续运费用的发生是为了避免或减少根据保险单可以得到赔偿的损失。⑤ 所保运送在中途终止的情况下,对续运可

---

①杨良宜,汪鹏南.英国海上保险条款详论(第 2 版).大连:大连海事大学出版社,2009,p.109.
②Arnould's §§1197～1210.
③W.W. Howard Brothers & Co.,Ltd.,v.Kann(1941),70 Ll.L.R.P.173,(HL).
④人保财险 1981 年和 2009 版《海洋运输货物保险条款》Cl.1.1.1 皆是比较货物的到达价值,即与英国协会货物保险条款 Cl.13 一致,但与《海商法》第 246 条第二款的规定抵触,其效力值得怀疑。
⑤中英货物保险单中还有一个续运费用条款,其实际意义及与施救费用的关系。

能性或可行性的考虑,以及续运费用高低的考虑,构成货物的推定全损的鲜明特色。

1.运送航程丧失或受阻导致货物推定全损

运送航程"丧失"(Loss)或"受阻"(Frustration)导致货物推定全损,主要有两种案子:一种是战争风险,如捕获、扣押、扣留、禁运和没收等危险发生,没有希望在合理时间内将货物归还给被保险人;[①]另一种是由于货物的性质,如易腐烂的水果和其他食品,在中途受损后,如果安排继续运往目的地,到达目的地时货物会失去商销性而全损,不如在中途变卖货物,保存部分货物价值,保险人只需要赔偿货物的保险价值与变卖所得之间的差额。[②]

上述第一种战争风险引起的航程丧失或受阻进而导致货物推定全损,已被现行人保财险《海洋运输货物战争险保险条款》作为除外责任,[③]该条款第 2 条第二款规定,保险人不负责"根据执政者、当权者或其他武装集团的扣押、拘留引起的承保航程的丧失和挫折而提出的任何索赔"。可知,此种货物推定全损已没有战争险保险人承保。"水险"(Marine Risks)导致的航程丧失或受阻,一般不至于造成无法续运,故构成全损的情况很少见,而中英货物保险条款皆明确规定,保险人应负责赔偿"续运费用"(Forwarding Charges)。

2.拯救费用超过保险价值的证明

从人保财险 2009 年修订的《海洋运输货物保险条款》Cl.1.1的措辞来看,货物的拯救费用是指"恢复、修复受损货物以及运送货物到原定目的地的费用"。此外,还应包括检查和/或检验受损货物的特别费用。

"恢复"(Recovering)货物的费用,包括货物应分担的救助费用和应分摊的共同海损。"修复"(Repairing)货物的费用,包括分拣、干燥和重新包装等重整(Reconditioning)措施的费用。其他"续运"(Forwarding)货物的费用,包括在中途港、避难港由于卸货或存仓所产生的费用,以及将货物转运到目的地的全部运费等。

证明拯救费用超过保险价值的责任,在主张推定全损的被保险人一方,为此,被保险人须赴现场或指定当地代理安排必要的检查、检验和估价,并在此基础上合理估计拯救费用。

①在普通法中,这方面的"权威案例"(Leading Case)是 Rodocanochi v. Elliot (1874) 2 Asp. M.L.C. 399 (1870 年法普战争期间);British & Foreign Marine Insurance Co. v. Sanday [1916] 1 A.C. 650(第一次世界大战期间英德之间爆发战争)确认英国《1906 年海上保险法》未改变上述普通法规则。

②Anderson v. Wallis(1813)2 M. & S. 240;Roux v. Salvador(1836)3 Bing & N.C. 266。在实务中称此为"救助损失"(Salvage Loss)。

③1982 年 1 月 1 日《协会货物战争险保险条款》Cl.3.7 将基于航程丧失或受阻的索赔亦作为除外责任。

六、委付

我国《海商法》有关委付的规定集中在第 249 条和第 250 条。第 249 条规定："保险标的发生推定全损,被保险人要求保险人按照全部损失赔偿的,应当向保险人委付保险标的。保险人可以接受委付,也可以不接受委付,但应当在合理的时间内将接受委付或者不接受委付的决定通知被保险人。委付不得附带任何条件。委付一经保险人接受,不得撤回。"第 250 条规定:"保险人接受委付的,被保险人对委付财产的全部权利和义务转移给保险人。"

1.委付的基本概念

"委付"(Abandonment)是仅与全损保险赔偿相联系的保险法中特有的一个概念,[①]根据保险的首要原则——赔偿原则所派生出来的物权代位原则,被保险人向保险人请求全损(全部损失)保险赔偿时,不论是实际全损还是推定全损,被保险人都必须放弃保险标的的权利,将保险标的转让给保险人,只不过在实际全损的情况下,被保险人向保险人发出"委付通知"(Notice of Abandonment)对保险人一般无实际意义,故法律上只要求在推定全损的情况下,如果被保险人请求全损赔偿,就必须先向保险人发出委付通知。

2.委付通知的作用

为什么在被保险人索赔推定全损时,须先向保险人发出委付通知呢? 至少有两个理由:[②]其一,一旦被保险人做出向保险人请求全损赔偿的决定,被保险人就应受其抉择的约束,保险人有权获得保险标的的利益,委付通知的目的在于将被保险人的此种抉择立即通知保险人,被保险人不得采取"走着瞧"(Wait and See)的策略,静观事态的变化;其二,被保险人发出委付通知后,保险人得以考虑和采取对自己最有利的措施。

事故通知或损失通知不能代替委付通知,因为委付通知表达的是被保险人做出了请求全损赔偿的选择。海上保险合同双方的权利义务因全损赔偿与部分损失赔偿而有诸多区别,例如,保险赔偿限度不同,保险合同效力不同,保险人对未修理的损害的责任不同,等等。因此,在推定全损的情况下,除运费推定全损外,如果被保险人没有及时发出委付通知,就丧失了向保险人请求全损赔偿的权利,只能向保险人索赔部分损失,除非推定全损发展成实际全损。在海上保险实务中,意欲索赔全损的被保险人如果对保险事故造成的损失到底是实际全损还是推定全损有任何怀疑,就最好及时向保险人发出委付通知。中英现行货物保险单条款皆规定,保险人采取施救措施,不得视为接受委付。

[①]因此民法物权理论对研究保险委付无甚帮助。
[②]Arnould's § 1173.

3.委付的前提条件

什么情况下被保险人有权委付保险标的呢？只有在保险标的遭受保险事故发生全损（推定全损或实际全损）的情况下，才允许被保险人委付保险标的。如果在被保险人发出委付通知时，保险标的没有发生全损，只发生部分损失，该委付通知无效；如果全损不是由承保危险引起的，即使保险人接受了委付，保险人也有权撤回并拒绝赔偿或收回已支付的保险金。[①] 另外，委付通知不能将部分损失转变为全损。此外，前文已多次强调，委付不是推定全损成立的条件，而是被保险人选择请求全损赔偿时，应履行的义务。

4.委付的范围

何谓委付保险标的？所谓委付保险标的，是指被保险人将本保险承保的被保险人的全部保险利益转让给保险人。相应地，委付也只将本保险承保的被保险人的保险利益转让给保险人。因此，如果船舶只是部分保险，即在保险金额低于保险价值的情况下，委付的结果仅使保险人得以部分享有保险船舶的权利。[②]

5.有权委付的人

谁有权发出委付通知？只有被保险人或其授权的人才有权向保险人发出委付通知，因为只有被保险人有权转让本保险所承保的保险标的的保险利益。保险经纪人，非经被保险人事先特别授权，无权委付保险标的。占有保险单作为贷款保证的银行也无权发出委付通知。

对同一保险标的，可能有数个保险利益，每一保险利益的所有人只能委付其对保险标的所具有的保险利益。

6.委付通知的形式和内容

委付通知是否应采取某种特定形式？委付是一种非要式的法律行为，委付通知不要求是书面的，口头通知即可，只要能清楚地表达出被保险人无条件地转让其所具有的保险利益的意思即可，也不要求在通知中使用"委付"一词。仅请求保险人指示如何处置保险标的被认为并不构成有效的委付，但请求保险人按全损赔付可能构成有效的委付。[③] 另一方面，中英现行货物保险单条款皆规定，被保险人采取施救措施，不得视为放弃委付。

何谓委付不得附带任何条件？在 Russian Bank for Foreign Trade v. Excess

---

①在司玉琢主编的《中华人民共和国海商法问答》一书（第251页）中，本书作者对这个问题的认识有误。《海商法》的有关规定不同于英国《1906年海上保险法》和普通法。

②参见《海商法》第256条对不足额保险的规定。

③Ivamy-Marine Insurance，pp.418～419.

Insurance Co.(1919)[1]一案中,一批货物从黑海内的 Novorossisk 保到 Falmouth,在达达尼尔海峡关闭后,货主打电报给他的保险经纪人说:"同意保险人终止责任,如果保险人赔偿 Novorossisk 的市价与保险价值之间的差额。"保险经纪人把电报转交给了保险人,英国上诉法院判这个委付不是无条件的,因而无效。

7.委付应送达的人

委付通知应递交给谁才有效呢? 委付通知应送给保险人本人或其特别授权的代理人。保险人指定的诸如"劳氏代理人"(Lloyd's Agent)之类的"通信代理"(Correspondence)不具备此种授权,但保险单上载明的理赔代理人有权接受委付通知。

8.委付的时限

委付通知应在什么期限内发出呢? 从委付通知的作用和目的来看,委付必须及时传送给保险人,否则对保险人便无实际意义。《海商法》未对委付的时限做出明确规定。作者认为,可以参照英国《1906 年海上保险法》S.62(3)的规定,即被保险人在获得损失的可靠消息后就应发出委付通知,但如果尚不能肯定损失的状况,被保险人有权在合理时间内进行查询,以便选择是否委付保险标的。

所谓"合理时间"是一个事实问题,取决于个案的具体情况,没有一个统一的固定的期限,因此潜伏着诸多争议。[2]

9.保险人对是否接受委付的选择权

在推定全损的情况下,被保险人发出委付通知后,保险人是否必须接受委付呢? 对这个问题,《海商法》中的答案很明确:"保险人可以接受委付,也可以不接受委付,但应当在合理的时间内将接受委付或不接受委付的决定通知被保险人。"[3]也就是说,保险人对是否接受委付有选择权,但必须将其做出的选择通过明示的方式(不要求书面形式)在合理的时间内告诉被保险人。然而,保险人未在合理时间内通知被保险人的法律后果是不明确的,保险人也不因此而丧失主张对保险标的的利益的权利。[4] 可见,委付制度重在保护保险人的利益。

法律上也允许保险人有合理的时间去做必要的查询和分析,以便决定是否接受委付。这里所谓"合理时间",也是一个事实问题,取决于个案的具体情况。在现代海上保险实务中,尤其是在船舶保险实务中,保险人通常不接受委付,因为保

---

[1][1919]1 K.B.39,C.A.
[2]Arnould's §§ 1270~1276；Ivamy-Marine Insurance,pp.420~422.
[3]《海商法》第 249 条第一款。
[4]详见下一节对《海商法》第 256 条的分析。

险人在做全损赔付时,还有主张对保险标的的权利的机会①,而匆忙接受委付可能承担巨大的油污和/或航道清除等责任,从而得不偿失②。

在实际全损的情况下,委付是法律上所默示的,但被保险人没有发出委付通知的义务,有事故通知/损失通知/索赔通知即可;另一方面,在实际全损的情况下,法律上也不要求保险人在合理的时间内,将是否接受保险标的的意思表示,用一种明示的方式通知被保险人,虽然毫无疑问保险人有这种选择权,而且也有权将其抉择告诉被保险人。

10.委付及委付通知的法律性质

委付和委付通知到底是何种法律行为呢? 前文已指出,委付是保险中特有的一种法律行为,委付通知也是海上保险中特有的,而海上保险法并未对委付及委付通知的法律性质做出明确规定,从而引起解释上的困难。普通法将推定全损时的委付理解为"转让"(Assign)保险单所承保的被保险人对保险标的所具有的保险利益的一种合同行为,被保险人发出的委付通知是"要约"(Offer),保险人接受委付的意思表示是"承诺"(Acceptance)。③ 从这个理论中可以合理推断出,在保险人承诺之前,被保险人得收回或撤销要约,如果保险人未在合理的时间内做出承诺,被保险人也有权收回或撤销要约,④或者说保险人不合理的延迟做出的承诺无效。"委付一经保险人接受,不得撤回",⑤保险人须按全损赔偿被保险人,除非损失不是由承保危险引起的。

如果说推定全损的概念重在保护被保险人的利益——被保险人有索赔全损或部分损失的选择权,那么,委付的概念便重在保护保险人的利益——被保险人在选择索赔全损时,就必须在合理时间内向保险人发出委付通知,而保险人对是否接受委付有选择权。可见,推定全损的概念和委付通知的概念是相互配合、密不可分的,海上保险中特有的法律制度,由此平衡海上保险合同双方的利益。

委付则与实际全损相联系,在非海上保险中亦存在。在实际全损的情况下,委付是保险法所默示的,不要求被保险人及时发出委付通知,保险人也有权拒绝接受保险标的。

11.保险人接受委付的法律后果

如果保险人有效地接受了委付,会对保险人产生哪些法律后果呢?《海商法》

---

① 同上。

② 详见本节下文对接受委付的法律后果的分析。

③ Arnould's §§ 1283,1290.

④ 这可能是保险人未在合理时间内做出选择并通知被保险人的唯一法律后果。

⑤《海商法》第 249 条第二款。

第 250 条规定："保险人接受委付的，被保险人对委付财产的全部权利和义务转移给保险人。"这一规定似乎已足够明确，其实不然。

第一，何谓"委付财产"？这是一个非专业的表达。前文已指出，委付制度要求被保险人将保险单所承保的其对保险标的所具有的保险利益全部转让给保险人，故"委付财产"实际上是指保险单所承保的被保险人对保险标的所具有的全部保险利益。

即使被保险人对保险标的所具有的保险利益不是保险标的的所有权，被保险人也应该委付，保险人也有权接受，但仅限于被保险人所具有的此种保险利益而已，[①]不能及于保险标的的所有权或其他利益，当然也只限于本保险所承保的保险利益。无疑，通常有实际意义的委付，仅限于保险标的的所有权而已。

在重复保险的情况下，被保险人需向所有的保险人委付其保险利益，但某一个保险人有独立的权利选择是否接受委付；如果两个或两个以上的保险人接受了委付，他们便共同按比例分享保险利益的权利，同时共同按比例承担保险利益的义务。[②]

第二，如果保险单承保的保险利益是保险标的的所有权，保险人接受委付后，到底可以获得哪些权利呢？保险人获得的，是从推定全损发生时起，保险标的的所有权，以及附属于保险标的的其他"财产权"（Proprietary Rights），包括其后完成航次可收取的运费[③]和因船舶受损而获得的政府津贴[④]等。取得保险标的的所有权，意味着一旦保险标的获救，保险人是受益人。

第三，如果保险单承保的保险利益是保险标的的所有权，保险人接受委付后，到底承担了哪些义务呢？保险人所承担的义务，是因取得所有权而产生的责任，如清除航道的责任（包括打捞船载货物的责任），[⑤]向救助人支付救助报酬的责任，各种"船舶优先权"（Maritime Lien）[⑥]和为赚取待收运费而支出的航次费用等。

但是，至少在保险人和被保险人之间，保险人不因接受委付而承担对本次保险事故发生前，或非因承保危险造成的基于船舶所有权的责任。此外，货物保险人接受委付，并不承担被保险人应向承运人支付的运费。[⑦]

12.委付与施救的关系

在推定全损发生时，被保险人是否负有施救义务？施救义务是被保险人所负

①保险人行使此种权利时却有困难，参见 Arnould's §1265.
②"比例"是指接受委付的保险人签发的保险单中保险金额的比例。
③不包括推定全损发生前被保险人已赚取的运费；cf：The Red Sea [1896]，p.20.
④已很少见。
⑤Barraclough v. Brown [1897] A.C.615.
⑥如果尚未因推定全损而消灭。
⑦Arnould's §1288.

的一项法定义务,①故在被保险人发出委付通知索赔推定全损之前,被保险人仍应采取施救措施,无论保险人是否接受委付,施救费用皆应由保险人负责赔偿。② 在被保险人发出委付通知后,保险人接受委付前,被保险人应尽善良管理人的责任。在保险人接受委付后,被保险人无施救义务或管理人的义务,但按诚信原则的要求,应协助保险人施救。例如,不撤离必要的船员,当然由此而发生的费用,应由保险人另行负责补偿被保险人。

13.保险人不接受委付的法律后果

保险人不接受委付,被保险人的权利受何影响? 保险人不接受委付,不影响被保险人索赔全损的权利,作为保险标的的所有人的被保险人仍是其所委付的财产的所有人,基于该所有权的权利和义务,仍归被保险人享有或承担。但是,保险人在做全损赔付后,仍有权主张对保险标的的权利。③

▌第六节▐　保险赔偿的支付

我国《海商法》第十二章(海上保险合同)第六节(从第251条到第256条,共6条)冠名为"保险赔偿的支付"。乍看起来,还以为是规定保险赔偿限度和保险人如何支付保险金,但实际上都是规定保险人的权利。第251条规定的是在支付赔偿前,保险人要求被保险人证明保险索赔的权利,其他各条是保险人在支付保险赔偿后的权利。第251条的规定,已在本章第三节中讨论过,本节不再重复;而保险人支付保险赔偿后的权利,除《海商法》第六节的规定外,在《海商法》第二节第225条关于重复保险的规定中,还涉及保险人要求其他保险人分摊保险赔偿的权利,也放到本章本节中予以讨论。

本章本节论述保险人支付保险赔偿后的四大权利:

(1)代位求偿权;④

(2)对保险标的的权利;⑤

(3)保险人的提前解约权;⑥

(4)要求分摊的权利。⑦

---

①《海商法》第236条。

②《海商法》第240条。

③《海商法》第256条

④《海商法》第252~254条。

⑤《海商法》第256条。

⑥《海商法》第255条。

⑦《海商法》第226条。

一、代位求偿权

1.代位权的法理及分类——中英法律之异同

海上保险合同是一种"赔偿合同"(Contract of Indemnity),[①]如果"受赔偿人"(被保险人)所遭受的损失,已通过赔偿合同(海上保险合同)得到补偿,那么,受赔偿人因该损失而在法律上可获得的其他"利益"(Legal Benefits),或者更通俗地说可获得的"好处"(Advantages)便应归"赔偿人"(保险人);否则受赔偿人(被保险人)可能获得"过量补偿"(Over-compensation),进而诱发"道德风险"(Moral Hazard),而且对赔偿人(保险人)不"公平"(Equity)。基于这些理由,[②]一切赔偿合同皆默示着代位原则。在我国法律中,代位原则明确规定在保险法律中,[③]并已获得广泛的认同。

如前所述,[④]在我国海上保险法律和实务中,代位原则包含两方面的内容,即债权代位原则和保险利益(如所有权)代位原则,前者称为"代位求偿权"(Subrogation),后者称为对保险标的的权利。但英国《1906年海上保险法》第79条将二者合并规定,皆称为"Subrogation",故在参考普通法案例时,需结合上下文来明了其所指的具体含义。作者认为,将代位原则的内容分为债权代位原则和保险利益代位原则分别来处理是可取的,因为前者适用于任何保险赔偿的情况,而后者仅限于全损赔偿的场合,而且前者的行使只会给保险人带来利益或者说好处(除行使权利引起的法律费用等费用外),而后者的行使,可能同时给保险人带来不利,即保险人须承担基于保险利益的法律责任。

保险利益不限于保险标的的所有权,同一保险标的可能同时存在不同的保险利益,但对海上保险人而言,通常有实际意义的仅限于保险利益为保险标的的财产所有权的场合,故在实务中,将保险利益所有权代位,简称为所有权代位或物权代位。例如,货物保险人比较重视目的地残损货物的"损余处理"和中途港拍卖的不宜续运的受损货物的"救助所得"(Salvage Proceeds)。

2.《海商法》对代位求偿权的规定

我国《海商法》第252~254条对保险人的债权代位权,即通常我们所说的代位求偿权,有如下比较详尽的规定:

第252条规定:"保险标的发生保险责任范围内的损失是由第三人造成的,被

---

①并非所有的保险合同都是赔偿合同,例如,人身保险合同和近年来出现的投资性质的财产保险合同,就不是赔偿合同。

②对保险合同,代位原则的另外一个可能的理由是,保险费可因此而降低。

③《海商法》第252~254条,第256条;《保险法》第44~48条。

④本书第一章第六节。

保险人向第三人要求赔偿的权利,自保险人支付赔偿之日起,相应转移给保险人。被保险人应当向保险人提供必要的文件和其所需要知道的情况,并尽力协助保险人向第三人追偿。"

第 253 条规定:"被保险人未经保险人同意放弃向第三人要求赔偿的权利,或者由于过失致使保险人不能行使追偿权利的,保险人可以相应扣减保险赔偿。"

第 254 条规定:"保险人支付保险赔偿时,可以从应支付的赔偿额中相应扣减被保险人已经从第三人取得的赔偿。保险人从第三人取得的赔偿,超过其支付的保险赔偿的,超过部分应当退还给被保险人。"

第 252 条第一款给代位求偿权下了一个定义,第二款规定了被保险人协助保险人行使代位求偿权的义务。

第 253 条规定被保险人不得损害保险人的代位求偿权;否则保险人有权相应扣减保险赔偿。

第 254 条进一步明确规定追偿所得属于保险人的利益和该利益的范围——以保险人已支付的保险赔偿范围为限。但先要全部满足保险人,不是按保险损失与非保险损失的比例分享,与普通法相同,对被保险人不公平。2002 年《国际船舶保险条款》已做了修改。

3.代位求偿权的法律性质

代位求偿权是被保险人对第三人的债权(请求权)的"法定转让"(Statutory Assignment),因为此种债权转让无须被保险人(转让人)的让与意思表示或同意,也无须第三人(债务人)的同意。但在债务人接到债权转让的通知之前,根据《合同法》第 80 条之规定,债务人有权向被保险人支付赔偿而消灭债务,《保险法》第 45 条第二款的规定,不应约束第三人(债务人);得到债务人支付的赔偿的被保险人,视为保险人的"托管人"(Trustee),即为保险人的利益而接受此种支付,保险人作为债权受让人,不得再次向债务人主张债权。

被保险人对第三人的债权不限于侵权请求,也可以是违约请求。最高人民法院《关于适用〈中华人民共和国保险法〉若干问题的解释(四)》(2020 修正)第 7 条规定:"保险人依照保险法第六十条的规定,主张代位行使被保险人因第三者侵权或者违约等享有的请求赔偿的权利的,人民法院应予支持。"

这一条司法解释源自最高人民法院审判委员会讨论通过 2016 年 12 月 28 日发布的指导案例 74 号。

【重要案例分析 4】　中国平安财产保险股份有限公司江苏分公司诉江苏镇江安装集团有限公司保险人代位求偿权纠纷案,(2012)苏商再提字第 0035 号。

该案明确提到保险人享有被保险人对第三人的违约损害赔偿请求权。

该案中建设施工合同约定发包人为待安装设备办理保险，承包人委托的分承包人造成设备损害，保险人赔付被保险人发包人后向承包人行使代位求偿权，三级法院均支持，再审江苏省高级人民法院认为：承包人不能以建设工程施工合同中已约定发包人购买相关损失险为由拒绝保险人对其行使保险代位求偿权。

承包人镇江安装公司对本案所涉保险标的不具有所有权保险利益，不能成为适格的损失保险被保险人。我国《保险法》第 12 条规定："财产保险的被保险人在保险事故发生时，对保险标的应当具有保险利益。保险利益是指投保人或者被保险人对保险标的具有的法律上承认的利益。"不同主体对于同一保险标的具有不同的保险利益，各自可就同一保险标的投保与其保险利益相对应的保险险种，成立不同的保险合同，在各自的保险利益范围内获得保险保障，从而实现利用保险制度分散各自风险的目的。对于所有权人而言，其对保险标的具有所有权保险利益，为分散保险标的的损坏或灭失风险，可以投保与其所有权保险利益一致的相关损失保险。发包人华东制罐公司及华东制罐第二公司投保的安装工程一切险（不包括第三者责任险）性质上属于损失保险，附加险中投保的"内陆运输扩展条款 A"约定"保险公司负责赔偿被保险人的保险财产在中华人民共和国境内供货地点到保险单中列明的工地，除水运和空运以外的内陆运输途中因自然灾害或意外事故引起的损失"，该项附加险在性质上亦属损失保险。作为案涉保险标的的所有权人，华东制罐公司及华东制罐第二公司对保险标的具有所有权保险利益，是适格的损失保险被保险人。但是，镇江安装公司并非案涉保险标的的所有权人，其对本案保险标的没有所有权保险利益，因而不是适格的损失保险被保险人。镇江安装公司作为承包人，其对案涉保险标的具有责任保险利益，如欲分散施工过程中可能对发包人的设备造成损失的风险，可以投保也只能投保与其责任利益相匹配的相关责任保险，而非损失保险。而且，发包人不认可承包人的被保险人地位，本案所涉《安装工程一切险投保单》中记载的被保险人为华东制罐公司及华东制罐第二公司，并明确记载承包人镇江安装公司不是被保险人。因此，镇江安装公司关于"由发包人向平安财险公司投保的业务，承包人也应当是被保险人"的答辩意见，不能成立。

建设工程施工合同中关于保险事项的相关约定不产生承包人可以对抗保险人向其行使保险代位求偿权的效果。

（1）发包人从未做出在保险赔偿范围内免除承包人赔偿责任的意思表示，而是积极向承包人索赔并向平安财险公司出具权益转让书。《建设工程施工合同》约定"运至施工场地内用于工程的材料和待安装设备，由发包人办理保险，并支付保险费用"及"工程分包不能解除承包人任何责任与义务，分包单位的任何违约行为或疏忽导致工程损害或给发包人造成其他损失,承包人承担连带责任",未约定在保险赔偿范围内免除承包人的赔偿责任。保险事故发生后,发包人华东制罐公司及华东制罐第二公司于 2009 年 12 月 2 日向镇江安装公司发出"索赔函",称"该事故导致的全部损失应由贵司与亚民运输公司共同承担,一旦损失金额确定,投保公司核实并先行赔付后,对赔付限额内的权益,将由我方让渡给投保公司行使",并于 2010 年 5 月 12 日向平安财险公司出具赔款收据及权益转让书,载明"同意将上述赔款部分保险标的的一切权益转让给平安财险公司,同意平安财险公司以平安财险公司的名义向责任方追偿"。

(2)即便发包人与承包人约定在保险赔偿范围内免除承包人的赔偿责任,亦属无效。我国《保险法》第 61 条规定:"保险事故发生后,保险人未赔偿保险金之前,被保险人放弃对第三者请求赔偿的权利的,保险人不承担赔偿保险金的责任。保险人向被保险人赔偿保险金后,被保险人未经保险人同意放弃对第三者请求赔偿的权利的,该行为无效。"该条系针对保险事故发生后被保险人放弃对第三者请求赔偿权利的行为所做的规定,但其立法精神同样适用于保险事故发生前被保险人约定放弃对第三者请求赔偿权利的行为,否则将反向引导当事人在保险事故发生前即通过约定事先放弃对第三者请求赔偿的权利,从而使我国《保险法》第 61条的立法目的落空。

(3)不支持承包人以发包人已购损失保险为由对抗保险人向其行使保险代位求偿权的进一步考虑。支持承包人可以发包人已购损失保险(或发包人与承包人已共同购买损失险)为由对抗保险人向其行使保险代位求偿权,无异于认可一份损失保险可以取代发包人和承包人基于各自不同的保险利益而本应分别购买的两种不同性质的保险(损失保险和责任保险),这不仅有违保险利益原则,亦将造成保险合同当事人之间的权利义务失衡,违背保险经营的基本原理,不利于保险市场的健康发展。

4.代位求偿权的产生、举证责任及行使效果

代位求偿权自动产生于保险人向被保险人支付全部保险赔偿之时。

我国《海商法》第 252 条第一款规定:"保险标的发生保险责任范围内的损失是由第三人造成的,被保险人向第三人要求赔偿的权利,自保险人支付赔偿之日起,相应转移给保险人。"在没有支付保险赔偿之前,保险人没有依法取得代位求偿权,而且,对同一保险事故产生的损失、责任或费用,如果保险人只支付了部分保险金,没有按照保险合同支付全部保险赔偿,保险人是否依法取得部分代位求偿权,尚不明确。

《最高人民法院关于审理海上保险纠纷案件若干问题的规定》(2020 修正)第

13 条规定："保险人在行使代位请求赔偿权利时，未依照海事诉讼特别程序法的规定，向人民法院提交其已经向被保险人实际支付保险赔偿凭证的，人民法院不予受理；已经受理的，裁定驳回起诉。"第 15 条规定："保险人取得代位请求赔偿权利后，以被保险人向第三人提起诉讼、提交仲裁、申请扣押船舶或者第三人同意履行义务为由主张诉讼时效中断的，人民法院应予支持。"第 16 条规定："保险人取得代位请求赔偿权利后，主张享有被保险人因申请扣押船舶取得的担保权利的，人民法院应予支持。"

5.代位求偿权的行使名义及方式

根据保险合同向被保险人支付了全部保险赔偿之后，保险人需要以自己的名义直接向第三人（债务人）请求或提起诉讼或仲裁。但普通法认为，保险人仍只能以被保险人的名义向第三人主张权利，在诉讼时，被保险人应为名义上的原告，并可请求法院强制被保险人允许保险人以被保险人的名义向第三人主张权利，例如，请求法院强制被保险人给保险人指定的律师签发"授权委托书"（Power of Attorney）等。这是在代位求偿权的行使方面，中英法律上的一个重要区别，对保险人的利弊不能一概而论。

例如，在大连海事法院 1992 年审理"东方雄鹰"船（M.V."Orient Eagle"）货损纠纷案中，在卸货港发现货损时，货物保险人即指示被保险人申请扣船取得担保，旋即在扣船后 30 天内提起诉讼，诉讼进行过程中，保险人支付了全部货物保险赔偿，就以共同原告名义参与诉讼，被告律师要求原告委托代理人明确指出保险人和被保险人各自对被告的诉讼请求，就使原告委托代理人颇感为难。且不说保险人需再付一次委托代理的手续费，相关的第一个问题是，如果保险人在取得代位求偿权时，对第三人的诉讼时效已过，那么被保险人在诉讼时效届满前所做的起诉能否保护保险人的代位求偿权呢？答案当然是肯定的，因为在保险人取得代位求偿权前，被保险人是为保险人的利益而诉讼或采取其他法律行动。第二个问题，如果在对第三人的诉讼或仲裁程序完结前，保险人取得了代位求偿权（如上述"东方雄鹰"案），保险人能否继续站在幕后，仍仅由被保险人出面或仍仅以被保险人的名义继续诉讼或仲裁程序呢？特别是，被保险人与第三人达成和解或调解时，没有如此授权被保险人的保险人，能否主张不受此种和解或调解的约束？作者认为，在这种情况下，保险人应"现身"，因为被保险人已自动失去了全部或部分对第三人的请求权，而我国法律中"隐名代理"（Undisclosed Agent）制度很不发达。但是，对不了解存在代位求偿权的第三人，保险人不能主张上述和解或调解无效，如果此种和解或调解不是被保险人善意做出的，而且有损保险人的利益，保险人就有权向被保险人请求相应的损害赔偿。第三个相关的问题更加棘手，即在保险人取得代位求偿权后,被保险人对第三人提起的诉讼或仲裁,能否有效保护对第三人的诉讼时效? 作者认为,依据现行法律,回答是否定的,如果第三人造成的对保险标的的损失,全部在保险责任范围内,而且保险人已按照保险单全部赔偿了被保险人,或者被保险人已向保险人签发了代位求偿权证书。可见诉讼名分并非仅仅是名分而已。

《海事诉讼特别程序法》第94条和第95条规定,保险人支付保险赔偿时,如果被保险人尚未开始诉讼程序,保险人就只能以自己的名义起诉第三人(债务人);如果被保险人已开始诉讼程序,保险人就可适时申请加入或替代被保险人作为诉讼主体,且无时间上的严格限制。

最高人民法院《关于适用〈中华人民共和国保险法〉若干问题的解释(四)》(2020修正)第13条规定:"保险人提起代位求偿权之诉时,被保险人已经向第三者提起诉讼的,人民法院可以依法合并审理。保险人行使代位求偿权时,被保险人已经向第三者提起诉讼,保险人向受理该案的人民法院申请变更当事人,代位行使被保险人对第三者请求赔偿的权利,被保险人同意的,人民法院应予准许;被保险人不同意的,保险人可以作为共同原告参加诉讼。"

6.代位求偿权证书的作用

在海上保险实务中,保险人通常要求被保险人签发"代位求偿权证书"(Subrogation Form),代位求偿权证书可能在保险赔付前签发,也可能在保险赔付后签发,如果在保险赔付后签发,通常与收到保险金的收据合并,称为"收据及代位求偿权证书"(Receipt and Subrogation Form)。根据我国《保险法》,被保险人只有在收到保险赔偿后,才有义务签发代位求偿权证书,国内一般做法也是在保险赔付后才签发代位求偿权证书,其作用之一是证明保险人有代位求偿权的范围。

对保险人来说,代位求偿权证书还具有使保险人有权以自己的名义向第三人请求、提起诉讼或仲裁,因为在代位求偿权证书中,被保险人明确将有关保险标的的救济、请求权等"转让"给了保险人。这是约定的债权转让,根据我国《民法典》第546条,在通知债务人(第三人)后就约束债务人。普通法亦如此。

不管代位求偿权证书是在保险赔付之前还是之后签发的,保险人在法定代位求偿权之外,仍有权以约定取得的名义,以自己的名义向第三人请求、提起诉讼或仲裁。

7.代位求偿权所受的约束:司法管辖条款、仲裁条款与诉讼时效起算

前已阐明保险人行使代位求偿权是行使被保险人对责任第三者的权利,所以应该以被保险人与第三者之间的法律关系确定管辖法院。最高人民法院关于《保险法》的司法解释(四)第12条规定,保险人以造成保险事故的第三者为被告提起

代位求偿权之诉的,以被保险人与第三者之间的法律关系确定管辖法院。

与之相关的问题是,被保险人与第三者之间的管辖权条款(包括仲裁条款)如果有效,是否当然约束保险人?保险人诉第三者或对第三者提起仲裁的诉讼时效是否应与被保险人的法律地位相同?目前的司法实践有不同的认识。

最高人民法院有不少批复意见认为,在提单证明的涉外海上货物运输合同纠纷案件中,保险人不受被保险人与承运人之间仲裁条款的约束。

最高人民法院关于《保险法》的司法解释(二)第16条规定,在(非涉外)案件中,保险人对第三者代位追偿的诉讼时效的起算时间是保险人完成赔付被保险人之日。

这些认识的法律根据很不充分,诉讼时效的起算和仲裁条款的效力,应不受保险人的代位求偿权的影响。

代位求偿权既然是受让被保险人的债权,便不能超过被保险人对第三人的权利,并同样受第三人对被保险人的抗辩权(包括权利的瑕疵)的约束。第三人可同样主张责任限制。保险人不能代位取得被保险人在法律上没有的权利。另外,保险人不能对同一被保险人[1]或"共同被保险人"(Co-assured)行使代位求偿权[2]。例如甲乙两船发生碰撞,甲船受损严重,如果甲乙两船是姊妹船,甲船的船舶保险人在赔付甲船损失后,无权向乙船行使代位求偿权。另外,船东也无法让甲船保险人赔偿乙船的碰撞损失,如果乙船也投保了船舶险,会存在同样的问题。为了解决这个问题,在现行船舶保险条款中,订明一个"姊妹船条款"(Sistership Clause),[3]规定将他船视作第三方的船舶处理,如有争议,就提交独任仲裁员裁决。

最高人民法院《关于适用〈中华人民共和国保险法〉若干问题的解释(四)》(2020年修正)第8条规定:"投保人和被保险人为不同主体,因投保人对保险标的的损害而造成保险事故,保险人依法主张代位行使被保险人对投保人请求赔偿的权利的,人民法院应予支持,但法律另有规定或者保险合同另有约定的除外。"

2022年最高人民法院十大商事案例之一明确,代位求偿权可以针对被保险人的关联公司行使,被保险人的关联公司不构成《保险法》第62条规定的"被保险人的组成人员"。

【重要案例分析5】 中国人民财产保险股份有限公司青岛市分公司与青岛日联华波科技有限公司等保险人代位求偿权纠纷案。

---

[1] cf:Simpson v. Thomson(1877) 3 App. Cas. 279.
[2] 但如果某一共同被保险人因保险欺诈行为而无权主张保险合同的权利,他就不再是共同被保险人。
[3] 人保财险2009版《船舶保险条款》Cl.10.6;协会1983年《船舶定期保险条款》Cl.9。

2020 年 4 月 4 日，青岛日联华波科技有限公司（以下简称日联华波公司）仓库起火。火灾造成该公司和青岛牧野车辆装备有限公司、青岛优锐塑胶有限公司（以下简称优锐塑胶公司）、青岛德迈迪医疗科技有限公司（以下简称德迈迪医疗公司）、青岛牧野模具有限公司（以下简称牧野模具公司）财物毁损。消防救援大队出具的《火灾事故认定书》认定：起火时间为 2020 年 4 月 4 日 15 时 40 分许；起火部位位于日联华波公司二楼北侧仓库内；起火原因排除人为纵火，排除物品自燃，不排除电气线路故障引发火灾的可能。

日联华波公司、优锐塑胶公司、德迈迪医疗公司、牧野模具公司均在中国人民财产保险股份有限公司青岛市分公司（以下简称人保财险青岛分公司）处投有财产综合保险，约定保险合同载明地址内的下列财产可作为保险标的：（一）属于被保险人所有或与他人共有而由被保险人负责的财产；（二）由被保险人经营管理或代他人保管的财产；（三）其他具有法律上承认的与被保险人有经济利害关系的财产。保险事故发生后，人保财险青岛分公司分别与优锐塑胶公司、德迈迪医疗公司、牧野模具公司、日联华波公司签订赔偿协议，并向除日联华波公司之外的三家公司依约赔偿了保险金。日联华波公司与优锐塑胶公司、德迈迪医疗公司、牧野模具公司（以下简称该三家公司）因存在部分股东或实际控制人一致等情形构成关联公司。

原告人保财险青岛分公司起诉日联华波公司，要求在对该三家公司赔偿金额范围内，代位行使该三家公司对日联华波公司请求赔偿的权利。日联华波公司抗辩称，其与该三家公司属于"利益共同体"，构成我国《保险法》第 62 条规定的"保险人不得对被保险人的家庭成员或者其组成人员行使代位请求赔偿的权利"的情形，人保财险青岛分公司无权向其行使追偿权。

山东省青岛市中级人民法院一审判决支持了人保财险青岛分公司的诉讼请求。日联华波公司提起上诉。山东省高级人民法院二审驳回上诉，维持原判。法院认为，日联华波公司作为被保险人（该三家公司）的关联公司，与被保险人之间不存在经济利益上的同一性，在法律人格上亦不具有依附性，故其不构成我国《保险法》第 62 条规定的"被保险人的组成人员"，保险人可依法在对该三家公司赔偿保险金后，对日联华波公司行使代位求偿权。

北京大学法学院尹田教授认为，本案涉及的保险人代位求偿制度派生于对财产保险发展具有重大意义的保险法基本原则——损失补偿原则。这一制度有利于弥补保险人的财力，实现保险业的持续发展，也有利于引导各类主体依法依规行事，遏制财产侵权行为以及各种安全事故的发生。同时，保险人在向被保险人赔偿保险金后，在赔偿金额范围内代位行使被保险人对侵权人请求赔偿的权利，也可防止被保险人从保险人和第三者处重复受偿而获得不当得利。对于《保险法》第 62 条有关"保险人不得对被保险人的家庭成员或者其组成人员行使代位请求赔偿的权利"的规定的理解，在理论上和实务中历来存在争议。就"被保险人的组成人员"，有人认为主要包括被保险人的雇佣人员、合伙人、代理人、信托人等，有人则认为主要指与被保险人之间适用免赔规则的执行董事或其他法定代表人等。但无论如何，该规定的立法目的旨在避免被保险人因保险人行使代位求偿权而无法实际获得损失补偿，从而导致保险制度损失填补基本功能的落空。因此，被保险人与保险人代位求偿权的相对人之间存在经济利益上的"同一性"，应当是确定"被保险人的组成人员"具体范围的基本依据。本案法院判决立足于对被保险人与其关联公司之间的法律地位的分析，指出其相互之间具有独立法律人格即具有独立财产和独立利益，关联公司之间对于不属其所有的财产也并非当然具有保险利益，从法律上将被保险人的法定利益与其关联公司的法定利益予以切割，据此认定本案被保险人的关联公司不构成我国《保险法》第 62 条规定的"被保险人的组成人员"，保险人可依法对该关联公司行使代位求偿权，这一认定，完全符合保险法相关条款的立法目的，对实务中同类或相似纠纷的解决具有重要的指导意义，也为我国《保险法》第 62 条在司法裁判中的妥当解释和适用，树立了正确的范本。

另一个有争议的问题是，法院在审理保险人代位求偿案件，如货物索赔追偿案件时，是否应审查保险人根据保险合同是否应赔偿被保险人。《海事诉讼特别程序法》没有解决这一问题。作者认为法院不应审查，即使保险人是基于"法定的"代位求偿权，因为法律关系不同，而且不影响第三人（债务人）的权利。

最高人民法院司法解释已确认这一点。最高人民法院《关于审理海上保险纠纷案件若干问题的规定（2020 修正）》第 14 条规定："受理保险人行使代位请求赔偿权利纠纷案件的人民法院应当仅就造成保险事故的第三人与被保险人之间的法律关系进行审理。"

8.代位求偿权的范围

既然是基于保险人对被保险人的赔偿，便只限于第三人对保险单所承保的被保险人对保险标的的保险利益的损害赔偿责任。例如，保险船舶受损时，船东（被保险人）向第三人索赔船期损失或运费损失的权利，不在保险人的代位求偿权的范围之内，[①]因为船舶营运收入（运费等）不是船舶保险的保险标的。再如，人身伤亡索赔不在船舶保险碰撞责任条款的承保范围之内，船舶保险人对此亦无代位求

---

① cf: Glen Line v. Att-Gen. (1930) 36 Com. Cas. 1（H.L.）.

偿权。

9.超出保险赔偿的追偿所得应归被保险人享有

我国《海商法》第 254 条第二款规定："保险人从第三人取得的赔偿,超过其支付的保险赔偿的,超过部分应当退还给保险人。"普通法与此规定相同,认为"横财"(Windfalls)应归被保险人享有。例如,在 Yorkshire Insurance Co. v. Nisbet Shipping(1962)[1]一案中,保险人按保单币种英镑赔付了"Blairnevis"船的全损,碰撞责任人后按加拿大元赔付发生碰撞时该轮船东的碰撞损失。将加拿大元折算成英镑时,由于英镑在 1949 年大贬值,船东拿到的英镑大大超过保险人赔付给船东的英镑,保险人主张船东从碰撞责任人处获得的赔偿,依代位求偿权,应全部归保险人,被法院驳回。法院判保险人只有权获得其付出的英镑。

早期的著名案例如 North of England Iron Steamship Insurance Association v. Armstrong(1870),[2]在该案中,"Hetton"船与"Uhlenhorst"船碰撞后全损,"Uhlenhorst"船应承担全部责任,"Hetton"船保险人向"Hetton"船船东支付了全部保险价值 6 000 英镑的全损赔偿,以"Hetton"船船东名义向"Uhlenhorst"船船东索赔"Hetton"船的实际价值 9 000 英镑,但"Uhlenhorst"船船东援用船东责任限制成功,只需赔偿"Hetton"船船东责任限额 5 700 英镑,"Hetton"船保险人认为依代位求偿权他有权获得 5 700 英镑,但"Hetton"船船东认为这 5 700 英镑是基于船舶实际价值为 9 000 英镑而获得的,而保险价值只有 6 000 英镑,故船东有权自留这 5 700英镑的1/3,保险人起诉被保险人,法院判保险人有权获得全部 5 700 英镑,因为保险价值对保险合同双方有约束力。

同样的原则适用于部分损失时,例如,在 Goole & Hull Steam Towing Co. v. Ocean Marine Insurance Co.(1928)[3]一案中,某船约定保险价值和保险金额皆为 4 000 英镑,该船与他船发生碰撞而受损,产生修理费 5 000 英镑,因双方过失均等,船东从对方船索回 2 500 英镑,转而向本船保险人要求另外一半修理费 2 500 英镑,保险人主张仅需支付 1 500 英镑成功。

10.如果发生不足额保险,保险人只按比例享有代位求偿权

这是因为对未足额保险部分,被保险人是"自己的保险人"(Own Insurer)。例如,在"The Commonwealth"(1907)[4]一案中,某船保险金额为 1 000 英镑,但保险价值为 1 350 英镑,对方船赔付了 1 000 英镑,保险人主张这 1 000 英镑应全部

---

①[1962]2 Q.B.330.

②(1870)L.R.5 Q.B.244.

③[1928]1 K.B.589.

④[1907]p.216;《海商法》第 256 条。

归保险人,因其未超过他支付的保险赔偿,但法院判这1000英镑应在保险人和被保险人之间按1000与350的比例分享。但上海市高级人民法院《关于审理保险代位求偿权纠纷案件若干问题的解答(二)》第5条规定,应优先满足被保险人对第三者的赔偿请求权。

11.追偿所得利息的分配

对于追偿所得的利息,在保险人支付保险赔偿前的利息,应归被保险人;在保险人支付保险赔偿后的利息,应归保险人,这样才公平。①

12.被保险人协助保险人追偿的义务

我国《海商法》第252条第二款明确规定:"被保险人应当向保险人提供必要的文件和其所需要知道的情况,并尽力协助保险人向第三人追偿。"当然,由此引起的合理费用,虽不属施救费用,亦应由保险人在保险标的的损失赔偿之外,另行补偿被保险人。但是,《海商法》没有明确规定被保险人未履行这一义务的法律后果,故保险人最好争取在支付保险赔偿之前,获得追偿所需要的全部文件,避免理赔与追偿脱节。

我国《保险法》第63条的规定做了必要补充:"保险人向第三者行使代位请求赔偿的权利时,被保险人应当向保险人提供必要的文件和所知道的有关情况。"

"尽力协助"的含义是不明确的,如果保险人没有指示被保险人申请财产保全(如扣船)或起诉/提起仲裁,"尽力协助"不应解释为被保险人有开始法律程序的义务。但人保财险国内船舶保险条款和货物保险条款,皆明确规定被保险人有义务开始必要的诉讼程序。

13.被保险人不得损害保险人的代位求偿权

我国《海商法》第253条规定:"被保险人未经保险人同意放弃向第三人要求赔偿的权利,或者由于过失致使保险人不能行使追偿权利的,保险人可以相应扣减保险赔偿。"

被保险人放弃向第三人要求赔偿的权利,可分为两大类情况:

一种情况是在保险合同订立前,被保险人已放弃了向第三人要求赔偿的权利。例如,在1924年《海牙规则》普遍被各国采用之前,提单条款中常有一个承运人享有货物保险利益的条款,②等于承认承运人也是共同货物被保险人,货物保险人无权向承运人行使代位求偿权。③ 今天协会货物保险条款中(Cl.15)仍保留一

---

① cf:H.Cousins & Co. Ltd.,v.D.&C. Carriers Ltd.[1971]2 Q.B.239.
② 此种条款按我国《海商法》和《海牙规则》、《汉堡规则》的相关规定已属无效条款。
③ The "Auditor"(1924)18 Ll.L. Rep. 464;Coupar Transport(London)Ltd. v. Smiths (Acton)Ltd.[1959]1 Lloyd's Rep. 369.

个"不适用条款"(Not to Inure Clause),防止货物运输或保管合同中有上述条款,因为毕竟尚有不适用《海牙规则》或类似规则的地方。如果存在这类条款,被保险人有义务在订立合同时将此重要情况告知保险人;否则被保险人违反告知义务,其法律后果对被保险人更加不利,①除非保险人在通常业务中知道或应该知道存在此种条款。例如,保险人应该知道在港口拖带合同和引航合同中,几乎毫无例外地约定,拖船、引航员对任何损失不负责任,对这种条款,被保险人无须告知,也不视为被保险人损害保险人的代位求偿权。

另一种情况是损失发生后,保险人支付全部保险赔偿前,被保险人放弃对第三人的请求权,这是被保险人违反法定义务,保险人可以相应扣减保险赔偿;但是被保险人与第三人善意的和解或调解,不得视为被保险人损害保险人的代位求偿权。在保险人取得代位求偿权后,被保险人与第三人达成和解或调解,如果第三人已事先知道保险人的代位求偿权,此种和解或调解对保险人没有约束力。参见上海市高级人民法院《关于审理保险代位求偿权纠纷案件若干问题的解答(二)》。

最高人民法院《关于适用〈中华人民共和国保险法〉若干问题的解释(四)》(2020年修正)有如下相关规定:

"第九条　在保险人以第三者为被告提起的代位求偿权之诉中,第三者以被保险人在保险合同订立前已放弃对其请求赔偿的权利为由进行抗辩,人民法院认定上述放弃行为合法有效,保险人就相应部分主张行使代位求偿权的,人民法院不予支持。

保险合同订立时,保险人就是否存在上述放弃情形提出询问,投保人未如实告知,导致保险人不能代位行使请求赔偿的权利,保险人请求返还相应保险金的,人民法院应予支持,但保险人知道或者应当知道上述情形仍同意承保的除外。

第十条　因第三者对保险标的的损害而造成保险事故,保险人获得代位请求赔偿的权利的情况未通知第三者或者通知到达第三者前,第三者在被保险人已经从保险人处获赔的范围内又向被保险人做出赔偿,保险人主张代位行使被保险人对第三者请求赔偿的权利的,人民法院不予支持。保险人就相应保险金主张被保险人返还的,人民法院应予支持。

保险人获得代位请求赔偿的权利的情况已经通知到第三者,第三者又向被保险人做出赔偿,保险人主张代位行使请求赔偿的权利,第三者以其已经向被保险人赔偿为由抗辩的,人民法院不予支持。

第十一条　被保险人因故意或者重大过失未履行保险法第六十三条规定的

---

① 《海商法》第223条。

义务,致使保险人未能行使或者未能全部行使代位请求赔偿的权利,保险人主张在其损失范围内扣减或者返还相应保险金的,人民法院应予支持。"

二、对保险标的的权利

我国《海商法》第 256 条规定:"除本法第二百五十六条的规定外,保险标的发生全损,保险人支付全部保险金额的,取得对保险标的的全部权利;但是,在不足额保险的情况下,保险人按照保险金额与保险价值的比例取得对保险标的的部分权利。"

1."全损"的含义

本条规定仅适用于保险标的发生全损的场合,在发生部分损失的情况下,保险人只享有代位求偿权,不得主张对保险标的的权利。全损包括实际全损和推定全损,而且在本条意义上,全损还包括可分的保险标的(如种类物)部分全损,如某货物保单项下同一船上装载的小麦,只有其中一个舱因舱底板破损,压载水进入导致全损,其他各舱中的小麦完好抵达保险单所载明的目的地,对遭水湿的小麦按全损处理后,保险人取得这部分小麦的全部权利,这与我国海上货物运输保险实务是一致的。

比较有争议和容易引起混乱的是推定全损。在发生推定全损时,被保险人要向保险人发出委付通知,但保险人有权选择是否接受委付。[1] 如果保险人已接受了委付,保险人就取得了对委付财产的全部权利和义务,[2]待保险人按推定全损赔偿被保险人后,《海商法》第 256 条也赋予保险人取得对保险标的的权利,这之间没有冲突;但是,如果保险人没有接受委付,在保险人按推定全损赔偿被保险人后,是否仍有权取得对保险标的的权利呢?传统上认为,保险人已丧失了对保险标的的权利。[3] 但是这个观点值得商榷,因为《海商法》第 256 条所规定的,是指保险人按全损赔付后所取得的权利,取决于保险赔偿的给付,与委付通知和保险人是否接受委付无关。在英国法中,这个问题亦不明确。

2."取得"的含义

保险标的发生全损,保险人支付全部保险金额的,取得对保险标的的全部权利,这里"取得"是指保险人自动取得,还是保险人有权取得?传统上认为,保险人自动取得对保险标的的权利,就像取得代位求偿权一样。但是这个观点同样值得商榷,因为代位求偿权带给保险人的只有利益(好处),没有不利益(责任),但对保

---

[1]《海商法》第 249 条。
[2]《海商法》第 250 条。
[3] 司玉琢等.海商法详论.大连:大连海事大学出版社,1995,p.451.本文作者在该书中表述了常听到的观点。

险标的的权利,同时伴随着对保险标的的责任,保险人主张对保险标的的权利,在有些情况下,可能得不偿失。以船舶保险为例,强制打捞残骸的费用可能远远超过残骸卖成废钢的所得,而《海商法》第 256 条的目的,或者说保险人对保险标的的权利的代位原则的目的,是让保险人获得保险标的的残存的利益,而非不利益(责任),考虑到保险标的的不利益可能大于利益,不应强求保险人取得对保险标的的权利,而应解释为保险人"有权"取得保险标的的权利,当然也有权放弃对保险标的的权利,即赋予保险人一项选择权。[①]

而且,保险人的此种选择权不是从支付全损赔偿时才取得的,而是自被保险人索赔全损时起就已经享有,因为从那时起,被保险人就有"委付"(Abandonment)保险标的的义务,只是在实际全损的情况下,被保险人没有义务发出委付通知而已。

因此,在保险标的的不利益不明朗之前,保险人有充分的时间去调查评估,从而决定是否去取得对保险标的的权利。因为一方面,保险人至少有两次行使选择权的机会,一次是在被保险人索赔全损时或发出委付通知时,一次是在"支付全部保险金额"时;另一方面,一旦保险人明确了要取得对保险标的的权利,例如表示接受委付,保险人就丧失了做相反选择的机会。[②]

由此带来一个棘手的问题,即在保险人采取"静观其变"的政策时,保险利益(所谓"保险标的的权利",最常见的是保险标的的财产所有权)的归属,便处于一种很难确定的状态,传统上认为此时被保险人仍为保险利益的主人,但也有观点认为此时保险利益(如船舶所有权)属于"无主物"(res nullius)。[③]

由于推定全损这个概念本身有违赔偿原则,由此引起一系列难以在赔偿原则的框架内解决的难题。在埃以战争(苏伊士运河关闭)期间和两伊战争(阿拉伯河关闭)期间,大量船舶发生推定全损,鉴于未完全丧失重新获得船舶的可能性和保险人有权取得对船舶的所有权,伦敦保险市场与受困船舶的船东达成协议按全损赔付,但赔付金额低于船舶的保险价值,伦敦保险市场的代价是明确放弃日后主张对保险船舶的所有权。

3.不足额保险的影响

不足额保险,既影响被保险人可得到的保险赔偿,[④]又影响保险人的代位求偿权,同样影响保险人对保险标的的权利,即"保险人按照保险金额与保险价值的比

---

① 英国《1906 年海上保险法》第 72 条的规定。

②《海商法》第 249 条第二款。

③ Boston Corp.v. Fenwick and Co.(1923)28 Com. Cas, 367,但普通法中也有与此相反的案例,至今尚无权威的观点。

④《海商法》第 238 条。

例取得对保险标的的部分权利"。

4.保险标的的权利范围

保险标的的权利,是指保险事故发生时所残存的、本保险所承保的被保险人对保险标的的保险利益。例如,在船舶保险的情况下,保险船舶的残骸;在货物保险的情况下,残损货物的价值或中途处理受损货物所得的净收入;此外,还有保险利益的附属利益。在海上保险实务中,如果此种残存价值是明确的,保险人在支付全损保险赔偿时,先将这部分残值予以扣除。

5.保险人无权主张对保险标的的权利的情况

这是指我国《海商法》第 255 条规定的情况,[1]即保险人提前终止保险合同,其代价之一是放弃对保险标的的权利,但作者认为,保险人仍享有代位求偿权。

三、保险人的提前解约权

在我国《海商法》于 1993 年 7 月 1 日生效之前,中国人民保险公司 1986 年 1 月 1 日《船舶保险条款》第 6 条(保险终止)的第一款是这样规定的,即"一旦被保险船舶按全损赔付后,本保险应自动终止"。2009 版条款相同,此前适用的 1976 年 1 月 1 日船舶保险条款中并没有这样一条规定,但中国人民保险公司认为他们也有权主动按全损赔付船东而终止船舶保险合同。例如,1981 年上海远洋运输公司的"莲花城"船在新加坡发生火灾一案和 1984 年广州远洋运输公司所属"惠泉"船在青岛港内发生火灾一案,不待被保险人委付保险船舶宣布推定全损,船舶保险人皆通知被保险人按全损赔付而终止船舶保险合同,被保险人虽提出异议,但保险人坚持如此处理,对宣布按全损赔付后发生的费用不负赔偿责任。[2]

我国《海商法》第 255 条在上述 1986 年《船舶保险条款》第 6 条第一款的基础上,明确肯定了中国人民保险公司在诸如上述"莲花城"案和"惠泉"案等案件中的做法,肯定了保险人的提前解约权。我国《海商法》第 255 条的规定是:"发生保险事故后,保险人有权放弃对保险标的的权利,全额支付合同约定的保险赔偿,以解除对保险标的的义务。保险人行使前款规定的权利,应当自收到被保险人有关赔偿损失的通知之日起 7 日内通知被保险人;被保险人在收到通知前,为避免或者减少损失而支付的必要的合理费用,仍然应当由保险人偿还。"

本条规定赋予海上保险人一项在保险期间届满前单方合法终止合同的特权,是我们海上保险法中的一条独特的规定,[3]具有吞并被保险人选择适时索赔推定

---

[1]详见本节第三部分的讨论。
[2]陈林,郑小峰.论委付的法律特征.大连海运学院学报,1988(4),p.12.
[3]英美海上保险法中无类似规定。

全损或部分损失的权利的法律后果。[①]

1.保险人行使提前解约权的条件

依《海商法》第 255 条的规定,保险人行使提前解约权须满足下述条件:

(1)自收到被保险人有关赔偿损失的通知之日起 7 日内通知被保险人。作者认为,本条中"被保险人有关赔偿损失的通知"是指被保险人有关发生保险事故的通知,而非损失索赔通知,因为损失索赔通知通常是在保险事故发生较长时间后才提出的,保险人此时才行使提前解约权一般无实际意义。另外,要求保险人在接到事故通知后 7 日内做出决定并通知被保险人,对保险人的要求也是很高的,保险人须"耳聪目明",果敢地做出抉择;否则,便丧失了此项特权,由此来制约保险人的权利。

(2)保险人承诺全额支付合同约定的保险赔偿。对保险标的的损失,保险人须按全损赔付被保险人;对施救费用,保险人承担被保险人收到保险人的终止合同的通知前已发生者;对船舶碰撞责任(如果也是保险人的责任),作者认为它是相对独立于保险人对保险标的的损失赔偿责任的,不应因保险人如此解约而受影响。

(3)放弃对保险标的的权利。由于全损保险赔偿默示着被保险人必须将其对保险标的的权利委付给保险人,故保险人主动宣布如此解约时,不应妨碍或强制被保险人放弃其对保险标的的权利。本条"保险标的的权利"的含义,与《海商法》第 249 条和第 250 条中同一术语的含义相同,即指保险单所承保的被保险人对保险标的所具有的保险利益,通常有实际意义的是保险标的的财产所有权。

基于同样的理由,当保险人按本条规定解除合同时,保险人因赔付而取得的代位求偿权并不受任何影响,即如果保险标的发生保险责任范围内的损失是由第三人造成的,保险人仍有权向第三人追偿。

2.保险人行使提前解约权的情况

本条规定是为了保护保险人的利益,保险人有权在被保险人选择索赔推定全损之前,单方面宣布终止保险合同,而将此后可能发生的费用留给被保险人或其他保险人(如船东互保协会)。在下述两种情况下,海上保险人可能行使此种解约的特权:

(1)保险标的损害严重,核赔复杂,费用可能很高时;

(2)保险标的损害严重,极难施救,而且费用可能很高时。

---

①汪鹏南,刘津民.论海上保险人的提前解约权.大连海事大学学报,1995(1),p.90.

四、要求分摊的权利

1.概述

我国《海商法》第 225 条规定:"被保险人对同一保险标的就同一保险事故向几个保险人重复订立合同,而使该保险标的的保险金额总和超过保险标的的价值的,除合同另有约定外,被保险人可以向任何保险人提出赔偿请求。被保险人获得的赔偿金额总和不得超过保险标的的受损价值。各保险人按照其承保的保险金额同保险金额总和的比例承担赔偿责任。任何一个保险人支付的赔偿金额超过其应当承担的赔偿责任的,有权向未按照其应当承担赔偿责任支付赔偿金额的保险人追偿。"

本条规定似乎很精炼,先后规定了 4 个方面的内容:

(1)重复保险和分摊权利的构成。

(2)合同条款可以限定被保险人的索赔顺序。

(3)保险赔偿限度。

(4)保险人之间责任分担和要求分摊的权利。

海上保险合同是赔偿合同,基于赔偿原则,被保险人不得因重复保险而获得超过其实际损失的赔偿,故在重复保险时如果保险人获得的保险赔偿超过其实际损失,应视为被保险人为保险人的利益而托管该超过部分,该超过部分也应按保险人比例分享。[①]

在保险人之间,基于公平原则,适用"分摊原则"(Doctrine of Contribution),而不适用前述代位求偿权。

2.分摊权利的构成

只有在构成重复保险的情况下,保险人之间才有要求分摊的权利;而构成重复保险,必须同时满足下述 7 个条件:

(1)"同一保险标的"——所有的保险单须包括同样的发生损失的保险标的,而且是就同一保险利益而言。

(2)"同一保险事故"——所有的保险单须承保同样的引起损失的危险。

(3)"同一被保险人"——所有的保险单须由代表同样的具有该保险利益的被保险人签订。

(4)所有的保险单在损失发生时皆须有效。

(5)所有的保险单须是合法的保险合同。

---

① 英国《1906 年海上保险法》S.32(2)(d)。

（6）保险单没有规定不参与分摊。

（7）该保险标的的保险金额总和超过保险标的的价值。

此处指所谓狭义的重复保险。

以上诸项条件，缺一不可。例如，虽然两份保险单的保险标的相同，但实际上各承保不同的保险利益，而且是分别承保的，[①]或所承保的危险并不同，[②]就并未构成重复保险，不发生分摊问题。

3.排除分摊权利的约定

虽然某一损失是由两份或两份以上的保险单承保的，但其中某份保险单可能包括特殊的条款，而排除请求分摊的权利。常见的此类特殊条款有以下三种：

（1）比例分担条款（Rateable Proportion Clause）。该条款规定，如果其他保险合同也承保该损失风险，本保险的保险人只按本保险的保险金额占全部保险金额总和的比例承担赔偿责任，即限制本保险的被保险人根据本保险合同可获得的赔偿，如果被保险人将本保险的保险人作为"第一保险人"（the First Insurer），接下来就不会发生请求其他保险人分摊的问题。

（2）超额责任保险条款（Excess of Loss Insurance Clause）。此种条款规定，本保险仅承保超过其他保险的赔偿责任部分，从而排除了其他保险人向其请求分摊的权利。这种条款在海上保险中很常见，例如共同海损超额责任保险，[③]再如《中国船东互保协会保险条款》（2015 年）第 8 条（通用规则）第四款（除外责任）第（6）项（双重保险）规定："除非本协会董事会另做决定外，本协会对于可从任何其他保险得到赔偿的责任和费用不负赔偿责任。"

但如果数份保险单中皆订有此种条款，则互相矛盾，对被保险人不公平，应视为皆无效。

（3）逃避条款（Escape Clause）。此种条款规定，如果被保险人没有告知在本保险合同订立之前，存在承保同一损失风险的保险，并取得本保险的保险人重复承保的同意，本保险对该损失不负赔偿责任。从而，以前的保险人应单独承担赔偿责任，无权要求本保险的保险人分摊，本保险的被保险人也无权根据本保险合同索赔。

4.损失的分配[④]

当同一损失风险由两个或两个以上的海上保险合同（保险单）承保，构成重复

---

① 如船舶抵押保险和船舶保险。

② 如船舶保险和船舶战争险。

③ 杨良宜，汪鹏南.英国海上保险条款详论(第 2 版).大连：大连海事大学出版社，2009，p.177.

④ 详尽的讨论，参见 Ivamy-principles，p.527。

保险时,如果在这些保险合同中没有上述排除分摊权利的特别约定,那么,首先,被保险人有权选择先向哪个保险人索赔,后向哪个保险人索赔;其次,被保险人向每一个保险人索赔时,除受本保险单规定的限制外,①还受获得的赔偿总额不得超过法律允许的赔偿限度的限制;再次,保险人之间赔偿责任的分担,是按各自承保的保险金额与保险金额总和的比例;最后,先根据本保险单支付的赔偿超过其应按比例分担部分的保险人,有权以自己的名义请求未按照其应当承担赔偿责任支付赔偿金额的保险人分摊其超额赔偿部分。

五、责任保险与第三人的权利义务

海上保险合同包括海上责任保险合同,如船东责任保险合同和租船人责任保险合同(通常是保赔保险)、船舶油污责任保险合同、船东的雇佣责任合同等;此外,应注意船舶保险合同中船舶碰撞责任保险部分也属于责任保险合同。

最高人民法院《关于适用〈中华人民共和国保险法〉若干问题的解释(四)》(2020 年修正)后半部分主要针对责任保险,弥补《保险法》规定的不足,相关司法解释如下:

"第十四条 具有下列情形之一的,被保险人可以依照保险法第六十五条第二款的规定请求保险人直接向第三者赔偿保险金:

(一)被保险人对第三者所负的赔偿责任经人民法院生效裁判、仲裁裁决确认;

(二)被保险人对第三者所负的赔偿责任经被保险人与第三者协商一致;

(三)被保险人对第三者应负的赔偿责任能够确定的其他情形。

前款规定的情形下,保险人主张按照保险合同确定保险赔偿责任的,人民法院应予支持。

第十五条 被保险人对第三者应负的赔偿责任确定后,被保险人不履行赔偿责任,且第三者以保险人为被告或者以保险人与被保险人为共同被告提起诉讼时,被保险人尚未向保险人提出直接向第三者赔偿保险金的请求的,可以认定为属于保险法第六十五条第二款规定的'被保险人怠于请求'的情形。

第十六条 责任保险的被保险人因共同侵权依法承担连带责任,保险人以该连带责任超出被保险人应承担的责任份额为由,拒绝赔付保险金的,人民法院不予支持。保险人承担保险责任后,主张就超出被保险人责任份额的部分向其他连带责任人追偿的,人民法院应予支持。

第十七条 责任保险的被保险人对第三者所负的赔偿责任已经生效判决确

---

① 如不足额保险的适用。

认并已进入执行程序,但未获得清偿或者未获得全部清偿,第三者依法请求保险人赔偿保险金,保险人以前述生效判决已进入执行程序为由抗辩的,人民法院不予支持。

第十八条 商业责任险的被保险人向保险人请求赔偿保险金的诉讼时效期间,自被保险人对第三者应负的赔偿责任确定之日起计算。

第十九条 责任保险的被保险人与第三者就被保险人的赔偿责任达成和解协议且经保险人认可,被保险人主张保险人在保险合同范围内依据和解协议承担保险责任的,人民法院应予支持。

被保险人与第三者就被保险人的赔偿责任达成和解协议,未经保险人认可,保险人主张对保险责任范围以及赔偿数额重新予以核定的,人民法院应予支持。

第二十条 责任保险的保险人在被保险人向第三者赔偿之前向被保险人赔偿保险金,第三者依照保险法第六十五条第二款的规定行使保险金请求权时,保险人以其已向被保险人赔偿为由拒绝赔偿保险金的,人民法院不予支持。保险人向第三者赔偿后,请求被保险人返还相应保险金的,人民法院应予支持。"

第三章　海上保险人承保的危险

本章讨论海上保险人承保的危险。主要介绍传统的普通承保危险、船舶保险中的"殷其玛瑞条款"（Inchmaree Clause）、货物保险中一切险及战争险和罢工险的含义。

▌ 第一节 ▌　概　述

海上保险人"承保的危险"（Perils Insured Against），取决于海上保险合同（保险单）的约定，《海商法》仅规定了船舶保险人除外的风险和海上货物保险人除外的风险，而且允许合同另有约定[①]。

对海上保险合同约定承保的危险，法律上无任何明文规定，故在这方面，合同的解释[②]就显得特别重要。海事法院或海事仲裁庭在解释海上保险合同中承保的危险时，其法律依据，除这些术语字面上的含义外，只能参照海上保险惯例，因而中国人民财产保险股份有限公司对其海上保险条款的说明，以往双方对有关承保危险的含义的习惯理解，以及英国普通法（案例），都有一定的参考价值，但最终海事法院或海事仲裁庭在这些可能的惯例的取舍上，仍有相当大的自由裁量权。故对海上保险合同中的承保危险的解释的不确定性，在今后相当长一段时间的司法实践中都是难免的。

海上保险合同约定的承保危险可分为两大类，即普通的危险，实务中称"水险"（Marine Risks）和社会性的危险，主要有"战争险"（War Risks）和罢工险等。将战争险从水险中分开，要求被保险人另行特别投保的做法，在 19 世纪末就已经形成，[③]新中国成立以来的海上保险业务一开始就遵循这一做法。[④]

海上保险人承保的普通危险，因应海上保险市场的需要而不断扩充，故在诸如"海上灾害"（Perils of the Seas），传统的"主要"（Principal）水险的基础上，发展

[①]详见本书第二章第四节。
[②]详见本书第二章第二节。
[③]Huason-Handbook，p.186.
[④]在现代海上保险实务中，水险不限于海上风险，战争险不限于武装冲突。

了许多的"附加"（Additional）承保危险,例如,船长、船员的"疏忽"（Negligence）。但在现代船舶保险合同中,有法律意义的分类不是主要水险与附加水险,而是不受被保险人疏忽影响的承保危险和须受被保险人疏忽制约的承保危险。

船东互保协会承保的主要是海上责任风险,有其特殊性,在本书第五章中分析,本节不予讨论。

海上保险合同（保险单）条款中,积极约定保险人的承保危险方式有两种:"列明风险"（Named Risks）和"一切险"（All Risks）。一切险出现很晚,而且迄今只有货物保险人接受承保有些货物的一切险。中外船舶保险条件中,除 NMIP 迄今皆为列明风险,虽然人保财险 2009 版《船舶保险条款》中规定险别之一为一切险,但它实际上仍只是列明风险。消极约定保险人的承保危险的方式主要有"除外责任条款"（Exclusion Clause）。

"共同海损"（General Average）和"救助"（Salvage）是两种海上特别风险,属于海上保险标的的部分损失①,在本书第二章第四节（保险人的赔偿责任——赔偿限度部分）已有详细分析。

中外船舶保险条款中还有"碰撞责任条款"（Collision Liability Clause）和"姊妹船条款"（Sistership Clause）,皆扩大了船舶保险人的承保风险,集中放在本书第四章（船舶保险合同）中讨论。

第二节　普通的承保危险

从是否受被保险人的疏忽制约的角度,普通的承保危险可分为两类:一类是不受被保险人的疏忽影响的承保危险,即使此种承保危险是由被保险人的疏忽造成的,保险人也不得推卸保险赔偿责任;另一类是受被保险人的疏忽制约的承保危险,如果被保险人的疏忽也是损失的原因,保险人就不负保险赔偿责任。

一、不受被保险人的疏忽影响的承保危险

1.海上灾害（Perils of the Seas）

海上灾害,又称海难,是指属于海上的偶然事故或意外。

海上灾害不是一种单独的危险,而是一类危险,常见的有搁浅、碰撞等。构成海上灾害,须具有两个最基本的特征,即:

（1）属于"海上特有的"（Peculiar to the Seas）,不包括陆地上也会同样发生的危险。英国法中有一些很有趣的案例,能够说明海上灾害的这一特征。

---

①但人保财险《沿海内河船舶保险条款》将其单独列出来与施救费用同样处理,容易引起争议。

【案例 3-1】 Phillips v. Barber (1821)5 B. & Ald.161.

该案中,某船卸完货后进入干船坞,船坞中只有二三英尺的水,该船被飓风吹倒造成损害,法院判这不是海上灾害,因当时船不在海上"漂浮"(Water-borne)。

【案例 3-2】 Hamilton Fraser & Co. v. Pandorf & Co. (1887),12App. Cas.518.

该案中,木质船壳板被船上的老鼠咬破一个洞,海水涌进,造成货物(粮食)损害,法院判这是海上灾害,因为在陆地上老鼠将仓库咬破一个洞时,不会造成库中货物湿损。

同理,在 Laveroni v. Drury(1852),8 Exch.166 一案中,船上老鼠损坏了船上装的货物(奶酪),法院判这不是海上灾害。

【案例 3-3】 Thames and Mersey Marine Insurance Co.,Ltd.v. Hamilton, Fraser & Co.(1887),12 Ann. Cas. 484.H.L.

该案中,一条叫"殷其玛瑞"(Inchmaree)的船,由于轮机员的疏忽,船上的锅炉辅助泵(Donkey Pump)爆裂受损,法院判这不是海上灾害,因为陆地上工厂里工人的疏忽,会产生同样的损害。鉴于机动船逐渐取代帆船,船员疏忽造成机损的情况会很普遍,保险人通过著名的"殷其玛瑞条款"(Inchmaree Clause)附加承保船长、船员疏忽造成的船体和/或机器损害。

(2)必须是"偶然事故"(Fortuitous Casualty)或"意外事故"(Accident),不包括风浪的通常运动,也不包括通常磨损。可见,海上灾害并不是指保险标的在海上发生的一切事故。

【案例 3-4】 Wilson,Sons & Co.v. Xantho (Cargo Owner),"The Xantho" (1887)12 Ann.Cas. 503.

该案中,保险船舶由于与他船发生碰撞而沉没,法院判保险船舶所遭受的损失是海上灾害造成的。

但是,保险船舶与他船发生碰撞而对他船碰撞损害应承担的责任,法院判这不是海上灾害造成的,①需要由船东另行投保碰撞责任险。

【案例 3-5】 Canada Rice Mills,Ltd.v. Union Marine and General Insurance Co. Ltd.[1940]4 All E.R.169,P.C.

该案中,一批粮食由船从 Rangoon 运往 Fraser River,途中遇到大风浪,为防止海水进入货舱,船员关闭了通风筒,抵达目的港卸货时发现粮食发热受损,法院判这是海上灾害造成的。

【案例 3-6】 Whittle v. Mountain[1921] 1 A.C.615,H.L.

---

① De Vaux v.Salvador(1836),4 Ad.& EL.420.

该案中,一艘船屋被安排拖到邻近的船坞去清洗,因所雇用的拖船太大,所掀起的横浪涌入保险船舶水线以上的裂缝,导致船屋沉没,贵族院判这是海上灾害造成的,虽然保险船舶不适航,但损失的近因是拖船所掀起的不寻常的大浪。参见美国案例 Spooner v.Connecticut Fire Ins. Co.(1963) A.M.C.859。

【案例 3-7】 E.D. Sassoon & Co.V. Western Assurance Co.[1911—13]All. E.R.Rep. 438.P.C.

该案中,一批保险货物装在本船上,该船在上海港黄浦江上系泊时,由于本船的船板磨烂,江水进入舱内导致货物湿损,法院判货损的原因不是海上灾害。参见美国案例 Sipowicz v. Wimble(The"Green Lion")[1974] 1 Lloyd's Rep.593。

在分析海上灾害时,还有以下几点值得注意,即:

(1)船舶被"故意凿沉"(Scuttling),不是海上灾害,见 P.Samuel & Co.,Ltd.v. Dumas [1924]All E.R. Rip.66,H.L.。

(2)船舶"失踪"(Missing)时,推定其原因是海上灾害,视为实际全损,见《海商法》第 248 条。

(3)"海盗"(Pirates),习惯上不作为海上灾害,见 Russell v. Niemann(1864), 34 L.J.,OP。

(4)证明发生海上灾害的举证责任在被保险人一方,故如果船舶在不恶劣的天气海况下突然沉没,被保险人就很难证明发生了海上灾害,这与船舶失踪是不一样的:The"Dias"[1972] 2 Lloyd's Rep.60;The"Popi M"[1992] A.C.431, H.L.。

(5)海水造成的损害,不一定就是海上灾害,但协会货物保险 B 条款Cl.1.2.3明确将其作为承保危险,超出了海上灾害的范围。

【案例 3-8】 "达龙"船海上灾害争议案(1999)粤法经终字第 178 号。

该案中,该船于 1996 年 12 月 8 日航经巴士海峡时遇烈风、狂浪,次日发现第二货舱进水。到苏澳港检查并做临时修理后,续航日本。12 月 24 日在中国台湾地区东部又遇恶劣天气,第二货舱再次进水。法院委托的检验人认为,货舱内部构件在装卸过程中可能经常受到原木或驳船撞击而产生变形或脱焊,加上 9 级烈风,导致船壳板上出现疲劳裂纹,逐步扩展成裂缝。船舶保险人的拒赔理由为:检验人使用"可能"一词表明是推测,而非事实,船东不能证明海上灾害成立。一、二审法院皆认定事故原因是外因,判决海上灾害成立,船东胜诉。

2.搁浅(Stranding)

搁浅是指船舶与水底意外地发生接触,而且停留在水底一段时间。搁浅是海上灾害的一种。

搁浅不包括擦浅(Grounding)、坐浅和抢滩。"擦浅"是指船舶与水底有意外接触,但船舶并未因此而停留在水底一段时间,只是一擦而过。[①] "坐浅"是指船舶在通常航海过程中,预先知道的与水底肯定会发生的接触。例如,有些泊位在落潮时水深不足,系泊船因此而坐在水底上,待潮水涨到一定高度时,又重新浮起。[②] 但船闸意外漏水造成泊位水深不足,使船舶坐在水底,仍构成搁浅。"抢滩"(Beaching)是人为的故意(而非"意外")让船舶与水底接触;抢滩可能是共同海损行为,施救行为或船长、船员有意损害船东利益的行为。

海上保险实务中,还可能遇到"触礁"一词,但严格地讲,触礁是一个海事名词,指船舶与海底礁石发生接触,而非一个海上保险的术语。

3.碰撞(Collision)

在海上保险中,碰撞是指船舶之间的意外刚性接触(Ship's Collision),不包括船舶"与其他固定或浮动物体相接触"[Contact with FFO.(Fixing or Floating Objects)]——有人简称其为"碰损"(Allision)或"触碰"。碰撞包括为避免船舶碰撞而引起的没有实际接触的间接碰撞,但不包括"浪损"(Swell Damage from Passing Ships)。锚和锚链是船舶属具,碰撞锚或锚链属于船舶碰撞。渔船的网具、拖绳虽然常常未在渔船属具清单中载明,一般也应该视为船舶的一部分。像搁浅一样,碰撞也是最常见的海上灾害之一;虽然船长、船员或引航员的疏忽常常是造成搁浅或碰撞的原因,但在海上保险中,仍视损失的近因为搁浅或碰撞。[③] 如果船长、船员出于恶意而与他船发生碰撞,则在海上保险中,视损失的近因为"Barratry"而非"Collision"。

碰撞作为海上灾害之一,保险人的赔偿责任限于保险标的的直接损失,不包括间接损失(如保险船舶修理期间的营运损失),[④]也不包括对他船的碰撞责任,[⑤]故船舶保险条款通过"碰撞责任条款"(Collision Liability Clause),[⑥]扩大承保保险船舶的部分碰撞责任。

4.触碰其他固定或浮动物体或其他物体(Contact with FFO)

作为海上灾害之一,传统上这一具体危险仅限于"海上财产"(Maritime Property),如港口、码头、浮吊、沉船、海上养殖物、漂浮的货物、桥梁、冰山或礁石等,不限于人工制造的设备或构件。而且其范围可以约定,扩及于航空器、直升机和陆上运输工具等。

对触碰造成的保险标的的损失,保险人的责任也只限于保险标的的直接损

[①] 现行协会货物保险条款将 grounding 与 stranding 并列,即通过明确的约定,把擦浅亦作为承保危险。

[②] Magnus v. Buttemer(1852)11 C.B. 876.

[③] 货物保险不承保船员疏忽,故如此来认识近因仍有实际意义。

[④] Shelbourne v. Law Investment Corp.[1898]2 Q.B. 626.

[⑤] De Vaux v. Salvador(1836) 4 A.&E. 420.

[⑥] 原称"Running Down Clause",简称 RDC,今天仍有人使用。

失,不包括其营运损失,也不包括对第三者造成的损害赔偿责任。①

5.自然灾害(Natural Calamities)

自然灾害是指水、旱、病、虫、鸟、兽、风、雹、霜冻、地震等自然现象造成的祸害。② 自然灾害是非人力所能抗拒的,在海上保险中,有实际意义的自然灾害有地震、火山爆发、闪电、海啸、暴风、洪水、隧道坍塌、崖崩或滑坡等。如果对保险标的发生危害作用的"媒体"(Agency)是海水(包括浪和涌),那么在自然灾害和海上灾害之间就存在重叠。

现行英国协会船舶保险条款只列明承保地震、火山爆发和闪电三种自然灾害;这三种自然灾害不能作为海上灾害;如果保险船舶损失的原因是海上暴风、海啸或风暴潮,被保险人只能基于海上灾害向保险人索赔。现行人保财险《船舶保险条款》承保各种自然灾害和海上灾害,上述区别意义不大。现行人保《货物保险条款》对自然灾害的承保范围比较混乱,留待讨论具体保险条款时进行详细分析。

"地震"(Earthquake)是地壳的震动形成地面的断裂与变形,包括海底地震。"火山爆发"(Volcanic Eruption)也是地质灾害。如果保险标的处于震区或火山爆发地区,其对保险标的的损害很可能是毁灭性的,风险相当集中,但发生频率很小。

"闪电"(Lightning)又称"雷电"或"雷击",是大气中的一种放电现象。闪电引起的海上保险事故时有发生,特别是油船,油舱内可燃气体很多,可能因闪电而引起火灾、爆炸事故。伴随着海上风暴的闪电,亦可作为海上灾害。

海啸和风暴潮是气象性水文灾害,也属于海上灾害,被保险人可选择以何种承保危险向保险人索赔。洪水也是水文灾害,对港内及陆上货物常造成损害。气象性灾害还有冰雹。

大风及所伴随的大(涌)浪,是被保险人喜欢援用的索赔理由,即主张其为海上灾害,但海上灾害的构成要件之一是"意外"性,"大风浪"(Heavy Weather)是否属于意外事故,与航区和季节有关。例如,冬季北太平洋、北大西洋 10 级以上大风可能是正常的和可预见的,对船舶保险来说很难说构成了意外事故。当被保险人将其作为自然灾害索赔时,在举证上可能更困难,③因为自然灾害属于不可抗力事件。例如在后文所述"雪峰岭"船案中,船东曾主张海上灾害,这在珠江航道上无法成立。

———————

① 人保财险 2009 版《船舶保险条款》中的碰撞责任条款包括部分触碰责任,但英国协会 1983 年船舶保险条款只附加承保船舶碰撞责任,而触碰责任要向船东互保协会投保。
② 中国社会科学院语言研究所词典编辑室.现代汉语词典(第 7 版).北京:商务印书馆,2020,p.1739.参见魏原杰,吴申元.保险百科全书.北京:中国发展出版社,1992,p.590.
③ 除非是无法避开的龙卷风。

中国气象部门规定的暴雨标准是：1 h 降雨量在 16 mm 以上，12 h 内降雨量在 30 mm 以上，24 h 内降雨量在 50 mm 以上。暴雨对保险货物可能造成损害，但造成有舱盖的海船损害的案件很少见。

地貌性的自然灾害有泥石流、滑坡、崩塌等，对港内货物、船舶和陆上运送过程中的货物可能造成损害。

自然灾害，除气象性水文灾害外，不属于 Marine Risks，故英国 1983 年协会船舶保险条款囿于传统，将地震、火山爆发和闪电放在 Inchmaree Clause 中，直到 1995 年条款才做出改善。

6.火灾（Fire）

火灾是指在时间上和空间上失去控制的燃烧所造成的灾害。在木质船时代，火灾是毁灭性的灾害；但直到今天，火灾仍然是主要的危险之一，发生危险的可能性也较大，虽然探测和灭火的设施很先进。船舶发生火灾以起居处所最多、机舱次之、货舱第三，但机舱火灾的危害性最大、最难扑灭。现代豪华邮轮的火灾风险更自不待言。国内沿海客滚船很多，火灾隐患很大，而且逃生通道受到限制。

引起火灾的原因常常是人为的疏忽，如船员的过失，但法院仍认为损失的近因是火灾。

【案例 3-9】 Busk v. Royal Exchange Assurance（1818），2 B & Ald.73.

该案中，"Carolina"船冬季冰封在苏联一港口内，只留大副一人看船。一天，大副未将留在居室的烟头熄灭，船上燃起大火。法院判决船损的原因是火灾。参见美国案例 The"Belle of Portugal"［1970］2 Lloyd's Rep. 386（岸上电工过失使船上着火，保险人须负火灾造成的船损）。

保险人须赔付火灾造成的损失，包括火灾引起的"烟熏造成的损害"（Smoke Damage）和"火烤造成的损害"（Heating Damage），[①] 以及灭火的水所造成的湿损等。

如果火灾危险真实存在，为预防火灾发生所产生的损失，属于火灾引起的损失，保险人须负责赔偿，即使火未实际烧起来：The Knight of St.Michael［1898］P.30（运费保险）；Symington v. Union Insurance Society of Canton（1928）34 Com. Cas. 23。

对货物"自燃"（Spontaneous Combustion）造成的损失，货物保险人可以免责，如果属于货物的固有缺陷，但对其他货物或船舶造成损害时，其他货物的保险人或船舶保险人仍应负赔偿责任。对于容易自燃的货物，如软煤、鱼粉等，被保险人可要求保险人承保任何原因引起的火灾或发热损害，当然保险人收取的保险费

---

① "烟熏"和"火烤"被认为是火灾的直接后果，而非灭火的后果，故不能作为共同海损。

会高一些。

7.爆炸（Explosion）

爆炸是指物体在瞬间发生分解或燃烧时排出大量气体，对其周围环境或容器造成强大的压力所发生的破坏现象，包括物理爆炸现象、化学爆炸现象和核子爆炸。爆炸不包括爆裂。

爆炸不仅包括在船上发生的爆炸，而且包括在船外发生者。

爆炸不限于火灾引起的爆炸。早些时候，遇到区分火灾与爆炸的困难，因为爆炸或者不是列明承保的危险之一，或者被作为除外原因，或者虽然是附加承保危险之一，但被放在"殷其玛瑞条款"内，受被保险人须恪尽职责的制约，但现在把火灾和爆炸并列在一起承保，皆不受被保险人是否有过失的影响，就彻底摆脱了此种困难。

战争、恐怖或恶意的爆炸，由战争险和罢工险条款承保。

8.来自船外的暴力盗窃（Violent Theft by Persons from Outside the Vessel）

这个术语本身就限定得很清楚，排除了船员和船上旅客的自盗和秘密的小偷小摸。但所谓"暴力"，并不要求一定使用过暴力，只要存在暴力威胁就足够，而且不要求对人实施暴力，对物实施暴力或暴力威助就足够。例如，使用铁杆将船上库房（司多间）的锁砸坏后行窃，就是暴力盗窃。

【案例 3-10】 La Fabrique de Produits Chimiques Sociel'te' Anonyme v.F. N. Large（1922），13 Lt.L.Rep. 269,K.B.D.

该案中，两箱香草醛和一箱咖啡碱从伦敦发运到瑞士的 Brugg，货物保险单中有"仓库到仓库"条款，但两箱香草醛在货运代理人的仓库中被盗，仓库的两扇大门被人砸坏。法院判这属于暴力盗窃，保险人须负责赔偿。

在现代海上货物运输保险中，"一切险"（All Risks）或（普通）附加险中的"偷窃提货不着险"（Theft Pilferage and Non-delivery：TPND），既不要求来自船外，亦不限定存在暴力或暴力威胁；[1]还不应限于没有确切原因、没有踪迹。[2]

9.海盗（Piracy）

海盗是指为个人目的任意非法掠夺海上财产的人或行为：The Republic of Bolivia v. Indemnity Mutual Marine Assurance Co.，Ltd.［1908—10］AII E.R. Rep. 260.C.A.。

海盗被认为限于"公海"（High Seas）上发生者，但现在很多人对此提出质疑。

---

[1] Middows v. Robertson(1940)67 Ll.L.Rep. 484(TPND 中的 non-delivery 不是一种新的危险，只改变了举证责任)；Nishina Trading Co. Ltd.v. Chiyoda Fire and Marine Insurance Co. Ltd. ［1968］1 W.L.R.1325。

[2] 关于《海洋运输货物保险条款》一切险中"提货不着险"条款解释的批复，保监字［2000］6 号（2000 年 3 月 13 日）。

从岸上抢劫靠泊的船舶,也应视为海盗行为。

在普通法中,海盗最早时被视为水险,但后被 Free of Capture & Seizure Clause 排除出水险,即被视为战争险。但 20 世纪 80 年代英国全面修改协会条款和海上保险单时,又将海盗列为水险,[1]以克服区分来自船外的暴力盗窃与海盗之间的困难。

10.抛弃(Jettison)

抛弃是指人为地合法地将货物或船上设备从船上抛下,常常是共同海损行为。抛弃不包括大风浪将船上货物冲落入海——后者可能属于海上灾害。

"甲板货"(Deck Cargo),必须是习惯性的甲板货(如木材、集装箱),或合法的甲板货(如 IMDG 规定必须装在甲板上的货物),或特别按甲板货承保,被抛入海中时,才视作抛弃,由保险人负责赔偿。[2]

二、船舶保险中须受被保险人恪尽职责制约的承保危险

在船舶保险条款[3]中,船舶保险人的承保危险,除了上述传统的"Marine Perils"外,还扩大承保其他危险,其起因是 Thames and Mersev Marine Insurance Co.v. Hamilton (The Inchmaree)(1887)这个案子,故有的英国人现在还称这个扩大船舶保险人的承保危险的条款为"殷其玛瑞条款"(Inchmaree Clause),[4]虽然根据这个条款,船舶保险人扩大承保的危险远不限于船员疏忽造成的机损。

被保险人以这些承保危险为由索赔时,普通法认为被保险人须先证明他已"恪尽职责"(due diligence):Coast Ferries Ltd.v.Centary Insurance Co.of Canada (The"Brentwood")[1973]2 Lloyd's Rep.232。须恪尽职责的主体是被保险人、船东或管理人本人或其代表:The "Spot Pacy"(1957)A.M.C.655。

1."装卸或移动货物或燃料时发生的意外事故"(Accidents in Loading,Discharging or Shifting Cargo or Fuel)

1914 年,保险人首次扩大承保装卸货物时发生的意外事故,到 20 世纪 60 年代,又增加承保装卸燃料时发生的意外事故。意外事故是一个意义很广的术语,包括在被保险人看来一切偶然的事件,当然排除被保险人故意造成的损害和通常磨损。

保险人的责任限于此种意外事故对保险船舶造成的损害,不包括由这些意外事故引起的对第三人的责任。

2."船舶机件或船壳的潜在缺陷"(Any Latent Defect in the Machinery or

---

[1] 人保财险 2009 版《货物保险条款》仍将海盗作为战争险。
[2] Ivamy on Marine Insurance,pp.167~168.
[3] 我国保险条款中此种承保危险仅见于人保财险 2009 版《船舶保险条款》Cl.1.1.7.
[4] 该条款的一种变体为"班轮疏忽条款"(Liner Negligence Clause),cf:Arnould's §830。

Hull of the Vessel)

从字面上看,构成本项承保危险有 3 个限定,即:(1)缺陷;(2)该缺陷属于船壳或船舶机件;(3)该缺陷还必须是承保时潜在的,即承保时合格的人员使用通常的技术和谨慎所不能发现的。

潜在缺陷必须与通常磨损相区别,虽然潜在缺陷也可能有一个逐渐发展(恶化)的过程,但它不是正常使用寿命的终结。

潜在缺陷与损害的区别在于,前者是部件内部的,而后者是部件遭受外部事件的结果。例如,没有发现的搁浅所造成的船壳裂缝,不是船壳的潜在缺陷,而是船壳所遭受的损害。

保险人根据本项承保危险所负的保险责任,是船舶机件或船壳的潜在缺陷对保险船舶的其他部分造成的损害,而非有潜在缺陷的部件本身,[①]换言之,船舶保险人并不"担保"(Guarantee)保险船舶没有潜在缺陷,故船舶保险人不负责赔偿"材料缺陷包括不良状态部件的更换或修理"。

【案例 3-11】 Oceanic SS.Co.v.Faber(1907)13 Com. Cas. 28(C.A.).

这是普通法中关于此项扩大承保危险的首案。1902 年 10 月在保险船舶的尾轴上发现一条裂缝,据分析自 1891 年起该裂缝就逐步发展;该尾轴被报废,船东向保险人索赔更换艉轴的费用,保险人拒赔,英国高等法院判保险人胜诉,并受到上诉法院的支持。参见 Scindia Steamships Ltd.v.London Assurance (1937) 1 K.B.63.但在 NUKILA (1997) 2 Lloyd's Rep.一案中,上诉法院似乎改变了观点,保险人不得不用补充条款来做出合同规定。[②]

【案例 3-12】 Wills & Sons v.The World Marine Insurance Ltd. March 13. 1911 [reported in a note at (1980) 1 Lloyd's Rep.350].

该案中,保险船舶是一条挖泥船,连接泥链环脱开,泥斗砸坏了船壳和船舶机件。法院判链环有潜在缺陷,不是通常磨损,保险人须负责赔偿船壳和船舶机件所遭受的损失。

【案例 3-13】 Prudent Tankers Ltd.S.A.v.dominion Assurance Co.Ltd.(The "Caribbean Sea")(1980) 1 Lloyd's Rep.338.

这是近期的一个重要案例,改变了 Jackson v. Mumford [1902] 8 Lom.Cas 61 一案将潜在缺陷限于材料缺陷的判法,认为设计不良和装配缺陷使船壳或船舶机件达不到预期的要求,也在本项承保危险的范围之内。但必须注意,某一部件在性能上的缺点,不能与其他部件很好地配合使用,不是本项承保危险中的潜

---

①人保财险 2009 版《船舶建造保险条款》承保"船壳和设备机件的潜在缺陷"所造成的损失责任和费用。
②参见本书第五章第六节对 2003 年国际船舶保险条款 Cl.2.2.2 的解释。

在缺陷。

此外,协会附加危险条款还承保"轴断裂"(Breakage of Shafts)和"锅炉爆裂"(Bursting of Boilers)这两项危险,其与殷其玛瑞条款中"船壳和船舶机件的潜在缺陷"承保危险的区别是:(1)保险人要负责如此受损的轴或锅炉本身的损失;[①](2)轴或锅炉的潜在缺陷,学者认为仍可能是保险人的除外责任。[②]

【案件 3-14】 "雪峰岭"船潜在缺陷与船舶适航争议案(1997)粤法经二上字第 292 号。

该案中,该船 1993 年 3 月 27 日满载货物在珠江水道航行时,突然发生中部甲板断裂和下塌。法院委托的检验人认为,事故原因是局部严重锈蚀造成纵向强度严重不足,发生中垂。船东主张属于船壳的潜在缺陷或其他海上灾害。船舶保险人主张船东未恪尽职责,是本应发现的正常磨损、锈蚀。一、二审法院皆判决船东胜诉。

3."船长和船员有意损害被保险人利益的行为"(Barratry [③]of Masters and Mariners)

这本为传统的 Marine Risks 之一,但现代船舶保险条款将其"调整"为受被保险人恪尽职责制约的承保危险。

"有意损害被保险人利益的行为"的构成要件为:(1)有意的行为;(2)损害被保险人利益的行为。船长和船员错误行为的动机可能是为自己的利益,但事实上损害了被保险人的利益。

"有意"这一要件,排除了船长和船员的过失、判断错误、不适合、误解等:Earle v.Rowcroft (1806) 8 East 126。

这一承保危险还限于船长和船员的行为,不包括船东或实际船东及其代表的行为:The "Michael" [1979] 1 Lloyd's Rep.55;[1979] 2 Lloyd's Rep.1 CC.A.;Grauds v. Dearsley(1935)51 Ll.L. Rep.203(船长是船东的代表,故保险人不负责赔偿)。

常见的 Barratry,有船员走私、船员私装禁运品、穿越封锁线和将船凿沉等。如果被保险人未恪尽职责去防止发生 Barratry,保险人就可拒赔:Pipon v. Cope (1808),1 Camp.434(船员在一段时间内,一而再、再而三地走私,法院判被保险人应采取措施)。

【案例 3-15】 Mentz,Decker & Co.v.Maritime Insurance Co.[1910] 1 K.

---

①协会附加险条款(Institute Additional Perils Clause－Hulls 1/10/83)写得十分明确,参见 Hudson-Handbook,p.168。

②Arnould's § 830。

③barratry 一词,据说源于意大利语 barratria,包含着欺诈或诡计的意思。

B.132.

该案中,船东指示船长到 Cocos Bay 去装货,但船长为自己的私利将船开到 250 海里外的 Cocos Island 跑了两个航次,在跑这两个航次时发生船舶全损,法院判船东有权以 Barratry 向保险人索赔全损。

【案例 3-16】　Cory &. Sons v.Burr(1883),8 App.Cas.393.

该案中,因船员走私,财政局"扣押"(Seizure)了船舶,法院判船长走私是 Barratry,但 Seizure 是 F.C.L.S.Clause 除外的风险,故船舶保险人不赔。

【案例 3-17】　Piermay Shipping Co.S.A.and Brandt's,Ltd.v. Chester:The "Michael"[1979]2 Lloyd's Rep.1.

该案中,二管轮故意把船凿沉,船东以 Barratry 为由向保险人索赔全损,但保险人拒赔,理由是船东有私谋,但法院权衡证据后,认为船东不可能指使船员将船弄沉,故判保险人败诉。

4."船长、船员、引航员、修船人员或承租人的疏忽"(Negligence of the Master,crew or pilots,repairers or charterers)

Inchmaree Clause 最早扩大承保的就是船长、船员的疏忽,以后又增加了修船人员或承租人的疏忽,其限制是修船人员或承租人不能是被保险人。

"船长"(Master)是当时实际指挥船舶的人,在海上航行过程中,即使船长是船东,对船长的疏忽造成的损害,保险人也须负责赔偿:Goodman v.Firemans Fund Insurance Co.(1978)A.M.C.846。

修船人员是指在保险船舶上从事修理工作的人员,不包括岸上与保险船舶无关的修船厂的工人。如果船长、船员或修船人、承租人的疏忽造成船壳或船舶机件有潜在缺陷,被保险人选择以修船人的疏忽为由索赔较有利——可以索赔更换或重新修理有潜在缺陷部件的费用:Ferrante v. Detroit Fire and Marine Insurance Co.(1954)A.M.C.2026(轮机员的疏忽导致轴断裂)。

如果船长、船员、修船人或承租人的疏忽引起海上事故(Marine Casualty),如搁浅、碰撞等,普通法认为损失的近因是海上事故而非疏忽,故被保险人得以"海上灾害"为由索赔,而不受被保险人须恪尽职责的限制。对被保险人来说,本项承保危险在疏忽造成机损之类的非海上事故和在事故发生后施救方面有疏忽时,最有实际意义。

【案例 3-18】　Lind v. Mitchell(1928)34 Com. Cas.81.

该案中,一艘纵帆船由其抵押权人投保了船舶险,该船船体被冰划破洞后,返回新大陆的 Burgto,船长认为该船会沉没,就弃船,并放火想烧掉它,但后来有别的船发现这艘船并没有沉。被保险人向保险人索赔船舶全损,保险人拒赔,理由是被保险人未证明发生了海上灾害,损失实际上是船长的 Barratry(本案中不是承保危险)造成的。上诉法院判损失的近因是船长疏忽,被保险人因而胜诉。

【案例 3-19】 F. B. Walker & Sons Inc. v. Valentine〔1970〕2 Lloyd's Rep.429.

该案中,保险拖船在码头系泊时沉没,原因是舵柱和主机填料函漏水过多。美国第五上诉法院判损失的原因是船员没有按良好船艺的要求压紧主机填料函,而且不存在船东未恪尽职责。

5.污染危险(Pollution Hazard)

污染危险也受被保险人须恪尽职责的制约,但在 20 世纪 70 年代产生时,英国保险市场没有将其归入 Inchmaree Clause 中,而是作为一种单独的新承保危险使用的;人保财险 2009 版《船舶保险条款》则将其与船员疏忽等并列予以规定。

被保险人援用这项承保危险时,须证明一系列的因果关系,即:(1)其他承保危险造成保险船舶损害;(2)保险船舶的此种损害造成污染;(3)有关政府当局为防止或避免此种污染或污染威胁对保险船舶采取干预行动造成所索赔的保险船舶损失。

三、货物保险中的一切险

货物保险中的"一切险"承保保险货物"因任何外来原因"(Any External Cause)造成的一切损失或损害风险,但受"除外责任"(Exclusions)的制约。[①]

一切险与列明风险最主要的分别之一是举证责任不同,[②]在一切险条件下,并非不适用因果关系原则,并非被保险人没有义务证明其所索赔的损失是由承保危险造成的,但因为承保危险如此之广,被保险人只需要证明发生保险事故的合理可能性,无须证明损失是由某种具体的危险造成的,换言之,被保险人可以做必要的推论。如果发运时完好的货物在抵达时受损,从受损情况来看可以推断是由外来原因引起的,被保险人就完成了举证责任,或者说举证责任转移到了保险人一方,保险人须证明损失是保险人无须负责的原因造成的。

【案例 3-20】 British and Foreign Marine Insurance Co. v. Gaunt〔1920〕1 K. B. 903;〔1921〕2 A.C. 41(H.L.).

该案中,一批羊毛从南美的巴达哥尼亚堡运到英格兰,目的地交货时发现羊毛湿损。被保险人指出羊毛在装上海船之前,曾在露天堆放过,这种货物经常装在向海港转运的江船的甲板上,而且在运送途中曾遭遇坏天气,故羊毛湿损是一种不正常的损失,在一切险的范围内。但保险人以被保险人未能证明损失的具体

[①]中英货物保险条款在这一点上完全相同。

[②]在关于货物一切险的第一个案例 Schloss v. Stevens〔1906〕2 K.B.665.中,英国高等法院就明确指出了这一点。

原因为由拒赔。英国上诉法院和贵族院皆判被保险人胜诉,认为被保险人只需证明损失不是正常运送过程中必然会发生的即可。

【案例 3-21】　London & Provincial Leather Processes Ltd. v. Hudson [1939] 2 K.B.724.

该案中,所保货物的运送包括在德国进行加工的一段时间,由于负责加工的承包商破产,该批货物被德国分包商不合法地滞留,法院判此种滞留造成的损失是一种意外事故,货物保险人应予赔偿。

【案例 3-22】　"Lady Bella"一切险鱼粉自燃及保险合同效力争议案(1998)沪海商初字第 539 号。

本案中,1997 年 9 月 30 日,原告与香港中间商订立贸易合同进口秘鲁鱼粉。原告于 1997 年 11 月 18 日向被告投保了一切险(包括火烧、霉变、结块),被告同意承保并出具了保险单,但保险费要根据载货船舶的船龄来定。货物运抵目的港上海后,发现部分鱼粉烧焦成块状。经鉴定,原因是货物长时间在船舱内散热不良引起自燃。保险人拒赔,理由是原告只投保了一切险,没有加保自燃险;货物受损原因是货物自身特性和运输延迟,属于除外责任。法院判决意见为,鱼粉的保险与投保自燃险是联系在一起的,已成为一种公信认知。投保了一切险就已经投保了鱼粉自燃险。另外,鱼粉火烧按《保险法》第 30 条的规定,可解释为包括鱼粉"自燃"。

【案例 3-23】　"哈卡"船船东盗卖货物一切险争议案。[1]

该案中,1995 年 11 月,原告从印尼进口 5 000 t 棕榈油由"HAGAAR"船运往洋浦港。途中由于期租合同纠纷,该船航程中止并封锁了动态。1996 年 4 月,该船改名后走私货物在汕尾地区被中国边防扣押,查明货物被船东盗卖。保险人以一切险责任范围不包括船东盗卖货物为由拒赔。一审海口海事法院判保险人败诉,理由是人保财险一切险责任范围包括船东盗窃货物这种外来原因,保险人称其为商业或社会风险不成立。二审海南省高级人民法院,主要依据中国人民银行《关于海洋运输货物一切险条款的解释的请示的复函》,[2]改判保险人胜诉,因该复函称人保财险一切险责任范围仅包括人保财险平安险、水渍险责任范围外加人保 11 种普通附加险。也就是说,人保财险一切险仍只是列明风险。作者认为,这样的解释显然难以成立。其后,保监会在给太保的批复中,认为船东盗窃货物是盗窃的一种,是外来因素,保险人应赔偿因此而造成的损失。[3] 最高人民法院 2003

---

①载《中国保险报》1997 年 12 月第 374 期。

②银函[1997]210 号(1997 年 5 月 21 日)和银条法[1998]70 号(1998 年 11 月 27 日)。

③"关于国内水路货运保险标的遭受承运人盗卖理赔处理的批复",保监法[1999]1 号(1999 年 3 月 11 日)。"哈卡"船案后被最高人民法院提审,以调解方式结案。

年提审本案,改判保险人败诉。①

另应注意的是,现行中英货物一切险条款,明确将迟延造成的损失作为除外责任。其他除外责任主要有货物的"固有缺陷"(Inherent Vice)等,但保险单可能特别约定予以承保,见 Overseas Commodities Ltd. Style〔1958〕1 Lloyd's Rep.546.

现行中英货物一切险保险条款还将战争险、罢工险作为除外责任,这符合水险与战争险分开承保的习惯做法。

现在的货物保险单中,还常见一些特别的条款,约定保险人承保某种风险。解释这种条款的关键是看是否引入了"新的"承保风险,是否明确承保了固有缺陷或必然发生的损失。这些风险条款放在本书第四章"海上货物运输保险合同"中一并讨论。

第三节 社会性的承保危险

就像普通的承保危险习惯上简称为水险一样,社会性的承保危险习惯上简称为战争险。水险与战争险分开承保,已成为世界各保险市场的普遍做法。

在现代海上保险合同中,社会性的承保危险,包括经过 20 世纪 80 年代的协会保险条款"革命"而面目一新的战争险和罢工险,有益的发展之一是表达这些危险的术语有一定程度的简化,而且在船舶保险与货物保险中统一起来。②

在普通法中,海上战争风险的历史很长,"典故"也很多,但随着 20 世纪 80 年代"革命"的成功,这些琐碎的故事对一般读者已无甚意义。③ 本节内容只简单扼要地介绍现行条款中这些社会性的承保危险的含义,以及可供参照的普通法案例。

保险人所承保的社会性危险皆为列明风险,故在举证责任方面,被保险人须证明其索赔是由某种具体的承保危险造成的。

一、战争危险

在人保财险 2009 版《船舶战争、罢工险条款》中,保险人承保的战争危险包括:

(一)战争、内战、革命、叛乱或由此引起的内乱或敌对行为;

(二)捕获、扣押、扣留、羁押、没收或封锁,但这种案子必须从发生之日起满 6

---

① 2015 年 4 月 15 日发布最高人民法院指导案例 52 号,依据《保险法》第 30 条。
② 人保财险《海洋运输货物战争险条款》仍未与人保财险船舶战争险条款在危险的用词上达到统一。
③ 杨良宜,汪鹏南.英国海上保险条款详论(第 2 版).大连:大连海事大学出版社,2009,p.156.

个月才能受理;

(三)各种战争武器,包括水雷、鱼雷、炸弹。

而在人保财险 2009 版《货物战争险条款》中,其中上述第(二)大类危险,仅限于上述第(一)类危险引起者,是货物战争险保险人承保的危险。① 此外,在人保财险的货物保险条款中,海盗也属于水险;但只在一切险保险条件下,保险人才承担海盗风险。

1.战争(War)

战争是指主权国家或"准国家"(Quasi-state)之间发生武装冲突,不论宣战与否。中国人民保险公司 1976 年 7 月 1 日修订的《船舶战争险保险条款》中,就明确承保"战争"这一危险;但在英国保险市场上,直到 20 世纪 80 年代协会条款革命时,战争这一术语才首次出现在协会条款中。

2.内战(Civil War)

内战是指一个国家或准国家内部,不同的政治团体、政权组织或军阀之间,为了争夺国家或地区的统治权或推行各自的政治主张,而使用武力进行政治和军事上的较量。②

3.革命(Revolution)、叛乱(Rebellion)或造反(Insurrection)③

这三种危险被认为是相互补充、相互解释的,通俗地讲,是一个国家或准国家内部政府军与非政府武装力量之间为争夺统治权而进行的军事对抗,关系到现政权的存亡。这类危险与罢工险中的"民变"(Civil Commotions)、"暴动"(Riot)的区别是:后者并无推翻现政权的政治目的。

4.由此引起的内乱(Civil Strife Arising Therefrom)

即由战争、内战、革命、叛乱或造反引起的民众骚动,是一种有独立意义的新的承保危险,是对战争、内战、革命、叛乱或造反的重要补充。在战争、内战、革命、叛乱或造反发生时,现政府可能对社会环境失去有效的控制,除了有明确政治目的的反政府武装集团外,还可能同时出现许多政治目的不明确的武装力量,或占地为王,或趁乱抢劫,引起不同规模的社会骚动,损及海上保险标的。

5.敌对行为(Hostile Act)

这既是一种独立的承保危险,又是对战争、内战、革命、叛乱、造反或由此引起的内乱这些承保危险的限定,即将它们限于敌对政治力量之间的直接的武装

---

①中国人民保险公司 1976 年 1 月 1 日船舶战争条款险条款也有这样的限定;不在这个限定范围之内的,属于水险。

②参见 Spinney's(1948)Ltd and Others Royal Insurance Co.[1980] 1 Lloyd's Rep.406(案件发生当时黎巴嫩的骚乱未构成内战)。

③人保财险条款中无此术语,但并不意味着不承保此种危险。

冲突。

"类似战争行为"(Warlike Operation),可能做非常广义的解释,[①]已在海上战争险条款中消失。[②]

6.捕获(Capture)

捕获,有时被称为拿捕或捕捉,是指战争时期被敌方作为战利品,或作为报复措施,将财产据为己有。[③]捕获意味着存在武力或武力威胁,但不要求实际使用或展示了武力。没有按国际法经过"捕获法院"(Court of Prize)判决的或不合法的捕获,不影响被保险人的保险索赔权利。

7.扣押(Seizure)

扣押是指他人强行占有和控制财产。扣押人不限于敌人,也不限于政府或其授权的人。扣押不限于合法扣押,也不限于以取得财产所有权为目的。[④]财产被扣押后,有归还的可能,故被保险人一般不能索赔实际全损,但扣押也可能是永久性的。

8.扣留(Arrest)、羁押(Detainment)或拘禁(Restraint)[⑤]

这三种承保危险被认为是相互解释和相互补充的,而且是第二次世界大战后最常发生的战争保险事故,故特别重要。这类危险的基本含义:通过法定程序(一般民事司法程序)和其他方式,行使政治或行政权力,阻止了财产的正常使用或处分,如被拒绝给予某种许可或被禁止进港或离港等。这类危险与"扣押"(Seizure)的主要区别在于,前者不要求有取得财产所有权或控制财产的意图。实际展示武力也不是构成这类危险的要件。

【案例3-24】 Miller v. Law Accident Insurance Co.[1903]1 K.B.712.

该案中,某船被阿根廷当局下令离港,原因是该船上从英国装运的货物(牛)正在患病,船长依令离港,法院判其构成拘禁,虽然没有实际展示武力,但是货物保险人对由此造成的货损应予赔偿。

【案例3-25】 Becker,Gray & Co.v.London Assurance Corporation [1915]3 K.B. 410;[1916]K.B.156;[1918] A.C.101.(H.L.).

该案中,英国人的货物从加尔各答托运到汉堡。在运输途中,德国船的船长知道德国和英国之间爆发了战争,担心继续按原计划航行,会遭到英国或联军军

---

①The "Coxwold"[1942]A.C. 691.(H.L.);杨良宜,汪鹏南.英国海上保险条款详论(第2版).大连:大连海事大学出版社,2009,p.164. Arnould's §898。

②但仍见于人保财险2009版《海洋运输货物战争险条款》中。

③Arnould's § 885.

④Cory v.Burr(1883) 8 App.Cas.393.

⑤人保财险《船舶战争险保险条款》中未出现这一术语,但并非不承保 restraint 危险。人保财险 2009 版《海洋运输货物战争险条款》中有"禁止"一词,与"拘禁"同义。

舰的袭击,就决定改卸在中立国的港口 Messina,其后放弃了航程。货主索赔推定全损,法院判保险人胜诉,理由是拘禁危险没有实际发生,不同于继续航程不合法的情况。但承运人得终止运输合同,如果危险是合理预见的,而非不合理的担心。

【案例 3-26】　The"Bambur"[1982]1 Lloyd's Rep.312.

这是一件著名的伦敦仲裁案。该案中"Bambur"船是一艘水泥运输船,停在伊拉克一港内,两伊战争时,禁止该船和其他船舶离港。后两伊战争打得不可开交,伊拉克不再禁止船舶离港,但当时的危险状况,使船舶无法离开。船东发出委付通知,向保险人索赔推定全损,保险人拒绝接受委付,但双方同意将争议提交独任仲裁员裁决。由法官担任的仲裁员认为伊拉克政府禁止该船开航已构成"拘禁",而且从委付时的情况来看,未来一段合理时间(应为 12 个月)内,该船不大可能重归船东自由使用,故推定全损成立。

9.没收(Confiscation)

没收是指政府或准政府行使政治或行政权力,强行取得财产的所有权。例如,国家对战争违禁品或企图运往受封锁地区的供应品所采取的强制剥夺或侵占行为。但是,船舶所有人所在国家和船舶登记国对财产的征收或征用,属于船舶战争险条款约定的除外责任。

10.封锁(Blockade)①

封锁是指保险标的被围困在军事封锁区内。这项危险在"拘禁"(Restraint)或"羁押"(Detainment)的基础上扩大了保险人的承保范围。例如,在上述 The "Bamburi"(1982)一案中,即使当初伊拉克政府没有禁止该船离港,如果该船仍无法安全驶离,也可根据封锁这项承保危险向保险人索赔。

11.这些行为所引起的后果或进行这些行为的企图(the Consequences thereof or Any Attempt Threat)②

这是一项重要的新的补充,扩大了战争险保险人的赔偿范围。例如,在 1967年 6 月伊以"六日战争"结束后,苏伊士运河两端因存在沉船而阻塞,直到 1975 年6 月才恢复通航,有 14 艘船困在运河中无法驶离,战争险保险人接受这是"拘禁"的"后果"(Consequences),故被保险人得索赔推定全损。

第二大项战争危险,即捕获、扣押、扣留等,所引起的损失,除有形损害外,大多是推定全损,按海上保险法,推定全损的构成标准是,在委付时保险标的不可能在合理时间内重归被保险人自由使用和处分,即根据委付当时的环境和情况来判断。但是,人保财险《船舶战争险保险条款》规定,必须从发生这些危险时起届满 6

---

①在协会战争险条款中无此项承保危险。
②在人保财险《战争险条款》中无此项承保危险,但它的范围比封锁要广一些。

个月,被保险人才能索赔推定全损,如果在这期间危险状况已改变,被保险人已能重新占有和使用船舶,被保险人就无权索赔推定全损。而现行协会船舶战争险保险条款第三条(羁押条款)规定了更长的"观察"时间——从委付日起届满 12 个月,对船东更为不利。

12.各种战争武器(Weapons of War)

在海上可能遭遇的战争武器不限于水雷、鱼雷和炸弹,还可能有从陆上或空中发射的战争武器。

战争武器不限于战争期间或战区内存在的战争武器,还包括战时遗留下来的和不明身份的战争武器。

但是,对热核战争武器,现行中外海上战争保险条款皆明确予以除外,因其造成的损失过于巨大。

二、罢工危险

罢工危险是海上保险人承保的比较新型的社会性危险,危险的种类不断增加,早已不限于劳资纠纷引起的暴力行为。

现行人保财险的保险条款承保三大类罢工危险,即罢工或被迫停工、民变或暴动、恶意行为。

1.罢工(Strikes)

罢工是指工人出于对资方不满,而一致拒绝工作,包括同情其他工人而拒绝上班;而被迫停工(Lock-outs)是资方为对工人施加压力而关闭工厂,工人无法上班。

不管是工人不上班,还是资方不让工人上班,都可能激起工人的骚动,而发生过激行动,进而损及海上财产(船舶、货物等),但保险人仅对此种过激行动直接造成的财产损害负责;对开工不足引起的间接损失,如船期耽搁、货物腐烂等,保险人就无须负责,现行人保财险《货物罢工险条款》对此规定得十分明确。

2.民变(Civil Commotion)

民变是指较大规模的社会性骚乱,但其目的不是为推翻现行政府,而是出于宗教信仰不同或种族差异等原因。"暴动"(Riot)是指有一定组织但规模不大的社会性骚乱。在民变和暴动之间没有明确的界限。

3.恶意行为(Malicious Acts)

恶意行为在 1964 年后才明确作为罢工危险。恶意行为可以是单个人的行为,但前述罢工、暴动危险皆限于一定规模的集体行动。

现行人保财险《船舶战争、罢工险条款》只承保出于"政治动机"(Political Motive)的恶意行为,范围比较小,船东在索赔时须证明恶意行为人怀有某种具体的政治动机。但现行人保财险《货物罢工险条款》所承保的恶意行为没有此种限定。

现行《协会船舶战争、罢工险条款》，除承保恶意行为人、出于政治动机的行为人外，还承保"恐怖分子"（Terrorist），被保险人可依据所掌握的证据，选择对自己最便利的索赔理由。

恐怖活动风险已成为和平时期重要的战争风险，其动机不限于政治动机，其手段也不限于使用战争武器。"9·11"恐怖袭击事件就是一个明证。[①]

第四节　共同海损在海上保险中的运用[②]

"共同海损"（General Average）是海上特有的一种危险，因为它是人为的故意行为的结果，旨在用较小的损失来避免大的损失（甚至是全损）。

共同海损与海上保险的渊源很深，有人甚至认为它是海上保险的鼻祖；虽然共同海损与海上保险是两个相互独立的法律制度，但今天共同海损90%以上是通过海上保险来实现风险转移的，故海上保险的著作常涉及共同海损。本节从总体上介绍共同海损在海上保险中的运用，特别是一些新的发展动向。

一、海上保险对共同海损的处理

海上保险对共同海损的处理传统上有两种方式，即（1）通过船舶保险、货物保险直接承保；（2）由船东互保协会承保船东共同海损的超额责任和无法从货方收回的共同海损分摊，但现在又产生了一种新的方式，即"吸收"（Absorption）。

1.直接船货保险（Direct Insurance）

包括中国在内的大多数国家的立法和所使用的"船舶保险单"（Hull Policy）和"货物保险单"（Cargo Insurance Policy）中的标准条款，都将共同海损作为保险人承保的部分损失风险之一；但船舶保险人和货物保险人并未承保保险标的的全部共同海损风险，二者皆存在特殊的"不足额保险"（Under-insurance）（保险金额或保险价值低于共同海损分摊价值）的适用问题；此外对船舶保险来说，还可能存在需扣除"免赔额"（Deductible）和无法从货方收回共同海损分摊等问题。

船舶保险或货物保险的除外风险引起的共同海损，有些（如常规战争）可通过船舶或货物的附加保险来承保。

2.保赔保险（P & I Cover）

船东互保协会承保会员船东的两种共同海损风险：一是由于不足额保险船东

---

① 汪鹏南.船舶保险中的恐怖活动风险.中国海商法年刊，2002.
② 本节内容主要参照联合国贸发会1994年3月8日编号为"UNCTAD/SDD/LEG/1"的专题报告。

不能从其船舶保险人处得到赔偿的那部分船舶共同海损分摊;二是由于会员船东违反运输合同无法从货方收取的共同海损分摊,后者对船东互保协会来说是微不足道的。例如,根据西英保赔协会的统计,1985 年至 1989 年 5 年间平均赔付的"Unrecoverable G.A."只占其总赔款的 1.18%。

3.吸收条款(Absorption Clause)

吸收条款,又称"小额共同海损条款"(Small General Average Clause),是近年来出现在一些船舶保险单中的一个附加条款,特别约定船舶保险人对一定金额以下的船舶共同海损牺牲或费用全部赔付给被保险人(船东),不要求船东先要求货方分摊。

目前,这种条款在美国保险市场和英国保险市场很流行,但在中国、德国和北欧等地的保险市场仍很少见。

在船舶保险单中引入这一条款的主要目的是节约共同海损理算及收集共同海损担保的费用,这实际上对各方都有好处,船舶保险费率也不一定就因此而增加或有较大幅度增加。

这个"小额"的额度与保险金额、免赔额等因素有关,一般在 10 万美元左右,有的甚至高达 200 万美元。

二、共同海损在海损中所占的分量

据分析,70%左右的大海损事故涉及共同海损,全世界在 5 年中大约有 800个共同海损案件,还看不出逐年减少的趋势。

2/3 左右的共同海损是拖带(包括救助)费用,其余 1/3 是灭火、重新起浮和进避难港等费用。

引起共同海损的主要原因有机损(占案件总数的 37%,造成的损失占 12%)、搁浅(分别占 24%、24%)、火灾(分别占 14%、25%)、船舶碰撞(分别占 8%、27%)、大风浪(分别占 4%、5%)和船体故障(分别占 5%、5%)。可见船舶碰撞、火灾和搁浅是最严重的三种共同海损事故。

共同海损与总分摊价值之比小于 2.5%的案件占一半以上,小于 5%的占 2/3以上,占 30%以上的只有极少数案件。抽样调查显示,平均总分摊价值为 1 230 万美元,而共同海损为 43 万美元。

总分摊价值中,平均船舶价值占 38.1%、货物占 61.4%、期租合同承租人的燃油占 0.2%、运费占 0.3%。另外,绝大部分共同海损是船舶发生的,小于 10%的案件涉及货物的共同海损(如灭火),故今天的共同海损制度实际上是将船方的损失转由货方承担,而最初的共同海损制度是为了平衡货方与船方之间的利益(抛货)。

共同海损理算牵涉到当事人、海损理算师、保险人、检验人和代理人的许多精力和费用,理算师的费用平均还不到总管理费用的 10%。理算需要的时间很长,在 6 个月内完成理算的不足 5%,在 1 年内完成的约占 20%,在 3 年内完成的占 81%,有的案件 10 年才完成理算,这恐怕是人们抱怨共同海损理算的主要原因。

三、通过保险等方式简化共同海损的呼声

1994 年和 2016 年《约克-安特卫普规则》主要是澄清了一些疑点,而在拖带、救助和油污方面的法律变化,并没有取得简化共同海损的作用,共同海损的简化要从保险等方面着手。

1.通过船舶保险中的"吸收条款"来避免小额共同海损理算

这是一个行之有效的途径,因为共同海损小于 10 万美元的案件占 35%左右,小于 20 万美元的占 50%左右,小于 30 万美元的就占到 65%左右;而且在50 万美元以下的条件中,船货双方分摊的比例基本相同,只有在超过 50 万美元的案件中,货方分摊比例才明显高于船方,而且呈现出货方分摊比例越来越高的趋势。

2.简化提供共同海损担保的手续

在共同海损的运用方面,最主要的困难是共同海损担保的提供,特别是在发展中国家,货主对共同海损缺乏认识,外汇管制和保险公司的国际信誉较差。有关各方对简化提供共损担保手续皆有切身利益——减少费用和迟延。为此联合国贸发会提出了若干建议,主要有:

(1)担保形式的标准化和国际化;

(2)船方接受货物保险人的"共同海损担保函"(General Average Guarantee)作为交货的唯一条件,不再要求货主出具"共同海损协议书"(Average Bond),除非货物未保险或货物保险人已停业;

(3)鼓励货物保险人之间达成协议,保证及时向船方提供共同海损担保函;

(4)理算人不去调查货方是否有权拒绝分摊等。

第四章 海上货物运输保险合同

本章主要介绍中国人民财产保险股份有限公司现行海洋运输货物保险条款的内容,并与协会货物保险 ABC 条款做一简要比较。本章还扼要地介绍海上货物运输保险的投保、承保、理赔和追偿实务。

第一节 货运险的投保与承保

一、货运险的法律特征

在海上保险中,海上货物运输保险(我国习惯上称海洋运输货物保险,简称货运险)的业务量最大,涉外业务中习惯上分为出口货运险和进口货运险两大部分来管理,完全是和国际贸易(货物买卖)相配合的。

国内海上货物运输保险仍有与运输相纠缠的痕迹,其条款、投保、承保、理赔和追偿皆与涉外业务有较大差异,在本章最后一节(第七节)集中予以讨论。

可以对海上货物运输保险下这样一个定义:它是把以海运为主的运输过程中的各种货物作为保险标的的保险。它具有以下几个重要特征:

(1)保险标的除货物本身外,还包括运输过程,或者说海上货物运输保险的保险人既承保货物本身的灭失或损害,又承保运输过程的完成。因此,"续运费用"(Forwarding Charges)作为"特别费用"(Particular Charges),在保险人的赔偿责任范围之内;如果无法续运,货物被保险人得向保险人索赔推定全损,即使货物本身未遭受实际损害。

(2)保险责任期间扩展为"仓库至仓库"(Warehouse to Warehouse),不限于起初的"海上航程"(Maritime Adventure)。在与贸易的配合方面,海上货物运输保险走在航运的前面,航运中"门到门"(Door to Door)的概念迟至 20 世纪 70 年代集装箱运输推广后才出现。保险责任期间的扩展大大简化了贸易商对保险的安排,而且有利于节省保险费和避免漏保等。

(3)承保的风险多种多样,既有海上危险,又有陆上危险,而且货物品种繁多,对运输的适应性不一,风险各异,对保险费的承受能力也有很大差异。今天的海上货物运输保险市场,完全有能力提供适当的险种组合,使贸易商以最经济的保险费支出,获得最合适的保险保障。

(4)一张保险单同时承保货方的多种保险利益,除 CIF 价格外,还可能包含一定成数(比例)的预期利润、货物转卖时的增值以及货物受损时仍可能被课收的进口关税等。

(5)海上货物运输保险已成为国际贸易不可分割的一部分。货物保险单,连同提单和货物发票构成信用证贸易的三大基本结汇文件;国际商会制定的最新修订的《国际贸易术语解释通则® 2022》(INCOTERMS® 2022)就每一贸易术语所包含的货物保险方面的安排都做出了规定;《联合国国际货物销售合同公约》明确规定了货物风险转移与货物所有权转移相分离的原则。

(6)海上货物运输保险与航运及海商法关系密切,船舶的适航性与适货性、承运人的权利与义务、货物包装、积载、操作与照料等,皆影响到货物保险的投保、理赔和追偿。

二、货运险的投保

从贸易商(货运险投保人)的立场上看,海上货物运输保险的投保,应注意以下四个方面的问题:

(1)对险别的选择和贸易合同以及信用证中对保险条款的拟订;

(2)贸易合同以及信用证中对保险的具体要求;

(3)保险费与各种贸易价格之间的关系;

(4)投保的具体手续。

1.险别选择

险别选择是订立贸易合同时应已考虑清楚的问题,合同订立后,一方有不同保险要求,就只能向对方提出修改合同或信用证。

险别选择应考虑的因素主要有货物种类、包装形式、运输工具、运输方式、运输路线、季节和港口等。

货运险的险别复杂多样,因为货物品种繁多,风险各异,保险人须提供多种保险条款,使被保险人可以选择对其最为适当的险别组合。对某些大宗货物(如散装桐油、原煤、石油、木材、天然橡胶、黄麻等)和特殊货物(如冷藏货物),保险人提供特定的保险条款,便于贸易商投保,避免选择保险险别组合和追加特殊条款造成的困难,并可避免理赔上的诸多争议。各专业贸易协会可与保险人协议特殊的保险条款。

货运险的险别,可分为"主险"(Main Risks)和"附加险"(Additional Risks)两大类。附加险不能独立承保,必须在主险的基础上承保。

主险也有称"基本险"的,在现行人保财险《海洋运输货物保险条款》中,仍沿用"平安险"(FPA：Free from Particular Average)、"水渍险"(WA：With Average)和"一切险"(All Risks)的传统称谓,但在英国协会货物保险条款中,已改称抽象的 A 条款、B 条款和 C 条款,以避免误导贸易商之嫌。人保财险的《一切险条款》和协会的 A 条款,承保保险货物遭受的除外责任之外的一切风险,而其他主险条款皆为列明风险。人保财险的保险条款与协会 A、B、C 条款虽有诸多关联和类似之处,但不存在一一对应的关系(详见本章第五节的比较)。

货运险的附加险包括三大类,即：

(1)普通附加险；

(2)特别附加险；

(3)特殊附加险。

人保财险一切险条款或协会 A 条款包括所有普通附加险,但未涵盖特别附加险和特殊附加险。

普通附加险,有时简称为附加险,是在平安险或水渍险的基础上选择加保的；如果主险是一切险,就没有必要另行加保普通附加险。现行人保财险货运普通附加险有偷窃提货不着险(TPND)、淡水雨淋险(FWRD)、钩损险(Hook Damage)和锈损险(Rust)等 11 种,也适用于空运或陆运。普通附加险受主险条款中除外条款的约束。

特别附加险的责任范围不在一切险的责任范围之内,或者是一切险的除外责任(如恶意损害险),或者是与政治或行政权力相关联的风险(如拒收险、进口关税险、黄曲霉素险),或者是超出了一般海上运输意外事故的范围(如甲板险、虫损险)。

特殊附加险是指战争险和罢工险。货运战争险与货运罢工险是分开来保险的,由于存在原则上不保陆地财产的战争险的"水运协议"(Waterborne Agreement)。货运战争险通常皆由贸易商在主险和其他附加险外予以投保。

表 4-1 列出了主要货种的险别选择,仅供参考。

表 4-1　主要货种的险别选择表

货物种类	常见危险	险别选择
1. 粮谷类	散落、水分蒸发→短量 水湿、水分超标→霉烂 温度、通风不良→发热	一切险(All Risks)；或水渍险(WA)＋短量险(Shortage)＋发汗发热险(Sweat & Heating)
2. 油脂类	粘连、装卸消耗→短量 容器破裂→渗漏；沾污	WA＋Shortage＋渗漏险(Leakage)＋混杂和沾污险(Intermixture & Contamination)

（续表）

货物种类	常见危险	险别选择
3. 食品类	包装破碎→内容受损 包装生锈→降等 随时可食用→被盗	All Risks 或平安险（FPA）＋偷窃提货不着险（TPND）＋包装破裂险（Breakage of Packing）
4. 咖啡豆、可可豆	吸湿受潮→霉变且不易筛选	WA＋Sweat & Heating＋淡水雨淋险（FWRD）
5. 原糖	溶解短量、吸湿、被盗、可能发生爆炸、受油渍等沾污	All Risks
6. 冻品类	解冻→腐烂变质	冷藏货物条款 （协会条款细分为冷冻食品和冻肉两类条款）
7. 活牲畜、家禽、活鱼	死亡	活牲畜家禽海陆空运输保险条款
8. 酒、饮料	破碎、被盗	All Risks 或 FPA＋TPND＋碰损和破碎险（Clash & Breakage）
9. 玻璃、陶瓷制品、家电、工艺品、仪器仪表类	破碎、被盗	FPA＋TPND＋Clash & Breakage
10. 杂货类	水湿、被盗	WA＋FWRD＋TPND
11. 原油	水湿、吸潮、沾污、火灾	All Risks 在国外还常加保原产地损失险（C/D；Country Damage），即货物在装船时不能从外观上发现的在内陆发生的雨淋、沾污等损害
12. 毛绒类、纺织纤维类	水湿→色变、霉烂	All Risks 或 WA＋Intermixture & Contamination
13. 麻类	受潮、受热→变质自燃	WA/FPA＋Sweat & Heating
14. 鱼粉、豆饼	受潮受热、自燃	WA/FPA＋Sweat & Heating＋自燃险（Self-combustion）
15. 皮张类	受潮受热变质，清除沾污费用高，价高可能被盗	WA/FPA＋TPND＋Sweat & Heating＋Intermixture & Contamination
16. 盐渍肠衣、兽皮类	木桶渗漏→内容变质	FPA＋Leakage
17. 石油、液体化工产品类	黏附短量、爆炸、沾污	散装石油条款或 FPA＋Explosion＋Contamination
18. 散装矿石类	散落短量	FPA＋Shortage
19. 袋装水泥和其他粉状化工品类	水湿结块、包装破裂	WA＋Breakage of Packing＋FWRD
20. 建材类、机械类	破碎	FPA＋Clash & Breakage

（续表）

货物种类	常见危险	险别选择
21. 木材、车辆	浪击落海或被抛弃	FPA＋木材条款或甲板险（on Deck），对纸浆则投保 All Risks
22. 旧的成套设备	原残复杂	保险人只同意承保 WA/FPA＋Clash & Breakage
23. 新的成套设备	碰损、锈蚀、丢失等多种危险，而且价格很高	All Risks 或 WA/FPA＋Clash & Breakage 此外，还附加诸多特别条款，如：①机械修缮（承保空运费）特别条款；②机械修缮（含进口税）特别条款；③装前卸后条款；④省略检验条款；⑤开箱延期（隐蔽损害）条款等
24. 天然橡胶	吸湿变质、沾污、挤压	协会天然橡胶条款承保任何原因引起的湿损
25. 原煤	自燃	协会煤炭条款承保火灾、爆炸或发热，即使是由货物的本质缺陷引起的，比加保 HSSC 对被保险人更有利，但保险期间限于海运

说明：在主险别选择方面，不投保一切险（All Risks）的主要考虑是节约保险费，但在 WA 或 FPA 的基础上加保主要的附加险，有些保险公司仍照 All Risks 收取保险费，那样投保人不如就干脆投保 All Risks，因为 All Risks 包含全部普通附加险，而且在举证责任方面对被保险人十分有利。故在参考本表时，须先研究保险人的保险费率表，然后再做出决定。

2.贸易合同中的保险条款

保险条款是贸易合同的必要条款之一。该条款须明确：保险由谁办理；保险费由谁承担；投保哪些险别（主险＋附加险）；保险金额是多少（加成数）；保险费如何支付；由谁指定保险公司等。

INCOTERMS 等贸易术语规则虽然包含了对货物保险的规定，但未必反映具体贸易商的要求。例如，按 INCOTERMS 中的 CIF 条件，卖方只有义务投保平安险或按 C 条款投保，没有义务加保任何附加险，显然对粮油食品的进口商很不合适，必须在买卖合同中对货运险做出另外的规定。

再如，有的国家规定进口和/或出口货物的保险必须在本国保险公司投保，如果与 INCOTERMS 的规定不一致，也须在买卖合同中做出特别约定。

如果买方要求卖方投保某些特别附加险，如拒收险，或超出通常保险安排，如要求很高的进口关税险，或要求对二手设备投保一切险等，卖方在接受此种买卖合同条款之前，须事先与保险人协商，取得保险人的同意；否则难以完成投保，影响及时结汇，并可能对买方承担违约责任。

另外，如果保险人对保险条款有某种特殊约定，如要求"承运船有自身推进动力"（Vessel with Own Power），或保单上注明"汽船"（S.S.），卖方却安排拖驳运输,提单和保险单上皆只注明驳船名称,货物在驳船上发生损失,保险人就可能拒赔。买方须事先将货物不能装驳船的要求在买卖合同中予以规定,因为 INCOTERMS 仅不接受帆船运输;在合同中,还可能约定载货船船龄、船级等。

贸易合同的保险条款以及信用证对保险的要求,还应注意与海上货物运输保险的习惯表述(术语)一致,否则影响及时和正确投保。例如"Marine Risks""Ordinary Ocean Risks""Every Risks on W.A.Terms"之类的合同要求就很不明确,应力求避免。

3.保险费与各种贸易价格之间的关系

如果贸易合同中规定的价格条件不是 CIF,而是 FOB 或 CFR 之类,在计算保险金额时就需要先换算成 CIF 价,然后考虑加成数。

由于在保险人实收的保险费中,已包含了 CIF 价格中保险费部分的保险费,故无法直接从 CFR 价或 FOB 价等非 CIF 价格中计算出保险人实收的保险费。根据推论,CFR 价折合成 CIF 价的换算公式为:

$$CIF = CFR / [1 - (保险费率 \times 投保加成)]$$

目前,中国人民财产保险股份有限公司使用的货物保险费率表上,列出了投保加成是 110% 时的保险费率常数表,根据保险费率,即可查出保险费率常数,CIF 价的折合即可采用下述速算式:

$$CIF = CFR \times 保险费率常数$$

使用上述速算式的条件是,按费率本计算保险费,而且投保时只加一成,或者说投保加成为 110%,即保险金额是 CIF 价的 110%。

FOB 价要折成 CIF 价,需先在 FOB 价中加入"运费"(Freight)变成 CFR 价,然后根据上述公式计算。

顺便指出,进口关税险的加保,一般是直接按 CIF 价的一定百分比增加保险金额,不是按正常加成后的保险金额的一定百分比再增加保险金额。例如,正常加一成(10%)投保,并加保 40% 的关税险,假设 CIF 价为 10 000.00,保险金额应载明为:

11 000.00

加 40% 的关税+　4 000.00

15 000.00

4.投保应申报的内容及注意事项

根据预约保险合同或单独投保时,投保人应向保险人申报的内容有:被保险人名称、货物名称、标志、包装、数量或重量、保险金额、船名、开航日期、提单号、起运地、目的地、承保险别赔付地点、投保日期及投保人签章。

申报内容应注意:及时;属实;与信用证的要求一致;与合同条款一致;尽可能

投保到内陆目的地；发现申报错误及时更改；需要变更保险单内容，及时要求批改等。

三、货运险的承保

货运险的"承保"（Underwriting），广义上讲包括"展业"（Marketing，争取保险业务或称销售保险单），接受投保，拟订费率，出立保险单或签发保险凭证，出立批单，结算保险费，风险管理和安排分保（再保险）等业务活动。

我国货运险保险市场已有多家公司参与经营，竞争很激烈，货运险的展业十分重要，保险公司除有专职展业人员外，还通过保险代理人和保险经纪人争取业务。

在费率方面，与船舶险不同，货运险的费率规定在各保险公司的保险费率本中，在一段时间内基本不变。但目前市场上盛行的是逐单协议定费率。

货运险的风险管理，主要是研究总结货损案例，找出各种货物损害的特征及避免或尽量减少货损的对策。一些保险协会，如国际海上保险人协会和日内瓦国际保险经济研究协会等，发表过货运险、集装箱保险的风险管理的专题研究报告，对货运质量的改进、降低赔付率起到一定的作用。

再保险业务一般由总公司的再保险部统一运作，各出单的分、支公司只需按总公司再保险部的规定将承保情况（其中一份保险单副本）抄报再保险部门即可。

本节重点介绍保险单证的内容写法、批单和保险费的计算与收取。

1. 保险单证的内容写法

正式的货运险保险单证有两种：一种是"货物保险单"（Cargo Insurance Policy）；另一种是"货物保险凭证"（Certificate of Cargo Insurance），其内容和法律效力是完全相同的。

货物保险凭证，俗称小保单，使用广泛。因为大量的货运险业务是根据"预约保险合同"（Open Cover）或"预约保险单"（Open Policy）开展的，保险人将空白货物保险凭证提供给进出口商，每出运一批货物，进出口商就填报一套货物保险凭证，向保险人申报，保险人审核后，签名盖章，并将正本退还给进出口商（投保人），保险单证就已出立完毕。但如果信用证和/或买卖合同规定只接受货物保险单，保险人须按投保人的此种要求，根据投保人填报的货物保险凭证或其他形式的申报，缮制货物保险单，并签发给投保人。

货物保险单和货物保险凭证的内容写法也是一致的，须注意与信用证/买卖合同条款的要求吻合，承保险别明了，单面整洁，内容完整。出单人和审核人须认真负责，避免出错。发现错误及时改正，细小错误可在原单上改正并加盖校正章；改动大时宜注销原单，重新出单，并保存好注销的单证。

2.批单（Endorsement）

货物保险单或货物保险凭证签发给投保人后，如果投保人或被保险人提出要修改保险单证的内容，例如，卸货港发生改变，投保险别增加，保险金额增加等，保险人审核后，如果双方亦就保险费的相应调整达成协议，保险人便签发一套批单给投保人或被保险人。批单粘贴在保险单证的背面，指明合同变更的部分，不影响保险单证的整洁。各保险公司皆有其标准批单格式，使用起来十分方便。

投保人或被保险人在申请批改保险单证时，又重新负有告知义务。批改内容如涉及增加保险金额或扩大保险责任，必须是在被保险人不知有任何损失事故发生的情况下方可申请。

3.保险费的计算和支付

货运险保险费的计算是用保险金额乘以保险费率，即

$$保险费＝保险金额×保险费率$$

保险费率是从《保险费率表》上查得的或双方协议确定的。

目前，中国人民财产保险股份有限公司使用的货运险保险费率表，分国内货物保险费率表和国际贸易货物保险费率表两大类，本书只介绍后者。

由于国际贸易货物种类繁多，基本上按原国内进出口专业公司的划分体制，中国人民财产保险股份有限公司分别制定了供不同进出口专业公司使用的一整套国际贸易货物费率表。该表由下述4个部分组成。

（1）一般货物费率表。分海运/陆运/空运/邮包4种运输方式规定保险费率；再分别按不同洲、国家或地区列明三种主险的保险费率。加保一项或一项以上的普通附加险，除费率表另有规定外，皆按一切险费率计收保险费。

（2）指明货物加费费率表。对于损失率高的货物，保险公司将其作为"指明货物"，在费率表中分别规定需加收的保险费率。

（3）战争险费率表。也是分海运/空运/陆运/邮包4种运输方式分别规定；国际海运货物一般皆加保战争险。

（4）其他规定。在费率表的这一大部分，规定了舱面险等特别附加险的附加费率；扩展责任期间或到内地的加费方法；贵重商品申明价值的减费；"免赔率"（Excess）对费率的影响和用超龄船（大于15年）或小船（总吨小于500）运输货物时的加费等。

确定某种进口/出口海运货物到某地的保险费率时，依次查上述费率表的4个部分，把分别查得的费率加起来所得总数，即为计收保险费时使用的保险费率。

每一保险单或保险凭证项下的货物保险费要分别计算。如果是根据预约保险合同或预约保险单投保，一般规定保险费每月结算一次，在下月上旬或中旬支付；若为个别投保，则随保险单制作保险费清单；保险人收到保险费后，向缴费人出立保险费收据或发票。

第二节 海上货物运输保险条款

我国原使用的海上货物运输保险条款是原中国人民保险公司 1981 年 1 月 1 日修订的《海洋运输货物保险条款》(OCEAN MARINE CARGO CLAUSES 1/1/1981)。目前使用的是 2009 版,其中对被保险人违反其义务的法律后果及赔偿处理进行了完善。

2009 版《海洋运输货物保险条款》共包括五大条:责任范围、除外责任、责任起讫、被保险人的义务和索赔期限。

一、责任范围

本条规定将海上货物运输保险的"主险"(Main Risks)分为平安险、水渍险和一切险 3 种。在保险单证上,必须注明双方约定的到底是哪一种主险险别,从而决定保险人的责任范围,否则就可能引起争议。

"平安险""水渍险"和"一切险"的称谓,源自中华人民共和国成立之前我国海上保险市场的叫法,其实际含义与字面意思不一致,但在我国可能会如此继续使用下去。

"平安险"和"水渍险"是列明风险,与"一切险"相比,被保险人的举证责任要重得多,被保险人须证明所索赔的损失,是某项列明承保的风险。在一切险情况下,被保险人只需证明其所索赔的损失是某种外来原因造成的意外损失即可。

《施救费用条款》[第 1 条第一款第(5)项]的措辞虽然在 3 种险别情况下皆是一样的,但其所涵盖的责任范围,实际上随险别不同而变化。

但是,保险人对共同海损和救助费用[第 1 条第一款第(7)项],以及续运费用[第 1 条第一款第(6)项]的责任,在 3 种险别下完全相同,这对投保平安险或水渍险的被保险人是很有利的。

1.平安险

平安险源自全损险,即保险人只负责赔偿保险标的发生的全损,但今天平安险的责任范围远远超过了全损险的责任范围;粗略地说,平安险主要是不承保保险货物由于自然灾害造成的部分损失。

在人保财险 2009 版《海洋运输货物保险条款》中,平安险下保险人的责任范围有下述 9 项:

(1)由于恶劣气候、雷电、海啸、地震、洪水及其他自然灾害造成整批货物的全损。

"全损"包括实际全损和推定全损。本条款对推定全损的规定,与《海商法》第

246 条第二款的规定不一致。①

"整批货物"是指同一保险单证项下的全部货物。但本项附带一个"驳船条款"(Craft Clause),即保险人做出让步,在涉及用驳船装卸货物时,如果某一驳船上的货物遭受自然灾害发生全损,虽然这些货物只是某一保险单证项下货物的一部分,保险人要负责赔偿。

对"恶劣气候"的解释亦应从宽,至少不要求达到不可抗力,也不像在船舶保险条款中那样严格。② 恶劣气候是海上灾害的一种,范围很广,但也不容易证明。

"自然灾害"不限于恶劣气候、雷电、海啸、地震和洪水,还有火山爆发、山体滑坡、隧道坍塌、冰雹等,后者尤其对陆运过程中的货物威胁很大。作者认为依据现行条款,亦应解释为包括其他自然灾害,因本款第(3)项规定中用了"等自然灾害"一词。

(2)火灾、爆炸造成的货物损失;由于运输工具遭受搁浅、触礁、沉没、互撞、与流冰或其他物体碰撞等几种意外事故造成的货物损失。

本项规定中列明的危险造成的"货物损失",包括货物的全损和部分损失。本项规定实际上列明了两大类承保危险。

"运输工具"指船舶,但不限于海船,还包括运输过程中使用的驳船和内河船只。

"搁浅、触礁"包括船舶坐浅、船舶擦浅,即应做广义解释,泛指船舶与水底发生接触。

"沉没",指船舶因任何原因在水中丧失漂浮,包括船舶倾覆。但本项承保危险不包括货物落海,但船舶并未沉没,只是剧烈摇摆或上浪的情况。

【理赔实例 4-1】　中国轻工进出口总公司等 7 家外贸公司进口的货物,由日籍"日升丸"号船于 1981 年 4 月 7 日从日本神户、大阪装运驶往上海,途中于 4 月 9 日 1030 时被美国核潜艇"乔治·华盛顿"号撞沉,船上所载货物全部损失,7 名日本船员丧生。

美国政府于当年 12 月对日本的船舶、死难船员及货主进行了赔偿,但对中国人民保险公司提出的货物索赔,以中美之间缺乏对等协议,美国政府以有豁免权为由拒绝,中国人民保险公司被迫于 1982 年 4 月 6 日,委请美国律师在美国纽约南区法院起诉美国政府,双方协议指定的美国法律专家在来华调查取证后,宣誓认为中美之间存在对等关系。美国法院于 1982 年 12 月做出判决,承认中方有起诉美国政府的权利。1983 年 3 月 16 日,对 33 票货物中单证齐全的 32 票货物,美

---

① 详见本书第二章第五节。
② 协会货物保险 B 条款和 C 条款已不承保全部"heavy weather",但保各种水湿,实际上对被保险人更有利。

国政府赔付中国人民保险公司结案。[①]

"互撞",指船舶之间发生碰撞。

"与流冰或其他物体碰撞",指载运保险货物的船舶与水中的流冰或船舶以外的其他物体(如码头、灯浮等)发生接触。

"火灾"及"爆炸"不限于船舶发生者,在运输过程中的陆运或仓储阶段发生火灾或爆炸事故所造成的货损,也在保险人的责任范围内。当然,船舶失火或爆炸而损及货物,保险人要负责赔偿。造成火灾或爆炸的原因,只要不是除外风险,保险人就要负责赔偿。[②]

现行措辞比较含混,可能导致错误地理解为"火灾""爆炸"也限于运输工具发生者,或错误地理解为保险人还承保运输工具遭受"其他意外事故"引起的货物损失。

(3)在运输工具已经发生搁浅、触礁、沉没或焚毁这4种意外事故的情况下,货物在此前后又在海上遭受恶劣气候、雷电、海啸等自然灾害所造成的部分损失。

根据本项规定,如果货物遭受部分损失的原因,既可能是海上发生的自然灾害,又可能是船舶发生搁浅、触礁、沉没或焚毁(注意:不包括船舶碰撞或触碰其他物体)时,保险人要负责赔偿,不要求被保险人证明货物部分损失的原因是上述4种船舶发生的意外事故之一,而非海上发生的自然灾害。

例如,船舶在海上遭遇大风浪,严重上浪,部分海水从舱盖和通风筒进入各货舱,进港时又发生搁浅事故,导致第二货舱处船板破裂,海水涌入第二货舱。对第二货舱货物由海水造成的部分损失,应全部由保险人负责赔偿;但对其他货舱的货物湿损,保险人得拒绝赔偿。

人保财险的保险条款所参照的协会1963年FPA条款规定,如果船舶发生搁浅、沉没或焚毁时货物在船上,保险人就要负责赔偿货物的单独海损(部分损失),即使搁浅、沉没或焚毁不是货损的原因,只要货损不是除外的危险造成的。

(4)在装卸或转运时,由于整件货物落海所造成的损失("Sling Loss")。

本项承保风险限于货物在装卸或转运过程中发生意外,如吊钩脱落、吊绳断裂或吊杆折断等,整吊货掉落海中所造成的货损。"整件货物",不要求是某一保险单证下的全部货物。

(5)施救费用。施救费用限于被保险人为避免或减少保险责任范围内的损失而采取措施所发生的合理必要的费用,故与承保险别(包括附加险)有关。在平安险下,保险人需要赔付施救费用的情形也最少,水渍险居中,一切险最多。

[①]张铁鞠,霍团结.涉外保险案例选编.成都:西南财经大学出版社,1994,p.198.

[②]张铁鞠,霍团结.涉外保险案例选编.成都:西南财经大学出版社,1994,p.232."MAREN I"船重大货损案纪实.

本项规定保险人需负责的施救费用以不超过"该批被救货物的保险金额"为限。该批被救货物应解释为相应保险单证下的那一部分货物,因对施救费用合理性及必要性的限制,已由《海商法》第240条做出了规定,而不致引起不合常识的解释。例如,一箱货物在装船过程中落海,该箱货物的价值为1万元,如果打捞和整理费用为1.2万元,保险人只需赔付1万元的施救费用,超过货价部分是不合理的,虽然该箱货物所属保险单的保险金额可能高达数百万元。

(6)船舶遭遇海难后,在避难港由于卸货引起的损失。这里"避难港"指非预定卸货港。本项损失很难与其后的装卸、运送造成的损失相区别,被保险人举证较难。

(7)船舶遭遇海难后,在中途港、避难港由于卸货、存仓以及运送货物所产生的特别费用。

本项规定的特别费用,简称为"续运费用"(Forwarding Charges)。

在涉及海上货物运输保险的特点时,本书曾反复强调,保险标的除货物本身外,还包括航程的完成。如果运输在中途终止,不能继续航程,需要续运货物至原定目的地时,所发生的续运费用,应视作施救费用,由保险人负责赔偿。但被保险人有权按施救费用索赔的前提条件是,所避免的损失是保险单证下保险人须负责赔偿的损失;而平安险不负责自然灾害造成的货物的部分损失,保险单证中还可能有免赔额(Excess)的规定,故有必要在保险单中增设本项续运费用条款,以鼓励被保险人合理处置,避免损失扩大。

本项规定从字面上看,具有相当大的独立性——完全独立于承保险别及上述有限的承保危险,[①]不论何种原因使船舶遭遇海难,随之引起的续运费用,皆应由保险人另行予以补偿。

但是,作者认为,本项规定的保险人对续运费用的责任,仍受下述4个方面的限制:

①续运费用必须是合理必要的,因为增设续运费用条款的目的是合理减少损失。

②续运费用,仍受本条款第2条规定的除外责任的约束。例如,如果船舶遇难的原因是被保险人的故意行为或过失,或者是战争危险或罢工危险,被保险人无权根据本条款的规定向保险人索赔续运费用。

③续运费用,应不属于共同海损或救助费用。对共同海损,被保险人应先行使请求其他利益方分摊的权利,但实务中,承运人而非货方更经常地遭受共同海损和救助费用。

---

① 协会货物保险条款第12条明确规定,航程中断限于承保风险造成者。

④施救费用外的续运费用,限于海上运输过程中发生者;[①]在陆上,内河运输过程中发生航程中断的情况,被保险人只有权按施救费用索赔。另外,海运过程中引起续运的原因,实际上也不都是船舶遭遇海难,故施救费用条款和《海商法》的有关规定,仍起着补充作用。

此外,不足额保险对续运费用索赔的影响,我国《海商法》和本条款皆未明确做出规定。作者认为,应比照对施救费用的有关规定,即如果保险金额低于保险价值,保险人只按保险金额与保险价值的比例赔偿续运费用。

续运费用条款对被保险人来说很重要,一方面,它明确提示了被保险人的此项索赔权利;另一方面,续运费用有时非常之高,而且涉及与承运人责任有关的复杂的法律问题,保险人的积极参与,可以帮助被保险人克服诸多难题。例如,"MAKSMAN"油船货物转运费用争议案[②],94 222吨大庆原油由中国石化在中国人民保险公司投保,运往美国,承运船为巴拿马籍"MAKSMAN"船,在途中,该船机电设备多次出现故障,沿途绕航修理,后在巴西港外主机和锅炉全部停止运行,丧失自航能力,拖至特立尼达港修理并宣布了共同海损,经数月修理,仍无法恢复续航能力。站在中国石化和中国人民保险公司立场上,当务之急是说服期租承租人和船东安排转运,使货物尽早脱离危险。但是,期租承租人不愿承担转运费用,坚持认为货物是安全的,可等待船舶修好后续航;而船东虽同意转运,但要求期租承租人承担转运费用,并要求货主签署不可分割协议和提供银行担保以承担日后的共同海损分摊。

从期租承租人急于收取到付运费着手,中国人民保险公司和中国石化说服期租承租人承担25万美元的转运费用,另由程租承租人承担10万美元的转运费用,将货物安全运抵美国,使中国石化及时收回1 000多万美元的货款。船东也最终接受了中国人民保险公司出具的共同海损担保函,但中国人民保险公司抓住该船开航时不适航的证据(日本验船师出具的检验报告),事后拒绝分摊共同海损。这是一宗货物保险人与被保险人密切配合,避免中方重大损失的成功的货物保险理赔案例。[③]

(8)共同海损的牺牲、分摊和救助费用。

共同海损(General Average)比海上保险的历史更悠久,二者是相互独立的,但联系十分密切。救助(Salvage)也是海商法中特有的和独立的一个制度,但同时与共同海损及海上保险联系密切。

海上保险中的救助费用,即为救助法中的救助报酬。救助报酬给付以海上财

---

①亦与协会条款第12条的规定不同。
②张铁鞠.海事审判.1994(2),p.35.
③张铁鞠,霍团结.涉外保险案件选编.p.252.("成长"号货船拖航续运追偿)。

产安全获救为前提条件,但救助完成地,可能在航程终止地之前。从救助完成地至航程终止地的过程中,船舶、货物可能因遭受新的风险而受损,而共同海损是以海上财产安全抵达航程终止地为前提条件的,即并非所有的救助报酬皆可事后作为共同海损,要求各受益方分摊。因此,货物保险人除承担货物的共同海损责任外,如果该救助报酬不能全部作为共同海损,还有必要承担货物应分担的救助报酬。另外,如果救助报酬可以全部作为共同海损,货物保险人就只负责货物的共同海损责任,而不另行单独承担货物的救助报酬责任。

《海商法》第 182 条或《1989 年国际救助公约》第 13 条规定的由船东支付的"特别补偿"(Special Compensation),不得要求货方分担,也不能作为共同海损要求货方分摊,故与本保险无关。

保险人对共同海损的责任包括共同海损牺牲和共同海损分摊,与人保财险船舶保险条款不同,人保财险货物保险条款没有明确对货物的共同海损牺牲,保险人应先予赔偿,无须等待被保险人先行使向其他利益方要求分摊的权利,但在人保财险实务中,仍然是这样做的,即将货物遭受的共同海损牺牲(如灭火水湿的货物),作为单独海损来处理,先予赔付,不等完成共同海损理算;当然,货物共同海损牺牲的分摊权利,应转由货物保险人享有。

货物遭受的共同海损费用(如货物应分担的救助报酬),货物保险人并不负责赔偿,货物保险人承担的是货物应分摊的共同海损责任,故要先理算。

货物保险人对货物的共同海损分摊的赔偿责任,还受《海商法》第 241 条的限制,即货物的保险金额低于货物的共同海损分摊价值的,保险人只按照保险金额同分摊价值的比例赔偿共同海损分摊。

此外,作者认为,货物保险人对共同海损的牺牲、分摊和救助费用的责任,还受本条款第 2 条除外责任的限制,但不限于上述列明承保危险引起者。也就是说,只要造成共同海损牺牲、分摊和救助费用的原因不是本条款第 2 条规定的除外风险,保险人就有责任赔偿。[①]

(9)运输契约订有"船舶互撞责任"条款时,根据该条款规定应由货方偿还船方的损失。

这是各国海上货物运输保险条款中习惯上包含的一个条款,使得最终本保险的被保险人可以得到充分的赔偿。

假设本保险承保的货物装在 A 船上,在运输途中,A 船(Carrying Ship)与 B 船(Non-carrying Ship)发生碰撞,两船有过失,应按过失比例承担碰撞责任,假设碰撞造成的本保险承保的货物的损失为 40 000 美元,两船碰撞责任比例为 50:50。

---

① 此与《协会货物保险条款》第 2 条的规定相同,在"平安险"或"水渍险"时,对被保险人很有利。

第一步,货物被保险人会向保险人索赔全部损失 40 000 美元;第二步,货物保险人取得代位求偿权,由于有些国家(如美国、利比里亚)的法律规定了双方有责碰撞船舶对货损的连带责任,保险人会选择向无权援用航行过失免责的 B 船追偿全部货损 40 000 美元;第三步,B 船会根据过失比例分担,向 A 船索赔回一半的货损,即 20 000 美元;第四步,为避免如此迂回索赔而实际丧失航海过失免责,在运输合同中习惯上皆订有一个"Both to Blame Collision Clause",规定在上述情况发生时,A 船有权从本船货方索赔赔付给 B 船的 20 000 美元(本船过失比例部分),①这样,货物被保险人又遭受20 000美元的损失(法律责任);第五步,根据本保险本项规定,保险人有责任补偿被保险人 20 000 美元。其结果,A 船(载运船)船东有权免责的部分,仍由货物保险人承担,货物保险人通过行使代位求偿权,只得到 B 船(非载运船)的过失比例部分。

【案例 4-1】 "兴马"船搁浅货物灭失因果关系争议。②

本案中,原告进口 704 吨聚丙烯,装于 44 个集装箱中,原告投保了平安险。"兴马"航行过程中发生侧倾,16 个集装箱落入海中灭失。为避免沉船,"兴马"船抢滩。拖船将"兴马"船拖至遮蔽水域后,该船及船上 28 个集装箱货物又被印尼海军扣留,下落不明。广州海事法院判决认为,16 个集装箱货物落水发生在抢滩(属于搁浅的一种)之前,而 28 个集装箱货物的灭失的原因是印尼海军扣留,中断了搁浅与货损之间的因果关系。原告的诉讼请求被驳回。这是法院对列明风险运用因果关系原则的一个范例。

【案例 4-2】 "Tradewind"船货物被盗卖与平安险争议案。③

该案中,1995 年原告进口 200 吨棕榈油,由"Tradewind"船从马来西亚某港运往越南。该轮未按期抵达。后经国际海事局调查分析,该船是一艘"鬼船",货物已被船东窃取。广州海事法院判决认为船东欺诈不是平安险列明承保风险。

2. 水渍险

承保水渍险的货物保险人的责任范围,是在平安险的上述 8 项承保风险的基础上,增加承保货物由于自然灾害造成的部分损失。相应地,施救费用的赔偿范围也有所扩大。自然灾害不限于恶劣气候、雷电、海啸、地震和洪水。

水渍险承保的风险仍属于列明风险,被保险人向保险人索赔时,须证明损失的具体原因。

---

①本条款第 4 条第五款和协会货物保险条款还规定,被保险人有义务通知保险人承运船的此种索赔,保险人有权自担费用以被保险人的名义抗辩承运船的此种索赔。
②金正佳.中国海事审判年刊.北京:法律出版社,2000,p.426.
③金正佳.中国海事审判年刊.北京:法律出版社,1999,p.459.

3.一切险

一切险所承保的风险,是货物由于外来原因所致的损失,加上上述平安险下第5项至第8项承保风险,即施救费用,续运费用,共同海损牺牲、分摊和救助费用,以及根据运输合同中的"船舶互撞责任"条款,应由货方偿还船方的损失。

"一切险"(All Risks)本身受保险法意义上的可承保"风险"(Risks)这一概念的限制,故限于不确定的损失。确定的损失,如通常损耗、货物本身的缺陷,皆不在一切险的承保责任范围之内。

本条款第2条除外责任的效力优先于第1条"责任范围"的效力,被保险人索赔的损失如属于除外责任,承保一切险的货物保险人仍有权拒赔。

一切险的责任范围,涵盖而不限于前述11种普通附加险,[①]但不及于特殊附加险(已作为除外责任),也不及于特别附加险(如甲板险、拒收险等)。所谓"外来原因"(External Causes),可理解为"普通的风险"(Ordinary Risks),排除任何政治性的、社会性的、与货运习惯相抵触的风险,其范围应不限于可在人保财险加保的特别附加险和特殊附加险(战争险、罢工险)。

【理赔实例4-2】　"大金川"船花生仁受损理赔案。[②]

1987年1月15日广远"大金川"船载运青岛人保承保的货物离开青岛,3月24日抵荷兰鹿特丹港,卸货时发现该船第四舱18 000包(900 t)花生仁部分被蓖麻籽皮沾污(带毒性),收货人全部拒收,要求将该批货物拍卖给第三方。该批货物保险金额为103万美元,预计赔款为50万美元。

为减小损失,中国人民保险公司派人亲赴鹿特丹调查处理,因当时花生仁市价暴跌达50%,收货人急于拍卖货物,很有可能是为了转嫁商业风险。

经调查,荷兰进口商从中国、非洲等地以CIF价买进的货物,习惯上在当地投保"Umbrella Policy"("take over"or"increased value"),由当地保险人充当无息贷款人先行赔偿进口商,然后代位向国外保险人索赔,故当地保险代理人可能充当双方代理。

中国人民保险公司通过直接与当地保险人协商,在摸清市场行情的基础上,与收货人达成按15%定损不留后账的协议,节省赔款21万美元。

【案例4-3】　无单放货与一切险争议案。[③]

本案中,出口货物在目的地圣彼得堡被承运人无单放货,卖方(被保险人)向买方索赔货款未成功,即转向保险人索赔。上海海事法院认为本案情况构成"偷

---

①作者不同意原保险监管机构人民银行对一切险范围的解释:见银函〔1997〕210号和银条法〔1998〕70号。

②张铁鞠,霍团结.涉外保险案例选编.成都:西南财经大学出版社,1994,p.186.

③载《最高人民法院公报》2001年第3期(〔2000〕交他字第8号)。

窃、提货不着"，在一切险承保责任范围内。上海市高级人民法院经书面请示最高人民法院后做出改判，理由是承运人无单放货虽然导致提货不着，但这种危险不具有海上货物运输保险所承保的风险的特征。

最高人民法院《关于审理海上保险纠纷案件若干问题的规定》（2020修正）第11条规定："海上货物运输中因承运人无正本提单交付货物造成的损失不属于保险人的保险责任范围。保险合同当事人另有约定的，依约定。"

二、除外责任

除外责任（Exclusions）条款是从另一个角度来限定保险人的责任范围；保险人以被保险人的保险索赔属于除外责任拒赔时，举证责任在保险人一方。

海上货物运输保险的除外责任，包括法定除外责任（《海商法》第242条、243条）[①]和约定除外责任（本条），但实际上法定除外责任未超出本条规定，[②]故此处仅讨论本条约定的除外责任即可。

本条共约定了下述五大项除外责任：

（1）被保险人的故意行为或过失所造成的损失；

（2）属于发货人责任所引起的损失；

（3）在保险责任开始前，被保险货物已存在的品质不良或数量短差所造成的损失；

（4）被保险货物的自然损耗、本质缺陷、特性以及市价跌落、运输延迟所引起的损失或费用；

（5）本公司（人保财险）海洋运输货物战争险条款和货物运输罢工险条款规定的责任范围和除外责任。

上述规定有一点不明确，即前3项除外原因引起的费用，保险人是否有权拒赔。因为前述本条款第1条第一款第（6）项和第（7）项分别规定承保的续运费用和共同海损牺牲、分摊和救助费用，措辞十分简略，单从文字上看具有独立于承保危险的性质，故可能被法院或仲裁庭解释为前3项除外责任只排除货物损失，不排除有关续运费用，或共同海损牺牲、分摊和救助费用。

1.被保险人的故意行为或过失所造成的损失

当货物损失或费用是由多个原因引起的场合，只要除外原因是其有效原因之一，保险人就有权拒赔。因此，如果保险人能够证明货物损失或费用可合理归因于被保险人的故意行为或过失，被保险人就丧失了索赔权利，即使被保险人能证明货物损失或费用只在本条款第1条规定的责任范围之内。

[①] 我国《海商法》第二章第四节。
[②] 这对被保险人是有帮助的，因为贸易商很可能不熟悉《海商法》。

本条中"被保险人"指被保险人本人或其代表,不及于较低层的管理人员、普通雇员或其代理人。将被保险人的"过失"亦作为除外危险,对被保险人是很不利的,虽然实务中保险人并未经常援用此种抗辩理由来拒赔。

2.属于发货人责任所引起的损失

这主要指货物包装不足、不当或标志不清或错误。货物包装必须能经受所保航程中通常存在的风险,否则就是包装不足或不当,保险人得拒绝赔偿因此造成的损失,除非保险单证另有特别约定。例如,对平板玻璃,保险人同意承保任何原因造成的货物破损,当然,保险人会相应加收额外保险费。

协会货物保险条款,将不当包装除外的规定,扩展到本保险责任开始前的或由被保险人或其雇员进行的集装箱内或托盘内货物的"积载"(Stowage)。

3.在保险责任开始前,被保险货物已存在的品质不良或数量短差所造成的损失

这是所谓"原残"。保险责任何时开始,可依据本条款第 3 条"责任起讫"的规定来确定,但一项损失到底是原残还是保险责任期间由承保风险引起的,常引起争议,需要参照专业鉴定人的检验意见和其他证据来评定。

易生锈的钢材、二手机械设备和露天堆放的豆饼等货物,常存在严重的原残,保险人宜规定装船前检验以避免争议。

4.被保险货物的自然损耗、本质缺陷、特性以及市价跌落、运输延迟所引起的损失或费用

本款规定实际上包含四大项除外责任:一是货物的自然损耗;二是货物的本质缺陷或特性引起的损失或费用;三是市价跌落;四是运输延迟引起的损失或费用。

货物的自然损耗,表现为粘连、渗漏、扬尘、水分挥发,甚至破损(如易碎品)、磨损(如旧机械设备)等,货物保险人有权对此类货物的部分损失扣减一定比例的自然减量,或扣减一定比例的新换旧的修理费。如果保险单证已约定了"免赔量"(Excess),就不容许在这个约定免赔量外再扣减自然损耗。由于自然减量难以确定,故最好在保险单中约定免赔量。

货物的本质缺陷或特性(Inherent Vice or Nature),有如"自燃"(Spontaneous Combustion)、"易腐烂"(Perishable)等。谷物如大豆、豆粕容易发热、霉变、鱼粉容易自燃,但只有在其含水量超过适运水分,运输途中肯定会受损的情况下,保险人才有机会做此种抗辩。有本质缺陷或特性的货物导致相邻货物受损,后者不在本项除外责任的范围内,仅前者本身的损失或由此引起的费用属本项除外责任。

市价跌落,属于基本商业风险,而且是投机风险,不是纯粹风险,因市价也可能上升,给贸易商带来额外商业利润,故不在货物保险人的赔偿责任范围之内。

【重要案例分析6】　上海申福化工有限公司诉中国人民财产保险股份有限公

司上海市分公司"GOLDEN GION"船远洋货运险合同纠纷再审案。

【案号】(2011)民申字第1516号

【关键词】远洋货运险 — 市价跌落 — 贬值率

【案情简介】

再审申请人（一审原告、二审上诉人）：上海申福化工有限公司。

再审被申请人（一审被告、二审被上诉人）：中国人民财产保险股份有限公司上海市分公司。

2008年10月14日，申福公司与住友香港有限公司（以下简称住友香港）签订买卖合同，约定申福公司向住友香港购买899.065吨苯酚，色度标准最大值为10铂钴，单价为1 450美元/吨，总价为1 303 644.25美元。10月8日，上海财保签发保险单承保涉案货物。保险单记载被保险人为申福公司，总保险金额为人民币8 941 305元，申福公司在一审庭审中确认，其系贸易型企业，在进口涉案货物时并未与任何内地潜在买家签订贸易合同。

涉案货物运抵常州港后，申福公司委托上海东方天祥检验服务有限公司进行检验。东方天祥出具卸货报告记载，卸货前涉案2个船舱中苯酚的色度值分别为左1舱39铂钴和右1舱81铂钴，所有苯酚的水分值为0.050%。卸货报告还记载显示常州港岸罐T—203总接收量为2 297.661吨，短少比例为0.24%。

申福公司发现涉案苯酚色度变化后，分别向多家相关企业询价处理涉案苯酚。2008年11月20日，申福公司与张家港保税区中开贸易有限公司（以下简称张家港中开）签订产品购销合同，向其出售1 000 t苯酚，单价为人民币4 730元/吨，其中涉案货物为300吨。根据张家港中开出具的增值税发票显示，上述300吨货物实际出售价格为人民币4 731元/吨。12月2日，申福公司与福州广盛化工有限公司（以下简称广盛化工）签订产品购销合同，向广盛化工出售2 000吨苯酚，单价为人民币4 780元/吨，其中涉案货物为600吨。

2008年10月华东地区苯酚价格从人民币12 500元/吨跌至人民币7 500元/吨，11月继续下跌至人民币5 700～5 800元/吨，12月跌至人民币4 500～4 600元/吨。

上海海事法院一审认为：

关于货损的金额，根据保险原理，保险只能使被保险人的财产恢复到出险前的状态，被保险人不得通过保险赔偿获利。保险公司对市场价格跌落原因造成的被保险人损失无须进行补偿。《中华人民共和国海商法》第243条明确规定，由于行市变化造成的货物损失，保险人不负赔偿责任。本案中，被告主张按照货物贬损率计算货物损失，贬损率为货物完好时的市场价值减去受损货物的实际价值，然后除以货物完好时的市场价值，该方法扣除了货物行市变化导致的损失，可予支持。11月20日,原告将涉案苯酚中的1/3以每吨人民币4731元的价格予以出售;12月2日,原告将涉案苯酚中的2/3以每吨人民币4780元的价格予以出售。根据化工易贸网站提供的苯酚价格信息显示,2008年11月20日和12月2日,苯酚在华东市场的价格分别为人民币5900~6000元/吨和人民币5700~5800元/吨。本院酌定以上述价格区间的中间值确定涉案货物的价值,则涉案货物销售时完好货物的市场价值分别为人民币5950元/吨和人民币5750元/吨。涉案苯酚由于色度变化导致的贬损率分别为20.49%和16.87%。涉案保险单显示货物保险金额为人民币8941305元。涉案苯酚实际货损为人民币1616289.90元。该部分损失属于保险公司承保的范围,其余损失系由于苯酚市场价格跌落导致的损失,保险人可以免责。关于被告认为涉案苯酚的色度值可以进行修复,应根据保险补偿原则予以理赔的抗辩主张,本院认为,被告仅从苯酚的物理属性上说明了色度值的可修复性,但未能举证证明修复色度值所需的实际费用,以及修复费用比依贬损率计算损失更具有合理性。故本院对该抗辩不予采纳。

关于原告主张的施救费用,原告主张的支付给东方天祥的检验费用人民币4750元以及支付给英斯贝克的检验费人民币3331.25元属于为确定保险事故性质、程度而支出的检验费用,应当由作为保险人的被告予以支付。原告主张的律师费、关税和进口增值税不属于保险事故导致的直接损失,也不属于法律规定保险人在保险标的损失赔偿之外另行支付的范围,本院对该部分损失不予支持。

上海市高级人民法院二审认为:

根据《海商法》第243条的规定,由于行市变化造成的损失,保险人不负赔偿责任。保险赔偿额中应考虑行市变化造成的损失。原审法院采纳的计算方式为按货物贬损率计算货物损失,贬损率为货物完好时的市场价格与受损货物的实际价格之差,然后除以货物完好时的市场价格。该计算方法扣除相应市场差价,考虑了货物行市变化导致的损失。申福公司称该计算方式不具合理性,但其未提交更为合理的、得到业内认可的计算公式。故原判综合本案实际情况,采纳上述计算方式并无不当。

根据财保上海提供的专家意见及申福公司提供的内地苯酚价格记录,2008年11月至12月,华东地区苯酚价格从人民币7500/吨跌至人民币4500~4600元/吨,该时间段内华东地区苯酚平均价格约为人民币6000元。同时,根据已查明的事实,2008年11月21日,申福公司将大部分涉案苯酚予以出售,该日华东地区苯酚平均价格亦为人民币6000元,故原审法院据此认定以人民币6000元/吨的单价计算涉案货物的完好价格并无不当。

申福公司主张的律师费、进口关税及增值税费不属于《海商法》规定的为防止或者减少可以得到赔偿的损失而支出的必要的合理费用,亦不属于保险事故导致的损失，原判对上述费用不予支持并无不当。

最高人民法院判决要点：

根据原审判决查明的事实，涉案苯酚的损失范围既包括因色度值发生变化造成的贬值损失，也包括因市场价格下跌造成的行市损失。依据本案《海洋运输货物保险条款》中"一切险"的约定："除包括上列平安险和水渍险的各项责任外，本保险还负责被保险货物在运输途中由于外来原因所致的全部或部分损失。"同时保险条款中还列明了 5 项保险人的除外责任条款，其中包括被保险货物市价跌落所引起的损失。根据《海商法》第 243 条的规定，由于行市变化造成的货物损失，保险人不负赔偿责任。因此，本案中保险人负责赔偿的货物损失仅仅是苯酚因色度值变化造成的贬值损失，不应包括因市场价格下跌造成的行市变化损失。原审判决据此认定保险人对由于苯酚市场价格跌落导致的损失不负赔偿责任并无不当。首先，申福公司主张应当按照货物保险金额减去受损货物销售价格计算得出涉案货物损失数额，该计算方法既包括了涉案货物色度值变化损失，也包括了行市变化损失，申福公司的主张缺乏充分的事实依据和法律依据。其次，在计算货物因色度值变化导致的贬值损失时，原审判决采用了货物贬损率计算方法。该计算方法以目的港货物完好的市场价值减去受损货物的销售价值，再除以货物完好的市场价值，得出仅因色度值变化导致的货物贬损率，没有包括因行市变化导致的损失。原审判决采用这种计算方式并无明显不当。最后，根据原审判决认定的事实，申福公司在一审庭审中确认，其在进口涉案货物时并未与任何内地潜在买家签订贸易合同。因涉案货物于 2008 年 11 月 20 日和 12 月 2 日被出售，故原审判决确定 11 月和 12 月份华东市场价格的中间值为货物完好价值并无明显不当。

申福公司主张的律师费、进口关税及增值税不属于《海商法》规定的为防止或者减少可以得到赔偿的损失而支出的必要的合理费用，亦不属于保险事故导致的损失，申福公司认为上述费用属于施救费用的主张缺乏法律依据。原审判决对上述费用不予支持并无不当。

最高法赞同原审判决采用的货物贬损率计算方法。该计算方法以目的港货物完好的市场价值减去受损货物的销售价值，再除以货物完好的市场价值，得出仅因色度值变化导致的货物贬损率，没有包括因行市变化导致的损失，以此作为保险赔付的基础。此方法对于其他种类的货物贬损计算同样具有适用性。

此外，被保险人支付的律师费、进口关税及增值税不属于《海商法》规定的为防止或者减少可以得到赔偿的损失而支出的必要的合理费用，亦不属于保险事故导致的损失，上述费用不属于施救费用。因此，被保险人也没有义务主动采取法律行动（财产保全、诉讼等）以保护保险人的代位求偿权。

运输"迟延"（Delay）造成的损失、费用，常见的有如：季节性货物在节令后才运到,市价大幅度下跌。而新鲜水果、蔬菜类货物,经受不了运输迟延而发生腐烂变质,有人也称之为"间接损失",但此种损失的原因应该是货物的本质缺陷或特性,而且如果迟延本身是承保危险(如碰撞、恶劣天气等)造成的,保险人就无权拒绝赔偿,除非保险单中特别约定了一条"易腐货物条款"。

5.本公司《海洋运输货物战争险条款》和《货物运输罢工险条款》规定的责任范围和除外责任①

战争险和罢工险属于特殊附加险,不在主险的责任范围之内,②需另行附加投保,海运货物一般皆加保战争险。

战争险条款和罢工险条款规定的除外责任,分别是最严重的战争风险和罢工等危险引起的所谓间接损失,当然亦应不在主险的责任范围之内。

在现行人保财险货物保险条款中,"海盗"(Piracy)属于战争险,而人保财险1986版/2009版船舶保险条款和协会1982版/2009版货物保险条款皆已将海盗作为水险。

【案例 4-4】 "Mayview Maersk"船陆上抢劫纠纷案。③

本案中,1996 年 4 月 15 日原告出口的 647 箱医疗器械具在天津装船,后承运人绕航危地马拉一港口将载货集装箱卸下,改由陆路运往萨尔瓦多的阿卡胡特拉港。陆运途中,货物被 6 名武装分子劫持。我国法院判决认为陆地上的抢劫行为是人保财险一切险的除外责任,故保险人有权拒赔。

三、责任起讫

"起"是责任"开始"(Attach)的意思,"讫"是责任"终止"(Terminate)的意思,责任起讫就是货物保险人的保险责任期间。货物保险人只对保险责任期间内发生的货物损失或费用,按本条款的规定承担保险赔偿责任。如果被保险人的索赔发生于保险责任开始前,或保险责任终止后,保险人就有权拒赔。因此本条规定可视作对保险人责任的又一种限制,对双方当事人皆十分重要。

由于运输过程十分复杂,可能发生多种变化,而保险人并不愿意无条件地承担货物从一地运往另一地期间的风险,故本条关于责任起讫的规定十分复杂,也许是本条款中最难正确理解的一个条款。

第 4 条第三款与本条规定联系密切,故合并放在本条中予以分析。

在详细讨论本条规定之前,简单介绍一下本条规定的发展背景,可能有助于正确理解其含义。

---

① 详见本章第三节。
② 平安险和水渍险习惯上也将战争险、罢工险除外,因为火灾、爆炸的起因可能是战争,"碰损"(Contact)可能是与水雷相碰,虽然平安险和水渍险未列明承保战争险和罢工险。
③ 载《中国保险法律网》。

本条规定,我国实务界习惯简称其为"仓至仓"条款,借鉴自英国1963年协会货物保险条款中的"运送条款"(Transit Clause),与现行《协会货物保险条款》有关的第8条仍称"运送条款",其实质内容与1963年协会条款无任何区别,只是编排上更加醒目,更便于正确理解。

运送条款源自19世纪末出现的"仓至仓"条款(Warehouse to Warehouse Clause),该条款于1912年成为协会货物保险条款的标准条款之一。该条款的出现,是为了改变劳氏S.G.保险单将货物保险责任期间限于"装上船至卸离船"(Rail to Tackle),将货物保险人的责任期间向两边扩展,不仅包括装船过程,还包括装前(从发货人仓库)及卸后(到收货人仓库)陆上运输过程,但对从最终卸货港卸货后到收货人仓库的运输过程规定了很短的时间限制。第二次世界大战(1939—1945年)期间发现这个时限太短,故在战时出现了"战时延展条款"(Wartime Extention Clause),加贴在保险单上,将这一时限增至60天;第二次世界大战结束后,这一战时延展条款变化为"扩展责任条款"(Extended Cover Clause),时限仍为60天,最终成为一个标准条款。1963年协会货物保险条款修订时,引入了运送条款,该运送条款合并规定了"仓至仓"条款和"扩展责任"条款。但我国仍沿用"仓至仓"条款的称谓,而且合并规定了"运输合同终止"条款的内容;更重要的是,变更了协会货物保险条款中的相应规定,而且《海商法》未对货运险的保险责任期间做任何规定,因此在责任起讫方面,中英条款存在诸多重要差异,在参考英国案例时,必须注意。

下面用图4-1来帮助解释本条的复杂含义。

正常的和最常见的运输过程是A→B→C→D直航过程,其间没有延迟、绕航,只要从最后卸货港卸完货到货物抵达保险单所载明的目的地收货人仓库不超过60天,本保险就一直是持续的。本条第一款接着规定了在C→D之间可能的变化,即货物没有运往保险单所载明目的地收货人仓库,而是运往由收货人选择用作非正常运送过程中的储存(E),分配或分派货物(F),或者转运至其他目的地(G);E、F、G三点在D之前,但可能已离开C。本条第二款规定了B→C之间的第一种变化,即发生承运人终止运输合同的情况(B₁)以及发生其他非正常运送的情况。第4条第三款规定了B→C之间的第二种变化,即被保险人改变了最后卸货港和保险单规定的目的地。

第3条第一款。

1.运输开始

货物须从"运离"保险单所载明起运地仓库或储存处所开始运输,保险责任才开始。因此,在起运地装车过程中发生的损失,在包装车间包装货物过程中发生的损失,皆不属于保险人的责任。但是从起运地运往集装箱装卸站及装箱过程中发生的损失,是保险期间的风险。

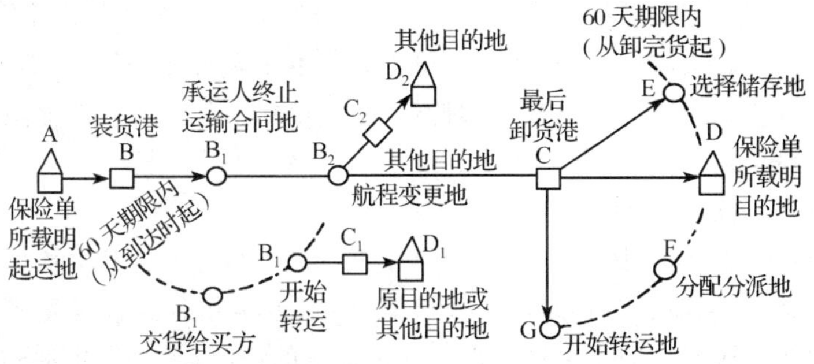

图 4-1

2.正常运输过程

根据本条第一款的规定,仅在货物处于正常运输中,本保险才持续;一旦发生非正常运输的情况,就受本条第二款的约束。

正常的运输过程,包括正常的运输路线、正常的运输方式(运输工具)和正常的速遣。如果保险单未对运输路线做出特别约定,运输路线应遵从习惯航线。所使用的运输工具或运输工具组合也必须适于特定的货物。正常速遣与运输延迟相对应,包括正常的等待、检查、航行、装卸和仓储等,[①]不包括被保险人可以控制的迟延和异常的迟延。无论如何,即使迟延是正常的,也只能说保险效力持续,而对迟延所造成的损失或费用,仍属于保险除外责任。

运输过程是否正常,或者说是否出现了不正常,是一个事实问题,取决于所保运输过程的特定情况。为了确定这一事实问题,法院或仲裁庭可能咨询运输专家的意见。

3.在最后卸货港卸货后的保险期间

货物由海船运至最后卸货港后,可能有 4 种流向:一是正常运抵保险单所载明目的地收货人最后仓库;二是运抵由被保险人选择用作非正常运输的储存;三是运抵由被保险人选择用作分配、分派货物的处所;四是开始转运至其他目的地。不论货物实际流向如何,皆受 60 天期限的限制,其起算时间是货物在最后卸货港全部卸离海船时。前 3 种情况下,保险终止的时间是货物抵达时,不包括此后的存放期间;在第 4 种情况下,保险终止的时间,是转运开始时,不包括此后的运输过程。

第 3 条第一款规定的 60 天期限是一个"限度"(Limit),而非固定的保险期间,上述 4 种情况中的任何一种发生在这个 60 天期限届满之前时,本保险即行

[①]在最后卸货港卸下货物后,最长的待运时间明确限于 60 天。

终止。

如果货物在原定最后卸货港没有卸下,而由原船转运至其他海港(包括运回装货港),该最后卸货港应视为航程变更地,而受本条款第4条第三款的约束——被保险人得从决定变更航程时起,办理续保手续;否则本保险从被保险人决定变更航程时起终止。

第3条第二款。

本款规定更难厘清,因为它合并规定了两大类情况:一是发生被保险人无法控制的运输延迟、绕航、被迫卸货、重新装载、转载或承运人运用运输契约赋予的权限所做的任何航海上的变更这几种非正常运输的情况;二是发生运输合同在中途港终止的情况。在英国协会货物保险条款中,这两大类情况是分别对待的,前者规定在第3条第八款,确认本保险的效力不受这些事件的影响;后者规定在第9条,明确了除非被保险人采取积极的行动;否则本保险自动终止,其法律后果迥然不同。但是,人保财险现行条款只能解释为,发生这两大类情况的法律后果一致——除非被保险人采取积极的行动,否则本保险自动终止,然而如此来解释第3条第二款不完全符合逻辑:一方面,"被保险人无法控制的运输延迟""绕道""重新装载""转载"等事件,一般不会"致使被保险货物运到非保险单载明的目的地";另一方面,如果这种解释是拟订者的本意,对被保险人来说就显失公平。

4.运输延迟

运输延迟,无论是否是被保险人可以控制的,皆属于非正常运输过程,但协会货物保险条款明确规定,被保险人无法控制的运输延迟不影响本保险的效力;相反,被保险人可以避免的运输延迟发生时,本保险将自动终止。

5.绕道

绕道,习惯上称之为"绕航"(Deviation),意为临时偏离正常航线,但有意恢复正常航线,直至保险单载明的目的地,故大不同于"改变航程"(Change of Voyage)。英国《1906年海上保险法》第46条规定,无合法理由的绕航将导致保险终止,但允许保险单另做规定。从现行协会货物保险条款(Cl.8.3)的规定来看,可以认为绕道亦不影响保险效力,除非是被保险人可以避免的。

6.被迫卸货(Forced Discharge)

此术语是指承运人不能完成航程,而在目的地前卸下货物,按协会货物保险条款,此时本保险仍然有效;但如果运输合同也终止了,被保险人就得采取积极行动,否则本保险自动终止。

7.重新装载(Reshipment)/转载(Transhipment)

此处仅指非预定的和非正常的在中途港卸下、重装或转运货物,根据现行协会货物保险条款,只要不是被保险人可以避免的,本保险的效力就不受影响。这改变了英国《1906年海上保险法》第59条的规定,后者将不影响本保险效力的重新装载/转载只限于承保危险引起者。

8.运输合同在中途终止(Termination of Contract of Carriage)

承运人如果不只是做任何航海上的变更,而是中途终止运输合同,本保险也自动终止,除非被保险人采取积极的行动:首先是及时通知保险人,并在必要时加缴保险费;其后,要及时处理货物,或在运输合同终止地变卖货物,或安排继续运往原目的地或其他目的地,处置期限也是60天。从货物在运输合同终止地全部卸离海船时起算,①如果超过60天期限未完成交货或开始续运,本保险责任期间结束,本保险对其后货物的风险不再负责。②

如果运输合同在中途终止是被保险人可以避免的,应视作航程变更,适用本条款第4条第三款的规定。

第4条第三款。

本款前半部分内容与保险起讫关系密切,故一并在分析第3条时予以说明。"航程变更",是指保险责任开始后,货方改变了目的地和船舶的最后卸货港。如发生航程变更,被保险人要积极安排续保——"在获悉后立即通知保险人并在必要时加缴保险费";否则,从决定改变航程时起,本保险自动终止。③

【案例4-5】 "中国轻工业品进出口总公司诉中国平安保险公司",(1992)津海法商初字第110号。④

本案大致案情如下:1992年5月16日,被告向原告签发了J00221923167号保险凭证,保险标的为21 150吨磷酸二氨,保险金额为4 233 892.56美元,保险条件按1981年1月1日修订的中国人民保险公司海洋运输货物保险条款一切险承保,起运地为美国,目的地为天津新港。上述货物由"丰康"船承运,船上共装有35 400吨散装磷酸二氨,其中包括本条中由被告承保的21 150吨货物。

"丰康"船于1992年8月11日在天津新港靠泊,随后将全部散装磷酸二氨卸入新港第二港埠公司203、204、207号码头仓库内,由第二港埠公司灌包。截至1992年9月1日,原告从第二港埠公司共提取袋装磷酸二氨8 499.90吨,运往河北、吉林等地。

1992年9月1日,新港部分码头、仓库遭遇特大海潮灾害,"丰康"船所卸货物包括原告所属的12 401.1吨磷酸二氨(部分已灌包)遭海水浸泡,受到不同程度的

---

① 协会货物保险条款规定自货物"抵达"运输中断地时起算,对保险人更有利。
② 但续运费用仍应由本保险负责,如果引起运输合同终止的原因是船舶遭遇海难。
③ 英国《1906年海上保险法》第45条。
④ 朱德治,董丽娟.海潮货损保险合同纠纷案.海事审判,1993(4),p.19.

损失。原告向被告索赔货损及施救费用,被告于 1992 年 10 月 17 日以多种理由明确表示拒赔。原告即诉至天津海事法院。

天津海事法院经审理之后认为,上述存放"丰康"船所卸货物的第二港埠公司 203、204、207 号码头仓库,是不对外出租的码头作业区,原告在提货前无权干预港口正常作业,因而无法实施对货物的分配、分派,因此被告对原告未提取的处于上述灌包库场的货物仍负有保险责任,判令被告赔偿原告 1 087 191.75 美元及其利息。

被告不服,上诉至天津市高级人民法院后,由二审法院调解结案。

本案是涉及人保财险《海洋运输货物保险条款》第 3 条第一款争议的首例有影响的海事案件,天津海事法院和双方当事人对本案皆十分重视,为此调取了大量证据材料和听取了专家意见。

我国进口货物,迄今仍较多通过各专业外贸公司组织。进口的化肥,大部分是散化,因为一方面可节省外汇,另一方面港务局也愿意接卸,有灌包利润可赚;散化到港后,由港务局具体实施灌包,然后由分销商农资公司安排运出港区,销往全国各地的农户。农资公司实际提货是在灌包后运出港区之时,但专业外贸公司已在此前完成向承运人提货,而且专业外贸公司实际上也不关心货物的分销,除非专业外贸公司向农资公司销售的是袋装化肥。假定专业外贸公司向农资公司销售的是袋装化肥,就有必要探讨灌包过程是否属于"正常运输过程"的一部分。

保险单是可以转让的,专业外贸公司和农资公司都可能作为货物保险索赔人,对不同的索赔人(收货人),保险人可选择适用不同的条款,即适用其中一项对自己最有利的保险终止理由。

我国港口正逐步实现港务管理局(行政机关)与港口经营人(商业组织)角色的分离,港口与承运人、货方的关系因港而异,而且与西方国家单纯港口经营人的做法有诸多差异;而人保财险《海洋货物运输保险条款》多多少少算是"舶来品",面对司法实践的检验,各方都感到有困难。

【案例 4-6】 江西省赣南卷烟厂诉中国人民保险公司江西省南康县支公司,中国平安保险公司"佛克"货运险案(江西省高级人民法院)。① 后最高人民法院以 [1996]交提字第 2 号提审,在 1998 年做出改判。

1993 年 7 月 22 日,中国平安保险公司签发了以中国烟草进出口总公司为被保险人的货物运输保险单,保险货物为从德国进口的佛克卷烟包装机组,起运日期为 1993 年 7 月 22 日,按中国人民保险公司 1981 年 1 月 1 日海洋运输货物保险一切险条款和海洋运输货物战争险条款承保,起运地汉堡,目的地广州黄埔港。

---

① 廖承辉.特大货运保险索赔.人民法院报,1996 年 2 月 29 日,第 2 版.

1993年9月12日,上述保险货物安全运抵广州黄埔港,同月17日卸离海船,存放于黄埔港码头。

1993年10月21日,收货人——赣南卷烟厂根据外运黄埔公司告知进口设备须办理国内陆上货物运输保险方可提货的要求,向中国人民保险公司南康县支公司投保了国内货物运输综合险。

1993年11月3日,收货人前往黄埔码头提货,随即运往收货人厂址所在地江西南康县。

1993年11月4日,运载上述货物的卡车为避免直接碰撞客车,在擦碰客车后摔下山谷,造成保险货物全损。保险人——中国人民保险公司南康县支公司和中国平安保险公司皆拒赔。

几番周折后,本案再次上诉至江西省高级人民法院并由法院做出终审判决。

中国人民保险公司南康县支公司最初拒赔的理由是原告只投保了国内货物运输综合险,按1993年9月中国人民保险公司的新文件,对倾覆需附加投保,本案货损属于倾覆造成,但原告未投保倾覆附加险;后追加另一个拒赔理由,即本案货损应由中国平安保险公司负责赔偿。

中国平安保险公司则认为,海洋运输货物保险单上载明目的地是广州黄埔,本保险在广州黄埔终止,中国人民保险公司1983年3月3日的海运进口货物国内转运期间保险责任扩展条款,对中国平安保险公司无法律上的约束力。

江西省高级人民法院判决驳回上诉,维持江西省赣州地区中级人民法院的判决。判决依据是《中华人民共和国经济合同法》第41条、《中华人民共和国财产保险合同条例》第5条、第16条、第17条、第18条、第19条及《中华人民共和国海商法》第225条。

判决认为原告与两被告签订的货物运输保险合同均有效,并构成重复保险;主张货损原因为意外倾覆的证据不足,不予认定;中国平安保险公司受海洋运输货物保险条款中"仓至仓"责任条款的约束,其保险责任应延续到内陆运输段直到收货人的最后仓库,但以货物在最后卸货港卸离海船60天为限;原告重置受损设备的费用4 975 087.10元应认定为实际损失,加上鉴定费12 130元、施救费700元,共计人民币4 994 217.10元,由被告人保南康县支公司承担2 297 339.90元,被告中国平安保险公司赔偿2 696 877.20元,并均从1994年3月23日起按每日万分之五支付迟延赔偿利息。

本案最有争议的是中国平安保险公司的责任期间问题,上述法院的判决很可能受中国人民保险公司理赔实务中这样一个"习惯做法"的影响:虽然海洋运输货物保险单只载明目的港,中国人民保险公司仍负责至货物转运到内地"目的地"期间的风险。类似地,"起运港"与"起运地"的关系也是这样。

作者认为这样一个"习惯做法"至少是不规范的,欠缺法律效力。为避免争议,建议货物投保人应注意在海运货物保险单或保险凭证中,明确载明收货人的内陆起运地和目的地。

最高人民法院提审做出改判认为,平安保险公司不受中国人民保险公司习惯做法的约束,所保航程的目的地为黄埔港,平安保险的保险责任从卷烟厂在黄埔港提货开始转运之日终止。

【案例 4-7】 考兰特诉平安货损发生与发现之保险期间争议案。①

该案中,1998 年 6 月,绍兴外贸与莫斯科考兰特有限公司签订售货确认书,出口皮鞋 42 528 双,价值 460 912 美元,付款方式为 T/T,考兰特委托绍兴外贸投保。6 月 29 日绍兴外贸向平安保险公司投保,保险条款为 1963 年 ICC 一切险和 1982 年 ICC 战争险,比较奇特。保险单载明的目的地为芬兰 Kotka 港。上述货物运抵芬兰 Kotka 港后,通过陆路运至莫斯科。在莫斯科开箱时发现外包装表面潮湿且发霉,考兰特立即申请平安在芬兰的检验人 Krogius 进行检验。8 月 28 日 Krogius 到考兰特仓库验货,并于 10 月 6 日做出检验报告,认为受潮原因是集装箱焊点的疤点有漏缝,在海运过程中水分与潮气进入集装箱后引起冷凝。由于货物不符合俄罗斯检疫要求而被销毁。

宁波海事法院经审理后认为,货物受潮在一切险责任范围内,而且发生在海运过程中,即保险期间终止前。保险人不服,上诉至浙江省高级人民法院。在上诉期间,双方达成和解协议。

本案表明,只要货损"发生"在保险责任期间,保险人就要负赔偿责任,虽然"发现"货损是在保险责任期间终止之后。

【重要案例分析 7】 北京欣维尔玻璃仪器有限公司 诉 中国人民财产保险股份有限公司北京市分公司

"CMA CGM URAL"船 远洋货运险合同纠纷再审案

【案号】(2018)最高法民申 3513 号

【关键词】远洋货运险 — 仓至仓条款 — 保险责任起讫

【案情简介】

再审申请人(一审原告、二审上诉人):北京欣维尔玻璃仪器有限公司。

被申请人(一审被告、二审被上诉人):中国人民财产保险股份有限公司北京市分公司。

原告(货主)对待运货物投保货物运输险。被告签发保单载明:货物自天津运至费城,承保险别为一切险。提单显示载运船舶为"CMACGM URAL"船,开船

---

① 载《海事司法论坛》2001 年第 1 期。

日为 2015 年 8 月 16 日。

原告于 2015 年 8 月 10 日、8 月 12 日分两批将货物由北京仓库运送至天津港码头堆场。8 月 12 日深夜,存放涉案货物的堆场附近发生火灾爆炸事故(即"8.12 天津港大爆炸事故",已被另案认定为港口和承运人可以免责的火灾事故),涉案货物被炸毁。原告就货物发生全损向被告提出理赔,被告以事故发生时保险责任尚未开始为由出具了拒赔通知书。原告诉至法院。

天津海事法院一审认为:

原告就涉案货物投保一切险,保险单背面条款(即 PICC 海洋运输货物保险条款 2009)第Ⅲ条责任起讫第一款约定,本保险负"仓至仓"责任,自被保险货物运离保险单所载明的起运地仓库或储存处所开始运输时生效……保险单记载的保险期间自天津至费城,故涉案货物的保险责任期间自货物运离天津的仓库或储存处所开始。货物自北京经陆运送至第三人环发讯通公司于天津的仓库,因此,保险责任期间应自货物运离环发讯通公司的仓库时开始。在案证据显示,涉案货物已经存入环发讯通公司的仓库,但对于货物"运离"该仓库的事实尚未提交相应证据,应认定在涉案事故发生时货物未运离仓库。因此,根据保险单"仓至仓"责任起讫条款的约定,被告在涉案保险单下的保险责任尚未开始。原告主张环发讯通公司系涉案货物的无船承运人,货物自交付该公司时运输已经开始,由此涉案事故属于保险责任期间。对此,本院认为,保险人的责任期间与海运承运人的责任期间并非必然一致,保险责任期间系合同双方进行的约定,原告关于"起运地仓库或储存处所"系指运输开始前存储货物的仓库或储存处所的主张缺乏合同依据,本院不予支持。天津市高级人民法院二审认为:

从上述条款的文义理解,保险责任开始需满足两个条件,其一是被保险货物运离保险单所载明的起运地仓库或储存处所,即被保险货物发生物理位移,运离地点系保险单所载明的起运地仓库或储存处所;其二是运离货物的目的为开始运输。涉案保险单载明自天津至费城,即涉案货物的起运地为天津,故本案保险人财保北京分公司的责任期间亦应起始于涉案货物运离天津的仓库或者储存处所。涉案货物由北京经陆运到达环发讯通公司位于天津的仓库,环发讯通公司确认涉案事故发生时货物仍存于上述仓库,其他各方亦未提交相反证据证明货物已经运离,因此应认定涉案事故发生时涉案货物尚未运离环发讯通公司仓库。据此,财保北京分公司的保险责任尚不满足"仓至仓"责任的开始条件,保险责任尚未开始,一审判决认定涉案事故并非发生在保险责任期间,并无不当。欣维尔公司主张环发讯通公司系涉案货物的无船承运人,其接收货物后运输已经开始,保险责任期间应覆盖运输责任期间,对此,本院认为,保险责任与承运人责任并非同一法律关系,保险责任期间应根据保险合同当事人的约定确认,涉案保险单已经明确载明了保险责任期间的起讫条款，欣维尔公司的上述主张，缺乏依据，本院不予支持。

最高人民法院判决要点：

被保险人原告与保险人被告的权利义务应依据涉案保险单及所附保险条款的约定来确定。涉案保险单背面条款第Ⅲ条责任起讫第一款约定，本保险负"仓至仓"责任，自被保险货物运离保险单所载明的起运地仓库或储存处所开始运输时生效。涉案保险单载明自天津至美国费城，货物的起运地为天津。故被告的责任期间应自涉案货物运离天津的仓库或者储存处所开始。

涉案事故发生时，涉案货物储存于环发讯通公司位于天津的仓库，尚无证据证明货物已经或正在运离。根据保险责任期间起讫条款的约定，因涉案货物储存在承运人仓库中未运离，被告的保险责任尚不满足"仓至仓"责任的开始条件，保险责任未开始。二审判决认定涉案事故并非发生在保险责任期间，并无不当。涉案保险未涵盖涉案货物自北京至天津的运输区段。原告称运输一旦开始，基于运输衔接的存放均在保险责任期间之内的主张缺乏事实及法律依据，不能成立。原告主张该条款存在两种不同解释与事实不符，不能成立。

综上，裁定驳回原告的再审申请。

仓至仓条款的保险责任起始时间需结合保单载明的起运地进行判断，并非一定是从被保险人的仓库起算。本案被保险人的内陆区段可能出现了保险断档，因此才会极力依据海运区段保险索赔。如果保单将起运地记载为北京，就会是不同的结果。

四、被保险人的义务

本条分 5 款规定了被保险人的义务，对被保险人未履行这些义务造成的损失，1981 年条款规定保险人有权拒绝赔偿，但 2009 版对被保险人违反每一款义务的法律后果分别做了规定，更趋合理合法。

本条第 3 款前半部分，关于航程变更时的义务，已在第 3 条中一并讨论过；本条第 5 款关于承运人按"船舶互撞责任"条款索赔时的义务，也已在第 1 条第一款第(8)项中予以说明，此处皆不再重复。

本条规定的被保险人的其他义务，大都同时属于《海商法》规定的法定义务，可参阅本书第二章第三节等处的讨论。

1.及时提货的义务

货物运抵保险单所载明的目的港（地）后，被保险人有义务及时提货。前已述及，被保险人可以避免的延迟，将导致保险效力的终止；被保险人合理速遣的义务，并不限于提货这个环节。但提货这个环节，有助于清楚界定保险责任的终止，故本条款特别予以强调。

2.发现货损立即申请检验的义务

被保险人发现或知道任何货损货差,有义务立即通知保险单证上保险人指定的当地检验、理赔代理人,由他安排检验,便于及时确定损失范围和损失原因,也有利于控制损失扩大和有助于向第三责任方(承运人、货物保管人等)追偿。

3.索取货损货差证明的义务

这是货物被保险人协助和保护保险人的代位求偿权的义务的一部分。海上货物运输合同、货物保管合同及相关法规,皆规定了很短的索赔通知期,并在接受索赔时要求索赔人提供当时由责任人或其雇员出具的货损货差证明;否则法律上推定交货时货物状况良好且无短缺,在举证方面对货物索赔人极为不利。货物保险人十分重视代位求偿权的行使,故要求被保险人及时索取货损货差的证明。

4.向第三责任方提出书面索赔和在必要时取得延长时效认证的义务

这是为了保护诉讼时效或索赔时效,因海上货物运输合同法律规定的诉讼时效只有 1 年,而货物保险索赔的处理需要较长的时间,在保险人做出保险赔付之前,只能以被保险人的名义向第三责任方(承运人或货物保管人)追偿。

正式出面提出索赔,按原《民法通则》可延展时效,但依《海商法》不能中断时效的计算。双方协议延长时效,在西方国家可保护时效,但目前我国司法实践倾向认为,如果准据法是我国《海商法》,同样不能中断时效的计算。因此,货物保险人在必要时应指示被保险人采取财产保全(如申请扣船)、提起诉讼或仲裁等措施,来稳妥地保护时效,但有关法律费用(包括律师费),应由保险人承担。

被保险人违反上述 4 项义务的,保险人对"有关"损失不负赔偿责任。何为"有关"损失,仍有待司法实践。

5.施救义务

一方面,在保险事故发生时,被保险人有义务采取合理和必要的措施,避免或减少损失;另一方面,保险人应补偿被保险人因此而发生的费用(施救费用)。[①] 对被保险人违反施救义务造成的扩大的损失,保险人不负赔偿责任。

保险人有权向被保险人发出合理的施救指示,也有权自行采取施救措施,但保险人因此而发生的费用,不能作为施救费用的一部分,即不影响被保险人得索赔的施救费用的限额——保险金额。

双方采取的施救措施,不得作为接受或放弃保险委付的推定。

6.更正保险单证内容的义务

当出于疏忽、遗漏或错误地向保险人申报了货物、船名或航程等保险单证内

---

① 参见《海商法》第 236 条、第 240 条。

容时,被保险人一经发现,有义务立即通知保险人进行更正,并在必要时加缴保险费,以维持保险单证的效力;否则可能发生保险责任从未开始的严重法律后果。

7.提供索赔单证的义务

本条第四款明确规定了被保险人向保险人索赔时,一般应提供的支持其索赔的单证:

(1)保险单①正本——初步确认索赔人已取得保险单所证明的权益,有权向保险人提出保险索赔。

(2)提单——确认航程,以便与保险单核对,同时便于保险人向承运人索赔。

(3)发票——便于确定货物损失金额。

(4)装箱单——便于确定箱内货物内容。

(5)磅码单——货物重量损失的依据。

(6)货损货差的证明——如理货单、残损单、交接单等,便于确认事故发生和第三责任方。

(7)检验报告——定损和向第三责任方索赔的依据。

(8)索赔清单——便于保险人审核。

此外,如涉及第三者责任,被保险人还须提供其履行上述第(4)项义务的证据——向责任方追偿的有关函电,责任方对延长时效的认可书,已采取的法律行动的文件等。

五、索赔期限与赔偿处理

索赔期限不同于诉讼时效,前者是债权人向债务人提出赔偿要求的最长时限,后者是债权人请求法院或仲裁庭保护其债权的最长时限;前者消灭的是实体权利,后者只消灭胜诉权。目前,我国海事司法实践对国家行政机关规定的索赔期限(索赔时效)倾向于认同,本条款索赔期限的效力尚未经司法检验。《保险法》第26条规定的是2年诉讼时效。短于2年的保险索赔期限,有可能被判为违反公平原则。②

我国《海商法》第264条规定:"根据海上保险合同向保险人要求保险赔偿的请求权,时效期间为2年,自保险事故发生之日起计算。"

"保险事故发生之日",有时容易确定,如货物发生火灾、烟熏火烤的损失发生日一目了然,但途中恶劣天气造成的货损等,一般最早要等到卸离海船时才能发现,而且无法准确确定是哪一天发生的,故此时保险事故发生之日应解释为在目的地首次发现和确定货损之日。

---

①应包括货物"保险凭证"(Certificate of Cargo Insurance)。
②中国保险监督管理委员会《关于对〈保险法〉有关索赔时限理解问题的批复》(保监复[2000]304号)。

货物的共同海损分摊责任,要等待共同海损理算完成才能确定,被保险人向保险人索赔货物的共同海损分摊的诉讼时效,不宜适用上述《海商法》第264条的规定,而宜参照适用《海商法》第263条关于共同海损分摊请求权的时效的规定,即时效期间为1年,从共同海损理算结束之日起算。海上保险合同纠纷的诉讼时效,应适用《海商法》第264条,只不过对其中的共同海损分摊索赔,可将共同海损理算视为时效中止事由,时效截止于理算报告做出后6个月,对此被保险人须特别注意。[①] 2009版中的"索赔期限",实际上是"索赔时效",但最高人民法院认为不过是重复《海商法》第264条之规定。

‖ 第三节 ‖ 附加险条款

附加险分普通附加险、特别附加险和特殊附加险三大类,每一种具体的附加险有其相应的条款。特别附加险和特殊附加险,皆优先于主险条款适用,如果二者之间有冲突。这些附加险条款,除特殊附加险中的"海洋运输货物战争险条款"仅适用于海运货物加保战争险外,其他附加险条款对各种运输方式皆相同。本节对目前人保财险常使用的附加险条款做一个较全面的介绍。在解释附加险条款时,有两点值得注意:一是该条款是否引入了一项新的承保风险;二是该条款是否清楚地承保了固有缺陷。2009版进一步明确普通附加险条款仍受主险中的除外责任条款的制约。

一、普通附加险条款

人保财险常用的普通附加险条款是1972年4月1日制定的,在2009年做了修订,有11种,分别是:偷窃、提货不着险条款;淡水、雨淋险条款;短量险条款;混杂、沾污险条款;渗漏险条款;碰损、破碎险条款;串味险条款;受潮、受热险条款;钩损险条款;包装破裂险条款;锈损险条款。

1.偷窃、提货不着险条款[Theft, Pilferage & Non-Delivery Clauses(Insured Value)](TPND)

本条款附加承保保险期间发生的偷窃风险,以及可能由于偷窃导致整件货物收货人没有提到的损失。本条款有时还附"海关检验条款"或"码头检验条款",将保险期间提前到某地海关或最后卸货港码头终止。

偷窃既包括暴力偷窃,又包括小偷小摸。被保险人须在提货后10日内申请检验。

[①] 最高人民法院(2012)民四他字第17号案批复。

普通法认为,"提货不着"(Non-delivery)并不是一项新的承保危险,导致提货不着的原因仍然要求是偷窃性质的,只是不要求被保险人证明损失的原因确系偷窃;保险人若拒赔,须证明损失的原因是某种除外危险。[①] 换言之,它仅具有转换举证责任的效果。Hudson & Allen 持相反的观点,但同时认为它并非包括一切损失。[②]

近年来发生的海上欺诈,整船货被偷窃卖掉,被保险人在目的港收不到货,也可能根据 TPND 条款索赔。但货物中途被扣押、被抛弃、被承运人误交他人或错运到其他港口,被保险人不能根据 TPND 条款索赔,而且,2009 版条款明确被保险人必须向责任方取得整件提货不着的证明;否则,保险人不负赔偿责任。

2.淡水、雨淋险条款(Fresh Water &/or Rain Damage Clauses)

保险人负责赔偿货物因直接遭受雨淋或淡水造成的损失,但包装外部需有雨水或淡水痕迹或其他证明。该条款明确要求被保险人在提货后 10 日内申请检验,否则拒赔。

雨淋险,包括雪落在货物上融化这一危险。证明遭雨雪的责任在被保险人一方。

淡水险,包括船上淡水舱或淡水管漏水,船舱或舱内其他货物出汗等,而平安险、水渍险承保的水湿危险是船外海水或航道中的水(也可能是淡水)的意外进入。

雨雪也是淡水,故检验报告必须鉴定造成湿损的水到底是淡水还是海水。

3.短量险条款(Shortage Clause)

保险人对因包装货物外包装破裂或散装货物散落造成的短重或数量短少损失负责赔偿。

正常损耗须先扣除,对其比例,可能有争议,故双方常在保险单中约定一个"免赔量"(Excess),如约定散装化肥在总装船重量 5‰以下免赔等。

包装货物发生短量索赔时,必须有外包装破裂现象,以排除装船前的短量;有时还要对外包装未受损货物抽检,以进一步确定装船前货物内容是否足量。

4.混杂、沾污险条款(Intermixture & Contamination Clauses)

本保险对货物在保险责任期间因混杂、沾污所致的损失,负责赔偿。

干货舱的不清洁和油舱的附着物是造成大宗散货混杂或沾污的主要原因之一。清除杂质或重新提炼的费用很高;严重的混杂或沾污无法排除时,货物只能降等使用,损失更大。

---

① Middows v. Robertson(1940)67 Ll.L. Rep. 484.
② Hudson & Allen,P.80.

5.渗漏险条款(Leakage Clause)

保险人的责任包括两项:一是货物由于包装渗漏造成的短量(装船前内容不足量除外);二是由于保护性液体渗漏而造成的货物(如肠衣、酱菜)腐烂、变质的损失。

与前述短量险条款相比,本条款未特别提及扣除"正常的渗漏",似应解释为本附加险不考虑正常的损耗,[①]但不排除保险人要求约定免赔量。

造成渗漏的原因不限于主险承保的危险,应解释为各种外来原因引起的渗漏皆在承保范围之内。

本附加险不承保渗漏出来的物质对其他货物或船舶造成的损失。[②]

6.碰损、破碎险条款(Clash & Breakage Clauses)

保险人负责由于震动、碰撞、挤压等造成货物本身凹瘪、脱瓷、脱漆、划痕、破裂和断裂等损失。

保险人对保险货物造成的其他货物的碰损或破碎损失不负责任。工艺品和轻工产品等常加保此种附加险,特别是不用集装箱运输时。

7.串味险条款(Taint of Odour Clause)

对保险期间货物受其他物品影响串味造成的损失(如酱等,去异味处理),由保险人负责赔偿。

食用物品、中药材、化妆品原料、香料等货物常加保此种附加险。

8.受潮、受热险条款(Sweat & Heating Clauses)

本条款全文如下:"本保险对被保险货物在运输过程中因气温突然变化或由于船上通风设备失灵致使船舱内水汽凝结、发潮或发热所造成的损失,负责赔偿。"

本附加险对被保险人的保险保障是有限的:一方面,本条款对受潮、受热的原因做了限定,被保险人有举证责任去证明受潮、受热属于这两个原因之一,不同于其他附加险如串味、混杂、沾污、碰损、破碎、渗漏等未规定损失原因;另一方面,受潮、受热常与货物的固有缺陷或特性有关,有时货损原因包括两方面的因素,而常常发生争议。

如果本附加险条款修改为附加承保"受潮、受热",而未附带上述限制性条件,则对被保险人十分有利,像火灾损失一样,被保险人只需证明货物发生了受潮、受热即可;保险人若想拒赔,就有责任证明是货物的固有缺陷或特性引起的。[③] 2009

[①]普通法案例 Dodwell & CO.v. British Deminions Insurance Co.(1918)reported in［1955］2 Lloyd's Rep.391。

[②]协会橡胶保险条款 Cl.1.2.4 所保的风险是其他物质意外渗漏对所保橡胶造成的损失。

[③]重要的普通法案例 Soya G.m.b.H.v. White［1983］1 Lloyd's Rep.122（H.L.）。

版明确主险中的除外责任条款效力更高。

在西方，受潮、受热有时与"自燃"（Spontaneous Combustion）合在一起加保，简称为 SHSC，保险人仍有权援用"Inherent Vice"这一抗辩，故协会煤炭保险条款 Cl.1.1.1 特别明确承保任何火灾、爆炸、受热，即使是保险货物自燃、固有缺陷或性质造成的。

9.钩损险条款（Hook Damage Clause）

本附加险承保货物装卸过程中，装卸工人使用手钩对货物包装及内容造成的损失；内容的损失是货物破损或散落短重，包装损失主要是重新整理、修理或更换包装的费用。

袋装水泥、化肥等货物在许多港口钩损风险很大，有必要加保钩损险。短量险只负责赔偿内容短少，而且有正常损耗或免赔量的规定，故更适宜于散装货物。

装卸不限于起运港和最后卸货港，中途转载、转运的装卸亦包括在内，只要保险期间未终止。

吊货钩也会造成钩损，保险人同样应负责赔偿。

10.包装破裂险条款（Breakage of Packing Clause）

与上述钩损险类似，本附加险承保装卸、搬运货物过程中不慎造成包装破裂及货物内容的损失，包括为继续运输安全所需对包装进行修补或调换所支付的费用。

本附加险与钩损险、碰损和破碎险有重叠，但侧重点各不相同，适合于不同的货物加保。"钩损险"主要承保装卸过程中手钩造成的损害，适合于袋装货物；"包装破裂险"承保野蛮或不慎装卸对包装及内容造成的损害，适合于各种包装货物，特别是"硬"包装货物加保；"碰损和破碎险"重在货物内容的损害，保险人不负责包装的修理或调换，但不限于装卸、搬运过程中发生的碰损和破碎。例如，航行途中货物发生移动或倒塌造成的损失，保险人应负责赔偿，适合于工艺品、机电设备等货物加保，不管是否有包装。

11.锈损险条款（Rust Clause）

保险人负责货物在运输过程中发生的锈损。裸装的金属板、块、条、管等几乎肯定会生锈，而且与装运前的锈损难以分开，保险人一般不愿意承保这种附加险，当然也不愿意承保一切险。此外，锈损需要专业检验人才能做出较准确的鉴定。2009 版明确主险中的除外责任条款仍应优先适用，当然对除外责任的举证责任落在保险人一方。

二、特别附加险条款

特别附加险是要在一切险以外加保的，人保财险常用的特别附加险条款有 6

种:进口关税险条款;舱面货物条款;黄曲霉毒素险条款;出口货物到中国香港(包括九龙在内)或澳门存仓火险责任扩展条款;拒收险条款和交货不到条款。这些条款皆在 2009 版向保监会报备。

1.进口关税险条款(Import Duty Clause)

保险人负责货物受损但被保险人仍需按完好价值缴纳进口关税所造成的损失,其保险金额是单独的(一般亦按 CIF 价格加成投保),并在保险单中与货物本身的保险金额分别注明。

有些国家和地区对某些货物征收很高的进口关税,而且不论货物抵达时状况如何,一律按发票上载明的价格或海关估价征收,被保险人就有必要加保此种特别附加险,但保险单中有保险人的此种保险赔偿责任不超过货物保险价值若干百分比的限制。

进口关税损失是在货物本身损失之外赔偿的,但以货物本身损失在保险人的责任范围之内为前提条件;如果货物本身的损失,保险人没有义务赔偿,保险人就没有义务赔偿该受损货物的进口关税损失。

2.舱面货物条款(On Deck Clause)

海上运输的货物,通常期望装于舱内,保险费率也是以此基础厘定的,故对非习惯性的甲板货、法定甲板货,如果因体积大或其他原因须装于舱面,就有必要加保此种特别附加险,由保险人承担被抛弃或被风浪冲击落水的风险。

习惯性甲板货,如原木、封闭集装箱货物等,无须加保此种附加险。

协会木材贸易协会条款(Cl.1.1.2.2)特别明确承保舱面木材的抛弃或冲落风险。

3.黄曲霉毒素险条款(Aflatoxin Clause)

黄曲霉毒素是花生中含有的有毒菌素,如果含量超过进口国的限制标准,就会被拒绝进口、没收或强行改变用途,此种附加险的保险人负责按被拒绝进口或被没收部分货物的保险价值或改变用途所造成的损失予以赔偿。

保险责任开始前已存在的黄曲霉毒素超标,不在保险人的责任范围之内。

4.出口货物到香港(包括九龙在内)或澳门存仓火险责任扩展条款(Fire Risk Extention Clause For Storage of Cargo at Destination Hongkong, Including Kowloon or Macao)

如果货物抵达香港(包括九龙在内)或澳门后,直接存放在保单载明的过户银行指定的仓库内,本附加险承保存仓火险的责任,直至上述银行收回押款放行货物,但以自主险责任终止时起计满 30 天为限(除非加付保险费协议延长此期限)。

5.拒收险条款(Rejection Clause)

本附加险的保险人承保货物在进口港被进口国的政府或有关当局(如海关、

动植物检验局)拒绝进口或没收所造成的损失,其前提条件是:被保险人保证货物备有一切必需的有效的进口特许证或许可证,而且货物的生产、质量、包装和商品检验符合产地国和进口国的有关规定。

损失的造成必须不是由于被保险人的故意(如起运前已知货物将被拒绝进口或被没收)或过失(如单证出现错误)。

由于市价跌落、货物不符合买卖合同的规定或严重受损等原因,收货人拒收货物,不属于本附加险承保的风险。

在运输过程中进口国宣布实行任何禁运或禁止时,保险人仅负责运回到出口国或转口到其他目的地而增加的运费,且以该货物的保险价值为限。被保险人亦同样负有及时通知保险人和施救的义务。

本附加险是在特殊附加险(战争险、罢工险)之外的,二者之间并无重叠。

三、特殊附加险条款

特殊附加险只有两种:一是战争险;二是罢工险。罢工险条款适用于各种运输方式,而4种运输方式[海运、空运、陆运(火车)、邮包]的货物战争险条款各不相同。2009版并无实质性修订。

1.海洋运输货物战争险条款(Ocean Marine Cargo War Risks Clause)

海运货物习惯上在主险外加保战争险,作为"水险"(Marine Risks)之延伸,但二者并未衔接起来,因为除保险责任期间不同外,主险条款除外的战争险,也未全部由战争险条款加以承保,而且战争险条款不保费用损失、不保航程丧失或受挫(受阻)造成的损失。

人保财险《海洋运输货物战争险条款》不是一个完整的条款,而是附属人保财险《海洋运输货物保险条款》的一个特殊条款。后者与前者相抵触时,以前者为准,前者未做规定的,仍适用后者的有关规定(如被保险人的义务、航程改变等);后者第2条除外责任的前4项也适用于前者。但现行协会货物保险条款与协会货物战争险条款已完全分开,相互独立。

A. 责任范围(第1条)

"本保险负责赔偿:

(1)直接由于战争、类似战争行为和敌对行为、武装冲突或海盗行为所致的损失。

(2)由于上述第(1)款引起的捕获、拘留、扣留、禁止、扣押所造成的损失。

(3)各种常规武器,包括水雷、鱼雷、炸弹所致的损失。

(4)本条款责任范围引起的共同海损的牺牲、分摊和救助费用。"

除共同海损分摊和救助费用外,货物战争险保险人不负责上述承保危险造成的货物的费用,本条款第 2 条第二款还特别明确排除"根据执政者、当权者,或其他武装集团的扣押、拘留引起的承保航程的丧失和挫折而提出的任何索赔",但作者认为,被保险人为避免或减少本条款责任范围内的损失而发生的续运费用外的施救费用,保险人仍应负赔偿之责。

"类似战争行为"(Warlike Operations)的含义很广泛,[①]已被伦敦保险市场废弃,人保财险 1986 年和 2009 年修订的《船舶战争险保险条款》也不再使用这一术语,有关的战争危险术语已与现行协会保险条款保持一致。

"海盗"(Piracy)在本条款中仍作为战争危险。

第 1 条第二款规定的捕获、扣押等危险,限于第 1 条第三款所引起者,其实际含义大大受到限制,在参考本书前文第三章第三节对这些术语(主要在船舶保险中)的含义的讨论时,必须十分小心。

各种常规武器,包括本条第一款规定的危险行为遗留下来的常规战争武器。"常规"武器不包括热核武器(第 2 条第一款),化学武器等是否属于常规武器,尚未经司法检验。

引起货物共同海损牺牲、分摊和救助费用的原因,如果是本条前 3 款规定的承保危险,而且不属于本条款第 2 条规定的除外责任,保险人就有责任赔偿。

B. 除外责任(第 2 条)

"本保险对下列各项,不负赔偿责任:

(1)由于敌对行为使用原子或热核制造的武器所致的损失或费用。

(2)由于执政者、当权者,或其他武装集团的扣押、拘留引起的承保航程的丧失和挫折而提出的任何索赔。"

在海洋运输货物保险条款规定的除外责任的基础上,本条款增设了两项除外责任:一是敌对性[②]使用热核武器所致的损失或费用;二是航程丧失或受挫引起的损失或费用。

第 2 条第二款是很有名的"Frustration Clause",是伦敦保险市场对"Rodacanachi v. Elliot"(1894)和"Sanday v. British & Foreign"(1915)两个判例的回应,表明保险人不愿承担战时常发生的货物无法运抵目的地而造成的推定全损索赔。

C.责任起讫(第 3 条)

"(1)本保险责任自被保险货物装上保险单所载起运港的海船或驳船时开始,到卸离保险单所载明的目的港的海船或驳船时为止。如果被保险货物不卸离海船或驳船,本保险责任最长期限以海船到达目的港的当日午夜

---

①The "Coxwold"(1942) 73 Ll.L. Rep.1.

②1995 年送审稿去掉了"敌对性"这条限制,即将任何热核武器造成的损失和费用作为除外责任。2009 版未做此种修改。

起算满 15 天为限,海船到达上述目的港是指海船在该港区内一个泊位或地点抛锚、停泊或系缆,如果没有这种泊位或地点,则指海船在原卸货港或地点或附近第一次抛锚、停泊或系缆。

(2)如在中途港转船,不论货物在当地卸载与否,保险责任以海船到达该港或卸货地点的当日午夜起算满 15 天为止,俟再装上续运海船时恢复有效。

(3)如运输契约在保险单所载明目的地以外的地点终止时,该地即视为本保险目的地,仍照前述第(1)款的规定终止责任,如需运往原目的地或其他目的地时,在被保险人于续运前通知保险人并加缴保险费的情况下,可自装上续运的海船时重新有效。

(4)如运输发生绕道、改变航程或承运人运用运输契约赋予的权限所做的任何航海上的改变,在被保险人及时将获知情况通知保险人,在必要时加缴保险费的情况下,本保险仍继续有效。"

本条规定也许是所有保险条款中最烦琐的一个条款,共有约 300 字,其原因是只收取较低保险费的海运货物战争险保险人不愿承保陆地上固定货物可能遭受的巨大战争风险,货物一经起运,海运货物保险人无权像船舶战争险保险人那样随时单方终止合同,而海运过程又极复杂(中途有转船等)。

第(1)款:保险责任期间收缩至"舷到钩"("Rail to Tackle"),[①]即从货物或其一部分装上海船到在目的港卸下,但包括前后的"驳船风险"(Craft Risks),同时在最后卸货港,最长以 15 天为限,[②]起算时间是海船抵达该港的当日午夜。

第(2)款:这是一个很有趣的规定,如果中途转船时间超过 15 天,本保险效力在 15 天届满时"中断",待货物重新装上续运海船时"恢复"。[③]

第(3)款:这是运输合同终止条款,但本保险的效力不是在运输合同终止时终止,而是将运输合同终止的中途港视为目的港,在货物卸下时终止,但以从抵港时起 15 天为限。

如果被保险人想继续运送货物至原目的港或其他目的港,被保险人须在续运开始前通知保险人,并加缴保险费,保险效力自货物装上续运船舶时恢复,但不包括驳船风险。

协会货物战争险条款 Cl.5.3.2 还规定了一种可能出现的情况:货物未卸下,由原船续运,那么,保险效力自该船开航时恢复。

第(4)款:本款合并规定了被保险人改变目的港(改变航程)和承运人绕航两

---

① 包括卸货过程,不包括装船过程。
② 根据协会货物战争险条款 Cl.5.4,如果 15 天内货已卸到驳船上,在驳船上本保险有效的期限是 60 天,但驳船风险仅限于各种常规战争武器。
③ 协会货物战争险条款 Cl.5.2 还规定货物一旦移出港区,这部分货物的保险效力就终止。

种情况,因为对本保险的效力的影响相同——被保险人须及时通知保险人,并在必要时加缴保险费,以维持本保险的效力。

对被保险人可避免的绕航,本条款未规定续保,应解释为自绕航起,本保险终止。

其他不合理的延迟,如果不是承运人所做的绕航或根据运输契约所做的航海上的变更,亦将导致本保险终止,本条款未规定可以续保。

顺便指出,"续保"(Held Covered)作为一个海上保险的术语,是指保险条款或法律上规定,在某些导致保险效力终止的情况下,被保险人可以做两件事来补救保险的效力,让保险效力不终止或不中断而一直持续下去。这两件事包括:一是迅速通知保险人;二是同意支付应合理加收的保险费。被保险人做了这两件事,保险人就没有权利主张保险终止或解除合同。但如果合同中或法律中没有被保险人可续保的规定,即使被保险人做了这两件事,保险人也有权选择终止保险或解除合同。

2.货物运输罢工险条款(Cargo Strike Clause)

货物运输罢工险承保下列原因所造成的货物的直接损失:

(1)罢工者,被迫停工工人或参加工潮、暴动、民众斗争的人员的行为,或任何人怀有政治动机的恶意行为。

(2)由于上述行为所引起的共同海损牺牲、分摊和救助费用。

除共同海损分摊和救助费用外,保险人不承担其他费用,特别是不承担续运费用。例如,目的港发生罢工,船舶改靠他港卸货,从实际卸货港转运货物到目的港的费用,不得根据本条款要求保险人赔偿。但是,为了避免或减少上述原因造成货物的直接损失而发生的施救费用,仍应由保险人负责赔偿。

与罢工等有关的间接损失,如在罢工等行为发生期间由于劳动力短缺或不能正常履行职责所致的货物的损失,包括因此而引起的动力或燃料缺乏使冷藏机停止工作所致的冷藏货物的损失,皆不在保险人的责任范围之内。

本条款是附加于人保财险《海洋运输货物保险条款》的条款,但本条款应优先适用,本条款与海洋运输货物保险条款相抵触时,以本条款为准;本条款未做不同规定的,适用海洋运输货物保险条款(如责任起讫、被保险人的义务、前4项除外责任等)。

第四节　特种货物海运保险条款

中国人民财产保险股份有限公司常用的特种货物海运保险条款主要有1981

年1月1日修订的《海洋运输冷藏货物保险条款》和《海洋运输散装桐油保险条款》。2009版在被保险人违反义务的法律后果方面亦如普通货物保险条款一样进行了改进。

一、海洋运输冷藏货物保险条款

这是专为冷藏货物设计的标准保险条款,分为"冷藏险"和"冷藏一切险"两种。其承保风险、除外责任和责任期间,皆围绕冷藏货物的特殊性质做了相应调整,以适应冷藏货物运输保险的需要。

在协会条款中,冷藏货物细分为冷冻食品和冻肉两种,共有5套单独的条款,前者有2套,后者有3套,投保时的选择性更大。[①]

A. 责任范围(第1条)

保险单上须载明保险人承保的风险是"冷藏险"(Risks for Frozen Products)还是"冷藏一切险"(All Risks for Frozen Products)。

(1)冷藏险。冷藏险的责任范围是在海洋运输货物保险条款中水渍险的责任范围的基础上,增加承保货物"由于冷藏机器停止工作连续达24小时以上所造成的腐败或损失"。

"冷藏机器"是保险期间载运保险货物的冷藏车、冷藏集装箱和冷藏船上的制冷设备。

"冷藏机器停止工作"是指上述制冷设备完全不能工作,而非只是制冷效果达不到额定要求,而且为得到赔偿,上述制冷设备须停止工作达连续24小时或以上。举证责任在被保险人一方。

(2)冷藏一切险。冷藏一切险的责任范围是在冷藏险的责任范围的基础上,增加承保"外来原因所致的腐败或损失"。这与海洋运输货物保险条款中的一切险的责任范围无甚区别。

冷藏险要求冷藏机器停止工作连续达24小时以上,而且被保险人负有举证责任,对被保险人保障不足,故对温度变化要求苛刻的货物,宜投保冷藏一切险。

B. 除外责任(第2条)

与《海洋运输货物保险条款》第2条的规定相比,本条款有两点变化:一是增加了一项除外责任,即"(3)被保险货物在运输过程中的任何阶段因未存放在有冷藏设备的仓库或运输工具中,或辅助工具没有隔温设备所造成的货物腐败。"二是将不保原残调整为不保,即"(4)被保险货物在保险责任开始时因未保持良好状态,包括整理加工和包扎不妥,冷冻上的不合规定及骨头变质所引起的货物腐败和损失。"

[①]杨良宜,汪鹏南.英国海上保险条款详论(第2版).大连:大连海事大学出版社,2009,ch11,§1.

上述增设的第三款除外规定,旨在避免保险期间需低温储存的货物被置于无制冷设备或制冷设备完全不能工作的处所,但本款规定对投保了冷藏一切险的被保险人未免太苛刻,因为该除外责任的适用不限于在被保险人可控制的范围内。

此外,货物的"本质缺陷、特性"仍为除外责任(第五款),对于易腐货物来说容易引起理解上的混乱,在解释上此项除外责任不应影响第 1 条特别承保的冷藏机故障停止工作连续达 24 小时所造成的货物腐败风险。

C. 责任起讫(第 3 条)

与《海洋运输货物保险条款》第 3 条的对应规定相比,本保险责任的开始(Attach)和持续(Continue)无甚变化,但责任终止较早,具体表现在以下几点:

(1)责任终止地点是在最后卸货港,不延伸到内地。

(2)货物全部卸到最后卸货港岸上冷库即可,不管是谁的冷库,不管用作什么目的;而且终止期限为 10 天而非 60 天。

(3)如果货物卸下后不入冷库,则至卸离时终止(卸一部分,终止这一部分)。

(4)除上述入冷库后 10 天的截止期限外,还规定了自货物抵达最后卸货港,需 30 天内卸离海船;否则本保险责任终止,可知自海船抵达最后卸货港,本保险的责任期限最长只有 40 天。

(5)在中途港发生运输合同终止时,续保也受上述 30 天和 10 天期限的限制。

D. 被保险人的义务(第 4 条)

与《海洋运输货物保险条款》相比,本条款第 4 条的规定没有特别之处。

E. 赔款的处理(第 5 条)

协会冷冻食品/冻肉保险条款,在除外责任中皆有一个被保险人必须于保险终止后 30 天内提出保险索赔的规定;否则保险人可拒赔。30 天的索赔时效是很短的,因此,经营冷藏货物的贸易商须有这样一个常识:在目的港尽快确定货物品质,并迅速通知保险人任何可能的保险索赔。人保财险《冷藏货物保险条款》的索赔时效仍为 2 年,没有被删除,但起算点改为从保险事故发生之日起起算(第 5 条第三款)。

此外,依本条第一款,本保险对同一标记和同一价值的或不同标记但是同一价值的各种包、件、扎、块,除非另有规定,均视作同一重量和同一保险价值计算处理赔偿。

二、海洋运输散装桐油保险条款

这是专为散装桐油设计的海运保险条款,在承保风险、责任期间、检验和赔款计算等方面的规定都很有特色。

除外责任(第 2 条)与被保险人的义务(第 5 条)这两条,与海洋运输货物保条款中的对应条款含义一致,不再重复介绍。

A. 责任范围(第 1 条)

本条款对责任范围的约定很有特色,结合了列明风险和一切险。具体地讲,保险人承保"任何原因"造成的下述两种损失,即:

(1)超过约定免赔率的短少、渗漏。

(2)沾污或变质损失。

此外,本条规定未约定保险人对续运费用的责任,被保险人只能根据施救费用条款索赔。

B. 责任起讫(第 3 条)

"仓至仓"条款在本条款中变化为"罐至罐"条款("Shore Tank to Shore Tank"Clause),但起运地限于装运港,而且自海船抵达目的港后的最长保险期限只有 15 天。

本保险不承保陆上运输工具(如油罐车)运送的风险。起运港岸上油罐如果全部用管道直接与船舱相连,这个管道可能很长,中间可能有数个油罐作为中转,整个陆上管道运送过程中的渗漏,就视为发生在保险责任期间,属于保险人的责任。

在中途港终止运输契约或发生非正常运输的情况,续保也是截至自船舶抵达中途港起 15 天,被保险人须在此期限内完成货物交付或转运。

C. 特别约定(第 4 条)

由于保险人承担了任何原因造成的沾污或变质、短少或渗漏,故在本条中对保险期间的运输和仓储货物的设施规定了严格的检验和出证要求。

本条共 3 款:

第一款规定货物装船前须经过抽样化验,取得合格的品质证书;船舱须经过商检检验,取得合格的证书;装船后须由商检局对货物温度、重量或容积进行详细检验并出具证书。

第二款规定在中途港必须载货时,在卸货前须进行品质鉴定并取得证书,对接受容器亦须由合格检验人检验并取得证书。

第三款规定在目的港正常卸货时,由保险人指定的检验人进行油温、品质、重量或容积检验并出具证书。

如此规定的目的是控制装运前的品质缺陷、运输过程中装运器具的不清洁和避免重量或容积方面的争议。

D. 赔偿的处理(第 6 条)

(1)短量数额的确定,须根据装运量检验报告和卸货检验报告。这实际排除了装船前和卸船后的渗漏和品质风险。

协会散装油类保险条款(1/2/83)中有一个"理算条款"(Cl.15-Adjustment Clause),规定比较离开装运港岸上油罐的总容积/总重量与卸入目的港岸上油罐的总容积/总重量,来决定货物短损的数额,不扣除沉积物和水分(包括游离水分),即由保险人来承担装卸过程中的渗漏风险。

油温和测量程序影响到货物容积,在比较装运容积和卸货容积时,须先进行必要的调整,然后扣除约定的免赔率或正常的途耗。

(2)保险期间品质变异造成的损失,是指实际提炼费用减去未变异时通常提炼费用之差额。

(3)一切检验和化验费用均由被保险人负担,但为了决定赔款数额而支付的必要的检验和化验费用,可由保险人负担。

第五节　英国协会货物保险条款

一、概述

现行协会货物保险条款(Institute Cargo Clause)是 1982 年 1 月 1 日和新海上保险单格式一起在伦敦市场上投入使用的,完全取代 1963 年 6 月 1 日协会货物保险条款和古老的劳氏 S.G.保险单,其影响之大,构成世界海上保险市场上一场无声的革命。[①]

1982 年 1 月 1 日协会货物保险条款以 A、B、C 命名,标志着向过时的"附注条款"(Memorandum)、名不符实的"平安险"(F.P.A.)、"水渍险"(W.A.)框架和复杂的"不保捕获和扣押条款"(F.C.&.S.Clause)的坚决告别。2009 年 1 月 1 日对 A、B、C 条款又做了些小的修订。[②]

A 条款、B 条款和 C 条款不是旧的一切险条款、水渍险条款和平安险条款的翻版,新条款未对单独海损损失的赔偿进行限制,B 条款和 C 条款的区别仅在于承保危险不同。新条款成功地经历了时间的检验。

A 条款、B 条款和 C 条款相互独立,各包括 19 个名称完全相同的条款:

(1)风险条款;

(2)共同海损条款;

(3)"双方有责碰撞"条款;

(4)普通除外条款;

[①]杨良宜,汪鹏南.英国海上保险条款详论(第 2 版).大连:大连海事大学出版社,2009,p.1.

[②]杨良宜,汪鹏南.英国海上保险条款详论(第 2 版).大连:大连海事大学出版社,2009,ch.13.

(5)不适航和不适合除外条款;

(6)战争除外条款;

(7)罢工除外条款;

(8)运送条款;

(9)运输合同终止条款;

(10)航程改变条款;

(11)保险利益条款;

(12)续运费用条款;

(13)推定全损条款;

(14)增加价值条款;

(15)不适用条款;

(16)被保险人的义务条款;

(17)弃权条款;

(18)合理速办条款;

(19)英国法律和惯例条款。

A 条款与 B 条款、C 条款相比,仅第 1 条(风险条款)、第 4 条(普通除外条款)和第 6 条(战争除外条款)的措辞有所不同;措辞相同,但法律后果因第 1、4 和 6 条的差异而实际不同的条款,有第 2 条(共同海损条款)、第 12 条(续运费用条款)、第 13 条(推定全损条款)和第 16 条(被保险人的义务条款);其他各条(第 3、5、7~11、14、15、17、18、19 条)不但文字上完全一致,而且法律后果亦无甚区别。

在承保风险方面,3 种条款可做如下简要比较说明。

1.3 种条款皆承保的风险

(1)火灾或爆炸;

(2)船舶或驳船搁浅、擦浅、沉没或倾覆;

(3)陆上运输工具翻倒或出轨;

(4)船舶、驳船或运输工具与水以外的任何外部物体碰撞或接触;

(5)在避难港卸货;

(6)共同海损牺牲;

(7)抛弃;

(8)共同海损分摊、救助费用;

(9)依"双方有责碰撞"条款的责任。

2.A 条款、B 条款承保但 C 条款不承保的风险

(1)地震、火山爆发或闪电;

(2)浪击落水;

（3）海水、湖水或河水进入船舶、驳船、船舱、运输工具、集装箱、托盘或储存处所；

（4）装上或卸离船舶或驳船过程中从船上掉落水中而发生的整体货物的全损。

3.只有 A 条款承保的风险

上述列明风险之外的货物灭失、损坏的一切风险。海盗和恶意损害只有 A 条款承保，战争险条款和罢工险条款也不承保，故在 B 条款或 C 条款外，有必要安排加保。

除 A、B、C 条款外，对特殊货物，如冷冻食品、冻肉、油、木材、煤、天然橡胶和黄麻等，有专门的协会保险条款。[①]

二、协会货物保险 A 条款

1.风险条款（Risks Clause）

A 条款承保保险货物的一切损失或损害的"风险"（Risks），被保险人只要证明其索赔是保险货物遭受的意外损失即可。而保险人可抗辩被保险人提出的索赔属于本条款第 4 条至第 7 条规定的除外责任。

协会货物保险 A 条款一再明确了"除外责任"（Exclusions）具有优先于"承保风险"（Risks Covered）的效力。

B 条款和 C 条款是列明风险，被保险人需证明其索赔是由某项列明承保的危险造成的，保险条款未列明承保的风险就不在保险人的保险赔偿责任范围之内。同在 A 条款中一样，保险条款中除外责任的规定优先于承保风险的规定。

有些承保危险本身，如"火灾"（Fire）、"湿损"（Wet Damage），就意味着损失，被保险人只需证明此种意外事故发生即可。有些承保风险，如"装卸损失"（Sling Damage），并未要求被保险人证明损失发生的确切原因，被保险人索赔此种损失时，举证责任就要轻得多。

2. 共同海损条款（General Average Clause）

一般货方对运输合同（尤其是提单）条款无法控制，故货物保险人接受运输合同中关于共同海损理算应适用的法律和/或规则的规定；如果运输合同对此未做规定，共同海损理算的准据法为船货分离地的法律。但是在协会船舶保险条款中，船舶保险人只受航程终止地的法律的约束，除非运输合同规定应适用《约克-安特卫普规则》。

协会货物保险条款的本条规定，还扩大了货物保险人应承担的共同海损及救

---

①杨良宜,汪鹏南.英国海上保险条款详论(第 2 版).大连:大连海事大学出版社,2009,ch.11.

助费用风险的范围。按英国《1906 年海上保险法》第 65（1）条和第 66（6）条，保险人仅对为避免"承保危险"或与此有关所引起的救助费用或共同海损负责赔偿，但本条规定保险人应对为避免"非除外危险"或与此有关所引起的救助费用或共同海损负责赔偿，这一规定对 B 条款和 C 条款尤其有意义，因为非除外危险的范围要比 B 条款和 C 条款列明的承保危险的范围大得多。

对比之下，《海商法》和现行人保财险《海洋运输货物保险条款》皆未对共同海损及救助费用的风险范围做出任何限定，由此引起解释上的困难。从理论上讲，可能的解释有 3 种：一是只要共同海损或救助费用成立，保险人就须承担货方的责任风险；二是共同海损或救助费用限于承保危险引起者；三是同上述协会货物保险条款第 2 条的规定，仅排除除外原因造成的共同海损或救助费用。应用逆利益解释原则的结果，我国海事法院很可能持上述第一种观点，即做对保险人最不利的解释。

3."双方有责碰撞"条款

鉴于美国等极少数国家法律中的"货物无辜规则"（Innocent Cargo Rule），承运人在海上货物运输合同（租约或提单）中皆写入一个标准的"双方有责碰撞条款"（Both to Blame Collision Clause），使承运人不致变相丧失《海牙规则》或类似货运立法赋予的对本船货物所享有的航海过失免责的权利。

本条款中的本条规定，不是照搬海上货物运输合同中上述同名的"双方有责碰撞条款"，而是规定当承运人根据运输合同中的此一条款向货方索赔时，货物保险人应补偿被保险人因此而遭受的损失，保证被保险人最终能获得充分的保险赔偿，不因保险人行使代位求偿权而受到损害。

协会条款同时规定当承运人索赔时，被保险人有义务及时通知保险人，使得保险人能够以被保险人的名义，但自己承担费用来"抗辩"（Defend）承运人的此种索赔。例如，如果保险人能证明有关货损是由开航时存在的船舶不适航造成的，或管货过失引起的，承运人就不能免除对本船货损的责任。人保财险的保险条款中没有这样一个规定，对保险人不利。

4.普通除外条款

本条规定了下述 7 种除外责任，即：

（1）可归咎于被保险人的蓄意恶行的损失、损害或费用；

（2）保险标的的通常渗漏、通常重量或体积损失，或通常磨损；

（3）保险标的的包装或准备不足或不当引起的损失、损害或费用；

（4）保险标的的固有缺陷或性质引起的损失、损害或费用；

（5）迟延直接造成的损失、损害或费用，即使该迟延是由承保风险引起的；

（6）船舶的所有人、经理人、承租人或经营人的破产或经济困境产生的损失、

损害或费用；①

(7)因使用原子或核裂变和/或聚变或其他类似反应或放射性力量或物质所制造的战争武器产生的损失、损害或费用。

B 条款和 C 条款还将"恶意损害"作为除外责任，表明 A 条款的承保风险包括恶意损害。

上述 7 项普通除外责任中，后两项是新增加的。本条款排除核战争武器危险，协会货物战争险条款排除核战争武器的"敌对性"使用危险，但核战争武器的非敌对性使用危险也不是协会货物战争险条款列明承保的危险，故可知任何核战争武器危险，皆不在货物保险人的承保责任范围之内，而民用核电站意外泄漏造成的货物辐射损失，在 A 条款下保险人仍有赔偿责任。

另一项新增加的除外责任更加重要，表明保险人不愿意赔付非海损造成的承运人中途放弃履行航次而产生的续运货物的费用。造成承运人中途停运的情况有很多种，例如，承运人船东经济状况很差，无钱加油；二船东拿到预付运费后就无影无踪，船东拿不到租金或运费；船东担心目的港扣船而改挂其他港口等。发生了这些情况，货方可能被迫再付一次运费，以求将货物运抵目的港。如果无上述第 6 项除外规定，不法滞留货物就属于 A 条款承保的风险，②保险人就有责任赔偿续运货物的费用。

货方对这个新增加的除外规定很不满意，一些贸易协会就同伦敦海上保险市场协商将此除外规定予以修改，限制在被保险人知道或应该知道上述阻止正常履行航次的情况的范围内，而且不约束善意的保险单受让人。③ 这对 CIF 买方很有利，也很合理。

5.不适航和不适合除外条款

本条规定在 1963 年条款中"适航承认条款"的基础上，主要针对现代运输方式中，货方自己装箱，或用自己的拖车运送集装箱货物等情况，规定如果在货方可以控制的范围内，集装箱或拖车不适合于安全运输或积载不良，对因此而造成的货损，保险人就有权拒赔。

人保财险现行《海洋运输货物保险条款》，将被保险人的过失或发货人的责任作为除外责任，可以说除外的范围更广，足以包含 1981 年协会货物保险条款中新增加的上述除外规定。

---

①2009 年 1 月 1 日条款将其限制在装船时被保险人知道或应当知道,此种破产或经济困境可能阻止航次的正常执行。

②London & Provincial Leather Processes v. Hudson (1939) 64 Ll.L.Rep.352.

③Institute Commodity Trades Clauses (5/9/83);Institute FOSFA Trades Clauses (1/7/85) etc.;2009 年条款采用了同样的限定。

考虑到国际贸易常采用 CIF 方式,托运或租船皆由卖方安排,买方无法控制,而货物在启运港装上船舶后的风险由买方承担,买方作为保险单的受让人却受保险人对卖方的私谋抗辩的限制,对买方来讲缺乏保险保障,故一些贸易商协会也和伦敦海上保险市场谈判,将本条除外条款第(1)项(Cl.5.1.1)修改为不约束善意的保险单受让人,2009 年 1 月 1 日条款也做了相同的限定,而对于被保险人(卖方)可以控制的集装箱及陆上运输工具的不适运(包括积载不当)造成的货损,保险人对保险单受让人(买方)仍有权拒赔。

我国《海商法》未规定航次保险须默示保证船舶适航,故在人保财险《货物运输保险条款》中无须规定保险人承认船舶适航,不以此法定默示保证对抗被保险人,但被保险人也不能对船舶不适航有私谋。

6.战争除外条款

新的"战争除外条款"取代旧的含义复杂的"不保捕获和扣押条款"(Free of Capture & Seizure Clauses,简称 F.C.& S.Cl.);被本条除外的风险,由新的"协会货物战争险条款"[Institute War Clauses (Cargo)]予以承保,货方须另行安排投保。须注意的是,"海盗"(Piracy)险只有 A 条款承保。各战争危险的含义,在本节下文"协会货物战争险条款"中分析。

7.罢工除外条款

在保险责任期间方面,协会货物罢工险条款与协会货物保险条款是一致的;而在风险方面,本条所除外的风险,并没有完全被协会货物罢工险条款所承保,主要表现在协会货物罢工险条款不负责基于航程受阻或丧失所造成的续运货物的费用方面。

2009 年 1 月 1 日条款增加了 Cl.7.4,将除外范围扩大到出于伦理或宗教动机行事的任何人造成者。

8.运送条款

本条共 3 款,第一款是普遍适用的规定,第二款和第三款分别规定了两类特殊情况下的保险效力问题。

第一款规定了保险责任的"开始"(Attach)、"连续"(Continue)和"终止"(Terminate)。

货物要离开起运地开始运送,保险责任才开始。在起运地装上运输工具过程中发生的损害,不是本保险的责任。离开制造厂商仓库到包装处所进行为安全运输目的而包装,也不构成保险责任的开始;但货物进集装箱货运站(CFS)装箱的过程,却在本保险责任期间内。

保险责任在"通常运送过程中"(Ordinary Course of Transit)连续。通常运送过程是指以习惯方式运输,沿着通常的运输路线,合理快速地将货物运抵目的地。如果实际运送过程发生非通常事件,保险责任便依英国《1906 年海上保险法》的有关规定终止,除非依本条款其他规定本保险继续有效(如 Cl.8.3),或得以续保(如 Cl.8.2、Cl.9 和 Cl.10)。保险责任的终止,以先发生者为准,有下述 3 种情形:

(1)在保险单载明的目的地货物交付到收货人的或其他最后仓库或储存处所。货物进入最后仓库后的风险,不在本保险的责任期间内。

(2)货物运到被保险人用作非通常运输过程中的储存,或用作分配、分派的仓库或储存处所。

(3)货物在最后卸货港全部卸离后届满 60 天。这个 60 天是所谓"截止期"(Set-off Period),要求收货人在此期限内开始从最后卸货港转运货物至保险单载明的目的地。

本条第二款规定,如果货物在最后卸货港卸下后被转运到其他目的地,则从开始转运起,本保险终止,而且也受上述 60 天截止期的限制。

本条第三款改变了英国《1906 年海上保险法》的有关规定,即如果延误、绕航、被迫卸货、转船或转运,以及承运人根据运输合同所做的任何航海上的变更是被保险人无法控制的,本保险的效力就不受影响,被保险人无须通知保险人,也无须另付保险费。但是,人保财险现行《海洋运输货物保险条款》要求被保险人办理续保;如果货物运到了非保险单载明的目的港,但实务中并未如此苛刻。

2009 年 1 月 1 日条款对运送条款有一些小的修改。[①]

9.运输合同终止条款

本条主要针对被保险人无法控制的运输合同在中途终止,终止的原因可能是航程受阻或船东放弃航程(不管是否合法)。在这种情况下,被保险人须办理续保,否则本保险从运输合同终止时起终止。在续保后,货物须在 60 天内开始转运,从船舶抵达时起算;如果在上述 60 天内货物在航程终止地变卖并交付给了买方,本保险即行终止。

10.航程改变条款

本条规定针对保险责任开始后,被保险人改变目的地的情况。在这种情况下,依英国《1906 年海上保险法》第 45 条的规定,自改变目的地时起,保险人得解除责任。本条规定改变了此一法律规定,被保险人有权安排续保。2009 年 1 月 1 日条款增加了 Cl.10.2,改变英国《1906 年海上保险法》第 44 条对被保险人的不利规定。

与 1963 年条款相比,本条规定没有允许被保险人在船名、货物、航程等申报

[①]杨良宜,汪鹏南.英国海上保险条款详论(第 2 版).大连:大连海事大学出版社,2009,pp.614～615.

错误时安排续保,故被保险人须注意在"预约保险合同"(Open Cover)中保留这一权利。

人保财险现行《海洋运输货物保险条款》在这方面类同协会1963年货物保险条款的规定,既允许改变航程,又允许更正错误,只要迅速通知保险人,并接受支付应加收的保险费。

11.保险利益条款

本条规定重申了保险利益原则,并保留了"损失或未损失条款"(Lost or Not Lost Clause)的精神和内容。

本条规定使保险单具有溯及既往的法律效力,只要损失发生在保险期间,当时的被保险人有保险利益,保险人就不能以投保时损失已发生或存在"Common Mistake"来拒赔,除非投保时被保险人知道损失的发生而保险人不知道。

12.续运费用条款

本条规定认同了普通法中的一个重要原则:海上货物运输保险的保险人所承保的不仅仅是货物的有形财产的完好,还包括运送该货物的航程的完成。在承运人放弃运送的情况下,保险人应补偿被保险人为把货物续运到目的地所支出的费用。如果无法续运,便构成推定全损。

本条规定将保险人的责任限于"本保险承保的风险作用的结果",在B条款或C条款下可能对被保险人很不利,再结合本条款上述第9条的规定,从被保险人立场上看,一旦发生航程在中途终止的情况,被保险人要迅速通知保险人并要求保险人承诺将补偿为将货物运抵目的地所支出的费用。人保财险现行条款未对续运费用做任何限定,在解释上将对被保险人有利。

13.推定全损条款

本条规定重申英国《1906年海上保险法》第60条和第62条的规定,旨在提醒被保险人推定全损的构成须按照英国的法律和惯例。

14.增加价值条款

这是一个新增订的标准条款,改变了英国法律,使得"原始保险"(Primary or Original Insurance)与"增值保险"(Increased Value Insurance),在支付保险赔偿和享受追偿所得两方面处于完全平等的地位——以保险金额作为分配的基础。简言之,本条规定具有将各保险单的保险价值合并为一个保险价值的法律效力,使每一保险合同与保险货物的全部价值相关联,并与每一保险合同的保险金额发生关系,达到"比例赔付、比例追偿"的法律效果。

人保财险的保险条款中没有这样一个条款,可能是因为国内保险公司很少涉及货物增加价值保险的业务。

15.不适用条款

本条规定也有译作"不受益条款"的,其目的是保护货物保险人对承运人或其他货物保管人的代位求偿权不受损害,更准确地说,是保留在保险人的代位求偿权受到损害时向被保险人反索赔的权利。2009 年 1 月 1 日条款的修改"保险受益"条款,使之更明确。

16.被保险人的义务条款

本条规定在"施救费用条款"(Sue & Labour Clauses)的基础上,增加了被保险人有义务保护保险人的代位求偿权的规定。

被保险人根据本条规定向保险人索赔,须同时满足下述 3 个条件,即:

(1)损失或不幸已经发生或已开始起作用,而需要花费一些开支来减少或避免本保险承保的损失;

(2)费用是被保险人、其雇员或代理人所支出的;

(3)费用的产生仅仅关系到保险货物,而不是为了同一运送中的共同利益。

被保险人根据本条的索赔是额外的,具有附加合同的性质。

被保险人违反本条规定的义务时,保险人有权向被保险人提出反索赔。

17.弃权条款

本条规定使保险人可以放心大胆地插手施救行动,不致被解释为已接受了委付。

18.合理速办条款

本条规定是对英国《1906 年海上保险法》第 48 条的重申,要求被保险人在其力所能及的范围内,采取合理快速的行动,避免运送延迟。

19.英国法律和惯例条款

这个条款是 1982 年 1 月 1 日后实施的新的协会海上保险条款所共有的(除供美国保险单格式使用者外),因为不再使用劳氏 S.G.保险单。如果没有这样一个条款,就可能失去适用英国法律和惯例的大背景。

20.注意事项

提示被保险人"续保"(Held Covered)的先决条件是知情后迅速通知保险人,防止被保险人取巧,在发生损失后才寻求续保而逃避支付附加的保险费。

三、协会货物战争险保险条款

船舶的战争险和罢工险是合在一起承保的,但货物的战争险条款与罢工险条款是分开的。其原因是按所谓"水运战争条款",原则上保险人不承保货物的陆上风险,在货物战争险条款中需要对运送条款进行修改,而协会货物罢工险保险条款在保险期间方面仍与协会货物保险 A、B、C 条款一致。

1982 年 1 月 1 日和 2009 年 1 月 1 日协会货物战争险保险条款共有 14 个条款:

(1)危险条款;

(2)共同海损条款;

(3)普通除外条款;

(4)不适航和不适合除外条款;

(5)运送条款;

(6)航程改变条款;

(7)首要条款;

(8)保险利益条款;

(9)增加价值条款;

(10)不适用条款;

(11)被保险人的义务条款;

(12)弃权条款;

(13)合理速办条款;

(14)英国法律和惯例条款。

其中第 4 条、第 6 条、第 8 条至第 14 条与 ICC 的同名条款的措辞完全相同,当然施救费用(第 11 条)受第 1 条(危险条款)的限制,实质上与 ICC 不同。

第 7 条用黑体字提示被保险人注意第 3 条第七款(航程受阻除外)、第 3 条第八款(核武器的敌对性使用除外)及第 5 条(运送条款)有超越任何其他保险条款的效力,实际上是首要条款。下文主要分析与 ICC 不同的条款。

1.风险条款

本条承保的风险是有限的,被 ICC 除外的战争风险并未全部由本条款予以承保,主要有两点限制:一是本条款只承保保险标的因战争危险造成的"损失"(Loss)或"损害"(Damage),不保"费用"(Expenses),第 3 条第七款明确排除基于航程受阻或丧失引起的续运费用或推定全损索赔,但共同海损、救助费用及施救费用分别由第 2 条和第 11 条有限制地承保;二是本条第二款承保的捕获、扣押、扣留等危险,限于本条第一款承保的战争、内战、造反等危险引起者,即本条款并未列明承保行政行为引起的扣留、羁押等危险。

2.共同海损条款

本条规定与 ICC 的同名规定有微妙的差别,即本条款只承保列明承保危险引起的或与之相关的共同海损牺牲、分摊或救助费用,即与英国《1906 年海上保险法》的规定一致。

3.普通除外条款

与 ICC 的相应规定相比,本条款增加了对"基于航程或冒险的丧失或受阻的任何索赔"这一项除外责任,从而改变了普通法的位置。

值得注意的是,本条款并未排除任何与航程或冒险的丧失或受阻有关的索赔,而只排除了只能根据航程或冒险丧失或受阻所提出的货物保险索赔。

4.运送条款

本条规定相当复杂,按照前 3 款的规定,保险责任自保险货物在起运港越过船舷时才开始,其终止不晚于船舶到达最后卸货港或地点后 15 天;在中途港续运的期限也是 15 天,而且必须办理续保,至续运开始时恢复本保险的效力。

按第四款的规定,如果用驳船向海船装货或卸货,本保险承保货物在驳运期间的水雷、鱼雷风险,但在接卸时,不超过卸离海船后 60 天。

第五款规定在任何非正常运输发生时,被保险人皆须办理续保,方能使保险合同继续有效。这一规定也不同于 ICC 第 8 条第三款,对被保险人不利。

▌第六节▌　海上货物运输保险的理赔与追偿

保险理赔是指处理保险索赔的全过程,包括损失通知、保险索赔、损失确定、责任审定、赔款计算和赔款给付等 6 个环节。保险理赔是海上货物运输保险合同履行的关键性方面,对合同双方的权益及保险人的信誉有重大影响。

保险追偿是对第三责任人(如承运人、货物保管人)进行索赔,平均而言,货物保险赔偿的 1/4 左右可以通过追偿获得弥补,对保险人的营业利润及保险费率都有重要影响,为各国海上货物保险人所重视。

一、保险索赔的注意事项

根据货物保险单尽快获得全部保险赔偿,是货物被保险人所期待的,但被保险人应了解,这一期待的实现,除取决于保险人的信誉和理赔质量外,还取决于被保险人的保险索赔质量及被保险人对保险条款中被保险人义务的遵守。

人保财险 2009 版《海洋运输货物保险条款》第 4 条规定被保险人负有下列义务:

(1)及时提货;

(2)发现货损货差及时通知保险人或其指定的保险代理人,以便安排检验;

(3)及时向承运人、保管人及有关当局(海关、商检、理货公司、港务局等)索取货损货差证明;

（4）及时向承运人、保管人等第三责任人提出书面货损货差索赔；

（5）必要时取得第三责任人关于延长时效的认证；

（6）迅速采取合理的施救措施；

（7）在承运人根据运输合同中的"双方有责碰撞条款"索赔时，及时通知保险人；

（8）在向保险人索赔时，提供下列单证：保险单正本、索赔清单、货损货差证明、检验报告、发票、装箱单、磅码单、提单、向第三责任人追偿的有关文件。

在伦敦保险市场上使用货物保险单正面，由红色的"IMPORTANT"字样提示被保险人注意履行损害通知义务和索赔时应向保险人提交的文件，被称为"Red-line Clause"。日本海上保险市场也使用类似格式的"重要条款"（Important Clause）。

二、保险人的核赔程序

为了确保理赔质量，中国人民保险公司在长期的实践中已总结出一套行之有效的核赔程序，具体包括如下 6 个步骤。

1.立案

检查保险单及批单底单，填写赔案登记簿。

2.审核

核查被保险人的索赔单证是否齐全，索赔人是不是正本保险单持有人，是否享有保险合同的利益，保险是否合法，是否具有保险利益，是否违反告知义务，是否违反保证，是否将货物装于舱面，是否及时通知了保险人，损失的发生是否在保险期间内，损失的原因和性质是什么，施救措施和费用是否合理，向第三人追偿的可能性及实际追偿情况等。

3.损失核算

审查被保险人要求赔付的损失是否与检验报告相符，不同性质的损失是否分别计算，是否混淆了毛重和净重，是否已扣除免赔率或自然损耗，代理及检验费用是否合理等。

4.赔款给付

要缮制赔款计算书一式三份，填制赔款收据和代位求偿权证明，要求被保险人签字、盖章后退回，并拟写赔付函件。

5.损余处理

一般折价从保险赔偿中予以扣减。

6.归档

制作完整档案，供追偿和备查。

三、保险赔款的计算

1.全部损失(全损)

(1)对定值保险单

$$保险赔款＝保险金额,但不超过约定保险价值$$

(2)对不定值保险单

$$保险赔款＝保险金额,但不超过投保时的货物价值与保险费之和$$

(3)救助损失

$$保险赔款＝保险金额－中途变卖货物的所得(扣除变卖费用后)$$

2.部分损失(分损)[①]

(1)数量损失(部分货物全损)

$$保险赔款＝(受损货物件数或重量[②]/承保货物总件数或总重量)×保险金额$$

(2)质量损失(全部或部分货物贬值)

$$保险赔款＝保险金额×贬值率$$

$$贬值率＝(货物完好价值－受损后的价值)/货物完好价值$$

(3)修理费用

货物遭受部分损失时,被保险人有合理减少损失的义务,如果修理费用或更换受损部件的费用小于贬值,保险人可选择赔偿修理费用或更换受损部件的费用。

四、保险追偿的程序

海上货物运输保险追偿的对象一般是海上货物运输的承运人,保险公司的追偿人员需熟悉与海上货物运输相关的法律、国际公约,了解海事诉讼、仲裁程序,并具有选择和监督海损检验人、海事律师及海事顾问的能力。

1.中国人民保险公司建立的保险追偿手续

(1)立案登记与审核;

(2)索赔催办(文件索赔);

(3)财产保全、诉讼或仲裁;

(4)结案归档。

2.在货物保险追偿中经常出现的问题

(1)对承运人的识别出现错误,如索赔对象实际上是承运人的代理人或管理人,各国对 Demise Clause 的效力认定不一等;

---

①暂不考虑不足额保险或超额保险。

②需先扣除"免赔率"(excess)或通常损耗。

（2）时效丧失，如有些国家不承认当事人协议延长时效的法律效力；

（3）索赔主体错误，例如根据我国法律，保险人在取得代位求偿权后须以自己的名义追偿，但根据英美法，仍只能以被保险人的名义索赔；

（4）忽视了运输合同中有效的仲裁条款，不当提起诉讼被法院驳回或中止；

（5）胜诉判决或仲裁裁决无法执行，因未及时取得担保，而船东更换或找不到承运人的财产；

（6）承运人成功援用责任限制，如印度尼西亚等国家船东责任限制极低，或美国采用船价制而承运船已灭失等。

因此，当货损较大时，保险人应注意及时采取扣船和证据保全措施，以充分保护其代位求偿权。

第七节　国内水路运输货物保险条款及理赔

目前，国内水路运输货物保险所适用的保险条款是中国人民保险公司 1997 年 7 月试行的《水路货物运输保险条款》，所使用的保险单为"水路货物运输保险单"。2009 版在被保险人的义务和赔偿处理等方面做了一些调整。

本保险分"基本险"和"综合险"两种，皆为列明风险，不是一切险，但综合险的承保范围更广，故在保险单中须明确承保险别，以避免误解和争议。

1."基本险"承保的风险

（1）火灾、爆炸、雷电、冰雹、暴风、暴雨、洪水、地震、海啸、地陷、崖崩、突发性滑坡、泥石流；

（2）船舶发生碰撞、搁浅、触礁或桥梁、码头坍塌；

（3）因以上两款所致船舶沉没失踪；

（4）在装货、卸货或转载时，因意外事故造成的损失；

（5）按国家规定或一般惯例应承担的共同海损牺牲、分摊和救助费用；

（6）在发生上述灾害事故时，因纷乱造成货物的散失以及因施救或保护货物所支付的直接合理的费用。

值得说明的是，本条款未笼统地承保自然灾害或意外事故；碰撞限于与他船或其他运输工具碰撞；搁浅包括擦浅，也应包括坐浅。暴风是指 8 级以上大风，在解释上应包括阵风 8 级。

2."综合险"的承保风险

"综合险"在"基本险"的基础上，还承保被保险货物的下列风险：

（1）因受碰撞、挤压而造成货物破碎、弯曲、凹瘪、折断、开裂的损失；

（2）因包装破裂致使货物散失的损失；

（3）液体货物因受碰撞或挤压致使所用容器（包括封口）损坏而渗漏的损失，或用液体保藏的货物因液体渗漏而造成该货物腐烂变质的损失；[①]

（4）遭受盗窃的损失；

（5）符合安全运输规定而遭受雨淋所致的损失。

粗略地说，"综合险"是在"基本险"的基础上加保了"碰损、破碎险""渗漏险""盗窃险""雨淋险"。

受损包括本身的修补或更换，而其他货物渗漏造成的湿损或沾污、出汗、淡水管破裂或污水井、压载水溢出造成的湿损（淡水险）、浪损、货物覆盖不合格造成的雨淋、雪融等风险，皆不在综合险的承保范围之内，当然更不在基本险的承保范围之内。

3.保险人的约定除外责任

（1）在保险责任开始前已存在的品质不良或数量短差（原残）；

（2）自然损耗；

（3）本质缺陷、特性引起的污染、变质、损坏；

（4）投保人、被保险人的故意行为或违法犯罪行为；

（5）属于发货人责任引起的损失；

（6）战争、军事行动、扣押、罢工、哄抢和暴动；

（7）船舶本身的损失；

（8）市价跌落、运输迟延造成的损失。

4.保险责任起讫

国内货运险的保险责任期间一直实行"仓至仓"责任制度，自签发保险单凭证后，保险货物运离起运地发货人的最后一个仓库或储存处所时起，至该保险凭证上注明的目的地的收货人在当地的第一个仓库或储存处所时终止；但保险货物运抵目的地后，如果收货人未及时提货，则保险责任的终止期最多延长至保险货物卸离运输工具后的 15 天为限。

在解释上，保险责任的开始，对有预约保险合同的货物，是从保险货物运离起运地发货人最后仓库或储存处所时开始，哪件货物为"运离"而装上主要或辅助运输工具，保险责任就开始了。但对无预约保险合同的货物，保险责任的开始还以已签发保险凭证为条件。[②] 但案例并不稳定，货物被保险人须小心。此规定极不

---

①不包括其他货物腐烂变质的损失。

②对此海事法院可能做不同的理解，例如《海事审判》1994 年第 1 期第 45 页刊载的"钜海"船货损保险合同纠纷案中，海事法院认为承保货物虽于货物装船完毕才出具保险单，但保险责任依法从货物装船时就已开始了。

合理。

托运人或被保险人将货物运送到"托运打包站"进行运输包装并委托其代办托运业务的,则该"托运打包站"为起运地的最后一个仓库或储存处所。该货物在"托运打包站"存放待运期间,货运险保险责任尚未开始,货方应考虑另行投保仓储险或企业财产险。

收货人在目的地的仓库包括收货人自有的、租用的或借用的仓库或寄存处所,货物一抵达第一个此种仓库或储存处所,保险责任就终止了,原则上是哪件货物一着放,哪件货物的保险责任就终止。"当地"是就国家行政区划的市、区或县而言。如果收货人将货物就地(目的地车站、码头)直接调拨或出售给其他单位,或者转运到其他地区,则保险责任应在货物从车站、码头仓储场所提出时终止。①

【案例 4-8】 "东华 8 号"船保险责任期间争议重审案(2001)大海法商初字 284 号。

本案中,1995 年 7 月 30 日合发公司代原告长城公司与港务局签订了海上货物运输合同,并委托港务局为 1 550 吨方解石办理从丹东到连云港的水路货物运输综合险。该批货物自 8 月 2 日至 8 月 4 日陆续由岫岩经公路运至港务局所属浪头港港区。8 月 4 日,港务局作为保险公司的代理人,代保险公司向原告签发了保险凭证。因海面有雾,港务局为原告安排的"东华 8 号"船未能按约定期限受载。8 月 8 日,洪水袭击浪头港,原告存放在港区的货物有 886 吨被海水淹没受损,丧失了使用价值。大连海事法院重审本案后认为,从岫岩至丹东浪头港陆运期间,发货人是合发公司,不是保险凭证上的(原告)被保险人长城公司。货物运至浪头港后才签发保险凭证,起运地也是浪头港,故保险责任期间的开始时间应是堆存在港区的货物装船之时。由于货物在"运离"发货人的最后一个仓库或储存处所前受损,保险责任尚未开始,故保险公司有权拒赔。

实务中,人保财险可能习惯上接受起运港前陆运阶段的风险(若干列明承保的自然灾害、碰撞、挤压和盗窃等),包括装船前在港区存放待运期间的风险,即使保险凭证上记载起运地为某港口而非其内陆发运地。在进出口海运货物保险中,人保财险也有类似的"习惯"做法。但严格依保险条款而言,起运地应为保险凭证上所载明者,其他保险公司不受人保财险上述习惯做法的约束。②

5.保险金额的确定

保险金额的确定,按本条款有两种方式:一是依起运地的"货物实际价值";二是依"货价加运杂费"。但是为获得充分的保险保障,被保险人应该可按货价加运

---

① 魏原杰、吴申元.中国保险百科全书.北京:中国发展出版社,1992,p.169.另见中保财产保险有限公司水路货物运输保险条款解释(试行稿)。

② 参见本章第二节第三部分【案例 4-2】中最高人民法院的提审判决意见。

杂费,再加上保险费及适当的预期利润来投保。

如果保险金额是按"货价"确定的,在发生全损时,被保险人最高也只能获得他当时在起运地买入价的经济补偿,不能索赔运杂费、保险费或利润,这与不足额保险的概念是吻合的。

目前,国内货运险大都按"货价"确定保险金额,发生部分损失时,被保险人的索赔常考虑了运杂费、保险费和利润因素,保险人有权予以剔除。[①]

6.保险索赔与追偿

为便利保户,中国人民保险公司自 1989 年 10 月 1 日起,对索赔额在 2 000 元人民币(此限额可能调整)以下的国内货运险案件(占总索赔案件的 80%),在全国范围内实行"代查勘、代理赔"方法(简称"双代"),被保险人如发现货损,应在 10 天内向当地保险公司报案并申请检验。

当地保险公司应及时进行单证、索赔人资格、保险责任和定损等方面的审查,认为符合赔付条件的,即可进行赔额计算。对超出权限(2 000 元人民币)的赔案,货物出险地公司须在查勘现场后 2 日内,将有关情况电告承保公司。最近各主要保险公司还实行了全国统一的保险索赔通知电话号码。

另按最高人民法院法释〔2001〕18 号和〔2002〕民四他字第 13 号复函,沿海货物运输也适用《海商法》关于货物运输诉讼时效为 1 年的规定,自承运人交付或者应当交付货物之日起计算;承运人起诉托运人、收货人也适用这一时效规定。

---

①金正佳,翁子明."临信运 06 号"船舶搁浅货物保险索赔案//中国海事审判的理论与实践.深圳:海天出版社,1993,p.238.

第五章　船舶保险合同

本章详细分析目前正在使用的中国人民财产保险股份有限公司 2009 版《船舶保险条款》《船舶战争、罢工险保险条款》，并讨论中国人民财产保险股份有限公司《沿海内河船舶保险条款》（2009 版）和《渔船保险条款》（2009 版）；同时简要地比较分析英国《协会船舶定期保险条款》和 2003 年 11 月 1 日推出的《国际船舶保险条款》。本章还补充介绍了船舶建造保险与修船责任保险及船舶保险事故的处理。本次修订增加了对船舶建造保险和修船责任保险的介绍。

▌第一节▐　船舶保险条款

国内保险公司供在国际航线上营运的船舶投保的现行条款是 2009 版《船舶保险条款》（Hull Insurance Clauses），此外还有限于沿海内河船舶使用的《沿海内河船舶保险条款》和专供渔船使用的《渔船保险条款》，后两套条款分别在本章第四节和第五节予以介绍。

2009 版《船舶保险条款》由下述 11 个条款组成：

（1）责任范围；

（2）除外责任；

（3）免赔额；

（4）海运；

（5）保险期限；

（6）保险合同的解除；

（7）保费和退费；

（8）被保险人义务；

（9）招标；

（10）索赔和赔偿；

（11）争议的处理。

本条款是用外币或人民币支付保险费投保的远洋船舶保险条款，又称涉外业务船舶保险条款，是在中国人民保险公司 1972 年 1 月 1 日船舶保险条款的基础上增订修改的，参考了 1983 年 10 月 1 日修订的协会船舶定期保险条款。但沿海船舶也可按此条款承保,只要保险人接受;反之,双方可约定对远洋船舶按沿海内河船舶保险条款承保,但保险责任范围会明显不足。2009 版是按新《保险法》要求进行的定法性修改,修改后对被保险人更有利一些。保险责任和责任免除没有修改。

对于保险人应明示告知的内容,在条款中以黑体标出。

本条款首先明确了作为本保险保险标的的船舶的范围,即船舶包括其船壳、救生艇、机器、设备、仪器、索具、燃料和物料。注意在船舶期租的情况下,船舶的燃料和部分物料属于承租人,船东无保险利益,需要承租人另行投保。但也可约定由同一保险人承保。

本条款的特点之一是合并规定"全损险"(Total Loss Only)和"一切险"(All Risks),并且合并规定"定期保险"(Time Insurance)和"航次保险"(Voyage Insurance),因此在保险单中需明确承保的险别为全损险还是一切险,并明确保险期间(如 12 个月,或单一具体航次)。

被保险人投保全损险时,还可选择附加投保 4/4 碰撞责任、共同海损及救助费用、搁浅引起的部分损失和施救费用等 4 个常见的附加险。

一、责任范围

对保险标的本身的损失,不管是全损险还是一切险,皆为"列明风险"(Named Risks)性质的,一切险的责任范围是在全损险的责任范围的基础上,加上相同的列明承保危险造成的保险船舶的部分损失,以及 4/4 碰撞责任、共同海损和救助费用以及施救费用,而全损险只承保列明承保危险造成的保险船舶的全损。[①] 附加投保后是否扩及赔偿防止或减少非全损损失的施救费用,还有待司法实践。

1.列明的承保危险

(1)地震、火山爆发、闪电或其他自然灾害。各种自然灾害皆是本保险的承保危险。自然灾害不常发生,但一旦发生,就可能造成同一水域多艘船舶全损,如 1998 年 6 月发生在印度西海岸 Kandla 港的热带气旋,2002 年 2 月的"LILLI"飓风等。

【理赔实例 5-1】　"智海"船 1989 年 6 月 21 日在南通港卸货时,遇长江上游水急泻,造成断缆 11 根,中国人民保险公司同意赔付 6 根新缆及有关检验费用,青岛远洋公司得到保险赔款 22 673.30 美元。[②]

---

①与全损险有关的施救费用是《海商法》第 240 条规定的保险人的法定保险赔偿责任,故作者认为施救费用亦在全损险的责任范围内,无须附加投保。

②本节理赔实例主要选自:张铁鞠,霍团结.涉外保险案例选编.成都:西南财经大学出版社,1994;中国人民保险公司 1982 年编.船舶海损案例汇编;广州远洋公司 1980 年编.海务资料"船舶保险海事条例"专辑;迟建恺.青远船舶保险资料.青岛远洋,1990。

（2）搁浅、碰撞、触碰任何固定或浮动物体或其他海上灾害。各种"海上灾害"（Perils of the Seas）（如恶劣天气）皆是本保险的承保危险，最为常见，占到船舶保险损失的一半以上。但被保险人要证明诸如搁浅、碰撞这些海上事故之外的海上灾害也并非易事。例如，船舶在非特大风浪天气情况下突然沉没，船东就很难证明损失的原因是海上灾害。

【理赔实例 5-2】 "神泉海"船 1986 年 7 月 22 日在北海锚地卸货期间突遇强阵风，走锚搁浅，车叶受损，青岛人保赔付在香港修理车叶的修理费等 18 549.40 美元。

【理赔实例 5-3】 "安达海"船 1987 年 3 月 5 日在芬兰乌西考蓬基港进出港时被冰挤撞严重受损，青岛人保赔付青远修理费 192 136.35 美元。

【理赔实例 5-4】 "泉州海"船 1988 年 1 月 10 日在白令海航行期间遇大风浪，船舶属具、救生筏严重受损，人保赔付 5 500.09 美元。

【理赔实例 5-5】 "星宿海"船 1987 年 10 月 31 日在进克拉港时擦碰灯桩立柱，该船亦受损，港口当局在当地法院起诉船东，经努力达成庭外和解，人保赔付灯浮损失、船舶修理费和律师费共计 197 943.46 美元。

【理赔实例 5-6】 "大石桥"船 1978 年 4 月 4 日在连云港二码头四泊位卸货，2130 时发现坐浅，至 8 日 1530 时，每次低潮均坐浅，共坐浅 8 次，后进坞检验发现船底列板有凹损，对修理船底凹损费用，广东人保拒赔，因坐浅不是保险事故。

【理赔实例 5-7】 "幡龙"船与"IRAN EJTEHAD"船 1991 年 6 月 13 日在日本海域发生碰撞，"蟠龙"船全损，营口人保赔付营口海运公司全损保险金 230 万美元。

（3）火灾或爆炸。这也是重要的承保风险，平均损失达到船舶保险赔偿总额的 1/5 至 1/4 之多。2002 年在日本名古屋一船厂发生的 M/V "Diamond Princess"火灾案，损失达 4 亿美元之巨。

【理赔实例 5-8】 "宜昌"船 1991 年 1 月 29 日在马尾港，由于船长卧室天花板的照明线路老化引发火灾，估计修理费高达 660 万元人民币。该船由平安保险公司承保，但只自留 25%，75% 分给了人保，后平安、人保与广远同意按协议全损赔付，由平安和人保赔付广远 102 万美元，估计残值 48 万美元由广远自行处理。

【理赔实例 5-9】 "大庆 245"船 1986 年 10 月 18 日在青岛黄岛油码头系泊期间发生爆炸，造成船舶全损。

（4）来自船外的暴力盗窃或海盗行为。

（5）抛弃货物。被抛弃的货物可能作为共同海损，抛弃货物造成的保险船舶的损害属于本保险承保的风险。

（6）核装置或核反应堆发生的故障或意外事故。

(7)其他因素：

①装卸或移动货物或燃料时发生的意外事故。

【理赔实例 5-10】 "泰白海"船 1988 年 7 月 7 日在蛇口港卸货时,装卸工损坏了船上 3 号起重机,中国人民保险公司赔付青远克令吊修理费 5 446.52 美元。

②船舶机件或船壳的潜在缺陷。

【理赔实例 5-11】 "珠海"船 1988 年 2 月 16 日在上海宝山锚地抛锚时,右锚及 7 节锚链丢失,中国人民保险公司赔付青远19 944.33美元。

【理赔实例 5-12】 "登隆海"船 1987 年 9 月 20 日在中国南海航行期间,2 号机油泵的考培林联结螺丝损坏,主机因断油造成损坏,中国人民保险公司赔付青远主机修理费、检验费共计260 398.13美元。

【理赔实例 5-13】 河北远洋"永顺"船 1995 年 5 月 20 日在南太平洋航行途中主机轴瓦彻底损坏,初步认定事故原因与安装主机时未按说明书要求用专用工具测量、滑油中有杂质等有关,更换主轴及拖带施救费用逾 300 万美元,人保预付 100 万美元,同时申明:一旦核实主机事故原因是不适航或船东有过失,人保将保留向其追回预付款的权利。

③船长、船员有意损害被保险人利益的行为。

④船长、船员和引航员、修船人员及租船人的疏忽行为。

【理赔实例 5-14】 "金路"船(M.V."Gold Path")1991 年 7 月 11 日在仁川空放青岛航行途中,值班轮机员未及时发现主机滑油失压且处置不当,致使主机轴瓦破坏,发生修理费 303 446 元人民币和备件费 11 万多马克,由大连人保赔付船东。

⑤任何政府当局,为防止或减轻因承保风险造成被保险船舶损坏引起的污染,所采取的行动。

上述第①项至⑤项承保风险,须不是被保险人、船东或管理人未恪尽职责造成的。

2.一切险承保的责任和费用

除了保险船的全损(实际全损或推定全损)和单独海损外,一切险还承保保险船舶的船东对他船、他物或货物所承担的碰撞责任、船舶应分摊的共同海损或救助费用以及施救费用。

(1)碰撞责任。本保险一切险条款既承保保险船舶与他船相碰的船舶碰撞责任,也承保保险船舶触碰任何固定的、浮动的物体或其他物体(如码头、灯浮、浮吊和桥梁等)而引起被保险人应负的法律赔偿责任。

英国协会船舶保险全部条件条款只承保保险船舶与其他船舶发生碰撞所引起的被保险人应负的法律赔偿责任,不承保触碰其他物体的风险,而且只承保船舶碰撞责任的 3/4，另 1/4 船舶碰撞责任需要由船东另行安排投保，如由船东互保协会承保。此外，在责任限制方面，人保财险的保险条款以保险金额为限，而协会条款是以保险价值为限。但 2003 年 11 月 1 日"国际船舶保险条款"（IHC：International Hull Clauses）允许协议承保 4/4 船舶碰撞责任和与船舶以外的物体触碰的责任。

船舶保险人承保的碰撞责任和触碰责任风险，独立于船舶保险人承保的其他风险，是为了船东投保的便利，在船舶保险这一财产保险唯一附带承保的责任保险。此项承保风险的独立性主要表现在它不受本保险列明承保的危险的制约，也不受被保险人、船东或管理人须恪尽职责的限制，但本保险条款的其他各条，尤其是第 2 条（除外责任）、第 4 条（海运）、第 5 条（保险期限）、第 6 条（保险终止）、第 8 条（被保险人的义务）、第 10 条第六款（姊妹船）以及第 11 条（争议的处理），也同样约束此项承保风险，可见本条款中第 1 条第二款第（1）项（碰撞责任）并非一个完整的保险条款。

依据本条款，船舶保险人并未承保全部碰撞或触碰责任风险（虽然可相对称为 4/4 碰撞及触碰责任条款），因为一方面本条款将若干项碰撞或触碰引起的被保险人应承担的法律赔偿责任作为保险除外责任；另一方面，船舶保险人根据本条款对每次事故所负的保险赔偿责任以一个保险金额为限。船东互保协会承保船舶保险条款不保的船舶碰撞责任风险，船东互保协会也可协议承保 4/4 船舶碰撞责任。

船舶保险人对保险船舶碰撞或触碰他船、他物引起的下列 5 项法律责任概不负责：

①人身伤亡或疾病；

②保险船舶上所载的货物或财物本身的损失；或其所承诺的责任（如对共同海损分摊的责任）；

③清除障碍物、残骸、货物或任何其他物品；

④任何财产或物体的污染或沾污（包括预防措施或清除的费用），但与保险船舶发生碰撞的他船或其所载财产的污染或沾污不在此限；

⑤任何固定的、浮动的物体以及其他物体的延迟或丧失使用的间接费用。

人保财险《船舶保险条款》虽然同时承保船舶碰撞责任和触碰其他物体的责任，但对二者的承保范围并不相同，对触碰责任存在上述第（5）项不保"丧失使用"（Loss of Use）或"营运损失"（Loss of Earnings）的规定。例如，保险船舶碰撞码头，对码头的修理费用索赔，船舶保险人转而赔偿被保险人，但对码头不能作业期间的营运损失索赔，船舶保险人就无保险赔偿责任。

抗辩碰撞责任和提起责任限制的法律费用（如律师费、法院费用、检验咨询费等），不属于施救费用，故本条款也特别明确在碰撞责任中予以承保。在碰撞案件中，法律费用要在船舶保险人、船东互保协会和船东之间分摊。分摊比例，依个案具体情况而定。2002年国际船舶保险条款规定，保险人对此项法律费用的赔偿责任不超过船舶保险价值的25%。

最后需要详细说明的一点是，本项承保风险不能改变碰撞责任或触碰责任，从逻辑上讲，本项承保风险也是在碰撞责任或触碰责任的基础上发生的。碰撞责任或触碰责任，适用"单一责任原则"（Single Liability Principle），将单一责任原则也贯彻到船舶保险人与被保险人（船东）之间的关系中就不合适，因一方面，船舶保险人既未承担全部碰撞或碰损责任（存在上述5项除外责任）；另一方面，也未承担保险船舶因碰撞或碰损所遭受的全部损失（如保险船舶的船期损失），即船舶保险人未享有全部代位求偿权，按单一责任原则相互冲抵双方索赔，就会扰乱这些法律关系，对被保险人不公平之处是悄悄地吞并了船东对本船的船期可以对方船东索赔部分，对保险人不公平之处是可能掩盖了保险人的除外责任（如清除障碍物的责任）。因此，在双方有责碰撞或碰损时，在船舶保险人和被保险人之间应适用"交叉责任原则"（Cross Liability Principle），除非被保险人或对方船舶或其他物体的所有人申请援用海事赔偿责任限制，依法需按"单一责任原则"冲抵后才能限制责任。

【理赔实例5-15】 "恒春海"船1989年8月22日在离上海港时与海军"东油606"船相撞，双方船体开裂漏油，经港监调解，双方各负50%的责任。人保赔付海军船货损失、抢险费等共25 240.75美元。

【理赔实例5-16】 广远"建水"船1977年3月13日在青岛港遇强风走锚，钩断水下电缆两根，人保总公司认为属保险事故，同意赔付广远的损失。

另"建水"船1978年9月3日在塞得港钩断电缆，人保赔付17万美元。

【理赔实例5-17】 "澜沧江"船1978年7月25日在浦江掉头期间动车，一拖船拖带水泥驳船数艘强行通过船尾，其中一艘驳船被车叶掀起的浪打沉。对驳船损失，中国人民保险公司认为浪损不属于保险事故而拒赔。

【理赔实例5-18】 广远"隆林"船与新加坡籍"Kotadew"船1978年11月22日在红海南部发生碰撞，使外籍船全损。"隆林"船的船损147.8万美元，船上货损2.2万美元；外籍船的船损75万美元，货损500万美元。双方协议碰撞责任比例为"隆林"船23%，外籍船77%，并得到外籍船货方认可。广远为国家整体利益，亦同意广东人保与外籍船协议按1957年船东责任限制公约限制责任，即"隆林"船责任限额74万美元，外籍船责任限额63万美元。

【理赔实例5-19】 "昭阳海"船1988年7月29日离基尔一加油码头时损坏码头系缆桩，中国人民保险公司赔付码头当局损失29 712.09美元。

【案例 5-1】 "金平"船与"玛丽亚·路易斯"船(M.V."Maria Luisa")挖泥船碰撞案(1983 年,英国高等法院判决)。

天津人保承保天远之"金平"船 1976 年 12 月 8 日在苏伊士湾东航道西侧与巴拿马籍挖泥船"玛丽亚·路易斯"船发生碰撞,我方向对方索取 13 万美元担保,愿意承担 1/3 碰撞责任;对方向我方索取 100 万美元,并坚持由我方承担全部碰撞责任,双方协商不成,我方按管辖权协议提交英国高等法院审判;对方做假证,被判承担全部碰撞责任,包括我方修理费、利息和法律费用约 13 万美元。

【案例 5-2】 "浮山"船("Floating Mountain")间接碰撞争议案(1999)青海法海商初字第 180 号。

本案中,"浮山"船于 1997 年 6 月 3 日驶离青岛港时,与进港的"继承者"船("Successor")形成碰撞危险,"继承者"船向左转向避让,受落流影响压向浅点搁浅,由烟台救捞局救助脱浅。两船未发生实际接触。后"继承者"船船东在新加坡扣押"浮山"船并起诉。双方达成和解以"浮山"船船东赔偿 35 万美元结案。"浮山"船的船舶保险人拒赔,理由是人保船舶保险条款中的碰撞责任条款限于承保有实际接触的直接碰撞责任风险,不及于间接碰撞。青岛海事法院判决认为,《海商法》第 170 条已将间接碰撞视为碰撞,且依据(1995 年)《保险法》第 30 条规定的逆利益解释原则,由船舶保险人承保间接碰撞责任风险更合理。船舶保险人上诉后,山东省高级人民法院书面请示了最高人民法院,并于 2003 年 1 月得到正式答复,同意一审法院判决意见。

作者认为,船舶碰撞作为一个概念,从逻辑上讲,既要考虑其内涵(《海商法》第 165 条),也要考虑其外延(《海商法》第 170 条)。此外,船舶保险条款中的碰撞责任条款的范围,各主要水险市场的规定不一,并无统一的国际惯例可资参照,还是要依我国国情和保险传统来分析。为避免碰撞而发生的间接碰撞与浪损不同,人保习惯上只是不赔浪损。

【案例 5-3】 救助拖船"德跃"船碰撞责任争议案。[①]

该案中,救助拖船"德跃"船拖带驳船"滨海 308"过程中,因风浪影响,驳船"滨海 308"碰撞了锚泊中的"澜沧江"船。"澜沧江"船船东向"德跃"船船东索赔碰撞损失,"德跃"船的船舶保险人拒绝承担保险赔偿责任,理由是"德跃"船作为被保险船舶并未与"澜沧江"船发生碰撞。保险人两审皆胜诉,但胜诉理由完全不同。广东省高级人民法院终审判决认为,"德跃"船虽是拖带中的指挥船,但与被拖的驳船是两艘不同的船舶,而且与"德跃"船的船舶保险合同没有直接联系,《海商法》第 163 条规定的连带责任不约束拖船的船舶保险人。

---

①载《海事审判》1996 年第 2 期。

作者认为,本案终审判决理由论述严密。保险船舶的船东对拖带作业中的另一船的船东应承担的责任与其保险人根据船舶碰撞责任条款应对保险船舶承担的责任是两回事。保赔保险承保船舶保险合同不负责的拖带责任风险。

(2)共同海损和救助。共同海损(General Average)包括共同海损牺牲(G.A. Sacrifice)和共同海损费用(G.A. Expenditure)。对保险船舶遭受的共同海损牺牲,船舶保险人按单独海损(Particular Average)处理,径直赔付给被保险人,而由船舶保险人代位取得向其他受益方要求分摊的权利,这对被保险人是很有利的。

但对于船舶遭受的共同海损费用,船舶保险人并不径直赔付,而只承担船舶应分摊的共同海损,即船舶保险人承担的是保险船舶的共同海损分摊(G.A. Contribution)风险。

确定保险船舶的共同海损分摊,需通过共同海损理算(G.A. Adjustment)。对共同海损理算的准据法,船舶保险人承认运输合同(提单或租约)的共同海损理算条款,即船东可任意约定对自己便利的理算规则或法律;如果运输合同没有对此做出规定,则共同海损理算应适用《北京理算规则》或类似规则(如《约克-安特卫普规则》)。本条款对共同海损理算规则采取很宽容的态度,与协会条款不同。

如果所有分摊方均为被保险人(如货物属于船东),共同海损理算应按《北京理算规则》(该规则第5条规定的利息和手续费除外)或保险双方协议同意的类似规则办理,因为船舶保险有再保险,而货物可能在不同的保险公司投保或未投保,故仍然需要进行理算。

为鼓励船东(被保险人)合理地选择进避难港,而非冒险续航至预定目的港,本条款也增设了空船共同海损条款,规定在船舶空载航行并无其他分摊利益方时,只要构成共同海损的其他要件(存在危险、行动是有意和合理的、费用是额外的并且行动是成功的)皆具备,对额外的费用也作为共同海损费用来看待。如航次延长时间发生的船员工资、给养及船舶的燃物料消耗,由船舶保险人负责予以赔偿。换言之,对共同海损的构成,船舶保险人只放弃了共同利益这一要件,其他方面应适用《北京理算规则》或明文同意的类似规则。但是,另一方面,船舶保险人对空船航程,即共同海损计算截止的时间做了严格的限定,该航程应至保险船舶抵达除避难港或加油港外的第一个港口为止,因为船舶保险人难以掌握船舶在发生共同海损时的预定目的港,而且,如果在上述避难港或加油港放弃原定航次,则该航程即行终止。

本条款的制定者在解释本条款时做了说明,指出本款中所指的空船航行是指船舶在承租情况下进行的空船航行,因为租金和船舶的利益被系在一起了。如果船舶在未承租的情况下空载航行发生海事就不能构成共同海损,也就用不着理算了。也就是说,制定者的本意是仍要求有船舶和租金这两个独立的利益,虽然属于同一个利益方（被保险人）；否则不存在共同海损。似乎我国绝大多数船东亦认同这个观点，本条款使用十余年来几乎没有听到这方面的争议。

【案例5-4】 "金路"（Gold Path）船共损纠纷案（1993）大海法商初字第53号；（1994）辽经终字第465号。

巴拿马籍"金路"船船东太安船务有限公司1991年在中国人民保险公司大连分公司投保了船舶保险一切险，保险金额为230万美元。

在保险期间，该船第24航次从仁川空放青岛途中，于1991年7月11日2046时因轮机员疏忽导致主机严重受损，失去自航能力。在保险人协助下，该船由"烟救8号"拖至大连港修理，7月13日2131时抵大连港锚地，7月17日1625时移至大连船舶工业公司修船中心（下称修船厂）码头修理，至9月29日完成海上试航，共发生救助费14万元人民币，修船费303 446元人民币和备件费10 517德国马克，皆由保险人支付。船东后又向保险人索赔修船期间发生的船员工资和燃料物消耗等，认为按中国人民保险公司船舶保险条款，这些费用属于空船共同海损费用，保险人以不存在运费分摊利益、共同海损不成立为由拒赔，船东于1993年7月7日诉至大连海事法院。

被告答辩认为船东（被保险人）的上述索赔不能成立，理由是：

（1）按中国人民保险公司对其条款的说明和中国人民保险公司十余年来的理赔实践，中国人民保险公司从未赔付过此种共同海损，即已形成习惯做法，并为所有被保险人所认同，故应受到法院之尊重；

（2）该船原计划去青岛装水泥到韩国，这在航海日志上有记载，船东亦不否认，但该船在大连修理完毕后，并没有去青岛受载，而是在大连装豆粕去日本，履行的是完全不同的航次，大连港的地位从避难港变成了目的港，故即使当时船上有货物，也不存在共同海损费用。

在漫长的审理过程中，大连海事法院倾向于认为，从中国人民保险公司船舶保险条款字面上解释，不能否认空船共同海损的约定，并认为应从实际放弃原定航程时起停止计算共同海损费用的发生期间。保险人补充答辩认为，法院为此应调查船东放弃原航程的情况，船东应向法院提交他与原租家之间的程租合约以及本次事故发生后与租家之间的往来函电，这些材料掌握在原告船东手中，保险人不可能向法院举证，并分析原航程会在事故发生后不久就被放弃。因为从青岛到仁川的航程仅3天左右，而且待运之水泥亦潮解，从常识上讲绝对不会一直等到近3个月后才解除合同，即使船东不想解约，租家也会解约，船东赶不上解约期，租家有解约的权利。但是船东法人代表做伪证，谎称在厦门机场遇险，有关证据材料丢失，而一审法院就此认定应以该船实际履行的航次租约的签订时间1991年9月28日（修理完毕前一天）作为仁川青岛空载航程的结束日，而认定存在85

天的额外航程。在这 85 天内发生的船员工资、给养、燃物料消耗,甚至拖船费、船员奖金、港口费、监修人员工资、奖金及差旅费,给工头个人的赶修费和修船工人在船就餐费等,皆作为共同海损费用,要求被告船舶保险人赔偿。

船舶保险人不服一审判决,上诉至辽宁省高级人民法院,二审法院对这个案件采用书面审理的方式,拒绝上诉人开庭审理的要求,径直判决维持原判。船舶保险人马上提出申诉,在申诉期间,船东(被保险人)的高级工作人员听说船东胜诉,亦觉得非常奇怪,主动向船舶保险人提供了船东在机损事故发生后第 3 天(1991 年 7 月 13 日)就用电传通知原租家解约的书面证据和其他重要证据。这样即使按一审法院的判决理由,也不存在共同海损,因该船按原救助计划拖至青岛也会是在 7 月 13 日,不存在任何额外的航程。在申诉人船舶保险人的请求下,申诉法院做出了中止执行的决定,但最终仍维持了原判决。

除船舶的共同海损牺牲和分摊责任外,一切险还承保船舶应分担的救助或救助费用,无论是纯救助,还是根据“无效果—无报酬”原则签订了救助合同的救助。作者认为,我国船舶保险人应考虑《海商法》接受了 1989 年国际救助公约中出现的“特别补偿”(Special Compensation)的概念,并在修订船舶保险条款中明确规定船舶保险人不承保任何形式的特别补偿,而中国船东互保协会已明确承保特别补偿。

【理赔实例 5-20】 “春林”船 1977 年 6 月 8 日在古巴水域搁浅,到 6 月 13 日卸载 6 200 t 后,才在两艘拖船协助下脱浅。伦敦仲裁裁决救助报酬为 125 000 英镑。“春林”船宣布了共同海损,亦请中国国际贸易促进委员会进行海损理算。共同海损费用共计人民币 679 316.68 元,由船方分摊人民币 482 058.09 元,货方分摊人民币 197 258.59 元。船货皆由广东人保承保,故货方分摊额由广东人保承担。“春林”船在共同海损发生时的完好价值为人民币 9 941 940 元,扣除搁浅单独修理费折人民币 22 392.77 元,共同海损分摊价值为人民币 9 919 547.23 元,而其保险金额仅为人民币 4 400 000 元,故广东人保只按比例赔偿船东应分摊的共同海损,即人民币 213 344.45 元,其余部分由船东自行承担。

【案例 5-5】 “皇家 7 号”船拖航救助费用争议案。[①]

本案中,原告在上海建造了两艘拖船“皇家 7 号”和“皇家 8 号”以及一艘无动力驳船“太平洋 6 号”,皆向被告投保了船舶保险。原告安排由拖船“皇家 8 号”拖带“皇家 7 号”和“太平洋 6 号”从上海驶往新加坡。起拖前原告申请中国船级社检验并获得适拖证书,其中注明:非经本社允许,若拖船和被拖物的拖航技术条件或已核定的拖航准备工作状况发生变化或更改,则本证书即告失效。1996 年 1 月

[①]载《海事审判》1998 年第 2 期。

3日,"皇家8号"船以"一字形"拖带"皇家7号"船和"太平洋6号"船过程中,东北风4~5级、轻浪,发现拖缆绞车松动,船长下令停车收紧绞缆刹车,并放出一段缆绳固定在带缆桩上。后被拖的两条船因拖缆脱落并拉断带缆桩失踪。船东与救助人签订了救助合同。1月6日,救助人找到失踪的两条船并于次日将其拖回厦门港。救助人留置船舶,船东预付救助人10万美元并提供40万美元银行担保以释放船舶。同年9月5日船东与救助人达成共付救助费45万美元的和解协议。保险人拒赔,理由包括船东投保时隐瞒了船舶编队进行拖带的情况,保险单失效;船东仅投保了船壳险,未投保海上拖航险,保险人没有责任赔付拖航险;所预付的救助报酬过高,事先未取得保险人认可。

宁波海事法院审理意见:船舶保险单注明所保船舶分别是拖船和无动力驳船,故可推定在合同成立前保险人知道拖带航行之事实,故保险合同有效。救助报酬比例(占获救价值的23.6%)约定过高,应参照英国劳合社公布的1996年救助报酬的平均比例12.55%确定合理的救助报酬,保险人应按此比例赔付船东约25万美元。

本案除其他争议(在后文中评述)外,船东应注意在和解前征求船舶保险人对和解金额的意见。如船舶保险人拒赔并拒绝做出评论,则船东应取得决定和解金额的咨询依据,或干脆等待仲裁裁决或法院判决。

(3)施救。保险人对施救费用(Suing and Labouring Charges)的赔偿责任是本保险其他条款规定的保险赔偿责任之外的,以单独的一个保险金额为限。

施救费用须区别于共同海损,前者是为了单独一个利益方,在船舶保险中就是为了船舶,而后者是为了多个利益方,需要在各受益方之间分摊。保险标的的共同海损分摊属于保险标的之部分损失。

施救费用也须区别于救助费用,即使救助费用是为了单独一个利益方,在海上保险中亦将其作为保险标的之部分损失,因为传统的"纯救助"(Pure Salvage)不是被保险人主动采取措施的结果。而施救费用是保险人在保险标的之损失外的赔偿责任。因此,不能将共同海损分摊或救助费用作为施救费用向保险人索赔。

施救费用与为确定保险事故的性质、程度而支出的检验、估价的合理费用也有区别,后者是另一种性质的特别费用,但《海商法》第240条规定,后者与施救费用一起受单独一个保险金额的限制。

根据《海商法》第240条的规定,施救费用是保险人的一项法定赔偿责任,故在船东投保全损险的情况下,保险人也有支付施救费用的责任,但施救费用的发生必须是为了避免保险船舶全损;另一方面,即使在一切险外加保了施救费用,施救费用的成立也受承保风险的限制,因为施救费用的内涵为"被保险人为防止或减少根据保险合同可以得到赔偿的损失而支出的必要的合理费用"。

被保险人的施救义务规定在本条款第 8 条和《海商法》第 236 条。

二、除外责任

按照水险的战争险、罢工险分开承保的国际惯例,本条款将战争险和罢工险作为除外责任;人保财险《战争险和罢工险条款》除外的责任,是最严重的战争险和罢工险,本条款当然更不承保。此外,本条款规定了下述 3 种除外责任,完全涵盖了《海商法》第 242 条及第 244 条的规定。在解释上,除外责任条款的效力高于责任范围条款的效力,但证明除外责任是保险人的义务。

1. 不适航

不适航包括人员配备不当,装备或装载不妥,但以被保险人在船舶开航时,知道或应该知道此种不适航为限。

不管是定期保险,还是航次保险,都不存在默示适航保证,船舶保险人根据本款规定拒赔某项船舶损失索赔时,必须证明:

(1)保险船舶不适航;

(2)该不适航造成被保险人索赔的损失;

(3)该不适航是船舶开航时就存在的;

(4)在船舶开航时,被保险人实际知道或应该知道该不适航。

船长、船员知道船舶开航时不适航,但没有告诉船东,这是船员的疏忽,是本保险承保的危险之一;但是本款除外责任规定如果被保险人(船东)"应该知道"此种不适航,保险人亦可拒赔,就引入了一个船东监管船舶的客观标准。从目前英美判例来看,这个监管船舶的客观标准是很低的,但在作为 SOLAS 一部分的 ISM Code 于 1998 年生效,到 2002 年 7 月发证工作结束后,法院可能持不同的观点。[①] 可以预料,本款中的这个客观标准加上与其相配合实施的《安全管理证书》SMC(Safety Management Certificate)和"符合证明"DOC(Document of Compliance),以及各国船舶安全监管机构对船舶技术状况检验抽查的加强和相关记录,ISM Code 已进入全面实施,将实际上为船舶保险人提供拒赔机会。

近年来,国内保险公司遇到数起船舶在正常天气海况条件下沉没的船舶保险索赔,在一番犹豫后,保险公司都做了全损赔付;保险公司如果拒赔,船东诉诸法院后,船东胜诉的机会估计比较大,因为目前法院认定的船东对船舶技术状况及积载的监管标准很低,而对船长、船员的疏忽造成的船舶损害,船舶保险人是有赔偿责任的。

[①] The ISM Code is here—you can't wait till'98, Fairplay 21st March 1996, p.18.

【案例 5-6】 "昌鑫"船被拖船适航证书与船舶适航争议案。①

本案中,原告将其没有配备船员的无动力船舶"昌鑫"船和"昌瑞"船向保险人投保了从台湾拖至广州的航次保险。1993 年 1 月 18 日,台湾船舶检验机构为两船签发了《技术合格证书》,第二天起拖。1 月 21 日,海上风浪 6～8 级,拖船船员发现被拖船"昌鑫"船船体左倾,经请求救助无效,"昌鑫"船被拖船拖至浅滩抢险。后经检验估计,打捞费用高于船价。船东向保险人索赔"昌鑫"船的推定全损损失。保险人拒赔,理由是该被拖船不适航,属于保险除外责任。广州海事法院一审判决认为,"昌鑫"船在拖带过程中遇到 6～8 级正常风浪发生左倾,说明该船缺乏抵御正常风浪的能力,虽具有船级社签发的《技术合格证书》,但实际上不适航,故船舶保险人有权援用除外条款。船东上诉,但二审法院维持原审判决。

但两审法院皆未审明船东在开航前知道或应该知道"昌鑫"船不适航,保险人主张船舶不适航的举证责任并没有全部完成。

2.被保险人及其代表的疏忽或故意行为

被保险人及其代表的故意行为,也是法定的除外责任,而且是强制性的法律规范,当事人无权协议变更。

将被保险人及其代表的"疏忽"(Negligence)也约定为船舶保险人的除外危险,是人保财险的保险条款不同于协会条款的地方。从字面上看,这项除外责任的范围很广,不符合条款本身的逻辑,因为在本条款第 1 条规定的承保危险中,仅第(7)①项至第(7)⑤项承保危险受被保险人不得未恪尽职责这一但书的限制,故作者认为在解释上仍限于保险人抗辩被保险人依第(7)①项至第(7)⑤项承保危险提出的索赔。

被保险人及其代表的疏忽还可能与上述第 1 项除外责任(不适航)相关联,尤其是在 1998 年 ISM Code 生效以后,因该法详细规定了船长、船员需及时报告船舶的不良状况,而且详细规定了船东指定的监管人员的职责。被保险人的代表人可能是被保险人指定的船技主管、管理公司或驻船代表等。

3.被保险人恪尽职责应予发现的正常磨损、锈蚀、腐烂或保养不周,或材料缺陷包括不良状态部件的更换或修理

正常磨损、锈蚀、腐烂等不是风险,是一定会发生的损失,不在船舶保险人的赔偿责任范围之内;换言之,船舶保险人不负责保险船舶正常的维修保养,如定期除锈、油漆、加润滑油、更换磨损或腐烂的缆绳、机器零件等。

"被保险人恪尽职责应予发现的材料缺陷"与"潜在缺陷"是对应而言的,潜在缺陷是承保危险之一,但应予发现的材料缺陷(包括不良部件)不属于承保危险,

---

① 载《中国海事审判年刊》1999 年第 463 页。

而属于除外危险,由后者造成的保险船舶的损害不在船舶保险人的赔偿责任范围之内。例如,钢板的严重锈蚀不一定是异常锈蚀,但是,船舶保险理赔实务中,被保险人容易证明某一缺陷是"潜在的",而主要依赖船级社的保险人难以证明该缺陷是"应予发现的"[①],即在举证方面实际上对保险人不利,故还可能纵容船东取巧——明知有缺陷也不及时更换或修理,等到可能证明构成保险事故后,才安排修理,虽然有缺陷的部件本身的更换、修理费用,保险人也不负责,即使该缺陷是潜在的,但实务中所认定的"有缺陷部件"的范围相对很小,对船东来说无足轻重。

本款规定再次强调了被保险人不能有疏忽,不能放任船体或机器在不良状态下运行,即对潜在缺陷这项承保危险再次做了限定,在 ISM Code 生效后,给保险人带来更有实际意义的拒赔机会。

可以看出,本条规定的上述 3 项除外责任之间有重叠,只是侧重点有所不同,其核心问题是被保险人及其代表对船舶技术状况的监管标准。

在认为船级社普遍没有严格执行其规则的批评声中,对船东越来越苛刻的船舶保险条款(如 1995 年协会船舶定期保险条款第 4 条船级条款和 2002 年 11 月 1 日 IHC 第 13 条和第 14 条)就是可以理解的了。IMO 制定的 ISM Code 对船东来说,更是一把法律利剑,影响所及不只是船舶保险索赔权利,还包括对货物的责任、享受责任限制的权利,以及向船东互保协会索赔的权利。

三、免赔额

本条规定的免赔额是"绝对免赔额"(Deductible),是在"相对免赔额"(Franchise)的基础上发展起来的,前者是要从每次保险事故的保险赔偿中扣除的,而后者只是支付保险赔偿的一个"阀门"——一旦保险赔偿超过相对免赔额,保险人就不得扣除免赔额。

免赔额的规定存在于几乎每一份船舶保险单中,应用十分广泛,其作用是节省小额保险事故的理赔费用,从而可以降低船舶保险费率;而对于小额事故风险,被保险人(船东)可通过其他方式(如一定的流动资金)来吸收。近年来,尤其是西方保险市场,船舶保险的免赔额有大幅度增加的趋势,数万美元的免赔额是很常见的;但国内船舶保险市场上,免赔额仍维持在数千美元这个标准,反映对船舶风险管理的认识不同、国内理赔费用较低和修船费较便宜等。

本条规定的免赔额,实际上只适用于单独海损这一种部分损失的保险索赔。对碰撞责任、救助费用、共同海损分摊和施救费用的索赔,不扣减免赔额。

为避免争议,对恶劣气候造成的两个连续港口之间单独航程的海损索赔,本条规定只扣除一个免赔额,对被保险人(船东)有利。

[①]参见本书第二章案例"雪峰岭"船潜在缺陷与船舶适航争议案。

为了鼓励船东做合理的事情,对在船舶发生搁浅或合理担心发生了搁浅后,船东仅为了检验船底是否受损,而发生的干坞费等合理费用,本条规定不扣除免赔额,即使检验后未发现任何损害。

四、海运

这是对保险船舶的航行活动进行限制的一个条款,但不是保证,也不发生保险合同的终止。

在订立船舶保险合同时船舶保险人所收取的保险费,是基于保险船舶在保险期间内用于"正常航行";如果保险船舶实际从事"非正常航行",其面临的风险就超出了测定保险费的基础,故本条规定要求在保险船舶用于指明的"非正常航行"之前,通知保险人,取得保险人的认可,并接受保险人要求加收的保险费,或协议提高免赔额、降低保险价值等;否则,保险人对保险船舶因从事指明的非正常航行所遭受的损失,不负保险赔偿责任。

本条指明的非正常航行情况有下述 3 种。

1.保险船舶从事拖带或救助服务

这是指由岸上管理人员(不限于被保险人,可能是期租承租人等)事先安排好的拖带或救助服务,即用作拖船、驳船或专业救助船,不包括在海上发现他船遇险而前往救助,将他船拖到附近的安全地点。对远洋拖船和专业救助船,不能直接使用本条款投保。

在前文本节〔案例 5-5〕中,"皇家 7 号"第三艘新船,分别用作拖船和无动力被拖船,但只投保了普通商船的船舶保险。其实被拖的风险更大,也应是"海运"条款想限制的,但目前的措辞限于从事拖带服务,从字面上解释是只限制作为拖船使用。

2.保险船舶与他船(非港口或沿海使用的小船)在海上直接装卸货物,包括如此驶近、靠拢和离开过程中遭受的损失

随着规模经济要求的船舶的大型化,越来越多的港口存在吃水限制问题,海船在海上接卸、倒装很普遍,给船舶营运带来更大的风险,而且在保险理赔中存在应扣减几个免赔额的争议,故保险人要求加收保险费和/或增加免赔额。

本款规定不适用于在港内船靠船的装卸作业,也不适用于港口或沿海使用的小船与保险船舶之间的装卸作业。

3.保险船舶为拆船或为拆船出售的目的的航行

在"船舶行将被拆解的最后航次"(Break-up Voyage),船东、船员都可能放松对船技状况的监管,而使得这最后航次的风险增加,且不说此时该船本身的船技状况、航行设备等不会很正常。更值得船舶保险人顾虑的是被保险人的道德风

险,因为原约定的保险价值和保险金额是基于正常营运船舶的价值,一般会远远高于废钢船的价值,且不说原约定的保险价值就可能偏高。因此,船舶保险人希望与被保险人重新协议船舶的保险价值和保险金额。

但本款规定在解释上有一些困难,如果被保险人事先未通知保险人或未达成协议,是否在为拆船或为拆船出售的目的航行的过程中所发生的一切损失或损害,船舶保险人都有权拒赔呢? 如果回答是否定的,哪些可算作此种最后航程的特有的或超出了正常航行的风险呢? 合乎逻辑的解释是,在开始此种最后航程前,被保险人须通知保险人并与保险人达成修改保险合同的协议;否则,在最后航程航行过程中发生的损失或损害,船舶保险人皆可拒赔。2002 年《国际船舶保险条款》第 14 条规定保险合同在拆解航次开始时自动终止。

人保财险《船舶保险条款》的本条规定从表面上看与协会船舶定期保险条款第 1 条(航行条款)的规定相似,实际上二者之间有重大差别。按协会条款:

(1)保险船舶不得用作专业拖船、驳船或救助船,这是一项保证,但是可以续保;如果没有安排续保,一旦破坏,保险效力就终止了,对此后发生的任何损失或损害,船舶保险人皆有权拒赔。

(2)在拆解前最后航程过程中发生的损坏或损害,保险人的赔偿责任以当时废钢船的市价为限。这比人保财险条款的规定要明确一些。可见只是在海上绑靠装卸作业方面,中英条款的规定是一致的。[①] 在 2003 年《国际船舶保险条款》(IHC 1/11/03)中,航行限制条款已不是保证条款,而被修改为在船东违反期间,保险人不负赔偿责任,相当于保险合同中止。

五、保险期限

本条对定期保险和航次保险的保险期限分别做了规定。

1.定期保险

保险期限的开始和终止时间以保险单上注明的日期为准,一般精确到分钟。如,1996 年 1 月 1 日 0000 时至 1996 年 12 月 30 日 2359 时,这个时间是指北京时间(GMT+0800)。保险期限限于 1 年,一般习惯上也是 12 个月。

本款中最重要的是保险连续的规定,如果本保险规定的保险期限届满时,保险船舶尚在海上航行,或处于危险中,或在避难港或中途港停靠,被保险人有权要求将本保险期限延展,直至船舶抵达目的港为止。只有被保险人在本保险期限届满前向保险人提出如此延展保险期限的要求,保险人不能拒绝,而且只能按原保险费率按日收取延展期间的保险费,不得按短期费率或航次费率来计算。

---

① 杨良宜,汪鹏南.英国海上保险条款详论(第 2 版).大连:大连海事大学出版社,2009,ch2.

这一规定对被保险人是必不可少的,起因是当船舶正遭遇海难时,保险人不愿意接受承保或保险费率特别高。无线电通信广泛应用于船舶之前,保险人对正在海上航行的船舶也不愿承保,但现在只要船舶不是正在遭遇海难,船东安排下一年度的保险(Renewal of Policy)不会有困难。

本款还规定如果在保险延长期间,保险船舶发生全损,被保险人最少要交6个月的保险费。

2.航次保险

航次保险的保险期间比较复杂,而且我国法律未像英国《1906年海上保险法》那样对此有规定或解释,故本款分别对不载货船舶和载货船舶的航次保险期间做了规定。在投保时,被保险人须申报保险船舶在所投保的航次中是否有货载。

不载货船舶的航次保险期间为,自起运港解缆或起锚时开始,至目的港抛锚或系缆完毕时终止,皆是以先发生者为准,即从离港至抵达。

载货船舶的航次保险期间为,自起运港装货时开始,至目的港卸货完毕时终止,但自船舶抵达目的港当日午夜零点起最多不得超过30天。

六、保险合同的解除

本条共三款。第一款规定保险的自然终止——保险人已按全损赔付了被保险人;第二款规定若干不得续保的保证;第三款规定可以续保的保证("保险单特款规定")如并入伦敦市场上的JH132(31/10/2003)国际航行条款 INTERNATIONAL NAVIGATING CONDITIONS(01/11/03)(取代之前的 INSTITUTE WARRANTY LIMITS:IWL ,1976 规定的 INTERNATIONAL NAVIGATIONAL LIMITS:INL),或并入人保财险《附加冰区保险条款》(2009版),限制船舶冬季在北美大西洋沿岸、波罗的海、俄罗斯远东地区等限制海域航行。船舶在进入限制海域前72小时,被保险人需要向保险人申请加保冰区附加险,否则,从船舶进入限制海域时起,船舶保险合同自动解除,对此,被保险人(船东)需特别小心。按照现行英国协会船舶条款和 INTERNATIONAL NAVIGATING CONDITIONS(01/11/03),未按要求加保冰区险的船舶在限制海域航行和停留期间船舶保险合同的效力中止,而非终止;人保财险船舶保险条款的规定更严格。

第二款规定了10种风险变更的情况,即:

(1)船舶的船级社变更;

(2)船舶的船级等级变动;

(3)船舶的船级注销;

(4)船舶的船级撤回;

（5）船舶的所有权改变；

（6）船舶的船旗改变；

（7）船舶转让给新的管理部门；

（8）船舶光船出租；

（9）船舶被征购；

（10）船舶被征用。

船级社撤回某船的船级、注销其船级或将其等级变动，都是船级社的主动行为，与海损事故发生后按船级社规定船级证书自动失效是两回事。

在上述情况发生时，本保险自动解除，除非事先征得了保险人的书面同意。对保险的自动终止，保险人又做了一点让步：发生这些情况时，如果船舶有货载或正在海上，而且被保险人提出了将本保险终止延后的要求，本保险的终止可延迟到船舶抵达下一个港口，或最后卸货港或目的港。

协会船舶保险条款还规定了另一种保险自动解除的情况：船级届满；而且规定在船舶征购或征用者事先未与被保险人达成书面协议的情况下，本保险在实际征购或征用后 15 天届满时终止，并且不允许被保险人要求延后。

上述 10 种风险变更的情况可分为两大类：一是船级；二是船舶管理。前者是通过船级社来监督船舶的技术状况，后者是由船舶管理人和船员来实际影响船舶的技术状况，故保险人特别关注这些情况。保险人决定接受承保和保险费率的高低也主要依据这些因素，一旦发生变更，保险人需要重新考虑是否继续接受承保；更重要的是，通过本款规定，迫使被保险人设法维持船舶的技术状况和有效的管理。

【案例 5-7】 "建达"船的船舶期租与保险责任终止争议案（1998）厦海法商初字第 015 号。

本案中，"建达"船是沿海运输船，于 1997 年 7 月 16 日投保，适用 1996 年 11 月 1 日沿海内河船舶保险条款。1997 年 8 月 22 日船东将该船期租。1997 年 11 月 4 日，该船在从京唐港满载煤炭驶往福州港途中遇 8 级大风，舱盖围受损，海水进入货舱，在驶往烟台避风途中沉没。1998 年 2 月 10 日保险人请示当时的保险监督机构中国人民银行保险司，询问保险条款第 17 条中"出租"的含义。中国人民银行复函（银条法〔1998〕11 号）称出租包括光租、期租等各种方式的船舶租赁。[①] 保险人以船东在期租船舶前未取得保险人同意并批改保单为由拒赔。厦门海事法院判船东违反保险条款第 17 条，从期租船舶之日起保险人有权终止合同。

期租情况下船员仍由船东配备，日常维修保养和船舶保险等事宜仍由船东负

---

① 保监会其后函复最高人民法院又重申此观点（保监复〔1999〕161 号）。

责,故 1986 年 1 月 1 日(远洋)船舶保险条款仅要求在光船出租情况下事先通知保险人,沿海内河船舶的保险条款的相应规定亦应做同样解释方合乎公平。

七、保险费和退费

1.保险费(Premium)

被保险人有义务在保险人接受承保时支付保险费,迟延支付的,保险人有权请求利息,除非双方另有延期或分期支付的协议。

保险船舶在保险期间内发生全损时,未交付的保险费要立即付清,即使双方此前另有协议。

2.保险费的退还(Return of Premium)

保险费的退还,简称退费,是指保险人将全部或部分净保险费退还给被保险人。航次保险中不存在退费问题。

退费分为 3 大类,即:

(1)被保险人退保退费;

(2)保险合同提前终止退费;

(3)停航退费。

净保险费,是从被保险人交缴的总保险费(毛保费)中扣除经纪人佣金和各种手续费(如回扣)后,保险人实际所得的保险费。无论哪一种退费,皆只退还净保险费。

3.被保险人退保退费

如果保险责任尚未开始,保险人应退还全部净保费,但可以另行收取手续费;手续费可从退费中扣减或冲抵。保险责任开始后,按本条规定,保险人按净保费的日比例计算退还给被保险人。这对被保险人是有利的,因保险人不按短期费率表计算应收的保险费。

4.保险合同提前终止退费

这是指在本条款上述第 6 条第二款规定的保险自动终止的情况下,剩余期间的净保费,应按日比例计算退还给被保险人。其计算方法为:

应退保费＝(保险金额×保险费率－各种扣减)×剩余天数/365 天

船舶全损引起保险终止时,保险人不退费。

被保险人违反保单中另行约定的保证(保险单特款规定)引起保险终止时,保险人不退费。

被保险人故意违反告知义务引起保险人解除合同时,《海商法》第 223 条规定保险人不退还保险费;非故意违反解约时,作者认为保险人也可以不退还保险费。

被保险人在订立合同时知道或应该知道保险标的已因保险事故遭受损失时,

《海商法》第 224 条规定保险人不退还保险费,而且不负赔偿责任。

但合同因非法而无效时,英国法认为保险人应退还保险费。

5.停泊退费

船舶在保险人同意的港区内连续停泊达 30 天或以上时,保险人按停泊天数,将净保费的一半(50％)退还给被保险人,因长期在有遮蔽的水域停泊时,保险船舶面临的风险较小,保险人办理停泊退费以求公平合理和避免船东改投保险费率低的港口险。

但是,保险人对办理停泊退费有严格的限制条件:

(1)停泊地点必须是保险人所允许的,通常要求处于港内或有遮蔽的水域。举一个明显的例子,船东不能一方面索赔恶劣天气造成的损失,一方面要求办理停泊退费。

(2)必须连续停泊达 30 天或以上,如一次停泊只有 29 天,不退费。连续停泊从抵达港口检疫锚地开始计算至起航时为止,不排除期间的移泊、进出船坞、船厂和修理或装卸货物,但不能移船到无遮蔽的外锚地,如上海港长江口外锚地或绿华山锚地。

$$应退保费 = \frac{1}{2}(保险金额 \times 费率 - 各种扣减) \times 停泊天数/365\ 天$$

如果超过 30 天的停泊期分别属于两张同一保险人的连续保单,停泊退费应按两张保单所承保的天数分别计算,因为每一张保单的保险金额、保险费率和/或再保险人可能不同,保险人的保险年度核算也受影响。

如果超过 30 天的停泊期不属于同一保险人的连续保单,如在新的保险年度换了保险人,各保险人只考虑其保险期间内停泊的天数,如皆不足 30 天,被保险人就得不到退费。

停泊退费不适用于船舶发生全损,即使全损不是保险事故造成的,也就是说保险期间内的所有停泊退费,以保险期满时船舶未发生全损为条件,故停泊退费只能在保险期满后才予办理。

协会船舶保险条款规定,每届满 30 天办理一期退费,如一次连续停泊 59 天,也只能得到一期(30 天)的退费;而且对修理期间与非修理期间规定了不同的退费比例,对保险人更有利一些。[①]

八、被保险人的义务

本条规定了被保险人的损害通知义务、索赔单证提供义务、施救义务和协助

---

①杨良宜,汪鹏南.英国海上保险条款详论(第 2 版).大连:大连海事大学出版社,1996,ch2.对 Cl.22 之解释。

向第三责任人追偿的义务。^① 2009 版分别规定了被保险人违反不同义务的不同法律后果。

本条特别明确了损害通知应在知悉后 48 小时内通知保险人,便于保险人及时安排检验、考虑施救行动和指定律师安排扣船等。

被保险人与有关方面确定保险船舶应负的责任(如船舶碰撞责任、触碰码头的责任)和费用(如救助费用)时,事先应取得保险人的同意,因与保险赔偿责任和代位求偿权密切相关;否则,保险人得在合理的范围内拒赔或扣减保险赔偿。

九、招标

修理招标对控制修理费用支出及修理时间十分必要,因此当保险船舶受损需要修理时,被保险人要像一个精打细算的未投保的船东,对受损船舶的修理进行招标以接受最有利的报价。

一个"精打细算"并且"未投保"的船东在决标时,所考虑的不仅仅是修理报价的高低,还要考虑修理质量以及修理时间的长短等影响船舶营运安全和经济性的因素。单从船舶保险人的角度考虑问题,一般只关注修理报价的高低,而不会关心修理时间的长短,因船舶保险人不负责保险船舶的船期损失,但本条规定并未要求被保险人接受最低的修理报价,总的标准是综合考虑修理地点远近、修理质量、船舶受损状况等因素后,修理费用比较合理,能够为被保险人所接受。

但船东还可以考虑其他因素,如要赶解约期,要争取可靠的修理质量等,使保险人难以拒绝支付较高的修理费,因此为争取主动,保险人在本条款中明确规定保险人有权否决船东的决标,可以自行招标或要求船东重新招标。

当保险人如此行使权利时,势必导致修理前的船期延误,作为对被保险人的补偿,本条规定保险人额外赔偿被保险人按保险人的要求再次发出招标通知之日起至接受投标之日止所支付的船舶维持费用,包括燃料、物料、船长及船员工资、给养,但此种赔偿每次不得超过船舶当年保险价值的 30%。

可见在等待重新决标期间,船期损失中的纯利润部分不能得到补偿,对被保险人不利,从而被保险人应注意第一次招标的质量,争取得到保险人的理解和同意。

同样,在决定修理地点时,被保险人也要像一个精打细算的未投保的船东那样行事;否则保险人对修理地点或修理厂行使否决权,或从保险赔款中扣除被保险人未合理行事所增加的费用。

事实上,修理地点或修理厂与修理报价、修理时间长短是联系在一起的,保险

---

① 杨良宜、汪鹏南.英国海上保险条款详论(第 2 版).大连:大连海事大学出版社,2009,pp.388~406.

人对应去哪个修理厂修理有最终决定权。但如果被保险人已确实像一个精打细算的未投保的船东那样行事,被保险人也可以不理会保险人的要求,保险人日后扣减保险赔偿时,被保险人可据理力争,甚至诉诸法律。

《协会船舶保险定期保险条款》第 10 条的规定与人保财险的本条规定有一些差异,主要表现在:

(1)在重新招标期间保险人同意的补偿额,每天按保险价值年利率的 30％计算,即保险价值×30％×1/365,无须被保险人证明其每天发生的船舶维持费用,但要扣减被保险人通过其他方式(如共同海损)得到的补赔。

(2)保险人要求移航修理时,保险人要补偿船东实际发生的额外航次费用。

(3)如果被保险人违反索赔通知或招标规定,保险人有权从确定的赔偿额(即扣除免赔额后)扣减 15％,这是一个明确的惩罚性规定。

十、索赔和赔偿

本条规定包含许多内容。第一款要求被保险人在从保险事故发生之日起两年内提供索赔单证;否则保险人免除保险赔偿责任。

第二款规定全损的构成,这些规定与后来颁布的《海商法》的有关规定是一致的,[①]非常重要,因为在被保险人投保全损险的场合,只有损失构成了本条规定的全损,被保险人才有权得到保险赔偿。本款还规定了船舶失踪按实际全损处理,被保险人无须委付,也与《海商法》的规定一致。

【案例 5-8】 "鑫通"船推定全损争议案(1999)鄂经终字第 106 号。

本案中,1997 年双方签订的中国籍远洋船"鑫通"船全损险船舶保险合同载明该船保险金额和保险价值皆为 165 万美元。保险期间该船在香港港外与一外籍船碰撞,严重受损,被拖至广州黄埔港检修。船东依据国内修船厂按中船总 1996 年蓝皮本的修理报价,估计修理费超过保险价值,向保险人索赔推定全损。保险人依据国内另一修船厂按中船总 1996 年黄皮本的修理报价,估计修理费大大低于约定的保险价值,主张推定全损不能成立。当时该船完好市价约为 100 万美元,与其发生碰撞的外籍船方同意按全损计算该船船舶损失 100 万美元。

武汉海事法院认为,鉴于"鑫通"船悬挂五星红旗,且应在国内修理,故只能依据 1996 黄皮本评估修理费用;而且中国船级社已论证"YAMAR 8N 280-UN"主机优于原老型主机且适合于该船,船东无权主张使用原厂新机型 A37 来评估更换主机的费用;因为估计修理费加上更换适当机型的新主机的费用不超过保险中双方约定的保险价值,保险人只需按附加险赔偿船东救助费用和碰撞责任。湖北省高级人民法院维持原判。

---

①杨良宜,汪鹏南.英国海上保险条款详论(第 2 版).大连:大连海事大学出版社,2009,ch7.

约定保险价值大大高出船舶市价是一把双刃剑，本案显示其对船东不利的情形。新的《国际船舶保险条款》(IHC 1/11/02)规定只要估计修理费达到约定保险价值的80％，推定全损就成立，对船东大为有利。船东避免约定保险价值太高对其不利的对策之一，是在调低保险价值的同时，加保船舶增加价值(IV)的全损险，同时还可节省保险费。

第三款规定海损修理中的一些费用与船舶保险人责任之间的关系。保险人承诺对单独海损不做新换旧的扣减，但共同海损按理算规则仍存在此种折减。保险人不负责船底除锈、喷漆的费用，因为属于船舶的正常维修保养，但与海损修理直接有关的船底处理费用，仍由保险人负责赔偿，故在船舶修理账单中需分别注明。

在船舶进干坞时，常常同时进行船舶保险人负责的海损修理和船舶保险人不负责的船东自修项目，而干坞的"一般费用"(General Expenses)，如进出干坞的拖带费、占用干坞的费用、供电供水的费用和卫生费等，是比较高的，需要在本条款中明确干坞费用应如何在船舶保险人和被保险人之间分担。按照本款的规定，如果为海损修理而入坞，船东在不致延长船舶坞修时间的范围内，可免费"蹭车"；反之，如果船东自修项目是为船舶适航所必需的，顺便进行海损项目的坞修时，船舶保险人承担干坞费用的一半。在这一点上，船舶保险人还是很慷慨的。

第四款规定船舶保险人不赔偿被保险人为获取和提供资料和文件所花费的时间和劳务，不管是以代理费用、管理人员佣金还是其他变通形式出现，除非事先经过保险人同意，如保险人一般同意被保险人安排海损检验，还可能同意被保险人指派一名修船主管监修等。

本条没有规定部分损失的赔偿限度。[1]

第五款是对不足额保险的规定，与《海商法》的有关规定一致。[2] 简言之，对共同海损分摊，如果保险金额低于共同海损分摊价值，保险人按照保险金额同分摊价值的比例赔偿共同海损分摊，对不作为共同海损费用的救助费用，如果保险金额低于船舶的获救价值，保险人按照保险金额同获救价值的比例赔偿救助费用；对单独海损或施救费用，如果保险金额低于保险价值，保险人按照保险金额与保险价值的比例负赔偿责任；对全损，保险赔偿是保险金额与保险价值中较低者。

第六款是所谓"姊妹船条款"(Sistership Clause)，在我国很重要，因为像中远集团、中海集团这样没有搞单船公司包装的大船队，时有发生姊妹船之间的碰撞或救助，法理上讲不存在碰撞的侵权责任或救助报酬请求权。如果没有本款的规定，被保险人就不能请求相应的保险赔偿，对被保险人很不公平；而且姊妹船的船

---

①杨良宜，汪鹏南.英国海上保险条款详论(第2版).大连：大连海事大学出版社，2009，ch7.
②同上，ch2的论述。

舶保险人可能各不相同,如果没有这样一个条款,也影响保险人行使代位求偿权。

协会条款还规定如果对碰撞责任或救助报酬的数额有争议,就要指定一个独任仲裁员去仲裁;实务中是由海损理算师做出决定。

十一、争议的处理

这是一个不完善的条款,同时规定仲裁或诉讼地点应在被告所在地。被告很可能是船舶保险人,保险人的意图是可以理解的,但本条规定的法律效力却容易受到质疑。建议人保财险在将来修订本条款时,要么规定仲裁地点,要么规定诉讼地点;此外,适当补充规定准据法为中华人民共和国法律。

第二节　船舶战争、罢工险保险条款

一、承保原则(第 4 条)

2009 版《船舶战争、罢工险保险条款》,是人保财险同时修订的《船舶保险条款》的附加险条款。远洋船舶,一般同时投保船舶险和船舶战争、罢工险;人保财险不允许被保险人只向其投保船舶战争、罢工险,而不投保船舶险,即强调附加险不能独立投保。2009 版与 1986 年条款在内容上并无改变。

人保财险《船舶战争、罢工险保险条款》是一个"短式"条款,是一个优先于《船舶保险条款》适用的条款,即《船舶保险条款》与《船舶战争、罢工险保险条款》相抵触时,应适用后者,但船舶保险条款中不相抵触的规定(如除外责任的前三款),也适用于后者。协会《船舶战争、罢工险保险条款》用一个"并入条款"(Incorporation Clause)将协会船舶保险条款大部分条款合并进来,更明确一点。[1]

人保财险船舶保险条款分为全损险和一切险。如果船舶保险是全损险,加保船舶战争、罢工险时,保险人只负责列明承保战争或罢工险造成的全损险,还是要负责列明承保战争或罢工危险造成的损失(包括单独海损)、碰撞责任、共同海损和救助以及施救费用? 对此可能有争议,拟订者(人保财险)的本意可能是只负责全损风险,[2]但作者认为人保财险船舶战争、罢工险条款没有将这个意图表达清楚,[3]法院或仲裁庭可能倾向于认为保险人要对列明承保的战争或罢工危险造成的一切损失、碰撞责任、共同海损、救助及施救费用负责。

船舶战争、罢工险一般不另行约定保险价值、保险金额、免赔额和保险期间等,即与船舶保险相同。

---

[1]杨良宜,汪鹏南.英国海上保险条款详论(第 2 版).大连:大连海事大学出版社,2009,ch5.
[2]中国人民保险公司《国外业务船舶保险条款说明(1986 年)》第 42 页。
[3]船舶战争、罢工险保险条款第 1 条和第 4 条第一款。

按照船舶战争、罢工险保险条款第 4 条（承保原则）第二款的规定，本保险不与其他保险构成重复保险，一旦出现承保风险重叠，重叠部分的风险应全部由其他保险承担，即其他保险是所谓第一损失保险。

二、责任范围（第 1 条）

在承保危险方面，"海盗"（Piracy）已不再包括在内，与现行人保财险《货物战争险保险条款》不同。

与人保财险《船舶保险条款》相比，本条款明确了对共同海损和救助风险的承保，限于第 1 条列明承保的危险引起者；对碰撞责任风险，也做了如此限定。人保财险《船舶保险条款》对共同海损和救助风险，以及碰撞责任风险，未做此种限定，可被解释为对这几种风险的承保范围只受除外责任规定的制约，不受《船舶保险条款》第 1 条列明承保危险的制约。

与协会《船舶战争、罢工险保险条款》（定期或航次）相比，人保财险的本条款做了一些"简化"处理，由此引起一些解释上的困难，特别是第 1 条第二款，似乎是合并了协会条款中的"Detainment Clause"，并将其意译为"封锁"，从翻译的角度看十分传神，但"Detainment Clause"只对被保险人索赔推定全损做出限定，但第二款的措辞，将根据捕获、扣押、扣留、羁押、没收或封锁的所有索赔，都限于持续 6 个月或以上才予以赔付，对被保险人就不利；当然，在索赔推定全损方面，人保财险本条款规定的 6 个月比协会条款规定的 12 个月，对被保险人要有利得多。

此外，本条第六款将行为限于有恶意并且是出于政治动机，而协会条款是同时承保恶意行为的人、出于政治目的而行为的人以及恐怖分子，范围要宽一些。

三、除外责任（第 2 条）

核战争或联合国安理会常任理事国（中、俄、美、英、法）之间爆发的战争被认为是保险市场无法承受的风险，故除外不保而且本保险自动终止。

本国（船籍国或登记国）政府或权力机关实施的捕获、扣押、羁押或没收，也作为除外责任，是基于公共政策的考虑，但更确切的理由是保险人担心此种风险被滥用。

被征用或被征购也是指由本国政府或权力机关合法地强行将船舶用于某种特定政治或军事目的，一般是有偿的。

四、保险终止（第 3 条）

本条规定了两种特殊的终止条件：一是在核战争、联合国安理会常任理事国之间爆发战争，或船舶被征用、出售时，本保险自动终止；二是保险人的任意终止，只受 7 天通知期的限制。

船舶战争险保险人可任意终止合同,而且通知期只有短短的 7 天而已,是船舶战争险保险的一大特色,或者是船舶战争险保险人的一项特权,强调保险人承保的是"和平时期"的战争险。

第二次世界大战后,局部武装冲突不断,不同航区的战争危险差别很大,而且处于不断的变化之中,因此产生双重费率。第一部分费率适用于保险单允许的全部航区,第二部分费率适用于战争险"加费区"(Additional War Premium Area),而且凭借本条赋予的解约权,船舶战争险保险人得随时宣布某一航区为加费区及应加收的保费,被保险人要么接受,要么被注销本保险。按照有些战争险互保协会的做法,不想支付加费的船东可选择在加费区期间暂停保险单的效力,待离开加费区时自动恢复,比较合理。但有少数战争险保险人宣布所谓保证区,要求船东支付"违反保证加费"和在进入保证区前通知保险人;否则就算违反了保证,从违反时起本保险就终止了,对船东极为不利。

在战争险加费区(范围、期间)和加费率方面,伦敦市场起着"首席"或称"牵头"(Leading)的作用。

【理赔实例 5-21】 广远"桂阴"船 1978 年 10 月 4 日驶抵贝鲁特港外锚地,1550 时岸上突然向船上开炮,先后有约 10 发炮弹在船舶周围爆炸,其中 3 发炮弹击中"桂阴"船锚机等处,事发后该船拖锚航行脱离险境。人保赔付广远修理费32 000 港元。

第三节 沿海内河船舶保险条款

一、船舶保险范围

中国人民财产保险股份有限公司《沿海内河船舶保险条款》(2009 版)首先明确规定了本条款的适用条件。本条款只适用于国内船舶投保,而且一般适合于在国内沿海或内河航线营运的船舶。

2009 版条款中还有单独的"沿海船舶保险条款"及"内河船舶保险条款",但据说实务中使用不多。

船舶的范围包括船体、机器、船舶仪器和用于航行的仪器、设备和索具(如舵、桅、锚、橹、子船和风帆等)。船上燃料、物料、给养、淡水等财产和渔船不属于本保险标的。

保险期限一般为 1 年,起止日期须在保险单中载明。本条款未规定航次保险。(第 4 条)

二、保险责任(第 1 条、第 2 条)

本条款分一切险条款和全损险条款,须在保险单中注明。

全损险保险人只保下列危险造成的保险船舶的全损:(1)8 级以上大风(含 8 级)、洪水、地震、海啸、雷击、崖崩、滑坡、泥石流、冰凌;(2)火灾、爆炸;(3)碰撞、触碰;(4)搁浅、触礁;(5)由于上述(1)至(4)款灾害或事故引起的倾覆、沉没;(6)船舶失踪。

"一切险"保险人承保的损失风险,包括上述列明承保危险造成的保险标的的损失(全损或部分损失)、3/4 碰撞和触碰责任、保险船舶应分摊的共同海损、施救或救助费用。碰撞、触碰责任除只保 3/4 外,还仅限于对方的直接损失和费用,不包括对方船或码头等设施的营运损失,也不包括他船沉没引起的清理航道费用[①];触碰责任仅限于碰码头、港口设施和航标,不包括碰海上养殖台筏、天然珊瑚礁等;在保险期限内,一次或数次累计最高赔偿额以不超过保险金额为限;人身伤亡皆为除外责任。

没有明确规定适用交叉责任原则,故只能适用单一责任原则。法律费用是否在碰撞、触碰责任范围内也不明确。

本条款将被保险人支付的救助费用与施救费用同列,而不是与共同海损同列,在理解上比较困难。合乎逻辑的解释是,如果救助费用不能作为共同海损费用,就作为施救费用处理。共同海损、救助与施救费用之和累计是以保险金额为限,但不明确是指一次事故还是整个保险期限内。

现将列明承保危险简要介绍如下:

(1)8 级以上(含 8 级)大风、洪水、海啸、地震、崖崩、滑坡、泥石流、冰凌、雷击。这把常见的自然灾害都罗列进来,但没有笼统地承保自然灾害,被保险人须证明损失的原因是具体的承保危险之一。

对恶劣天气,明确以蒲氏 8 级风力作为唯一的标准,不考虑涌浪、季节和航区,对避免争议是可取的。在证明上,航海日志的记载很重要,但也不是终结性的证据。

【理赔实例 5-22】 "釜山"船遇大风沉没全损案。

上海港务局驳船运输公司的"釜山"船,1989 年在人保上海市分公司投保了国内船舶保险,保险金额为人民币 230 万元。该船 1989 年 10 月 30 日 1430 时在天津塘沽装载 4 000 吨煤炭运往上海,31 日凌晨在渤海突遇气旋风,风力达 12 级,比装港预报风力大 3 级,该船抗拒不了如此大风,不幸沉没于老铁山水道,船员 30 人全部蒙难。上海人保在调查确定沉船位置后,分两次赔付了 230 万元人

[①]最高人民法院就"瀛昌"船案给上海高院复函([2000]交他字第 12 号)。

民币,但该船系不足额投保,实际价值为 400 万人民币左右。

(2)火灾、爆炸。这无须过多的解释。近年来,发生了多起油船爆炸的大事故,保险人都做了保险赔偿。

(3)碰撞、触碰。碰撞限于与船舶发生意外接触,触碰是指与船舶外的固定或浮动物体发生意外接触。碰撞不包括无实际接触的浪损。

(4)搁浅、触礁。应包括擦浅,但仍不包括坐浅(不属于意外)或抢滩(属于共同海损行为或施救措施)。

(5)倾覆和沉没。在 1988 年条款中倾覆和沉没是直接的承保危险,对被保险人(船东)十分有利,被保险人无须进一步证明倾覆或沉没的原因,保险人想拒赔,须举证证明损失属某种除外责任。但在现行 1996 年条款中,倾覆或沉没只限于前述大风、自然灾害、火灾、爆炸、搁浅、触礁、碰撞或触碰引起者,已不是一项独立的承保危险。

【案例 5-9】 丹东市顺泰海运公司诉中国人民保险公司丹东市支公司广场营业部①。

1991 年 9 月 14 日双方就"辽丹 344"船签订了船舶保险合同,适用人保 1988 年国内船舶保险条款,保险期限 12 个月,保险金额 150 万元人民币,保险费 18 000 元已及时支付。

1992 年 8 月 18 日,"辽丹 344"船在大连松辽港装货后,行驶到距大连港黄白嘴方位 76.5°、距离 1.03 n mile 处倾覆,造成全损。大连港务监督对事故进行了调查,该船适航证书和船员证书等皆有效,于 1992 年 10 月 5 日出具的《关于"辽丹 344"船沉没原因的结论》意见书推断,该船沉没原因是货物积载不当,但没有超载。

一、二审法院皆认为,船东可依据人保 1988 年国内船舶保险条款第 4 条第三款索赔,保险人若拒赔,须举证证明该船"不具备适航条件";上述港监的分析结论仅基于船员口供,未做现场调查,不足为凭,故判决船舶保险人赔付 150 万元人民币及其利息。

【案例 5-10】 "湛水运 706"船的船舶保险合同纠纷案②。

1988 年 4 月 1 日,某水运公司与人保某分公司签订了"湛水运 706"船的船舶保险合同,保险金额 20 万元,保险期限从 1988 年 4 月 1 日零时起至 1988 年 6 月 30 日 2400 时止,航区限制为沿海Ⅲ类。

1988 年 4 月 2 日,该船在湛江港外窑中偏离航道搁浅,致船舵丢失,船底渗

---

① 大连海事法院(1994)大海法商初字第 88 号案;[1995]辽经终字第 4 号。

② 金正佳,翁子明. 中国海事审判的理论与实践. 深圳:海天出版社,1993,p.230.

漏,保险人以该船该航次超载和不适航拒赔,船东在广州海事法院起诉。

经查,该船当时载货 1 342.50 吨,船舶证书上核定载重量为 1 200 吨,事故后船检部门重新核定载重量应为 1 350 吨;该船持有有效适航证书,上次坞修是 1983 年,已超过 3 年未进坞。法院判搁浅与违反船检规定、超载无关,系驾驶过失所致,故不得拒赔。二审维持一审判决。

(6)船舶失踪。人保 1986 年船舶保险条款和《海商法》第 248 条要求失踪 2 个月以上,即可按实际全损索赔,但本条款第 10 条规定失踪时限为 6 个月。原 1988 年条款规定限于航行中失踪,而且要在 6 个月以上。

三、除外责任(第 3 条)

下列原因造成的保险船舶的损失(包括共同海损分摊、施救或救助费用,不限于保险船舶本身的损失)或赔偿责任(如碰撞责任),保险人不负责赔偿。

1.战争、军事行动、扣押、骚乱、罢工、哄抢和政府征用、没收

火灾或爆炸,如果是战争或军事行动引起的,保险人就不赔。船舶倾覆或沉没,如果是战争或军事行动造成的,保险人也不赔。

政府征用船舶期间发生的一切损失和责任,保险人皆不负责。

2.船舶不适航或不适拖

船舶不适航,不限于船舶开航时不适航,也不限于被保险人知道或应该知道船舶不适航。

沿海船舶开航前要由海事部门签证,但持有适航证书并不是船舶适航的最终证据。从[案例 5-9]所举"辽丹 344"船一案可以看出,保险人要指证船舶不适航很困难,因为难以掌握证据。

保险人不负责拖船的拖带行为引起的被拖船舶的损失、责任和费用。

保险人还不负责非拖船的拖带行为引起的一切损失、责任和费用。

3.被保险人及其代表(包括船长)的故意行为或违法犯罪行为

没有将被保险人的疏忽或过失作为除外责任。沿海船舶常有船东代表驻船,值得保险人重视。

【案例 5-11】 "永顺祥一号"船保险欺诈案。

本案中,个体船东以 55 万元购得该船后在南京人保投保了船舶险,保险金额为 144 万元。1994 年 8 月 27 日,船东将船上货物偷卖得赃款 160 余万元,又将船凿两个洞沉于长江,向南京人保索赔推定全损,人保拒赔。武汉海事法院判船东胜诉,南京人保上诉,湖北省高级人民法院重新调查审判,终于查明真相,改判南

京人保拒赔。[①]

4.浪损、坐浅引起的事故损失

超载引起船舶倾覆的事故时有发生,尤其是小型客船和小型货船,为了多赚钱而冒险蛮干,或者是船员技术水平太差,对船舶常数考虑不足,或对船舶实际吃水观测误差太大,也造成超载。当载货船舶发生沉没事故时,保险人要调查船舶装货和积载情况。现行条款未将超载单列,但应包括在船舶不适航之中。

浪损不是直接碰撞,本保险明确将其作为除外责任。小船常发生浪损事故,只好注意向有责任的他船索赔。

坐浅是指在有潮汐的港口停泊时,船舶在低潮时接触海底,而在高潮时又浮起。坐浅是事先可预料的,不属于意外事故,故保险人不愿意承保。

【案例 5-12】　"顺德"船搁浅坐浅争议案。

本案中,该船在韩国仁川港,因船闸意外漏水而接触泊位水底,造成船底出现裂缝,船舶保险人以泊位搁浅是坐浅为由拒赔,船东力争此次事故不是坐浅,因泊位水域是封闭的,船闸隔断了外海,港池内不受潮汐影响,而船闸意外漏水是船东无法预计的,故仍属于意外搁浅。大连海事法院在详细调查泊位资料后,判船东胜诉。[②]

5.船体和机件的正常维修、油漆费用和自然磨损、锈蚀,机器本身发生的故障;舵、螺旋桨、桅、锚、锚链、橹及子船的单独损失

本条款未承保船体、机器的潜在缺陷,也未承保船长、船员和修船人员等的疏忽,机器故障又是除外责任,机损事故基本上得不到赔偿,故船东需考虑加保机损险。对可分拆设备的单独损失不保,可能是因为道德风险太大。

6.因保险事故引起本船及第三者的导致停航、停业的损失等一切间接损失和费用;人身伤亡或由此引起的责任和费用

不论是本船的船期损失,还是他船、他物(如碰撞发生时)的诸如船期损失之类的间接损失,本保险皆不负责赔偿。

7.清理航道、清除污染的费用

油污和沉船、沉物打捞、清理的费用或责任,不论是对本船、本船上的货物还是因与他船、他物发生碰撞造成的,保险人皆不负责。

8.水产养殖及设施、捕捞设施、水下设施或桥的损失和费用

被保险人从事非法运输期间发生的船舶损失,保险人有权拒赔。

【案例 5-13】　"儋新运 046"号船的船舶保险合同纠纷案。

---

① 载《中国保险报》1996 年 4 月 2 日第 200 期头版。
② 1995 年大海法商初字第 84 号案。

1987 年 7 月 26 日,吴某将其木质机帆船"儋新运 046"号船在人保某支公司投保了船舶险,保险期限为 1987 年 7 月 25 日零时至 1988 年 7 月 24 日 2400 时。

1987 年 12 月 22 日,该船从海南新英港偷运一批当地政府禁止销往岛外的尿素往湛江安铺港途中受强风袭击,灰路脱落漏水而沉没。保险人以损失原因为被保险人的非法行为拒赔,船东诉至广州海事法院。

法院查明,船东在承运货物时知道尿素属禁止外销物资,为得到高额运费铤而走险,属非法行为,判决保险人有权拒赔。①

四、保险金额（第 5 条）

本条款限制船舶超额投保,主要是为了防止道德风险。但已取消保险人只按船舶实际价值的七成确定保险金额,另外三成要求船东自保的要求。

船龄在 3 年内的视为新船。新船按重置价格(市场新船购置价)确定保险金额。新船按出厂造价确定保险金额,不考虑船舶的营运费用(燃料、物料等),实际上是不足额保险。旧船按实际价值确定保险金额,实际价值是指船舶市场价或出险时的市场价。

五、被保险人的义务（第 14 条至第 18 条）

2009 版用 5 条规定了被保险人应遵从的 5 大项义务,而且分别规定了违反各条义务的法律后果,比 1996 条款合理很多。

1.交纳保险费的义务（第 14 条）

保险费应在签订保险合同时一次付清,除非保险人同意被保险人分期支付。为免争议,分期支付协议应采用书面形式。

保险合同在保险费交清后才生效,除非有相反的书面协议。

2.施救义务（第 17 条）

略。

3.通知义务（第 17 条）

发生保险事故时,被保险人须在船舶到达第一港后 48 小时内向海事部门报告,同时通知保险人。被保险人违反施救义务或通知义务的,保险人无权终止合同,但有权相应扣减保险赔偿。

4.严格遵守国家有关消防、安全、生产操作等方面的相关法规,维护船舶安全的义务（第 15 条）

被保险人违反此项义务的,保险人对扩大部分的损失不负赔偿责任。

例如,航行安全及消防设施的配备、适任船员的配备、风级限制、雾航限制、积

---

① 金正佳,翁子明.中国海事审判的理论与实践.深圳:海天出版社,1993,p.230.

载要求等方面的海事规章,被保险人及其代表必须遵从。保险人有权检查并督促被保险人消除安全隐患。

5.提供完整索赔单证的义务(第18条)

此为96条款第6条之规定,现并入被保险人义务条款中。确保能够适航的义务规定已被删除。

6.如实申报保险船舶情况的义务(第16条)

投保时,要如实回答保险人的询问。这一款是新加的,比《海商法》规定的告知义务要低一些,实际上是《保险法》规定的告知义务。

在保险期间,一旦发生危险变更的重大情况,特别是船舶出售、转让、光船出租或变更航行区域,被保险人应当事先书面通知保险人,经保险人同意并办理批改手续后方为有效;否则从这些重大情况发生时起,保险合同自动解除,对此后发生的损失,保险人可以拒赔。

船舶出售或转让,即使只有表面的登记船东的变更,也需要事先书面通知保险人;否则保险合同自动解除。

船舶光船出租后,对船员的选择和控制及船舶的维修保养等皆由租家负责,风险变化很大,被保险人须及时书面通知保险人。

在本章第一节[案例5-7]中,人民银行和厦门海事法院将出租解释为包括期租不合理,但船东应注意事先取得保险人书面确认。

近年来常有一些沿海船改为跑东南亚航区的情况,由于营运费用增加很多,原保险金额可能不足,需要增加,被保险人需特别注意书面通知保险人航行区域变更的情况,避免合同终止。而要增加保险金额,等于要重新协议保险条款,结合航区变更,保险人可能要求增加保险费率,如被保险人不接受,保险合同就终止了。建议从沿海改为跑近洋或远洋(世界航区)的船舶,干脆终止原保险合同,改按2009版人保财险《船舶保险条款》投保。

六、索赔和赔偿(第6条至第13条)

本章规定有所改善,但有一些规定仍然与法律原则不太吻合,可能引发诉讼。

由于本条款对保险金额的限制(第4条),被保险人根据本条款获得的赔偿是不足的;对未足额保险部分,被保险人有权向其他保险人投保,因为本条款并未规定被保险人保证自保未足额保险部分。

1.保险船舶全损(第7条第一款)与船舶失踪(第10条)

保险赔偿是保险金额,即不能超过重置价值(对新船)或出险时的市场价(对旧船);重置价值被规定为新船的保险价值,而市场价被规定为旧船的保险价值;完全不考虑营运船舶所需的燃油、物料等营运费用。

全损也包括推定全损,但国内业务中很少约定保险价值,判断推定全损的标准之一是为避免发生实际全损所需支付的费用会超过重置价值或市场价(而非《海商法》第 246 条规定的保险价值)。

船舶失踪,要从最后获知确切信息地点,推算其到达原定目的港的合理时间,然后再等 6 个月,才能立案(成立)。

2.船舶的部分损失(第 7 条第二款)

保险人赔偿全部修理费用,以不超过保险金额或实际价值为限,二者以低为准。

2009 版保险条款已取消了对旧船的不合理规定。

无论一次或多次累计的赔款等于保险金额的全数时(含免赔额),保险责任即行终止。这个规定的合法性存疑。

3.救助费用和施救费用(第 9 条)

救助费用是指保险船舶应分担的救助费用,如果救助时船上有货载,船舶保险人只负责保险船舶应分担的那一部分。对施救费用,也明确按同一原则处理。

4.保险人的重新核定权(第 8 条)

本条款无招标条款,不要求被保险人进行修理招标,但规定被保险人必须经与保险人商定后方可进行修理或支付所需费用;否则保险人有权重新核定,并对不属于保险责任或不合理的损失或费用拒绝赔偿。

保险人重新核定是采用专家评估的方式,保险人聘请的专家组根据检验报告,审核船厂的修理项目和修理账单,对不合理的修理费用,即使被保险人已支付给修船厂,保险人也会从保险赔款中予以扣除。但如果被保险人不接受保险人的重新核定而诉诸海事法院或按协议提交仲裁时,保险人的核定意见并无终结性证据的效力。

在发生碰撞或救助时,被保险人在支付碰撞责任赔偿或救助费用前,亦要注意先取得保险人的认可。

5.被保险人为保险人追偿的义务(第 13 条)

本条款规定被保险人有义务先追偿,与保险人有义务及时进行保险赔偿的法律原则不符,故保险人仍应及时赔偿被保险人的损失或向第三人支付的费用,不得根据本项规定拖延支付保险赔偿。另外,被保险人有义务及时采取必要的法律行动,保护诉讼时效。

被保险人有义务协助和保护保险人的代位求偿权,《海商法》和《保险法》对此都有明确的规定。按《海商法》第 253 条的规定,被保险人未经保险人同意放弃向第三人要求赔偿的权利,或者由于过失致使保险人不能行使追偿权利的,保险人可以相应扣减保险赔偿。

6.损余处理(第 12 条)

在保险船舶发生全损时,保险人支付全损赔偿后,有权取得保险船舶的所有权,如果保险船舶还有残值,实务中是折价处理给船东,从保险赔款中做相应扣减。

保险船舶发生部分损失也有损余问题,如割换下来的旧钢板,实务中是折价处理给修船厂,并从修理费用中做相应的扣减。

第四节　渔船保险条款

国内渔船保险条款有两套,分别供国内沿海内河渔船和远洋渔船使用。对远洋渔船,另有渔船战争险条款供船东加保。2009 年也进行了改版报备。但目前很多渔船保险,用的是供远洋商船使用的船舶保险条款及其战争险、罢工险条款。

一、远洋渔船保险条款

本条款与人保财险船舶保险条款有许多相近之处,但也有很多不同之处,本书重点指出二者间的不同之处。

1.保险财产范围

对船上渔网、渔具、燃料、渔获物、生活给养及个人物品,须在保险单的备注栏中载明加保;否则保险人不负责其损失的赔偿。

2.责任范围

本保险分全损险和综合险两种险别,投保险别需在保险单中载明,相应之保险费率亦不同。渔网、渔具只能加保全损险。

全损险和一切险都是列明风险,列明承保的危险都是下述相同的 3 种,即:

(1)包括暴风雨、流冰和油管破裂在内的一切自然灾害和意外事故;

(2)船壳和机器的潜在缺陷;

(3)船长、大副、船员、引航员和修船人员的疏忽。

由于本条款将一切自然灾害和意外事故作为承保危险,实际上超过了人保财险船舶保险条款对承保危险的规定。

综合险与船舶保险条款中的一切险相似,但保险人赔付的损失还包括:

(1)损害修理期间船上必须保留的船员的工资和生活费用。

(2)碰撞责任中,对方物的延迟、丧失使用的损失,以及对方遭受的人身伤亡。

3.除外责任

与船舶保险条款相比,本条款还多了一项除外责任,即船长的故意行为造成的损失。其他船员的故意行为仍然是承保危险。

4.保险期限

保险期满时若延展本保险,被保险人需按月而非按日比例支付延展期间的保险费。

保险船舶转让或出售时,本保险自动终止,本条款未承诺保险人接受续保。

5.作业、航行区域

保险船舶的作业、航行区域约定在渔船保险单上,如果超出约定范围,被保险人须办理续保。但如果保险单上未规定为保证,被保险人未按本条要求事先通知保险人时,保险人无权解除合同,只有权视情况追加收取保险费。但为了谨慎起见,被保险人宜事先通知保险人。

6.保费与退费

连续停泊30天以上也享受50%的退费。

7.索赔和赔偿

保险渔船失踪6个月时,被保险人可索赔实际全损。但保险渔船后来又发现时,渔船仍归被保险人所有,而被保险人须将保险赔款退还给保险人,这与《海商法》及其他保险条款的规定不同。

8.免赔额

本条款规定免赔额部分亦可全部分享从第三人的追偿所得,与其他保险条款的规定不同,对被保险人有利。

9.争议处理

未规定仲裁机构的,即通过诉讼解决。

二、沿海内河渔船保险条款

中国人民保险公司1981年12月1日实施的《国内渔船保险条款》属自愿保险,其后有1993年1月修订的条款,在本书第1版中有简要介绍;现行条款是1999年12月1日修订的,也是自愿保险,1951年4月24日政务院公布的《船舶强制保险条例》实际上已无法律效力。2009版仍为自愿的商业保险条款。

渔船需具有所有权证书、检验证书和捕捞许可证方能有效投保。按现行条款,"三无"渔船的保险合同自始无效。渔船包括其船体、机器、设备、仪器,属于保险标的范围。但渔网、渔获物(捕获物)、渔需物资、燃料、给养、船员衣物等私人物资、用具、备用机件和零星工具,皆不属于本保险的承保范围。除合同另有约定外,保险合同在保险费交付后才生效。

渔船的船龄一般很老,故不按折旧,而按账面资产原值或参考市价确定保险金额,保险金额不得超过市场的实际价值(保险价值)。

本保险分为全损险和一切险两个险种,须在保险单中注明。全损险和一切险皆为列明风险,承保危险皆为:

(1)8级以上(含8级)大风、洪水、海啸、雷击、崖崩、滑坡、泥石流、冰凌;

(2)火灾、爆炸;

(3)碰撞、触碰;

(4)搁浅、触礁;

(5)由于上述一至四款灾害或事故导致的倾覆、沉没;

(6)船舶在航行中失踪6个月以上。

这与沿海内河船舶保险条款约定的承保危险实际上相同。一切险保险人承保的风险包括全损、部分损失、3/4直接碰撞和触碰责任、施救费用和救助费用,但不包括共同海损,因一般只有一个利益方。3/4触碰或碰撞责任和施救费用、救助费用皆单独理赔,也皆以保险金额为限。在保险有效期间内,其中一项的赔款总额达到保险金额全数时(含免赔额),保险合同即终止。保险保障明显受限制。碰撞和触碰责任不包括任何船期损失、渔汛损失、人身伤亡、航道清理或油污责任。

保险人的除外责任与沿海内河船舶的保险条款规定的除外责任基本相同,但渔船适航在本条款中已被规定为保证条款(第14条),对船东过于苛刻。

渔船在航行中失踪6个月以上,视为实际全损。

触碰责任是指与码头、港口设备和航标直接意外接触的责任。

不足额保险是指保险金额低于保险价值,即低于出险时渔船的市场价值,而非新造船价格,合理合法。

在保险期间,被保险人有义务遵守有关安全和作业规章,做好渔船的维修保养。如果发生转借、出租、变更航行区域等情况,被保险人需事先通知保险人并办理批改手续,保险合同方能继续有效。

第五节　船舶建造保险与修船责任保险

船舶建造保险和修船责任保险的被保险人都不是船东,所以不是通常所说的船舶保险的一部分,本书将其放在船舶保险这一章来补充介绍,主要是因为保险标的与船舶有关,而且内容不够一章的篇幅。

船舶建造保险是在新造船完工交付前,作为所有权人的船舶建造人,对建造中的船舶,投保的财产保险和责任保险,是一个综合的和很复杂的保险。我国已成为造船大国和强国,船舶建造保险也成为重要的海上保险险种,故本书在这一版修订时,予以补充。

修船责任保险是修船人对其一定时期(一般为1年)内承修的所有的船舶,投保的责任保险,相对比较简单,保险费规模不大,但相关保险条款比较笼统,解释上的争议仍较多,本书在这一版修订时,也予以补充介绍。

一、船舶建造保险

目前市场上常用的3种主要船舶建造保险条款是:

(1)《船舶建造保险条款》(人保财险2009版,适用于远洋船舶);

(2)《沿海内河船舶建造保险条款》(人保财险2009版);和

(3)英国Institute Clauses for Builders' Risks (1/6/88)。

人保财险《船舶建造保险条款》(2009版),最初于1980年推出,参照了当时的英国INSTITUTE CLAUSES FOR BUILDERS' RISKS,但有很多对被保险人不利的变动(如承保区域限于船厂内),也有对被保险人有利的改动(如承保自然灾害)。该条款制定的背景是中船和人保独大的计划经济时代,两大国企之间容易通融,条款就缩掉了很多内容,故在市场经济的今天就需要对其进行补充和调整。对于复杂的海工船舶,建议采用更全面的建造保险条款,如WELCAR2001。下文对本条款各条中要注意的问题,做一个简要提示。[①]

人保财险《远洋船舶建造保险条款》包括8个条款,本节分别予以简要介绍。

1.保险标的包括3大类:"物资和机器设备""材料、机械和设备""材料、机器、设备"(第5条)。

2.承保区域:建造地点限于"船厂范围内"—"AT BUILDERS' YARD",可能被狭义解释;没有英国条款中的"AND AT BUILDERS' PREMISES ELSE-WHERE WITHIN THE PORT OR PLACE OF CONSTRUCTION AT WHICH THE BUILDER'S YARD IS SITUATED",不可取,因为在厂区外存放部分保险标的,或由分厂、联营厂建造部分保险标的,现在都很常见。在被保险人建造厂外实施的第三方外包,应不在本保险合同范围内,除非另有明确约定;在被保险人建造厂内实施的第三方外包是否应包括,也需要另行协议以澄清。

3.保险期间:保险期间开始是保单约定的开始日期。保险责任开始,是指保险期间开始后,"建造开工之日或上船台之日"。此规定不合理,与第1条第二款矛盾:"在投保前已分配在船上的物资和机械设备,自保险单中列明的保险起期日开始时生效。"保险责任结束,是指交船或保险期间届满,二者以先发生者为准。

---

① 本节的延伸阅读,详见王海明.船舶保险理论实务与经营管理.大连:大连海事大学出版社,2006,pp.137~151.

这一点中英规定一致。延期交船的保险延续需提前书面通知保险人,被保险人最好得到批单,展期不超过 30 天不加收保费。由于开工推迟导致保险期间届满时尚未交船的情况时常发生,船厂要注意提前办理保险展期,但国内仍有很多船厂的保险业务由其财务部门负责,对合同、商务和法律没什么概念,导致保险索赔上的被动。

4.保险价值与保险金额:保险价值应为船舶的买卖合同价格,但也可能是暂定的,条款规定此种情况下一次事故的赔偿限额不得超过暂定价值的125%,有重大改变时,才可突破125%上限。英国条款规定船东不接船时的保险金额为造船成本加上加成利润。

5.保险利益:造船的实际情况常常十分复杂,应尽量从宽解释保险利益。建议用附加条款予以明确。作者认为审查认定保险利益的标准为:(1)属于保险标的范围;并且(2)在承保区域内;(3)不应以所有权或所有权的改变作为依据(参见英国条款 CL.15)。

6.责任范围:保险人的责任是综合的,但受承保区域的制约,受因果关系的制约,而且仍是列明风险,不同于英国条款的 ALL RISKS(CL.5.1),故被保险人的举证责任不同,虽然承保风险很宽,包括自然灾害(英国条款不保 EARTHQUAKE AND VOLCANIC ERUPTION)和意外事故。部分损失的范围,不明确是否包括救助费用和共同海损。

船舶设计错误造成的损失的范围可能被扩大解释,而除外条款排除的损失可能被限制解释,因为对格式条款可以适用逆利益解释原则。同时,船舶设计合同可能限制了设计人的赔偿责任,从而影响保险人的代位求偿权。

碰撞责任(单独)适用单独一个保额;附加碰撞责任未明确交船责任原则的适用,不利于造船厂索赔延误损失,法律费用的范围也太小(参见英国条款 CL.17)。在 2012 年"安民山"船一案中,上海海事法院判决认为,交付前试航中的船舶,仍不是我国《海商法》意义上的营运中的船舶,不得适用《海商法》第十一章规定的海事赔偿责任限制。所以船舶建造保险的保险人承担的船舶碰撞责任可能很大,达到原告保险金额(船价)。

施救费用另适用单独一个限额,因其不属于保险标的之部分损失。保赔责任有两项:清除残骸和第三者人身伤亡,另(单独)适用单独一个保额。故一次事故中,保险人可能要赔到 4 个甚至 5 个保险金额。

7.除外责任:保险标的之"部分"(PART)如何界定?争议无法避免。"雇佣"的范围是什么?是劳动合同,劳务合同,还是劳动关系?作者建议明确为被保险人实际上已为其办理有效的劳动保险者。

8.赔款处理:被保险人有合同上的追偿义务,但未明确可向保险人请求赔偿追偿费用,也未明确被保险人违反追偿义务的法律后果。法律上,被保险人无追偿义务,保险人也不承担追偿费用——追偿超过了法定的施救义务的范围。施救费用、碰撞责任和清除残骸的费用,都不是"部分损失",第6条第四款的表述不当;免赔额是分别扣,还是合计起来扣一个? 按第6条第四款的表述,都属于部分损失,就应只扣一个免赔额。按船舶保险条款和保赔保险条款,施救费用、碰撞责任和清除残骸的费用都不扣免赔额。该条款的意图很不明确。这一款似乎说明了全损不用扣免赔额,而与船舶保险一致。

本条款第6条规定:"对任何保险事故的索赔期限,不得超过交船后三个月。"索赔时效消灭的是实体权利,被保险人须十分谨慎;其法律效力要根据"公平原则"来判断,至今无权威的解释。英国条款规定保险人只赔偿在保险期间"发现的"(CAUSED AND DISCOVERED)损失(CL.5.1),也是提醒被保险人要及时提赔。

9.被保险人的义务:对保险人明确提出的具体防损建议(如防台风措施),被保险人应予以重视。法律上也有危险程度比合同成立时显著增加时的规定,须根据个案情况具体分析。

10.争议解决:如果双方有意通过仲裁解决争议,在我国条款中一定要写明仲裁机构的准确完整名称,否则就难以确定仲裁协议的效力。

其他本条款未明确的主要事项有如:政府干预造成的油污责任;姊妹船;拖带;保险索赔权益转让等。作者建议对本条款进行如下修改与修订:

(1)保险标的之名称要统一并足够宽泛;

(2)承保区域要扩大;

(3)要补充超区续保权利、超区拖带权利;

(4)预估保险期间的开始时间即应为保险责任开始的时间;

(5)保险价值与保险金额的确定要补充"成本加利润"一项;

(6)保险利益要明确只应受承保区域的限制,所有权改变不影响合同效力;

(7)碰撞责任条款要单列;

(8)保赔保险条款也要单列;

(9)被保险人雇佣的职工应限定为被保险人已为其办理了劳动保险的人员;

(10)应明确保险人须赔偿追偿费用;

(11)应明确免赔额不适用于施救费用、碰撞责任、全损及保赔保险责任;

(12)补充政府干预造成的油污责任、姊妹船、拖带、保险索赔权益转让等必要条款。

此外,保险人还可以附加承保船舶战争险、罢工险;陆地上的公众责任险;交船后或完工后的停泊期保险延展条款(如果无人接船,或船东接船后仍希望船厂保管一段时间,船厂应注意要求船东配备船员,或要求船东将船厂列为船舶保险的共同被保险人,否则船厂可能面对巨大的风险)。

【重要案例分析8】 再审申请人中国人民财产保险股份有限公司航运保险运营中心与被申请人泰州三福船舶工程有限公司船舶建造保险合同纠纷再审案。

【案号】

一审案号:(2012)沪海法商初字第 1635 号。

二审案号:(2015)沪高民四(海)终字第 11 号。

再审案号:(2017)最高法民再 242 号。

【关键词】

船舶建造保险—法律适用—保险责任范围—损害与损失—船舶设计错误—除外责任—因果关系。

【争议焦点】

船舶建造保险的法律适用,保险责任和除外责任的认定,船舶设计错误的认定,因果关系。

【案情简介】

再审申请人(一审被告、二审上诉人):中国人民财产保险股份有限公司航运保险运营中心。

被申请人(一审原告、二审被上诉人):泰州三福船舶工程有限公司。

再审申请人中国人民财产保险股份有限公司航运保险运营中心(以下简称人保航运中心、保险人)与被申请人泰州三福船舶工程有限公司(以下简称三福公司)船舶建造保险合同纠纷一案,经过上海海事法院一审、上海市高级人民法院二审和最高人民法院再审三级法院的审理,最终以撤销二审判决、改判一审判决,减少人保航运中心应赔付的保险赔偿金额而最终结案。

2008 年 4 月 28 日,卖方泰州三福船舶工程有限公司与买方(案外人)赫密恩海运有限公司(Hermione Three Maritime Limited,以下简称赫密恩公司)签订船体号为 SF080103 的散货船造船合同。2011 年 5 月 14 日,三福公司作为被保险人,为该在建船舶在中国人民财产保险股份有限公司航运保险运营中心(以下简称人保航运中心)投保船舶建造保险。同年 5 月 17 日,人保航运中心向三福公司签发保险单,保险条款为《中国人民财产保险股份有限公司船舶建造保险条款(2009 版)》。

2012 年 2 月 21 日,三福公司向人保航运中心报案称:涉案船舶发现设计出错,导致船舶自身超重,买方赫密恩公司对该设计错误提出异议,并要求赔偿损失。同年 3 月 10 日,三福公司与赫密恩公司签订《关于 16900 载重吨散货船造船合同(船体号 SF080103)"补偿协议"的备忘录 3》(以下简称《备忘录 3》),载明:交船前,买卖双方就实际的干舷吃水与约定的 8.25 m 产生了争议,该船舶载重吨与合同、规格书中担保的载重吨 16 900 吨相比存在缺陷,然而干舷吃水已经被设计人错误地设计为 8.45 m;(双方)同意减少合同价格 286 万美元(补偿金额),该价格覆盖所有出现的争议,包括缺陷和合同约定交船期的拖延;买方同意将干舷吃水由 8.25 m 调整为 8.45 m;由于设计人对干舷吃水的错误设计引起载重吨错误及交船延期,买方同意将向设计人索赔的权益转让给卖方……根据涉案船舶的出口报关单记载的船舶总价,三福公司遵照《备忘录3》的约定,减免了赫密恩公司应当支付的第五期价款 286 万美元(折合人民币 18 038 878 元)。另外,江苏中兴会计师事务所就涉案损失出具审计报告,认定三福公司因保险船舶空船重量超重,造成船舶建造成本损失为人民币 13 323 240.63 元。

2012 年 3 月 10 日,三福公司向人保航运中心索赔其因保险船舶设计错误遭受损失共计 31 362 118.63 元人民币。同年 8 月 20 日,人保航运中心向三福公司出具《拒赔通知书》,理由为:三福公司主张的因保险船舶载重吨不符合(造船合同约定标准)和交船期拖延而扣减的合同价格以及船舶自重超重部分的建造费用,均不属于涉案船舶建造险条款约定的保险赔偿范围。

鉴于此,三福公司在上海海事法院对人保航运中心提起诉讼,索赔其因船舶设计错误而遭受:(1)因船舶吃水设计错误而与赫密恩公司协商降低的价款 18 038 878 元人民币;和(2)因船舶空船重量超重而增加的建造造成的损失 13 323 240.63 元人民币。

上海海事法院一审判决保险人败诉:

本案为海上保险合同纠纷。本案最大的争议焦点是三福公司诉请的损失是否属于船舶建造险条款约定的保险责任范围。涉案保险条款中并未定义何谓"设计错误",依法应当按照通常理解予以解释。涉案船舶是按照吃水 8.25 m 时载重吨 16 900 吨的目标进行设计的,建造施工结束后,吃水 8.25 m 时的船舶载重吨仅为 15 968.60 吨。经美国船级社审定,最终涉案船舶吃水确定为 8.45 m,此时船舶载重吨为 16 593.90 吨。根据在案证据以及各方专家当庭质询情况可知,涉案船舶在 8.25 m 吃水时载重吨不足的问题可排除建设施工因素,而与船舶的结构设计有关。根据通常理解,本案存在船舶建造险条款中所指的"设计错误"。人保航运中心关于"保险船舶任何部分因设计错误而引起的损失"不包括"被保险人的经济损失"的理解缺乏充分证据支持。如果三福公司诉请的损失系因船舶设计错误引起的损失且该损失发生在保险期限内的,应当属于人保航运中心承保责任范围。

三福公司诉请的第一项损失是因船舶吃水设计错误而与船东协商降低的价款人民币 18 038 878 元。三福公司的该部分尾款损失,系因船舶吃水的设计错误而被买方扣除,不能认为是一种间接损失,而涉案保险条款中除外责任条款所使用的"罚款"和"间接损失"的含义不清,人保航运中心未充分证明该除外责任条款应当包含三福公司的此项损失,对该条款的理解应作有利于被保险人的解释。三福公司诉请的第一项损失人民币 18 038 878 元属于涉案船舶建造险条款约定的责任范围且不属于除外责任,故对其该项损失赔偿请求予以支持。

三福公司诉请的第二项损失是因船舶空船重量超重而增加的建造成本人民币 13 323 240.63 元。早在涉案保险合同订立前,三福公司于 2008 年签订造船合同时,以 5 850 吨的空船重量核算成本并与船东约定合同价款,该部分所谓"增加的建造成本"已是必然产生的,属于三福公司未谨慎缔约而产生的商业风险,而涉案保险合同系 2011 年订立,该部分损失即使存在,也显然不在涉案保险的责任范围和保险期限内。因该部分损失是必然发生的损失,亦与保险的射幸性特征相悖,不属于涉案保险的承保范围,故对三福公司请求赔偿该部分损失不予支持。

综上,一审法院判决人保航运中心于判决生效之日起十日内向三福公司赔偿人民币 18 038 878 元及利息。

上海市高级人民法院二审判决维持一审判决:

本案系海上保险合同纠纷。船舶施工完毕后的第一次空船测试显示,其载重吨未能达到造船合同和技术规格书的要求,从通常理解来看,应当属于设计错误。三福公司调整干舷吃水后向买方交付船舶,是三福公司以放弃最后一期应收账款而换来的,是一种补救措施,不能据此否认船舶设计错误的事实。涉案保险条款中"保险船舶任何部分因设计错误而引起的损失"并未明确将损失限定在船舶有形损失的范畴内。按照通常解释,损失指经济价值的减少或灭失,有形损失系其中的一个部分。人保航运中心关于涉案船舶建造险仅承保船舶有形损失的上诉理由,没有事实和法律依据,故不予采纳。三福公司主张的因干舷吃水缺陷、载重吨缺陷等与船东协商降价的损失,系被船东扣付的一部分应收账款,属于直接损失,也不是涉案船舶建造险条款中除外责任条款约定的"罚款",故该除外责任条款关于"建造合同规定的罚款以及由于拒收和其他原因造成的间接损失"的约定在本案中无法适用。三福公司主张的损失人民币 18 038 878 元系由于船舶设计错误导致其降价处理涉案船舶的直接损失,属于涉案保险合同列明的承保风险所导致的损失,且不属于保险合同约定的除外责任,人保航运中心应当对此承担保险赔偿责任。

因此,二审上海市高级人民法院仅扣除一审未涉及的免赔额,变更一审判决第一项为人保航运中心于判决生效之日起十日内向三福公司赔偿人民币 17 898 878 元及该款项的利息,并维持一审判决第二项。

最高人民法院再审部分改判原审判决:

1.关于船舶建造保险合同是否属于海上保险合同及其法律适用

双方当事人因履行船舶建造保险合同而发生纠纷。对于该纠纷是否适用我国《海商法》的规定,首先应当根据保险船舶是否属于该法规定的船舶予以确定。我国《海商法》第3条第一款规定:"本法所称船舶,是指海船和其他海上移动式装置,但是用于军事的、政府公务的船舶和20总吨以下的小型船艇除外。"除该法第14条规定建造中船舶的抵押权外,该法所规定的船舶原则上应限于基本建成而具有航海能力的船舶。该法第十二章"海上保险合同"没有对保险标的之一的船舶另作特别定义,该章规定的船舶应当根据该法第3条关于船舶的一般规定认定为具有航海能力的船舶。对于船舶建造险所承保的船舶是否属于《海商法》规定的船舶,需要根据其是否具有航海能力分阶段相应认定。三福公司于2011年5月14日向人保航运中心投保涉案船舶建造险,当时造船材料尚未移上船台,远未建成为我国《海商法》一般意义上的船舶,且涉案保险事故及其原因发生在船舶基本建成前的建造与设计阶段,本案纠纷不应适用我国《海商法》的规定。一、二审法院将本案案由定为海上保险合同纠纷不当,一审法院判决时援引我国《海商法》第222条第二款和第237条的规定错误,本院予以纠正。本案为船舶建造保险合同纠纷,应当适用我国《保险法》(2009年修订)的规定。

2.关于保险责任范围(承保风险):船舶的拟人化问题

双方当事人对涉案保险的责任范围条款与除外责任条款存在争议,根据我国《保险法》第30条的规定,应当按照通常理解予以解释。据此,可以对涉案船舶建造险条款第3条"责任范围"和第4条"除外责任"中的有关表述解释如下:

(1)关于保险条款第3条"责任范围"第一句"本公司对保险船舶的下列损失、责任和费用,负责赔偿"的表述,严格地讲,在我国日常用语和法律制度中,船舶一般仅作为法律关系的客体(物),可能出现遭受某些物理损害(有形损失)的情形,而不能作为主体承担责任、费用或者除物理损害之外的(无形)经济损失。所谓"保险船舶的下列损失、责任和费用",实际上是航运实践中普遍采用的船舶拟人化表述,以船舶指代船舶所有人、经营人或者建造人等相关利益主体。从保险合同订立的目的看,保险就是承保被保险人的损失、责任和费用,该句完整表述和含义应当是:本公司(保险人)对保险船舶造成被保险人的下列损失、责任和费用,负责赔偿。

(2)关于保险条款第3条"责任范围"第1项第一句"保险船舶……由于下列原因所造成的损失和费用"的表述,该表述中有主语(保险船舶),而没有宾语或者适当定语(表述给谁造成损失和费用,或者表述造成谁的损失和费用),结合涉案船舶建造险条款的上下文和保险合同的目的,可以明确:该表述中的"损失和费用"是指被保险人的"损失和费用",而不是指保险船舶的"损失和费用"。该句完整表述和含义应当是:保险船舶……由于下列原因所造成的被保险人的损失和费用。

(3)关于保险条款第 3 条"责任范围"第(1)项第⑤分项"保险船舶任何部分因设计错误而引起的损失"的表述,单纯就该处"损失"一词的字面意思而言,存在系指"船舶的损失"(有形损失)或者"被保险人的损失"两种不同理解的可能,但结合上文"由于下列原因所造成的损失和费用"的含义,则应认定该处"损失"为"被保险人的损失"。该句的完整表述和含义应当是:保险船舶任何部分因设计错误而引起的被保险人的损失。

综上,涉案保险承保的"损失、责任和费用"系针对被保险人而言,而不是针对保险船舶而言。在概念上,"有形(物理)损害"(即损坏)与"无形(经济)损害"相对应。只有"损失"针对船舶(物)而言,才可能认定为限于"有形损害"即"损坏";而当"损失"针对人而言,在没有特别限定情况下通常可以包含有形物理损害(损坏)和无形经济损失,由此可以认定涉案保险条款中的"损失"包括有形物理损害(损坏)和无形经济损失。涉案保险承保的直接损失包括直接物理损失和直接经济损失。人保航运中心主张涉案船舶建造险条款约定承保的"保险船舶任何部分因设计错误而引起的损失"不包含被保险人除保险船舶物理损害之外的经济损失,与通常理解不符,本院不予支持。一、二审判决认定因船舶设计错误引起的经济损失属于涉案船舶建造险的承保责任范围,具有充分事实与法律依据,本院予以支持。

3.关于保险除外责任

关于保险条款第 4 条"除外责任"第(6)项"建造合同规定的罚款以及由于拒收和其他原因造成的间接损失"的表述,间接损失与直接损失在概念上相对,两者在理论和实践中存在因果关系、事故损及标的(物)的时间远近等不同区分标准,但根据其中"其他原因造成"的表述,可以认定该处"间接损失"是以因果关系为标准确定的。"由于拒收和其他原因"的含义就是涵盖所有原因,只不过特别强调拒收原因,由此可以认定涉案保险除外责任包括所有间接损失,即涉案保险仅承保直接损失。按照造船合同的约定,买方在具备解除合同条件下,可以选择不解除合同,也可以选择解除合同。就本案争议的船舶设计错误而言,无论该错误是否使得买方具有解除合同的权利,买方并不必然选择拒收船舶,拒收在涉案保险合同项下可能成为船舶设计错误之后一个新的介入因素(实践中买方拒收船舶引起建造人损失,往往还伴随出现另一介入因素即船舶市价下跌),由拒收引起的损失应视为间接损失。买方选择拒收船舶而引起的(间接)损失不属于涉案保险合同约定的保险责任范围。

4.关于船舶设计错误的构成标准

涉案船舶建造险条款约定承保"保险船舶任何部分因设计错误而引起的损失"，但没有定义"设计错误"。在船舶建造实践中，建造规范标准既有法定技术标准，也有当事人约定的技术标准，相应的船舶设计既要符合船舶建造的法定技术标准，也要符合当事人约定的技术标准。衡量船舶设计正确与错误的标准应当包含法定和约定标准。船舶设计的约定标准，一般应当根据船舶设计人与船舶订造人或者建造人签订的船舶设计合同的约定来认定。根据船舶建造方三福公司、买方赫密恩公司、设计方佳豪公司三方共同签订的技术规格书，涉案船舶建造的技术标准之一为干舷吃水 8.25 m 时载重吨大约 16 900 吨。涉案船舶基本建成前于 2011 年 12 月 19 日进行空船测试显示：空船重量为 6 790 吨，吃水 8.25 m 时载重吨为 15 968.60 吨。根据佳豪公司的初步装载手册，涉案船舶空船重量设计为 5 850 吨。对比设计与建造结果看，船舶完工后载重吨比设计合同的约定少 931.40 吨（16 900 吨－15 968.60 吨），空船重量比设立之初预计的数值多 940 吨（6 790 吨－5 850 吨）。在船舶建造与经营中，船舶总载重量（Deadweight）是反映船舶装载能力的重要指标，其数值为船舶满载排水量减空船排水量（空船重量）之差，船舶载重吨与空船重量两者在一定干舷（满载）吃水情况下此消彼长。由此可以看出，涉案船舶载重吨不足的部分主要是实际空船重量超过设计预估的部分。

一般而言，船舶建成后空船超重的原因可能有设计不当，也可能涉及船舶建造环节中用料或者添加设备过重等因素。但是，本案没有证据证明涉案船舶建造用料或者添加设备超过正常建造标准范围。根据江苏科技大学船舶与海洋工程学院和江苏省船舶数字化设计制造中心出具的《16 900DWT 散货船空船设计重量计算报告》，修正空船设计重量为 6 748.59 吨，相比佳豪公司初步装载手册预估空船重量 5 850 吨，多出 898.59 吨（6 748.59 吨－5 850 吨）。上述修正空船设计重量，比空船测试显示的实际空船重量仅少 41.41 吨（6 790 吨－6 748.59 吨）。据此，《16900DWT 散货船空船设计重量计算报告》可以印证空船重量超过设计预估的差值（940 吨）主要是设计预估错误的数值（898.59 吨）。船舶设计时错误预估空船重量导致船舶载重吨达不到约定标准，属于设计错误。

人保航运中心主张佳豪公司的船舶设计难以实现预期设计目标系因其依据的买方船舶母型图本身存在缺陷。但如果船舶母型图存在缺陷并对船舶最终建成后的载重吨和干舷吃水造成不利影响，该缺陷仍属于一种设计错误。尽管客观上尚不能排除该种原因的存在，但就处理本案所涉争议而言，本院没有必要进一步予以查实，仅需认定是否存在设计错误即可。涉案船舶初步建成后，三福公司在法定船舶建造规范允许情况下，通过调整提高船舶干舷吃水，相应增加船舶载重吨，但船舶最终建成后实际干舷吃水和载重吨均与设计合同所含技术规格书的约定标准不符,应当认定涉案船舶建造存在设计错误问题。就本案而言,一、二审法院根据既有证据认定涉案船舶建造存在设计错误,并无不当。人保航运中心否认存在船舶设计错误,缺乏事实依据,本院不予支持。

5.关于因果关系

人保航运中心于 2011 年 5 月 17 日签发的涉案船舶建造保险保险单载明造船合同编号 SF080103,实际上已经明确:涉案保险以该造船合同文本为基础,根据保险单载明的事项和保险条款内容确定保险责任(承保风险)范围。就本案争议的承保风险"保险船舶任何部分因设计错误而引起的损失"而言,可以进一步明确三个层面的问题:一是在损失所涉范围方面,上述造船合同文本是双方当事人订立保险合同和确立合理预期的基础,该损失应当限于被保险人按照造船合同约定所应当承担的损失。二是在损失所涉因果关系方面,如上所述,涉案船舶建造险条款第 4 条"除外责任"第(6)项"由于拒收和其他原因造成的间接损失"就是涉案保险不承保全部间接损失而仅承保直接损失之意,再结合双方当事人订立保险合同的基础看,涉案保险承保的损失应当限于因造船合同项下事由所产生的损失。因造船合同约定之外的其他因素介入而额外引起的损失,在涉案保险中即为间接损失,不属于涉案保险的承保范围。三是在法律效果方面,如果被保险人在订立保险合同所依据的造船合同文本之外,另行与造船合同相对方协商而明显增加其赔偿责任的,可以视为构成我国《保险法》第 52 条规定的"保险标的的危险程度显著增加"。在此情况下,如果被保险人又没有按照保险合同约定及时通知保险人的,保险人对由此增加的损失可以依法拒赔。

按照造船合同的约定,根据涉案船舶最终交付时的状况,三福公司建造船舶在交船期限、载重吨与干舷吃水方面存在不符合合同约定的情形。交船迟延达199 天(从造船合同约定最迟交付日 2011 年 8 月 30 日起至实际交船日 2012 年 3 月 16 日止),在造船合同约定买方有权据以解除合同的交船迟延期限(超 210 天)之内,买方不能据此提出解除合同,仅可以按照造船合同约定要求减少合同价款84.90 万美元(30 天×3 500 美元/天＋60 天×4 500 美元/天＋79 天×6 000 美元/天＝84.90 万美元,小于约定最高迟延扣减额 91.50 万美元)。但是,三福公司于 2011 年 12 月 19 日进行空船测试发现船舶载重吨不足时,相比造船合同约定的最迟交船日期 2011 年 8 月 30 日,已经延期 111 天,该 111 天迟延损失不能归因于船舶设计错误。佳豪公司、三福公司在发现船舶载重吨不足后,不仅需要调整干舷吃水,还需要协调买方、美国船级社认可,由此会引起交船迟延。三福公司主张自 2011 年 12 月 24 日(含该日)船舶完成试航至 2012 年 3 月 16 日实际交付所历经的 84 天为船舶设计错误引起的交船迟延天数,可予采纳。按照造船合同的约定,该 84 天迟延赔偿金为 49.65 万美元(5 天×4 500 美元/天＋79 天×6 000

美元/天)。涉案船舶最终建成交付时的实际载重吨比造船合同约定的载重吨短少306.10吨(16 900吨－16 593.90吨),该短少吨数在造船合同约定可导致买方具有合同解除权的短少吨数(超600吨)之内,买方对此按照造船合同的约定只能减少合同价款67 320美元〔(306.10吨－250吨)×1200美元/吨〕。尽管造船合同在约定船舶建造标准时将干舷吃水8.25 m与载重吨16 900吨紧密联系起来,但约定违约责任时并没有约定干舷吃水超过8.25 m时的违约责任,而且最终买方同意接受干舷吃水8.45 m的现实。三福公司提出圣劳伦斯河规范为船舶设计应遵循的强制性标准之一,但技术规格书和造船合同约定干舷吃水为8.25 m,已经超过《船舶通过圣劳伦斯河航道共同规则》第29条第二款限制的船舶吃水7.92 m,不能据此认定将干舷吃水调整为8.45 m会导致买方具有解除造船合同的权利。三福公司也没有提供证据证明买方索赔有关干舷吃水增高0.2 m损失的事实依据。鉴于干舷吃水增高是为了弥补船舶载重吨不足的缺陷,参考造船合同约定吨位短少的最高赔偿限额42万美元,本院在该最高限额内,将三福公司在造船合同项下载重吨不足与干舷吃水增高的损失赔偿额一并酌定为42万美元(含上述67 320美元)。据此,三福公司在造船合同项下因船舶设计错误引起的损失共为91.65万美元(49.65万美元＋42万美元),按照三福公司与买方签订《备忘录3》之日〔2012年3月10日(星期六)〕的前一工作日(2012年3月9日)中国人民银行汇率中间价人民币兑美元6.3073∶1折合人民币5 780 640.45元。

三福公司发现船舶设计错误问题后,于2012年3月10日与买方赫密恩公司签订《备忘录3》,协商同意降价286万美元,三福公司据此提出保险赔偿请求。从形式上看,《备忘录3》并不是三福公司与人保航运中心订立涉案船舶建造保险合同的基础,不能直接作为认定人保航运中心承担保险赔偿责任的依据,本案需要进一步审理认定《备忘录3》约定三福公司的赔偿责任是否超出其在造船合同文本项下所应承担损失的范围。从内容上看,《备忘录3》载明三福公司与买方赫密恩公司"承认减少的合同价格大于按照造船合同第3条第一款和第3条第四款约定所减少的总金额",由此初步表明三福公司超出造船合同约定进行额外赔偿。根据上述损失认定,三福公司主张的286万美元降价,超出造船合同项下三福公司所应承担的违约损害赔偿额126.90万美元(84.90万美元＋42万美元)达159.10万美元,该159.10万美元赔偿额已超出人保航运中心与三福公司基于造船合同文本订立保险合同所产生的合理预期。

在三福公司与买方赫密恩公司就买方是否有权解除造船合同拒收船舶产生争议的情况下,三福公司通过增加船舶干舷吃水0.2 m将船舶载重吨增加至16 593.90吨向买方实际交付,客观上取得的效果是:在造船合同项下避免买方事实上解除合同而拒收船舶,在保险合同项下避免发生"除外责任"条款约定的因拒收造成的间接损失。三福公司主张其扣减286万美元价款是为了避免买方解除造船合同拒收船舶而采取的补救措施,但是涉案船舶建造保险合同约定保险人人保航运中心承担的保险赔偿责任有其特定的损失范围与因果关系要求(如保险人不承保因拒收和其他原因造成的间接损失),三福公司并不能当然地将上述286万美元损失纳入保险赔偿范围予以主张,其应当就此举证证明其所称损失发生的合理根据(尤其是船舶设计错误与损失之间的直接因果关系)。就三福公司可能因买方拒收而遭受的损失而言,如果买方解除造船合同拒收船舶,三福公司在造船合同项下是否遭受损失以及损失大小,取决于买方是否的确有权解除合同、航运市场船舶价格是否下跌等因素,三福公司主张买方拒收船舶将使其遭受全部船价损失2 860万美元或者承担被买方扣减960万美元价款的损失,进而说明其以扣减286万美元作为补救措施合理,均缺乏事实和法律依据。三福公司与买方协商签订《备忘录3》,约定以扣减价款286万美元为代价确定性地解决造船合同项下的争议,以避免后续种种不确定的风险,但不能由此确定该286万美元损失就是造船合同项下因船舶设计错误所必然、直接造成的损失。如上所述,其中159.10万美元赔偿系三福公司在造船合同约定之外与买方另行协商的结果。从涉案保险合同项下的因果关系看,三福公司与买方另行协商签订《备忘录3》属于新的介入因素,该类介入因素不属涉案船舶建造保险合同约定的保险责任(承保风险)范围。

　　三福公司拟将其与买方另行协商所增加的损失纳入保险合同项下主张保险赔偿,在效果上相当于试图增加保险承保风险,而三福公司没有提供证据证明其将该另行协商的情况及时通知人保航运中心,人保航运中心有权拒绝向三福公司赔付由此增加的部分损失。除此之外,另有部分交船迟延损失35.25万美元(84.90万美元-49.65万美元)非因船舶设计错误而产生,不属于涉案保险合同约定的保险责任范围,人保航运中心也有权拒绝赔付。对于三福公司超出造船合同项下因船舶设计错误引起的损失而主张的部分损失194.35万美元(159.10万美元+35.25万美元),一、二审法院予以支持不当,本院予以纠正。人保航运中心应向三福公司赔付的金额,为造船合同项下因船舶设计错误引起的损失人民币5 780 640.45元(91.65万美元)扣减保险免赔额人民币14万元后的金额人民币5 640 640.45元。三福公司于2012年7月9日向人保航运中心提交书面理赔资料而被完全拒赔,一、二审法院支持三福公司请求保险赔偿金的利息并无不当,本院予以维持。三福公司在与买方签订造船合同后,委托佳豪公司进行船舶设计,然后才知道被低估的空船重量,该被低估的空船重量对三福公司约定造船合同中的船舶价款并无影响,且空船实际重量6 790吨符合正常情况,三福公司主张空船超重造成的建造成本损失,一审法院判决不予支持,双方当事人对此没有提起上诉,在再审中也没有提出异议,本院予以维持。

【对最高人民法院裁判观点的评述】

再审中,最高人民法院重点审查了:(1)涉案船舶建造保险合同纠纷的法律适用;(2)保险责任范围;(3)保险除外责任;(4)船舶设计错误的构成标准;(5)损失赔偿的因果关系;和(6)追加第三人的法律程序等焦点问题,具体如下。

1.关于船舶建造保险合同是否属于海上保险合同及其法律适用

船舶建造保险是在新造船完工交付之前,作为所有权人的船舶建造人,对建造中的船舶所投保的财产保险和责任保险,是一种承保风险较为复杂的综合性保险。在保险实务中,通常将船舶建造保险视为重要的海上保险险种,各大保险公司也都积极开展此类保险业务。

但是在本案中,最高人民法院以保险事故发生时,保险标的尚未建成属于《海商法》第3条规定的船舶为判断标准,认为涉案船舶建造保险不属于海上保险,不适用《海商法》的相关规定,只能适用《保险法》的相关规定。

根据我国的司法实践,即使建造中船舶已经进行试航,只要未办妥船舶登记手续等,仍不被认可为《海商法》第3条定义的船舶。在中海工业(江苏)有限公司与中国太平洋财产保险股份有限公司扬州中心支公司保险合同纠纷案[案号:(2011)沪海法商初字第1308号]中,上海海事法院认为,责任主体有权援引海事赔偿责任限制的船舶须是《海商法》第3条所定义的完整意义上的船舶,包括进行了船舶登记、通过各项技术检测、取得正式船舶证书和船名等,而在建船舶未进行正式登记,未取得主管部门颁发的正式证书,虽然在试航阶段也具备了一定的水上航行能力,但仍处于对船体的测试检验阶段,最终能否通过测试进而取得正式的船舶资格并不确定,因而在建船舶不构成《海商法》意义上的船舶。因此,在建船舶不属于《海商法》第3条所规定的船舶,其在试航期间引发的损失赔偿请求亦不属于可限制赔偿责任的海事赔偿请求,不适用海事赔偿责任限制。

按照最高人民法院及其下级法院的裁判观点,建造中船舶不属于《海商法》第三条规定的船舶,因船舶建造和船舶试航等引发的纠纷均不适用《海商法》的规定,这就可能导致《海商法》特有的海难救助、共同海损、海事赔偿责任限制、船舶优先权、无限告知义务等制度均不适用于建造中船舶,这将使建造船舶的责任主体(更多情况下是船舶建造人)及其保险人承担更大的潜在法律风险(如上文所讨论的责任限制)和不确定性(如救助能否成立)。

以建造中船舶不属于《海商法》第3条规定的船舶作为判断标准,进而主张船舶建造保险不属于海上保险,不适用《海商法》的相关规定有其合理性。但是,根据《海商法》第216条对海上保险合同的定义,以及第218条对海上保险合同保险标的之认定,我们认为,建造中船舶即使不是《海商法》第3条规定的船舶,也能成为海上保险合同的保险标的。而且,认定某一保险是否属于海上保险,除了需考虑保险标的之种类,还需综合考量承保风险的特殊性和管辖法院的专属性。因此,我们认为船舶建造保险属于特殊的海上保险,应当适用《海商法》的相关规定。

2.关于保险责任范围(承保风险)

对本案《中国人民财产保险股份有限公司船舶建造保险条款(2009 版)》第 3 条"责任范围"相关格式条款的解释,是本案的争议焦点之一。最高人民法院依据《保险法》第 30 条的规定,按照通常理解解释规则,对所涉保险条款进行解释,具体说明如表 5-1 所示。

表 5-1　最高人民法院对保险条款解释比较表

具体条款	条款原文	最高人民法院的解释
第 3 条"责任范围"第一句	本公司对保险船舶的下列损失、责任和费用,负责赔偿	本公司(保险人)对保险船舶造成被保险人的下列损失、责任和费用,负责赔偿
第 3 条"责任范围"第(1)项第一句	保险船舶在船厂建造、试航和交船过程中,包括建造该船所需的在保险价值内的一切材料、机械和设备在船厂范围内装卸、运输、保管、安装,以及船舶下水、进出坞、停靠码头过程中,由于下列原因所造成的损失和费用	保险船舶在船厂建造、试航和交船过程中,包括建造该船所需的在保险价值内的一切材料、机械和设备在船厂范围内装卸、运输、保管、安装,以及船舶下水、进出坞、停靠码头过程中,由于下列原因所造成的被保险人的损失和费用
第 3 条"责任范围"第(1)项第⑤分项	保险船舶任何部分因设计错误而引起的损失	保险船舶任何部分因设计错误而引起的被保险人的损失

对上述保险条款的解释,最高人民法院基于"船舶的拟人化",进一步提出如下观点:

(1)涉案保险承保的"损失、责任和费用"系针对被保险人而言,而不是针对保险船舶而言。

(2)涉案保险条款中的"损失"包括有形的物理损害(损坏)和无形的经济损失。

(3)涉案保险仅承保直接损失,包括直接物理损失和直接的经济损失。

(4)涉案"保险船舶任何部分因设计错误而引起的损失"包含保险船舶任何部分因设计错误而引起的被保险人的保险船舶的物理损害和经济损失。

本案中,针对保险人"保险船舶任何部分因设计错误而引起的损失"仅包含保险船舶的物理损害的抗辩主张,最高人民法院认为该种条款解释与通常理解不符。作者认为,最高人民法院的此种解释扩大"船舶的拟人化"的适用范围,并不符合保险合同格式条款的"通常理解解释规则"和"逆利益解释规则"。但最高法院的案例具有权威性,从本案中可以看出,保险人对风险限定的措辞十分重要,宽泛或模糊的用词就留给法官或仲裁员较大的解释和裁量空间,其不利后果只能由制定保险条款的保险人自行承担。

我们注意到,在涉案纠纷发生后,某保险公司将涉案保险条款第3条"责任范围"第(1)项第⑤分项"保险船舶任何部分因设计错误而引起的损失"的表述修改为"保险船舶任何部分因设计错误而引起的损坏"。我们认为此种修改仍不能明确排除被保险人的经济损失,而且排除与物理损害相伴而生的直接的经济损失是不合理的,必然会引起法官或仲裁员的排斥。船舶建造保险的保险责任的关键是要承保保险船舶(保险标的)某一部件的设计错误引起保险标的其他部件发生物理损害,而不是仅承保物理损害风险。

结合保险条款第4条"除外责任"第(2)项规定"对设计错误部分本身的修理、修改、更换或重建的费用及为了改进或更改设计所发生的任何费用"均属于除外责任,我们建议贵司将保险条款第3条"责任范围"第(1)项第⑤分项修改为"保险船舶任何部件因设计错误而引起的保险船舶其他部件的损失或损坏"。

英国学会条款 INSTITUTE CLAUSES FOR BUILDERS' RISKS 将设计错误的承保风险及除外责任,放在同一个条款中,而且用词准确,明确反映保险人仅承保某一部件设计错误对保险标的其他部件造成的损失或损害的意图,不宜在"洋为中用"时过于简化处理。相反,我国的保险公司应该更严谨,才能顺利通过司法实践的检验。例如,与学会条款相比,我们建议的措辞加上了"其他部件",是为了防止"船舶拟人化"的扩大解释。

为比较方便,将相关学会条款照录如下:

"8. FAULT DESIGN Notwithstanding anything to the contrary which may be contained in the Policy or the clauses attached thereto, this insurance includes loss of or damage to the subject-matter insured caused and discovered during the period of this insurance arising from faulty design of any part or parts thereof but in no case shall this insurance extend to cover the cost or expenses of repairing, modifying, replacing or renewing such part or parts, nor any cost or expenses incurred by reason of betterment or alteration in design."

3.关于保险除外责任

在永安财产保险股份有限公司泰州中心支公司与泰州市长鑫运输有限公司之海上、通海水域保险合同纠纷再审案[案号:(2017)最高法民再269号]中,最高人民法院明确了保险条款的除外责任条款优先于承保风险条款(保险责任条款)的条款效力解释规则。因此,在司法实践中,即使保险事故属于承保风险条款的承保范围,保险人也会尝试通过证明本保险事故属于除外责任条款的除外范围免除其赔偿责任。本案中,人保航运中心一直援引保险条款第 4 条"除外责任"第(6)项"建造合同规定的罚款以及由于拒收和其他原因造成的间接损失",主张涉案船舶建造保险仅承保直接损失,三福公司索赔项目均属于间接损失,人保航运中心有权拒赔。最高人民法院通过保险条款解释部分支持了人保航运中心的抗辩主张,认为涉案船舶建造保险仅承保直接损失,因拒收引起的损失应视为间接损失。但是,最高人民法院仍坚持认为:

(1)因船舶设计错误引起的交船延迟违约金,和

(2)因设计错误导致的船舶吨位短少违约金,均属于"保险船舶任何部分因设计错误而引起的(直接)损失",保险人应当予以赔偿。

我们研究保险条款的第 4 条"除外责任"的其他条款,注意到人保航运中心未援引该条第(2)项"对设计错误部分本身的修理、修改、更换或重建的费用及为了改进或更改设计所发生的任何费用"进行抗辩。我们认为人保航运中心未援引该条款进行抗辩较为遗憾,主要理由如下:

(1)涉案建造船舶存在设计错误,三福公司应当采取的补救措施是对设计错误部分进行修理、修改、更换、重建、改进或更改设计。但是,三福公司并未对设计错误部分进行修改、重建或更改设计等补救措施,而是通过签订《备忘录3》的形式向船舶买方支付和解赔偿金(其中包括因设计错误导致的船舶吨位短少违约金42万美元)的形式进行替代。因此,最高人民法院判决认定的人保航运中心应当赔偿的"因设计错误导致的船舶吨位短少违约金"实际上是"对设计错误部分本身的修理、修改、更换或重建的费用及为了改进或更改设计所发生的任何费用"的替代费用,人保航运中心有权主张船舶吨位短少违约金属于保险条款第 4 条第(2)项的除外责任,进而主张拒赔。

(2)因"对设计错误部分本身的修理、修改、更换或重建的费用及为了改进或更改设计所发生的任何费用"均属于除外责任,保险人有权拒赔。本案中,三福公司故意未对船舶设计错误部分进行修改、重建或更改设计等补救措施,而通过支付船舶该吨位短少违约金的形式对除外责任条款进行技术性规避,将本属于除外责任部分的风险转化为承保风险。

对于除外责任条款部分,人保航运中心将抗辩重点放在涉案船舶建造保险仅承保直接损失部分,未提出对船舶设计错误部分本身的补救费用属于除外责任的范畴之抗辩,很遗憾地使得最高人民法院未对此争议点发表意见。

鉴于上述分析,我们建议将第 4 条"除外责任"第(2)项修改为"对设计错误部分本身的修理、修改、更换或重建的费用及为了改进或更改设计所发生的任何费用,或对设计错误部分本身支付的任何赔偿、补偿或承担的责任。"需要特别说明

的是,我们主张"因设计错误导致的船舶吨位短少违约金"属于除外责任,但在现有条款情况下,我们尊重最高人民法院认定的"因船舶设计错误引起的交船延迟违约金"属于保险责任的裁判观点。

4.关于船舶设计错误的构成标准

涉案船舶建造保险条款约定承保"保险船舶任何部分因设计错误而引起的损失",但未对"设计错误"做定义,需要对"设计错误"作解释。针对"设计错误"的构成标准,最高人民法院做出如下裁判观点:

(1)船舶设计既要符合船舶建造的法定技术标准,也要符合当事人的约定技术标准,违反任何一项,均可认定为船舶设计错误。

(2)建成船舶空船超重的原因可能是船舶设计不当,也可能涉及船舶建造环节中用料或者添加设备过重等因素。保险人主张船舶超重归咎于船舶建造用料或者添加设备超过正常建造标准范围,应当对此负举证责任。

(3)第三方(船舶买方)提供的船舶母型图存在缺陷也属于船舶设计错误。

最高人民法院的上述裁判观点很睿智,虽然人保条款中没有英国学会条款第8条中的"被发现(Discovered)"一词,而设计错误通常发生在船舶保险责任开始之前。

5.关于损失赔偿的因果关系

针对本案争议的承保风险"保险船舶任何部分因设计错误而引起的损失",最高人民法院进一步明确了3个层面的问题:

(1)在损失所涉范围方面,上述造船合同文本是双方当事人订立保险合同和确立合理预期的基础,该损失应当限于被保险人按照造船合同约定所应当承担的损失。

(2)在损失所涉因果关系方面,涉案船舶建造保险条款第4条"除外责任"第6项"由于拒收和其他原因造成的间接损失"就是涉案保险不承保全部间接损失,而仅承保直接损失之意。再结合双方当事人订立保险合同的基础看,涉案保险承保的损失应当限于因造船合同项下事由所产生的损失。因造船合同约定之外的其他因素介入而额外引起的损失,在涉案保险中即为间接损失,不属于涉案保险的承保范围。

(3)在法律效果方面,如果被保险人在订立保险合同所依据的造船合同文本之外,另行与造船合同相对方协商而明显增加其赔偿责任的,可以视为构成《中华人民共和国保险法》第52条规定的"保险标的的危险程度显著增加"。在此情况下,如果被保险人又没有按照保险合同约定及时通知保险人的,保险人对由此增加的损失可以依法拒赔。

基于此,最高人民法院审理认为:

(1)三福公司与买方协商签订《备忘录 3》,约定以扣减价款 286 万美元为代价确定性地解决造船合同项下的争议,以避免后续种种不确定的风险,但不能由此确定该 286 万美元损失就是造船合同项下因船舶设计错误所必然、直接造成的损失。从涉案保险合同项下的因果关系看,三福公司与买方另行协商签订《备忘录 3》属于新的介入因素,该类介入因素不属涉案船舶建造保险合同约定的保险责任(承保风险)范围。

(2)三福公司拟将其与买方另行协商所增加的损失纳入保险合同项下主张保险赔偿,在效果上相当于试图增加保险承保风险,而三福公司没有提供证据证明其将该另行协商的情况及时通知人保航运中心,人保航运中心有权拒绝向三福公司赔付由此增加的部分损失。

(3)交船迟延损失 352 500.00 美元(849 000.00 美元-496 500.00 美元)非因船舶设计错误而产生,不属于涉案保险合同约定的保险责任范围,人保航运中心也有权拒绝赔付。

因此,最高人民法院认为人保航运中心应当向三福公司赔付的金额,为造船合同项下因船舶设计错误引起的损失人民币 5 780 640.45 元(916 500.00 美元)扣减保险免赔额人民币 140 000.00 元后的金额人民币 5 640 640.45 元。

分析上述判决,我们认为最高人民法院对"因设计错误而引起的损失"的损失范围及程度的认定是公正客观的。最高人民法院结合船舶建造保险仅承保直接损失的条款解释,认为保险人仅承保因船舶设计错误所必然、直接造成的损失,任何不属于承保风险(保险责任)的介入因素造成的损失保险人均有权拒赔,这无疑对保险人有利。但对介入因素,是否需要比照适用我国《保险法》第 52 条规定的"保险标的的危险程度显著增加",仍值得商榷;我们认为,此种解释是因果关系原则的应有之义。

二、修船责任保险

本节简要介绍人保财险 2010 年 7 月 9 日修订的《修船责任保险条款》。该条款是一个总括保险条款,保险人承保一段期间(如 1 年)内某修船厂对其承修的全部船舶或海工设备的约定责任;保险人的责任范围实际上很小,但修船厂可能要求保险人接受保险责任很广的保险条款;保险期间内预计的总修船费,既是计算保险费的基础,也是计算累计保险赔偿总额的基础(一般为总修船费的 10%,即在该保险期间内,保险人对历次事故的总赔偿额不超过预计的这段时期内修船费总额的 10%,风险比较容易控制,同时也表示修船厂的责任风险只是有限转移)。修船费可能很大,如船舶和海工设备大事故修理、改造等。

人保财险《修船责任保险条款》是一个很复杂的保险条款,包括 12 个部分加

1个附件(短期费率表),共有 42 个条款之多,下面对其中的主要条款做简要介绍。

1.保险责任范围:该条款第 2 条规定,保险人承保,在保险期间内,按保险合同规定应由被保险人负责的,由于被保险人的过失造成的,下述两大类风险:(1)火灾事故或船舶机损对承修船舶所造成的直接损失(但不包括机器本身的损失);和(2)承修船舶在移泊、进出船坞期间,碰撞码头设施、船坞和其他船舶所造成本船的直接损失。从上述规定看,保险人对其责任范围有多重限定,保险事故限于火灾事故或船舶机损事故;而且还受其他条款的制约(如修船地点、赔偿限额、除外责任等)。保险人不愿意成为修船人的质量担保人,但被保险人提供的非标准条款可能使得保险人成为质量担保人。修船厂自身承担的责任仍很大。另外应注意,很多海工设备难以构成船舶在约定保险标的范围时要明确包括各种海工设备或装置,无论其是不是船舶。

2.除外责任:本条款不负责赔偿战争险、被保险人不知情的船舶图纸更改导致的火灾、其他修船人(包括转包、分包)的过失、油污、清除承修船舶的残骸、人身伤亡、罚款、惩罚性赔偿、船方拒绝接船造成的营业损失和间接损失、船舶修理完毕船东接船后发生的损失以及"对修理部分本身的修理、修改、改进、更换的费用,以及为了改进或更改所产生的设计或其他费用"等(第 4 条到第 7 条)。总括保险规定:"预计年修船产值由投保人根据实际情况参考上年修船产值确定,并在保险合同中载明,作为计算保费的基础,保险期间结束后按实际年修船产值结算保费,多退少补。(第 8 条)""责任限额包括累计责任限额和每次事故责任限额,由投保人与保险人在订立保险合同时协商确定,并在保险合同中载明,累计责任限额在年修船产值的 10% 以内确定。(第 9 条)""在保险期间内,保险人无论一次或多次累计的赔款(含免赔金额)达到本保险合同规定的累计责任限额时,本保险合同立即自动终止。(第 34 条)"这几条规定最能体现本保险的特色。修船合同中一般也明确约定修船厂对船方的赔偿责任不超过修理费的 10%,而且不负责赔偿间接损失。

3.保险期间:本合同属于预约保险合同,每一单独的承修船舶的保险期限,如果没有超过协议的保险期间,是从修船开始至修理完毕交付船方为止。如果保险期间届满时,仍有船舶的修理未完成并交付船方,则被保险人需要对其办理续保,而与下一个保险合同无关(第 11 条)。而且被保险人要按本条款附录"短期费率表"支付相应的展期保险费,不足一个月的,按一个月收取(第 42 条),对被保险人不合理。

4.被保险人的义务:根据本条款,被保险人仅负有询问告知义务,而且保险人相关的合同解除权,自保险人知道有清除事由之日起,超过 30 日不行使而消灭

（第 19 条），与《海商法》的规定不同，对被保险人有利。本条款对被保险人根据合同约定须按时交齐保险费有严格规定，被保险人违约的，保险人解除合同，并且对解除合同前发生的保险事故的赔偿限于已交保费与应交保费的比例部分（第 20 条）。对船方提出的本保险责任范围内的诉讼，保险人有权以被保险人的名义应诉，被保险人须提供必要的协助（第 24 条）；另一方面，双方需约定保险人应另行赔偿被保险人抗辩每一保险事故的法律费用（第 33 条）。

5.赔偿处理：本条款明确规定了被保险人先付原则，被保险人未向第三人赔偿的，保险人不负责向第三人赔偿保险金（第 33 条）。但对责任保险，《保险法》第 65 条规定了第三人直接起诉责任保险人的权利。保险事故发生后，保险人支付保险金前，被保险人放弃对第三人的追偿权的，保险人不负保险赔偿责任（第 37 条）。作者认为，保险合同订立前，被保险人就放弃了对第三人的求偿权的，属于重要事项，被保险人须告知保险人，但由于本条款将被保险人的告知义务限于保险人询问的内容，故保险人应将此问题作为询问内容之一。本条款还规定了 1 年的保险索赔期间（第 38 条），其法律效力有待司法检验。

（仲裁案例）2010 年海仲"KATINA"船修船责任仲裁案：本案中修船责任保险的保险期间为 2005 年 9 月 11 日 0000 时至 2006 年 9 月 10 日 2400 时。2005 年 9 月 11 日到 2005 年 10 月 28 日，该船在修船厂修理，其中一项工程是主机 5 号缸常规检修。2005 年 11 月 25 日该船在海上航行期间，主机 5 号缸发生机损事故，原因是修船厂在修理时未拧紧其中的螺栓和螺帽。船方向修船厂索赔 30 多万美元的损失，后双方达成赔付 145 000 美元的和解协议。船舶修理合同约定修船人有修船质量保修责任，但对间接损失不承担责任。修船责任险条款中保险责任条款约定，保险人赔偿船舶机损对承修船舶所造成的直接损失，但对机器本身的损坏不承担责任。保险人拒赔，理由包括主机 5 号缸的损失是机器本身的损失，不在保险赔偿责任范围内；而且损失是在船方接船后发生的，不在保险期间内等。仲裁裁决认为：保险人对机器本身的损坏不承担保险赔偿责任，是机损险中常见的约定，限于保险人对机器本身有潜在缺陷、本身质量问题导致的损失，并没有扩及修船人过失导致的机器损失。但是，对承修船舶的保险期间在该船修船完毕，船方接船时已届满，本案事故不是发生在保险期间内，修船合同中的保修期条款不能对抗保险条款中的保险期间条款，故驳回修船厂的仲裁请求。作者认为，这一仲裁裁决对保险人十分有利，对于机损事故，似乎修船责任保险人对承修船舶修理完毕，船方接船后发生的损失，就都无须承担保险赔偿责任。而船方还可以根据船舶保险条款，向其船舶保险人索赔，理由可能是船舶机件或船壳的潜在缺陷。

第六节 协会船舶定期保险条款

目前使用的《协会船舶定期保险条款》(Institute Time Clauses-Hulls)有两套：一是 1983 年 10 月 1 日修订者；二是 1995 年 11 月 1 日修订者。前者目前仍使用较多，因船舶保险市场竞争很激烈，伦敦保险人在竞争中的优势减小，但预计后者在数年内会完全取代前者。本节以介绍 1983 年条款为主，附带介绍 1995 年条款的新规定。[①] 2003 年《国际船舶保险条款》有很多新规定，新增加一节内容做一简要介绍。

1983 年 10 月 1 日《协会船舶定期保险条款》(以下简称 1983 年协会条款)共有 26 个条款，与人保财险 2009 版《船舶保险条款》的对应关系可表述为：

(1)航行条款——海运条款(Cl.4)；

(2)连续条款——保险期限条款(Cl.5.1)；

(3)违反保证条款——保险合同的解除条款(Cl.6.3)；

(4)终止条款——保险合同的解除条款(Cl.6.2)；

(5)转让条款——无；

(6)危险条款——责任范围条款(Cl.1.1)；

(7)污染危险条款——责任范围条款(Cl.1.1.7.5)；

(8)3/4 碰撞责任条款——责任范围条款(Cl.1.2.1)；

(9)姊妹船条款——索赔和赔偿条款(Cl.10.6)；

(10)索赔通知和招标条款——被保险人的义务条款(Cl.8.1)和招标条款(Cl.9)；

(11)共同海损和救助条款——责任范围条款(Cl.1.2.2)；

(12)免赔额条款——免赔额条款(Cl.3)；

(13)被保险人的义务条款——被保险人的义务条款(Cl.8.1)和责任范围条款(Cl.1.2.3)；

(14)新换旧条款——索赔和赔偿条款(Cl.10.3.1)；

(15)船底处理条款——索赔和赔偿条款(Cl.10.3.2)；

(16)工资和给养条款——无；

(17)代理佣金条款——索赔和赔偿条款(Cl.10.4)；

---

①杨良宜，汪鹏南.英国海上保险条款详论(第 2 版).大连：大连海事大学出版社，2009，ch.2.

(18)未修理的损害条款——无;

(19)推定全损条款——索赔和赔偿条款(Cl.10.2.3);

(20)运费弃权条款——无;

(21)营运费用保证条款——无;

(22)停泊和解约时的退费条款——保费和退费条款(Cl.7.1);

(23)战争除外条款

(24)罢工除外条款

(25)恶意行为除外条款　　——除外条款(cl.2.4～cl.2.10)。

(26)核放射除外条款

上述对应关系,并不表示对等,二者之间有许多差异。本节简要介绍协会条款的含义,并指出与人保财险条款之间的差异所在。

一、航海条款

本条共 3 款:第一款是保证,限制船舶被拖带,或用作专业拖船或救助船;第二款规定保险人对船舶在海上与大船进行船靠船装卸作业引起的损害或(碰撞)不负赔偿责任,除非被保险人事先通知了保险人并与保险人就保险条款达成了新的协议,但本款规定不是保证性质;第三款将拆船航次发生的损失的保险赔偿限于废钢船价值,不适用原约定的保险价值,除非被保险人事先与保险人另有协议,本款规定也不是保证,即保险仍有效,而且不影响保险人的其他责任。

人保财险 2009 版《船舶保险条款》第 4 条海运条款与之相对应,但有以下几点主要差别:

(1)人保财险 2009 版《船舶保险条款》未限制保险船舶非习惯性地被拖。

(2)保险船舶不得从事专业拖带或救助服务在 2009 版人保财险条款中不是保证性质的,其违反不影响保险效力和保险人的其他赔偿责任。

(3)在人保财险 2009 版《船舶保险条款》中,未通知的拆船航次的实际法律后果难以捉摸,可能的解释有两种:一是保险人对该航次期间任何原因造成的损失和责任皆不负责;二是保险人只对该航次增加的危险引起的损失或责任有权拒赔。

二、延续条款

与人保财险 2009 版《船舶保险条款》第 5 条第一款的规定一致,只是未规定在延长期间发生全损时,被保险人需加交 6 个月保险费。

协会 1995 年条款进一步限制了被保险人可要求本保险顺延的条件——船舶尚未脱离危险。

三、违反保证条款

这实际上是缓和违反保证的法律后果而对被保险人有利的一个条款——保险单中规定的保证,如果是本条规定的这几种保证之一,其违反可通过被保险人"续保"(Held Covered)来补救。续保包括两方面的含义:一是在知悉后迅速通知保险人;二是接受修改后的保险条款和保险人要求加付的合理的保险费。

人保财险 2009 版《船舶保险条款》第 6 条第三款与此同一旨趣。

四、终止条款

这是一个保证条款,如果保险船舶的船级社或船级发生变化,或者所有权、实际控制权(占有权)变更,本保险自动终止,除非被保险人已事先取得了保险人的书面同意。人保财险 2009 版《船舶保险条款》第 6 条第二款与此条规定的含义基本上是一致的。

1995 年协会条款在这个终止条款外,增设了一个"船级条款"(Classification Clause),被保险人要保证船级社所做的有关船舶适航性或维持其适航条件的建议、要求或限制在该船级社要求的日期前得以照办;否则,无须船级社采取积极行动去中止或撤销船级,保险人亦有权解除合同。

五、转让条款

本条规定被保险人转让根据本保险的保险赔偿权益,在何种条件下才约束保险人。这是对被保险人的一个提示条款,对保险人也有一层保护作用。鉴于船舶抵押普遍存在,本条规定有其实际意义。人保财险 2009 版《船舶保险条款》中没有这样一个条款,银行对船舶保险的重要性认识亦不足,例如,"成达"船 1996 年 3 月在台湾海峡沉没,该船上有工商银行的抵押,但该船在 1996 年未投保船舶保险,因船东支付保险费有困难。

六、危险条款

本条规定与人保财险 2009 版《船舶保险条款》第 1 条第一款的相应规定基本一致,差别主要有两点:

(1)1983 年协会条款只承保地震、火山爆发和闪电 3 种自然灾害,而人保财险 2009 版《船舶保险条款》承保所有的自然灾害。

(2)1983 年协会条款承保任何原因引起的"艉轴断裂"(Breakage of Shafts)或"锅炉破裂"(Bursting of Boilers)危险,但人保财险 2009 版《船舶保险条款》只承保潜在缺陷危险。

在 1995 年协会条款中,须恪尽职守的主体不限于被保险人、船东或管理人本人,还包括监督船技状况的较低管理层,这意味着保险人有更多的拒赔机会,特别是在 ISM Code 于 1998 年生效以后。

七、污染危险条款

人保财险 2009 版《船舶保险条款》把它合并在危险条款中。

1995 年协会条款将污染危险扩大为"环境损害"(Damage to Environment)危险,适应了全球对环境问题的热度。

八、3/4 碰撞责任条款

与人保财险 2009 版《船舶保险条款》第 1 条第二款第(1)项规定的碰撞责任条款相比,本条规定除只保 3/4 碰撞责任外,还将碰撞限于保险船舶与他船发生的碰撞,不包括与船舶以外的任何装置、物体的触碰。

本条规定的内容原以 RDC(Running Down Clause)而闻名,最近一次修正是在 1971 年 10 月 1 日。本条共 4 款:第一款规定保险赔偿责任的范围;第二款明确保险人根据本条的责任是单独的,并规定了交叉责任原则适用的条件;第三款规定保险人需承担有关的法律费用;第四款规定保险人的除外责任。

九、姊妹船条款

与人保财险 2009 版《船舶保险条款》第 10 条第六款的规定相同,保险人的责任不因是姊妹船之间的碰撞或相互救助而受影响。

十、索赔通知和招标条款

大部分保险索赔是船舶修理费用,故保险人特别重视修理招标。由于保险人不关心保险船舶的船期损失,故本条是合同双方矛盾妥协的结果。

在等待重新决标期间,保险人按保险价值(注意:不是保险金额)的年利率的 30％补赔被保险人,即每天的补赔额为"保险价值×30％×1/365",但 1986 年人保条款第 9 条规定补贴船东每天的维持费用,且以保险价值的 30％为限,二者并不相同。此外,协会条款还补偿按保险人要求改港修理所发生的额外航次费用。如果被保险人未按保险人的要求重新招标,或不遵守保险人关于修理地点、修理厂家的决定,保险人有权从已决的保险赔款中扣减 15％作为对被保险人的惩罚,人保财险 2009 版《船舶保险条款》中没有这样的规定。

协会条款也未要求被保险人一定要招标以决定修理厂家,只要决定合理即可。

十一、共同海损和救助条款

本条第四款重申英国《1906 年海上保险法》第 66 条第四款,保险人对保险船舶应分担的共同海损或救助费用限于本保险列明承保的危险引起者或至少应与之相关,而人保财险 2009 版《船舶保险条款》及《海商法》无此种限定,只是不属于除外责任,船舶保险人就要负责赔偿。

对共同海损理算条款,1983 年协会条款不接受运输合同的规定,而要适用航程终止地的法律,除非运输合同规定适用《约克-安特卫普规则》,而人保财险 2009 版《船舶保险条款》不限制运输合同对共同海损准据法的规定,仅将《北京理算规则》或类似规则作为补充。

在不足额保险的适用方面,按英国《1906 年海上保险法》第 73 条的规定,在保险价值中应同样扣除保险人应赔付的单独海损,再与船舶的共同海损分摊价值相比较,对保险人有利。

1995 年协会条款还将表现为共同海损形式的任何环境损害作为除外责任,"特别补偿"(Special Compensation)也明确作为除外责任。

可见,人保财险 2009 版《船舶保险条款》在共同海损和救助风险承担方面,要比协会条款"宽容"很多。我国船东应注意英国法背景的海损理算师实际基于英国法和协会条款所做出的不符人保条款、对船东不利的共同海损理算报告。

十二、免赔额条款

每次单独海损保险事故的赔偿都要扣减约定的免赔额,但搁浅后专为看船底的费用除外。这与人保财险 2009 版《船舶保险条款》第 3 条的规定是一致的。

1983 年协会条款还明确,在享受追偿所得方面,免赔额部分不作为"共同保险"(Co-insurance)处理,不得与保险人比例受益,从第三责任人得到的赔偿,除其中的利息外,要先全部满足保险人支付的赔款,多余部分才归被保险人。这对被保险人是不公平的,我国条款和法律中虽然无这样的明确规定,但实务中也是这样处理的。

十三、被保险人的义务(施救费用)条款

本条规定把被保险人的施救义务和保险人另行赔偿施救费用的责任结合起来规定,首先强调被保险人的施救义务,但对违反的法律后果未予明确。

本条第四款和第五款的规定是人保财险 2009 版《船舶保险条款》所没有的。第四款规定了不足额保险的适用:保险人对施救费用的赔偿限于保险金额与保险价值和发生施救费用时的船舶完好价值之中较高者的比例部分,如果后者高于保险金额。但如果保险人已接受按全损赔付,而且保险船舶有获救价值,则仅对超过获救价值的施救费用部分,适用前述比例赔付原则。

第五款是针对船舶发生了全损,而此前的施救目标不只是保险船舶,还有其他财产(如货物),而且无效或剩余价值低于施救费用的情况。在这种情况下,保险人赔付可合理归于为拯救保险船舶所支付的那一部分费用;但如果保险金额

低于施救费用发生时的船舶完好价值,保险人只按保险金额与完好价值的比例支付这一部分费用的保险赔偿。

1983 年协会条款制订得如此之细,对保险人是有利的。

十四、新换旧条款

协会条款亦规定对保险赔偿不再做新换旧的传统扣减,即改变了英国《1906年海上保险法》的有关规定。人保财险 2009 版《船舶保险条款》中的对等条款是第 10 条第三款第(1)项。

十五、船底处理条款

保险人只愿意承担损害修理部分的船底处理费用,协会条款制订得很细,实务中是留给海损理算师去分。

十六、工资和给养条款

原则上保险人不赔偿船员工资和给养,但有两个例外:

(1)可作为共同海损费用(如在避难港额外延长航程期间发生者)。

(2)为海损修理而移船的在航期间或试航期间发生者。

人保财险 2009 版《船舶保险条款》中没有这样的条款,但实际效果是相同的。

十七、代理佣金条款

保险人不承担为获取保险索赔文件而发生的代理佣金之类的费用,人保财险 2009 版《船舶保险条款》的类似条款是第 10 条第四款。

十八、未修理的损害条款

本条共三款,第一款改变了英国《1906 年海上保险法》第 69 条第三款,规定合理贬值是指本保险终止时船舶市价因未修理的损害引起的跌幅;第二款重复英国《1906 年海上保险法》第 77 条第二款,规定如果在本保险终止前发生了全损(即使不是保险事故),保险人对全部未修理的损害可拒赔——这就是所谓的"合并原则";第三款考虑了船舶可能拆解而调整保险价值的情况,限定在保险期间保险人对未修理损害的赔偿,不超过本保险终止时的保险价值。

人保财险 2009 版《船舶保险条款》中没有这样的条款,《海商法》亦未做规定,这方面是个空白,可考虑适用协会条款的本条规定。

十九、推定全损条款

本条规定改变了英国《1906 年海上保险法》第 27 条第四款的规定,即将保险单中约定的保险价值作为判断推定全损是否成立的基准。人保财险 2009 版《船舶保险条款》第 10 条第二款第(3)项与此条规定一致。

二十、运费弃权条款

这是船舶保险人所做的一个"高姿态",即在代位求偿权中放弃与物权相关的附属利益——运费。人保财险 2009 版《船舶保险条款》中没有这样一个条款,但实际意义不大。

二十一、营运费用保证条款

这是被保险人须遵从的一项保证,订入此条款的目的是防止船东投保低额船舶保险,而投保高额运费保险、船舶营运费用保险等作为补充,既可以节省保险费,又很容易构成推定全损。

人保财险 2009 版《船舶保险条款》中没有这样的条款,因国内船东很少安排运费保险和营运费用保险等船舶附属利益保险。

二十二、停泊和解约退费条款

本条规定,对解约(保险终止)退费,只退未开始月份的整月净保险费,已开始的月份,哪怕只开始了一天,该月保费就不退;而人保财险 2009 版《船舶保险条款》第 6 条规定是按天退,对被保险人有利。

对停航退费,按协会条款,每满 30 天才退一期,不足 30 天就一分钱也不退;而人保财险 2009 版《船舶保险条款》对超过 30 天的日数,有一天退一天,也对被保险人有利。

此外,协会条款可对修理期间(风险稍大)和非修理期间约定不同的退费比例,人保财险 2009 版《船舶保险条款》规定不分是否修理,皆是一半的净保费。

二十三～二十六、首要除外条款

规定本条款将战争险、罢工险、恶意行为险和核武器险作为首要除外责任。人保财险 2009 版《船舶保险条款》第 2 条第一款第(4)项的实际效果与此基本一致。

▌第七节▐ 2003 年《国际船舶保险条款》简介[①]

一、引言

IUA 和 LUA 的联合船舶险委员会正式对外公布了自 2003 年 11 月 1 日起开始正式使用的《国际船舶保险条款》(International Hull Clause 1/11/03,简称

---

①杨良宜,汪鹏南.英国海上保险条款详论(第 2 版).大连:大连海事大学出版社,2009,ch7 和 ch1.§1.

IHC)，旨在逐步取代 1983 年 10 月 1 日修订的"协会定期船舶保险条款"（Institute Time Clauses － Hulls 1/10/83）。"海上保险单"（MAR POLICY FORM）未做任何修改。2003 年 IHC 是对 2002 年 IHC 的进一步修订。

新的船舶险条款被冠以"国际"之名，其意在让伦敦水险市场外的保险市场也采用它。但其他市场并没有义务接受它，而且即使使用这一新条款，也要注意其中关于英国法院专属管辖和首席保险人、保险经纪人等规定是否与本地市场的做法相配合，而做出相应的删改。

吸取 1995 年条款被市场排斥的教训，2003 年条款在推出之前曾广泛征求船东方面的意见，而且选择在水险市场转强的背景下推出，但是推出后市场接受度很低。

2003 年条款在篇幅上有 53 条之多，是 1983 年条款共 26 条的两倍多，其中包括多条已被市场上广泛采用的补充条款，如协会保证条款（CL26：Institute Warranties）、共同海损污染费用条款（CL360：General Average Pollution Expenditure Clause）、船东遵从船级社要求和船旗国法律要求条款（JH131）、直升机使用条款（LSW788）、保险费支付条款（LSW 3000）、担保条款（JHC Bail Clause，JH2001/066）和协会附加危险条款（CL294：Institute Additional Perils Clause）等。以往主要依赖保险经纪人来安排适当的补充条款；现在直接将常用补充条款并入主条款中，使船东（尤其是英国外的船东）能够基本上一目了然。但因为市场、法律等总在变化，会不断有新的补充条款去适应需要，而且 IHC 吸收的有些补充条款是过时的或对船东太苛刻，故 2003 年条款并不可能消除修改条款的需要，保险经纪人在这方面的作用仍很重要。

2003 年条款重新平衡了双方的权利义务，并适应了普通法的发展。在船东义务方面，2003 年条款吸收了 1995 年条款对 1983 年条款的实质性修改内容，而且增加了 ISM Code 方面的要求，对船东是很不利的。航海条款不再是保证条款，被修改为仅在船东违反期间保险人不负保险赔偿责任，趋于合理。新条款规定保险人仅负责承担超过校正潜在缺陷本身的费用外的损害修理费用。新条款还明确了被保险人不得欺诈性索赔或诉讼，而且保险人的此项义务不因诉讼而中断。

新条款还有不少创新之处，例如，新规定了 180 天保险索赔期限、船东有义务采取必要的诉讼行动取得担保和保护保险人的代位求偿权、保险人应适当考虑为船东安排担保或反担保的需要和保险人有义务补偿追偿费用（包括相关的代理人费用）等。

2003 年条款还设立了一些选择性条款，供双方订约时协议加费承保 4/4 船舶碰撞责任和触碰责任、共同海损吸收条款和附加危险条款。

鉴于伦敦在国际水险市场上的地位和英国普通法的影响，可以预计，随着伦敦水险市场推行 2003 年条款,该条款将对各国水险市场产生或多或少的影响。

二、2003 年条款的结构

2003 年国际船舶保险条款分 3 大部分,共 50 条。第一部分"主要保险条件"共 31 条,皆为强制性条款。第二部分"附加条款"共 10 条(从第 32 条至第 41 条),其中第 37 条至第 41 条是选择性条款,需双方在合同成立时——单独协议;其余皆为强制性条款,是常用的附加条款,现明确并入在主条款中。第三部分"索赔条款"共 9 条(从第 42 条至第 50 条),皆为强制性条款,规定了保险理赔程序及双方的义务。但双方在订约时可修改强制性条款。

本条款具体包括下述各条:

第一部分:主要保险条件(PRINCIPAL INSURING CONDITIONS)

(1)总则(GENERAL)。

(2)危险(PERILS)。

(3)租用的设备(LEASED EQUIPMENT)。

(4)从船上拆下的船舶部件(PARTS TAKEN OFF)。

(5)污染危险(POLLUTION HAZARD)。

(6)3/4 碰撞责任(3/4 THS COLLISION LIABILITY)。

(7)姊妹船(SISTER SHIP)。

(8)共同海损和救助(GENERAL AVERAGE AND SALVAGE)。

(9)被保险人的义务(施救)[DUTY OF THE ASSURED (SUE AND LA-BOUR)]。

(10)航海规定(NAVIGATION PROVISIONS)。

(11)违反航海规定(BREACH OF NAVIGATION PROVISIONS)。

(12)连续(CONTINUATION)。

(13)船级和 ISM (CLASSIFICATION AND ISM)。

(14)管理(MANAGEMENT)。

(15)免赔额(DEDUCTIBLE)。

(16)新换旧(NEW FOR OLD)。

(17)船底处理(BOTTOM TREATMENT)。

(18)工资和维护(WAGES ANG MAINTENANCE)。

(19)代理佣金(AGENCY COMMISSIONS)。

(20)未修理的损害(UNREPAIRED DAMAGE)。

(21)推定全损(CONSTRUCTIVE TOTAL LOSS)。

(22)运费弃权(FREIGHT WAIVER)。

(23)转让(ASSIGNMENT)。

(24)营运费用保证(DISBURSEMENTS WARRANTY)。

(25)解约退费(CANCELLING RETURNS)。

(26)单独保险(SEPARATE INSURANCE)。

(27)按份责任(SEVERAL LIABILITY)。

(28)附属公司(AFFILIATED COMPANIES)。

(29)战争险和罢工险除外(WAR AND STRIKES EXCLUSION)。

(30)恐怖分子、政治动机和恶意行为除外(TERRORIST，POLITICAL MOTIVE AND MALICIOUS ACTS EXCLUSION)。

(31)辐射沾污、化学、生物和电磁武器除外(RADIO ACTIVE CONTAMINATION，CHEMICAL，BIOLOGICAL AND ELECTROMAGNETIC WEAPONS EXCLUSION)。

第二部分:附加条款(ADDITIONAL CLAUSES)

(32)航行限制(NAVIGATING LIMITS)。

(33)允许进入航行限制中规定的水域(PERMISSION FOR AREAS SPECIFIED IN NAVIGATING LIMITS)。

(34)重新投入使用(RECOMMISSIONING)。

(35)保险费支付(PREMIUM PAYMENT)。

(36)1999年合同(第三者权利)法[CONTRACTS (RIGHTS OF THIRD PARTIES)ACT 1999]。

(37)固定和浮动物体(FIXED AND FLOATING OBJECTS)。

(38)4/4碰撞责任(4/4 THS COLLISION LIABILITY)。

(39)停泊退费(RETURNS FOR LAY UP)。

(40)共同海损吸收(GENERAL AVERAGE ABSORPTION)。

(41)附加风险(ADDITIONAL PERILS)。

第三部分:索赔条款(CLAIMS PROVISIONS)

(42)首席保险人(LEADING UNDERWRITERS)。

(43)索赔通知(NOTICE OF CLAIMS)。

(44)招标规定(TENDER PROVISIONS)。

(45)被保险人的义务(DUTIES OF THE ASSURED)。

(46)保险人与索赔有关的义务(DUTIES OF UNDER-WRITERS IN RELATION TO CLAIMS)。

(47)提供担保(PROVISION OF SECURITY)。

(48)赔款支付(PAYMENT OF CLAIMS)。

（49）追偿（RECOVERIES）。

（50）争议解决（DISPUTE RESOLUTION）。

三、2003 年《国际船舶保险条款》对 1983 年《协会船舶定期保险条款》的重要修改和增订

重要的修改和增订主要包括以下内容。

1.航海规定（Clauses 10 & 11）

在新条款中航海规定不再是"保证"（Warranty），而是"中止条件"（Suspensive Condition），在被保险人违反航海规定期间，保险合同处于休眠状态，保险人对该期间发生的任何损失不负赔偿责任，除非被保险人在知悉违反后立即通知保险人，并同意接受保险人提出的对保险条件的修改和要求加收的保险费。本条款中的航海规定除第 10 条外，还包括第二部分附加条款中的第 32 条和第 33 条。

伦敦市场上的 JH132（31/10/2003）国际船舶保险条款 INTERNATIONAL HULL CONDITIONS（01/11/03），已经取代之前的 INSTITUTE WARRANTY LIMITS：IWL，1976 规定的 INTERNATIONAL NAVIGATIONAL LIMITS：INL，限制船舶冬季在北美大西洋沿岸、波罗的海、俄罗斯远东地区等限制海域航行。船舶在进入限制海域前，被保险人需要向保险人申请加保冰区附加险，否则，船舶在限制海域航行和停留期间船舶保险合同的效力中止。

2005 年英国《保险法》明确规定违反保险保证的法律后果是保险合同效力中止，但仍容许当事人双方通过协议排除此规定的适用。

2.船级社和 ISM（Clause 13）

在合同开始时和整个保险期间船舶必须符合 ISM 的强制规定，船东或经营人须持有"符合证明"（DOC），船舶须具有"安全管理证书"（SMC），并遵从船级社有关船舶适航的要求；否则，除非保险人另行同意，从违反时起保险责任自动终止，但如果当时船在海上，则至其抵达下一港口时终止。船级社必须是订约时经保险人认可的。保险责任自动终止时，按新规定，保险人应按日将净保费退还给被保险人，除非船舶已发生全损。第 13 条仍然是保证条款。

3.船舶管理（Clause 14）

第一，被保险人、船东和管理人有义务遵从船旗国有关船舶建造、改造、状况、装备、设备、营运和配员方面的强制性规定，包括 ISM 和 STCW 义务，并遵从船级社关于向船级社报告船舶事故和缺陷方面的要求；否则，保险人对被保险人、船东、管理人违反上述义务造成的损失不负赔偿责任。第二，除非保险人另行同意，

在船舶拆解航次开始时保险自动终止。第三,在违反本条规定保险自动终止时,保险人应按日将净保费退还给被保险人,除非船舶已发生全损。违反第 14 条规定与损失之间须有因果关系,故不是保证条款。

第 13 条和第 14 条被提升为首要条款,效力最高。

4.推定全损(Clause 21)

恢复和修理船舶的费用总和只要达到船舶保险价值的 80%,船东就可索赔推定全损。

5.保险费支付(Clause 35)

保险费的全部或约定的首期须在合同成立后 45 天内或其他约定期限内支付;否则,保险人有权在 15 天通知期届满时解除合同。

6.4/4 碰撞责任(Clause 38)及触碰固定和浮动物体的责任(Clause 37)

允许双方在订约时约定承保。以前伦敦水险市场船舶保险人坚持只承保 3/4 RDC,并且一般不承保 Contact with FFO。而且新条款一律增加规定,保险人承担的相关法律费用的总和以保险价值的 25% 为限;当然,如果只是保 3/4 RDC,保险人的赔偿责任先要限于 3/4 的法律费用。

7.停泊退费(Clause 39)

停泊退费现在只适用于:(1)在订约时有此项约定;(2)退费比例也要有约定;(3)每期连续 30 天停泊时间还不包括船舶损害修理或改建期间。

8.首席保险人(Clause 42)

首席承保人(Leaders)的法律地位被首次正式写入主条款中,首席的承保和理赔行为约束其他共同承保人(Followers)。保险人要按其各自承保份额(Subscription)承担检验、专家、理算师和律师等的费用,以及受首席保险人的委托收取费用的第三方(如果经纪人不愿意或不能收取费用)的佣金(不超过已收费用的 5%)。

9.索赔通知(Clause 43)

被保险人、船东、管理人应尽快通知首席保险人可能已发生的保险索赔,但不再要求通知劳合社代理人。如果未在知悉后 180 天内提出保险索赔,保险人的保险赔偿责任即告解除,除非首席保险人弃权。

10.被保险人的义务(Clause 45)

这里包含新的约束被保险人的合同义务规定,比长期形成的保险实务做法的要求还要高一些,强调了英国《1906 年海上保险法》第 17 条规定的最大诚信原则,而且改变了贵族院权威先例 STAR SEA [2001] 1 Lloyd's Rep.389。按本条款规定,保险人承担保险赔偿责任的先决条件是:被保险人在任何阶段(即使已开始对保险人的诉讼程序），不得故意或"轻率地"（Recklessly）误导或试图误导保险人在保险索赔和处理方面的适当考虑，也不得隐瞒对保险人适当考虑保险索赔或保险索赔抗辩可能是重要的情况。此外，被保险人还负有合同义务协助保险人了解与保险索赔有关的情况和文件，包括查询船舶的船级记录。

11.保险人与索赔有关的义务（Clause 46）

本条以合同条款形式规定了相关保险实务做法。而且新规定首席保险人应在收到最终保险索赔理算报告或文件齐全的索赔材料后 28 天内做出理赔决定，或在收到其要求的补充材料或无法提供补充材料的满意解释后的合理时间内做出理赔决定。但本条款未规定在首席保险人未按时做出理赔决定时被保险人有何救济手段。

12.提供担保（Clause 47）

保险人有义务适当考虑就与保险索赔有关的索赔，为被保险人提供担保或反担保以避免扣船或使船舶获释的需要，但是否提供担保仍取决于保险人的自由裁量权，而且可能要求被保险人提供相应的反担保。首席保险人的决定约束其他共同承保人。

13.追偿（Clause 49）

一方面，被保险人有义务尽可能评估追偿的前景，并采取必要的措施，如起诉、扣船等来保护追偿权，而不只是做到不主动放弃追偿权即可，即超出了普通法的要求。另一方面，追偿所得要按比例在承保损失和非承保损失（包括免赔额）之间分配，而非先满足保险人已支付的保险赔偿，也改变了普通法的位置。

▎第八节▎ 船舶保险事故的理赔

一、船舶保险事故的理赔通则

船舶保险事故的理赔，以船舶保险条款为基础，包括现场处理、检验、索赔单证和定损、赔付等方面的内容。从被保险人（船东）立场上看，各种船舶保险事故的理赔，需掌握如下原则要点：

（1）正确理解所适用的船舶保险条款，尤其是其承保范围、除外责任、保证、终止和被保险人所负的义务等，要求船长熟记于心。

（2）平时做好航海日志、轮机日志、车钟记录簿、电台日志、油类记录簿、夜航命令等船舶文件的记载及海图的改正保管等；在可能时，取得适航或适载证书。

（3）发现异常情况及时检查，掌握险情，并与当地代理、船东互保协会通信代理、船公司/经营人取得联系,确立出险时间、地点、性质,并在 48 h 内通知船舶保险人和/或其当地保险代理人。

（4）制定应急抢救方案,采取应变措施,防止损失扩大。

（5）做好各种事实记录,有条件时应拍照或摄像,取得责任方的事故确认。

（6）适时申请检验、专家协助。

（7）海事报告力求简洁,海事声明要在第一到达港办妥签证手续。

（8）考虑对第三责任人采取扣船、证据保全、诉讼等法律行动,取得担保。

（9）不擅自承认责任或与对方和解。

（10）酌情宣布共同海损并指示理算人收取货方担保等。

（11）考虑修理招标,确定修理地点和修理厂。

（12）注意索赔文件的完整和保密。

二、常见船舶保险事故的处理要点

常见的船舶保险事故有碰撞、搁浅、火灾和救助等,从海上保险法的角度来看,其处理方式各有特色。

1.船舶碰撞事故的处理

首先是船东互保协会的参与程度,我国、北欧国家及德国等国的船舶保险条款承保的碰撞风险范围最广,即全部船舶碰撞责任(4/4 RDC)和与船舶以外的固定或浮动物体相触碰的风险(所谓 FFO Cover);美国船舶保险条款(AIHC)只承保 4/4 RDC,无 FFO Cover;而英国协会船舶保险条款(ITC—Hulls)只承保 3/4 RDC,无 FFO Cover。船舶保险中碰撞条款不承保的风险由船东互保协会承保,包括 1/4 RDC 和 FFO Cover,除人身伤亡、沉船打捞、油污等风险之外。因此,在处理船舶碰撞事故时,首先要了解船东互保协会可能受影响的情况,以决定是否通知船东互保协会或其当地的通信代理;这一点还关系到其他问题,如担保的安排、律师的指定等等。

除了船员和船舶本身的安全外,在法律层面上最重要的问题是有关碰撞事故的证据的取得及保密。

碰撞事故发生后,会有许多人登船调查,如当地海事部门的官员、检验人、代理和律师等,船长、船员首先要明确调查人的身份和其所代表的利益;船员应将调查人介绍到船长处,不可随意对任何人谈论有关他所要了解的情况。

海事声明和海事报告以及接受海事部门调查时,应尽可能简略,不要写明碰撞时间、地点、船舶移动情况等细节。

但船上值班人员和其他见证人应向代表船东的律师提供尽可能详细、准确的证言,其主要内容包括:

(1)碰撞发生地点及定位手段;

(2)碰撞发生的确切时间,是否对时,时钟是否有误差,当时所用的时区;

(3)碰撞时船首方向;

(4)碰撞角度;

(5)本船和他船的大约速度;

(6)碰撞前本船和他船改向改速的时间、相距和幅度等;

(7)能见度、潮流和其他天气海况;

(8)初见他船的时间、距离、相对方位、观察手段和见到他船号灯号型等情况;

(9)雷达观测作图情况;

(10)碰撞前后两船通信联络情况;

(11)避碰声光信号使用情况;

(12)附近可见证本次碰撞事故的他船船名及呼号。

发生碰撞后,应迅速查明对方船的船名、呼号、国籍、船东或经营人名称、预定目的港,有无沉没、油污、火灾等危险,有无人身伤亡,并取得对方船对事故的认可。

在对方船到达港口后,保险人通常要在对方船上安排"无损害联合检验"(Without Prejudice Joint Survey),以便准确估计碰撞角度和对方船的受损范围。

2.搁浅事故的处理

搁浅后船长、船员应迅速确定重新起浮的可能性及其后果,然后决定是否需要外来援助。盲目脱浅可能加剧受损,甚至造成全损。

为确定搁浅状况和脱浅方案,通常须先采取下述行动:

(1)定位;

(2)在船舶多处测深,如发现船舶漏水,试抽水以确定漏水的程度;

(3)发现漏油,立即报告有关当局,采取减少漏油的措施;

(4)确定海底质地;

(5)画草图显示船舶搁浅的态势;

(6)确定潮汐状况和高潮时间;

(7)计算吃水差,确定搁浅的严重性;

(8)本船调整吃水或减载的能力;

(9)特别重要的是,要查清主机、螺旋桨和舵叶是否因搁浅而受损,如果主机或桨、舵已受损,非迫不得已不可重新动车。

3.火灾事故的处理

成功的灭火,关键在于船员的迅速反应。将火灾限制在尽可能小的范围内和对船上灭火设备的正确使用,这有赖于对下述各点的清楚掌握和认识:

(1)谁在失火现场及他所观察到的情况;

(2)失火部位及其周围的情况,例如,有无易燃易爆货物;

(3)火灾性质,是不是电气火灾;

(4)用水灭火对稳性造成的不良影响;

(5)用 CO_2 灭火,需先封闭失火处所;

(6)有无爆炸或火势蔓延的可能性;

(7)是否需要外来援助等。

4.救助

船长对是否需要外来援救最有发言权,船长有权代表船东和货主签订救助合同。但由于救助费用特别高,船长在请求外来援救前应尽可能与船东或保险人联系,除非危险情况十分紧急。

如果可以使用按时计酬或固定费用的拖船,船长不应签救助合同或接受无明确合同的救助。

一旦接受救助,船长应详细记录救助人使用救助力量的情况,如救助船的情况、救助的及时性、所使用的救助设施、时间及人力投入、当时的天气、海况、特别的救助措施、本船船员的配合情况和成功程度等。

三、船舶保险理赔案例研究

下文分析 A 船与 B 船发生碰撞后,A 船有关各方所应采取的措施。

1.主要假定事实情况

(1)碰撞事故。A 船与 B 船发生碰撞,B 船的船首插入 A 船右舷第 4 货舱处,A 船发生漏油并向右倾斜;

时间为 1995 年 3 月 10 日 1030 时;

地点是中国南海;

船时为 GMT+8;

B 船船首有一定损害,但无紧迫危险。

(2)碰撞后所采取的措施。两船已分开,A 船向右倾斜,A 船上 4 个集装箱翻落海中,船员抛下左舷 20 个集装箱,A 船立即发出 SOS 信号请求救助。

(3)救助。广州救捞局"穗救 1 号"立即赶到出事地点,根据中国贸促会救助格式将 A 船成功拖救到黄埔港。

(4)船上货物。A 船上装有 400 个满载集装箱,装货港为上海港,卸货港为新加坡港,承运人共签发了 1 000 份提单,提单皆规定共同海损按《北京理算规则》理算。

(5)保险条件。A 船是支线班轮,未出租,在中国人民保险公司某分公司投保了一切险，保险价值和保险金额皆为 600 万美元，免赔额为 5 000 美元。

（6）其后的行动。A 船在黄埔港卸下部分货物以便进干坞检查，在黄埔港进行了大范围的临时修理，重新装货后驶往目的港新加坡，1995 年 4 月 16 日卸完货，在新加坡进行永久修理，1995 年 4 月 30 日修完后装空箱启程返回上海港。

2.共同海损方面

（1）船东宣布了共同海损，救助和进黄埔港是为了共同安全，在黄埔港卸货和做临时修理是为了安全完成预定航程，故有关费用可作为共同海损。

（2）收集共同海损担保文件：

①从收货人处获得"海损协议书"（Average Bond）和货物发票；

②货物保险人"无限额担保函"（Unlimited Guarantee）或"共同海损保证金"（General Average Deposit）；

③集装箱利益方出具的担保。

（3）确定抛货引起的损失及在黄埔港卸货造成的货物损失（货物的共同海损牺牲）。

（4）在黄埔港卸下的货物的保险费。

（5）从黄埔港到新加坡卸完货期间"共同海损垫付费用"（G. A. Disbursements）保险的保险费。

（6）在新加坡卸完货时专业经纪人对 A 船的估价证书及对集装箱的估价。

（7）可列为共同海损的主要项目计有：

①在黄埔港的港口费用；

②在黄埔港卸货、堆存、重装及保险的费用；

③航程延长期间的船员工资和给养，以及燃、物料消耗；

④在黄埔港进干坞及临时修理的费用；

⑤在黄埔港修理的加班费；

⑥在黄埔港发生的船级社及修船主管的费用；

⑦应付给广州救捞局的救助报酬；

⑧所抛弃的集装箱及货物的损失；

⑨佣金和利息。

理算师根据《北京理算规则》理算可能引起外国货物保险人的疑虑，船东和船舶保险人可能接受理算师的建议适用《约克-安特卫普规则》并与货方、集装箱所有人达成如此理算的协议。理算报告除确定各利益方（船舶、货物、集装箱）应分摊的共同海损外，还应根据船舶保险条件确定 A 船的船舶保险人应承担的对船舶共同海损分摊的保险赔偿责任。

3.单独海损方面

(1)一般保险人会指定自己的验船师登船检验。"检验报告"(Survey Report)除确定受损范围外,还应对损害原因、是否影响船级、修理费用和修理时间发表意见。

(2)主要的单独海损项目(在新加坡发生者):

①碰撞损害修理费;

②船级社及修船主管的费用;

③修船期间消耗的燃油;

④碰撞损失的燃油;

⑤受损部分的船底处理费用。

4.救助方面

(1)给救助人的担保,可由船东代表各受救方提供,也可由各获救方分别提供,但后者可能需要很长时间。

(2)如果对救助报酬有争议,应提交中国海事仲裁委员会仲裁。

(3)对集装箱要单独收取担保。

5.碰撞方面

(1)应迅速通知船舶保险人和船东互保协会。

(2)指定律师,考虑扣船、取得担保和诉讼地点等。

(3)律师需要对船员取证,提取海图、航海日志等证据,考虑安排船速和碰撞角度检验以便协助确定碰撞责任比例。

6.各方所采取的行动

(1)保险人的检验人所采取的行动:

①检验 A 船,确定其碰撞受损范围、损害修理费用和时间、有无入干坞的必要等;

②对招标做出评估并向保险人提出咨询意见;

③对 B 船进行"无损害检验"(Without Prejudice Survey);

④对货物、集装箱进行检验。

(2)海损理算师所采取的行动:

①收集货物细节以便收取共同海损担保;

②尽快粗略评估共同海损分摊比例以决定是否需要收取共同海损保证金;

③收取共同海损担保,在卸货港代船东宣布共同海损;

④对货物在中途港和卸货港进行检验;

⑤建议办理中途港卸岸货物的保险和共同海损垫付费用保险;

⑥协助收取救助报酬担保;

⑦起草对 B 船的索赔;

⑧起草对 A 船保险人的单独海损及共同海损分摊索赔;

⑨向货方、集装箱方收取共同海损分摊;

⑩在碰撞责任程序结束后,在 A 船船东、船舶保险人和船东互保协会之间分配碰撞责任和法律费用。

7.船东互保协会的介入

(1)碰撞责任条款除外的责任或超过保险金额部分;

(2)潜在的燃油污染责任;

(3)潜在的货损责任和货方拒绝分摊共同海损等。

8.船东律师的作用

(1)取证;

(2)对救助报酬的评估;

(3)选择扣船、诉讼地点;

(4)是否申请责任限制;

(5)对碰撞责任比例的分析;

(6)确定向 B 船提出的索赔;

(7)审查 B 船提出的索赔;

(8)参加开庭、和解谈判等。

第六章　船舶责任保险合同

本章简要地分析船舶责任保险的投保与承保、2015 年修订的中国船东互保协会保险条款、2009 版中国人民财产保险股份有限公司船东保障和赔偿责任险条款，以及船舶责任保险事故的理赔要点。本次修订增加一节，介绍船舶油污责任险、沿海船舶保赔责任险和物流责任险。

第一节　船舶责任保险概述

一、船舶风险与保险

船舶风险可分为三大类：一是船舶本身遭受财产损失的风险；二是船舶营运过程中发生的责任风险；三是船舶的营运损失风险，简称为租金损失风险。

船舶本身损失风险，可通过狭义的船舶保险，即"船壳保险"（Hull Insurance）来予以转移；但"船壳保险人"（Hull Insurers）并不承保全部的船舶本身损失风险，有些风险通常是船壳保险人不予承保的或需要船东附加投保的。船壳保险人接受附加承保的风险有如下几种：

(1)船舶的增加价值、营运费用和超额责任；

(2)运费；

(3)船舶战争风险和罢工风险等[①]。

对前两项所谓"船舶附加价值"风险的投保，协会船舶保险条款要求被保险人"保证"（Warrant）其总保额不超过船舶保险单中船舶保险价值的 1/4。第三项是按照水险与社会性风险分开承保的国际习惯做法，来要求船东额外投保的。

船舶（损失）保险条款和上述附加承保条款只承保船舶本身遭受的财产损失风险，不承保船舶航行、营运引起的责任风险。以前唯一的例外是船舶碰撞（还可能包括触碰其他物体）责任风险，在全部条件（英国）或一切险（中国）船舶保险条款中也予以有限的承保。但现在国内承保船舶险的公司也越来越多地附加承保

---

①国外船舶保险人还可能接受扩及承保船舶保赔险的战争险（如 ROW 128，ROW 129）。

燃油责任险、船员责任险和货物责任险等。船舶责任风险主要是由船东保赔协会(P&I Club)来承保,与船舶损失保险有很大的区别。

1.船东保赔协会和其他船舶责任保险人通常承保的船舶责任风险范围

每一个船东保赔协会和其他船舶责任保险人所承保的船舶责任风险的范围不一样,但通常皆承保下列船舶责任风险:

(1)船员和其他与船舶有关人员的人身伤亡或疾病;

(2)船员的意外遣返费用;

(3)沉船沉物打捞费用;

(4)船舶污染责任;

(5)船舶违约引起的货损责任;

(6)由于违反运输合同无法索赔的共同海损或救助费用分摊;

(7)船舶保险条款未承保的碰撞责任;

(8)罚款;

(9)偷渡;

(10)拖带责任等。

对于特殊的船舶责任风险(如抗辩费用险)、租船人责任风险和船舶租金损失(Loss of Hire)风险等,也可以向专门的保赔协会或在市场上单独投保。

2.船东保赔协会通常不承保下列风险

(1)会员船东的故意行为;

(2)船舶及船上设备本身的损失;

(3)船舶的滞期费或迟延损失;

(4)租金;

(5)租约被解除;

(6)专业救助责任等。

在保险赔偿责任限制方面,船东保赔协会规定了对一些责任风险的免赔额,例如对油污责任从20世纪70年代起就规定了限额,这个限额在不断调整(提高),目前中船保是每船每事件10亿美元(US$1 billion)。

船舶风险多种多样,而且在不断增加,从船东立场上看,除要注意保险人的除外责任和需要附加投保的风险外,还要注意一般保险人根本不承保的风险(如故意行为、核战争和国家征用等)。

简言之,船舶保险(包括附加船舶保险)不保的风险,可由船舶保赔保险(包括附加保赔保险)承保,船舶保险和船舶保赔保险皆不保的风险,只能由船东自担或由船旗国政府承保。

二、船舶责任风险的保险人

船舶责任风险传统上是由船东保赔协会承保的,但现在有若干商业保险公司也承保船舶责任保险;此外,还出现了专门承保某类特殊船舶责任风险的船东保赔协会。

1.船东保赔协会的发展概况

船东保赔协会的发展大体经历了船东船舶互保协会—船东保障协会或船东赔偿协会—船东保障和赔偿协会—船东责任互保协会这样几个阶段。

船东船舶互保协会(Mutual Hull Insurance Association,简称"Hull Club")是船东保赔协会的前身,建立了船东"相互保险"(Mutual Assurance)的法律特征和"非营利保险"(Non-profit Underwriting)的商业特征,但它承保的不是船舶责任风险,而是船舶损失风险。船舶互保协会在 15 世纪的西北欧就有,但在英国盛行是在 18 世纪末和 19 世纪初,因当时英王只特许"Royal Exchange"和"London"两家大保险公司经营海上保险,船舶保险和运费保险的保险费特别高,为了对抗这两家保险公司收取的不公正的保险费,船东联合起来相互承保船舶风险。

随着对海上保险的垄断被打破,"劳合社"(Lloyd's)和众多保险公司涌入海上保险市场,船东船舶互保协会迅速衰落,随即出现了承保船舶责任风险的船东互保协会。

在英国 1854 年商船法生效的当日,即 1855 年 5 月 1 日,第一家船东相互保障协会("Protecting Club")由 John Rilley 发起成立,它就是目前仍存在的布列塔尼亚保赔协会的前身。Protecting Club 承保商业船舶保险人不愿承保的 1/4 船舶碰撞责任(1/4 RDC)和船东对人身伤亡的赔偿责任这两项船舶责任风险。

19 世纪后半叶,货物索赔很快成为船东的严重责任风险。例如,1870 年,"Western Hope"船随同准备运往南非开普敦的货物沉没,因该船绕航伊丽莎白港被法院判为不正当绕航,船东须赔偿全部货价。该船虽已入会 North of England Protecting Club,但该货损责任不属于保障协会的承保风险,故船东只得到协会安抚式的赔偿。随后不久,"Emily"船搁浅造成货损,法院判货损的原因是航行疏忽,不是海上灾难,船东要赔偿全部货损。有鉴于 North of England Protecting Club 承保风险的不足,1866 年"船东相互保障社"(The Shipowners' Mutual Protection Society)和 North of England Protecting Association 开始承保货物索赔风险和船舶违反港口、健康或地方法规的罚款风险,此即"赔偿"(Indemnity)性承保风险的含义。1873 年还出现了专门承保货损责任的互保协会,简称为 Indemnity Club。既承保船舶碰撞和人身伤亡侵权责任,又承保货损货差违约责任的船东互保协会,改名为船东保赔协会,简称为 P & I Club。

随着船舶责任风险种类及金额的增加，船东责任互保协会（Liability Club）承保的风险亦不断增加，虽然目前实务中仍沿用"船东保赔协会"（P & I Club）的传统称谓。有的船东责任互保协会（如 SKULD）还保留了"保障"（Protection）与"赔偿"（Indemnity）的传统分"级"（Class），但 Protecting Cover 不限于碰撞责任和人身伤亡风险，Indemnity Cover 也不限于货损和罚金风险，虽然这些风险仍然是最重要的承保风险。

船东责任互保协会一般简称为船东互保协会或船东保赔协会，因船东船舶互保协会很少见；另外，Swedish Club 自称为"All-in-One"，同时相互承保船舶损失风险和船舶责任风险，但入会船东仍可选择只参加其中的一种保险。中船保等船东互保协会也有船舶互保业务。

船东互保协会是会员船东相互保险的非营利性保险组织，不同于市场上的以营利为目的的商业保险机构。

除船舶油污责任风险外，船东互保协会承保的风险是无限额的，即只通过会员船东或租船人可援用的货损单位责任限制制度和海事赔偿责任限制制度等来限制保险赔偿。船东互保协会的承保能力，得益于一个独特的再保险制度——"国际保赔集团"（The International Group of P & I Clubs，简称 IG）。约束各成员的现行协议是 2013 年修订的国际保赔集团协议［The International Group Agreement，2013—简称（IGA）］。根据每年修订的"共保协议"（International Group Pooling Agreement），集团中各会员相互承担大额索赔，而且集体购买巨额风险的再保险。①

目前属于 IG 的保赔协会共有 12 家，即 United Kingdom（简称 U.K.），Britannia，Steamship Mutual，Gard，West of England（WOE），Japan，Skuld，London，North of England（NOE）and Newcastle，Swedish 和 American，其承保船舶总吨位合计占世界商船全部总吨位的 90％以上。中国船东互保协会（CPI）是独立的，不受上述 IG 再保险安排的制约，但也向其中的一些互保协会（如 Steamship Mutual）办理分保。

绝大部分船东互保协会集中在英国和北欧，而控制世界商船总吨位 40％以上的亚洲只有中国船东互保协会（设于上海）、日本船东互保协会（设于神户）和韩国船东协会三家互保协会，亚洲船东开始抱怨在英国或北欧的互保协会中所占的董事席位太少，并试图组建一个亚洲船东互保协会，但还没有成功。

2.承保特殊风险的船东互保协会

对传统上船东保赔协会需要会员额外支付保险费选择投保的特殊责任风险，

---

① 详见 www.igpandi.org。

如战争风险、罢工风险、抗辩费用风险和联运风险等,在第二次世界大战后陆续出现了一些专门承保这些风险的船东互保协会,这样一条船可能同时在数家船东互保协会入会,针对的是不同的风险。

(1)租船人互保协会(Charterers P & I Clubs)。租船人的责任风险不同于船东的责任风险,侵权责任(如人身伤亡、船舶碰撞、油污等)方面,租船人较少承担风险,但租船人除要面对货物索赔外,还要承担对船东的责任(如不安全港口、不合格的燃油、不称职的装卸工人等对船舶造成的损害等);此外,租船人还负有共同海损分摊、法律费用等风险。租船人当然可以参加承保综合船舶责任风险的船东互保协会,但可能与会员船东的利益相冲突,使处于少数地位的租船人的利益受损。但直到 1986 年 2 月 20 日,第一家全部由租船人(光船船东除外)作为会员的租船人互保协会"The Charterers Mutual Assurance Association Ltd."才在伦敦成立。与船东互保协会的不同之处还在于,该协会承担有限的责任,目前责任限额是 10 亿美元。该协会还特别重视抗辩费用保险。

(2)抗辩互保协会(Defence Clubs)。法律费用(Legal Costs)保险,在船东保赔协会附加承保的特别风险中,习惯上称为"抗辩费用险"(Freight, Demurrage & Defence,简称 F.D.&D.);专门承保法律费用风险的互保协会被简称为抗辩协会,字面上可能误认为是承保运费、滞期费风险和单纯抗辩他人索赔的费用风险,实际上是承保被保险人提起或抗辩诉讼、仲裁或其他索赔程序引起的法院、律师、仲裁员等法律费用,但该法律费用必须是任何其他保险所不承保的。例如,提单项下货物索赔引起的法律费用和船舶碰撞引起的法律费用是由 P & I Cover 负责,而不在 F.D. & D. Cover 的责任范围之内。

抗辩费用险保险人拥有更大的自由裁量权,无论是对应否采取法律行动,还是对法律费用的承担范围。抗辩协会还保留自行控制案情进展的权利。大的互保协会(如 U.K.)可能将其 F.D.&D. 业务分出,成立专门的 Defence Club。近年来,各主要互保协会都加强了抗辩费用险的承保。

(3)罢工险互保协会(Strike Clubs)。罢工险是另一种非 P & I 形式的保险,但在 1947 年伦敦成立了第一家罢工险互保协会"The Shipowner's Mutual Strike Insurance Association"后,各主要船东互保协会皆附加承保罢工险。目前,最主要的罢工险协会是"Transmarine Mutual"。

罢工险承保的风险有 3 种:罢工持续期间的直接延迟;罢工引起的间接延迟;船员罢工。

罢工险的保费、赔偿和免赔额皆很特殊。例如,某船加入罢工险协会 12 个月,保险费是 3 天的"营运费用"(Daily Running Cost,简称 EDS)20 000 美元,一次罢工保险人最多赔付 25 天的延迟损失,每天延迟损失按 8 000 美元计算,免赔

额是 5 天。假如该船因罢工延误了 32 天,那么罢工险互保协会应赔付该船船东

$$25 \text{ 天} \times 8\,000 \text{ 美元/天} = 200\,000 \text{ 美元,}$$

但要扣除 $\qquad 5 \text{ 天} \times 8\,000 \text{ 美元/天} = 40\,000 \text{ 美元,}$

最终赔付 $\qquad\qquad\qquad\qquad 160\,000 \text{ 美元。}$

(4)战争险互保协会(War Clubs)。战争险的相互保险始于 1912 年 7 家保赔协会的相互分保,在经历了两次世界大战的考验后仍稳定发展。战争险互保协会,除承保船舶责任风险外,还承保船舶损失风险,而且其承保范围极广,远远超过船舶战争险和罢工险条款的承保范围,例如该协会承保战争危险引起的"延误"(Detention)或"受困"(Trapping),但费率却不高,很有竞争力。

船东保赔协会(P & I Clubs)现在免费附加承保的战争险只是船舶在市场上投保的保赔战争险(如 ROW 128,ROW 129)的超额责任险("Excess"),而且有限额(目前是 2 亿美元),称作"协会特别保赔战争险"(The Special P & I War Risks Cover)。各主要互保协会早已取消附加的保赔战争险业务。

(5)联运互保协会(Through Transport Clubs,简称 TT Clubs)。联运互保协会是 20 世纪 80 年代后的一个新的发展,适应联运经营人承保其装前卸后对货物的责任风险和集装箱产生的风险等新的风险。入会船舶集装箱本身的联运责任在中船承保范围内。

联运互保协会承保的风险十分广泛,既有会员的责任风险,又有船舶外的其他财产损失风险,主要包括:

①集装箱处理设备的财产损失;

②对共同海损或救助的分摊;

③货物外的财产损失责任;

④雇员外的人身伤亡责任;

⑤设备打捞清除责任;

⑥设备检疫、消毒;

⑦设备进出口违反海关规章引起的罚金;

⑧法律费用;

⑨集装箱码头和堆场对顾客的责任;

⑩集装箱起重机、拖车等处理设备的财产损失、营运损失;

⑪错交货或延迟交货责任;

⑫货运代理人和无船承运人的责任,包括对货物的责任、对集装箱的责任、对拖车的责任等。

3.经营船舶责任保险的商业保险公司

船舶责任保险的主要承保人是船东互保协会,但也有一些商业保险公司经营

船舶责任保险。

在我国,船舶责任保险首先是由原中国人民保险公司经营的,而且该公司一直经营此项业务,现行条款是 2020 年版,比 1993 年版有不少修改。有些船东喜欢在船舶保险人处同时投保保赔保险,因为比较方便。

国外有些商业保险公司,如英国的"Sphere Drake"保险公司,专设 P & I 部门,提供固定费率的船舶责任保险,对船东的最大吸引力是没有追加保费和退还责任问题。此外,有些大型船东互保协会对小型船舶也提供固定保险费承保业务。

三、船东责任保险的投保与承保

1.船东互保协会的法律性质

起初船东互保协会是很松散的协会,没有法人资格,但现在国外船东互保协会是具有法人地位的有限责任公司,[①]只是没有股份资本,因为它是非营利性质的,从而区别于"市场"(Market)上的保险公司。

船东或租船人申请作为船东互保协会的会员时,他不是与该协会的所有会员订立合同,而是与该协会订立合同。如果某一个会员拖欠"保险费"(Call),该协会有权以自己的名义(而不是以所有其他会员的名义)向该会员提起法律程序;另外,每一会员亦可直接请求协会应支付给他的任何款项。

所谓"互保",其字面上的含义是,每一个会员既是该协会的被保险人,也是该协会的保险人,虽然这一说法并不确切。对协会所承担的全部保险赔偿责任(包括对某会员本人的保险赔偿责任)以及协会的运作费用,在考虑了提存和投资收益后,由每一会员应摊付的保险费来平衡。换言之,会员应支付的保险费是对其自身保险索赔和其他会员的保险索赔的分摊责任。因此,如果在保险年度开始时会员支付的"预付保费"(Advance Call)不足以平衡当年度的保险索赔和运作费用时,协会有权在任何时候要求会员支付"追加保费"(Supplementary Call),这与市场保险人收取固定保险费,自负盈亏风险不同。

在存在巨额保险责任的今天,船东互保协会最严峻的问题是协会财务状况的"稳定性"(Stability)。可能超过预付保费的高额追加保费,会使会员船东或租船人不堪重负。

2."船舶管理质量"(Quality Ship Management)与"承保质量"(Quality Underwriting)之争

在 20 世纪 80 年代和 90 年代初,人们议论最多的是船舶管理质量低下,使承

---

①汪鹏南.论保赔保险合同的法律性质.中国海商法年刊,2000,p.156.

保船舶风险的市场保险人(如劳合社)严重亏损,也迫使船东互保协会向会员收取高额附加保费。抱怨的对象是船东、租船人和船级社等,似乎保险人只是无辜的受害者。

但1994年"国际海上保险联盟"(The International Union of Marine Insurance,简称IUMI)在日本东京召开的国际会议上,海上保险人开始检讨自己——海上保险的承保质量。在船龄、船型、船舶吨位、船舶管理水平、船员技术素质、船舶建造质量、燃油质量、船级社和船旗国管理等影响船舶技术状况和事故概率的诸因素相差悬殊的今天,"承保"(Underwriting)——对每条船确定是否接受投保及不同的保险费率——就变得十分必要和重要。一些西方船东认为,面对船舶保险市场激烈的竞争,许多保险人为争取业务量而牺牲了承保质量,高管理质量(成本)的船东和新船船东因此而遭受的损害比保险人更严重;将"烂船"拒之门外的承保质量才是"船东最好的朋友"(a Shipowner's Best Friend)。[1] 可以预见,海上保险人(包括船东互保协会)还将大幅度提高15年以上船龄的旧船的保险费率和/或严格限制保险责任范围。

3.船东互保协会的加入、退出和重新开始

船东或租船人一般直接申请加入船东互保协会,即使通过经纪人加入,经纪人的佣金现在也通常是由船东或租船人直接支付的。

申请的程序是向互保协会的承保部门填报"申请表"(Proposal)或类似文件。其内容主要包括:

(1)船名、船旗、船级、船舶尺寸、吨位、船型和主机类型;

(2)船舶管理方式,是自营还是交给专业管理公司管理;

(3)申请人已投保的船舶保险,如4/4碰撞责任还是3/4碰撞责任,免赔额是多少等;

(4)申请人要求的保赔保险范围,是否包括货物责任、旅客责任、船员责任等;

(5)航区,如是否去美国;

(6)通常载运的货物、是否有长期租约;

(7)船员国籍、船员享有的社会福利和船东承担的特殊的合同义务;

(8)以往5年以上的损失记录等。

申请人同样负有有关法律所规定的告知义务,故不得遗漏或谎报重要情况。

在收到申请人的入会申请后,互保协会有权决定是否接受承保,如果接受,互保协会必须向申请人签发"入会证书"(Certificate of Entry),证明申请人已成为会员和协会已开始承担保险责任,这个证书不是保险单,一般只载明应适用协会

---

[1] Marine Insurance and P & I Report, SEA TRADE December 1995, pp.53~67.

的现行章程和/或保险条款。随后协会章程和/或保险条款修改并约束会员时,协会将向会员签发"批单"(Endorsement Slip)载明修改的日期和条款。

会员资格和保险效力的终止,可分为数种情况。第一种情况是一方提出解约,但受一定通知期的约束,如协会应给会员 7 天的通知期,会员应给协会 30 天的通知期,终止在通知期届满时生效。第二种情况是自动终止,如入会船全损、会员失去对入会船的保险利益等。第三种情况是会员拖欠保费,在协会催付期内仍未履行,许多西方船东互保协会的章程规定,协会将解除对会员的赔偿责任,即使保险事故发生在会员违约拖欠保费之前,而协会仍有权向该会员追讨保险费及其利息。

保赔保险的保险期限一般是 1 年,而且一般传统上将波罗的海解冻日 2 月 20 日作为保险年度的起止日。在保险期限届满前,某一船东或租船人如果选择一船或数船继续留在原协会投保,他就必须向该协会提出"重新开始投保"(Renewal)的申请,在新的保险年度,保险费会有所调整。

新的自然保险年度的开始,对会员和协会来说,并不意味着保险年度的"结束"(Closing of the Policy Year),协会的理赔部门必须对本年度的未决赔款做出细心的评估和观察,特别是要防止出现"意外索赔"(Surprise Claim),故一般要等 15 个月至 4 年,协会才宣布某一保险年度的结束、该年度应向各会员比例追加的保费或应比例退还的保费。由于在自然年度和财政年度之间存在很长的时间差,许多船东互保协会规定在协会停保、撤保或会员退会或转会时,有权单独向会员收取"免责会费"(Release Call)。

第二节 中国船东互保协会保险条款

1965 年 10 月,中波轮船公司的两艘轮船改挂中华人民共和国国旗,在中国人民保险公司上海分公司投保船舶险和保赔保险,其中保赔保险是参照适用西英船东互保协会的条款,这是新中国国内办理保赔保险业务的开始。1976 年 1 月 1 日,中国人民保险公司开始使用自己制定的油污和其他保赔保险条款,1978 年 1 月 1 日又全面补充修订了该条款。现行条款是 1993 年 1 月 1 日修订的,2009 版是《保险法》修改后重新报备的。

1979 年年底,中国人民保险公司就船舶保赔保险与西英船东互保协会建立了分保关系。1984 年后,部分"中远"船舶直接在联合王国、西英和北英等船东互保协会入会。

1984 年 1 月 1 日,"中国船东互保协会"(China Shipowners Mutual

Assurance Association,简称"中船保"或 CPI)在北京正式成立,是我国自办非营利的船东责任互保协会的开始。2016 年"中船保"将管理总部迁到上海。在亚洲,到目前为止,也只有"中船保"、日本船东互保协会和韩国船东协会等三家船东互保协会。

1988 年起"中远"系统绝大部分船舶在"中船保"入会,"中船保"成为我国船舶保赔保险的主要承保人。到 1994 年,中国船东互保协会共有 71 家船东会员,共有入会船 586 艘,登记总吨位为 6 589 103,其中方便旗船有 61 艘。到 2008 年,入会船有 800 余艘。到 2016 年年底,入会总吨位已超过 4 000 万。

"中船保"的管理采取自营方式,经理部总部设在北京,在大连、上海和香港设有分部,在世界上 170 多个港口指定了"通信代理"(Correspondence),能够为会员提供良好的服务。2016 年年中,"中船保"将管理总部迁至上海。

中国船东互保协会保险条款早已与中国船东互保协会章程分开,每年都可能修订,目前版本是 2023/24 条款,明确约定适用中华人民共和国法律,但《保险法》除外,主要包括:

(1)定义;

(2)导则;

(3)保赔险承保风险;

(4)抗辩险承保风险;

(5)船舶险承保风险;

(6)特别保险;

(7)对租船人、特殊作业和客船的特别保险;

(8)通用规则;

(9)入会保险申请及告知义务;

(10)共同入会保险及船队入会保险;

(11)集团会员入会保险;

(12)入会证书和保险背书;

(13)再保险;

(14)会员;

(15)转让;

(16)互助会费和保证;

(17)固定会费;

(18)会费支付;

(19)储备金;

(20)保险期间;

(21)保险合同的变更;

(22)保险终止通知;

(23)保险年度关账;

(24)终止保险;

(25)停止保险;

(26)撤销保险;

(27)权利行使及求偿;

(28)投资;

(29)争议处理。

详见中船保网站:www.chinapandi.com。下文简要介绍主要条款的内容。

一、入会申请、保期、保费与费率(第 9 条至第 20 条)

经理部审核入会申请书和船舶规范,签发入会证书给申请人,即完成承保手续。保赔保险年度自北京时间 2 月 20 日 12 时起到翌年北京时间 2 月 20 日 12 时止;年度中入会的船舶,保险期间是入会证书上载明的开始时间至该保险年度结束时止。继续在"中船保"入会须在保险年度结束前向经理部提出重新开始的申请。

预付保费由经理部在保险责任开始前与会员商定。追加保费的时间、次数和比例由董事会决定。

如果某会员只投保部分风险,经理部可决定酌情降低保险费。

二、终止保险、停保或撤保(第 24、第 25、第 26 条)

"停保"是指协会提前终止保险合同和会员资格。本条款未规定协会须受若干天通知期的约束,如果发生会员公司解散或破产或入会船不符合船级社的要求参见协会条款通用规则对船级的规定,或本协会规章规定的条件等情况,协会有权立即终止会员的相关船舶的保险。

"撤保"是指会员未在经理部指定的宽限期内付讫拖欠协会的款项时,协会撤销会员相关船舶的保险,不再另发通知或办理其他手续。

自停保事件发生之日北京时间 12 时起,协会不再对原入会船承担赔偿责任,而一船被协会撤保时,协会有权对撤保前发生的保险索赔不负责任,即撤保有溯及力,称之为"向后终止"(Cancel Back)。

被停保或撤保的会员及其继承人仍应对相关入会船舶的任何会费和其他应付款项负责。协会还有权收取停保后或撤销保险的免责会费。

三、协会的服务(第 8 条)

协会和其遍布世界各主要港口的通信代理可为会员提供与入会船有关的下

列服务：

（1）提供担保，以便会员申请释放被扣押的入会船或申请扣船等；但是否提供担保取决于协会的自由裁量，并非协会的合同义务。[①]

（2）办理油污担保证书，但费用由会员承担。

（3）免费提供法律咨询材料。

（4）免费为会员起草和修改适合某种特殊运输的提单和租约。

（5）协助入会船安排装货前的检验，但费用和申请皆由会员自负。

协会还不定期印发与船舶责任风险有关的通函或其他材料，安排"损失防止"（Loss Prevention）等方面的培训等。

四、保赔险承保风险（第 3 条）

这是最重要的条款之一，它规定了"中船保"的承保范围。本条款首先明确了两点，即：

（1）本条款中通则、但书、除外责任、限制等免除或减轻"中船保"责任的规定优先适用。

（2）会员可与协会经理部通过书面协议修改本条款规定的承保范围，如仅承保污染责任险，当然保费亦应做相应调整。

本条款规定的"中船保"的承保风险除保赔险（P&I）外，还规定了船舶险（Mutual Hull）和抗辩费用险（F.D.&D）协会条款规定的损害防止和法律费用限于 P&I 之内。下面比较详细地介绍本条款规定的各项保赔险承保风险及其附录（责任限额和免赔额）。

1.人身伤亡、疾病——入会船船员

这一项包括前往或离开入会船途中发生者和船员上岸购物、游玩期间发生者。在承保风险方面，"中船保"的责任还包括伤病船员的遣返费及替工的派遣费用。船员疾病不限于职业病。

2.人身伤亡、疾病——除入会船船员外的任何人

入会船发生碰撞、火灾、爆炸等意外事故，或引航员软梯或舷梯故障等所造成的人身伤亡或疾病而支出的医药、住院或丧葬费用风险，皆由"中船保"承保。

但对与装卸有关的人身伤亡或疾病，限于从收货到交货期间所发生者。在美国等国家，装卸工人（Longshoremen）之人身伤亡索赔风险很高，会员应注意采取入会船的防滑、充足照明、吊货索具无缺陷、上下舷梯装护网等预防工人受伤的措施。

---

① 协会条款第 8 条第五款。

3.入会船船员的遣返和替换船员的派遣费用

入会船船员的遣返和替换船员的派遣费用是指船员伤亡病之外会员不可控制的依据法定义务而引起的遣返或派遣费用,如发生职务船员失踪、部分船员成为敌对国国民等特殊情况。

4.个人物品、财产

个人物品、财产是指入会船上船员或旅客或其他任何人的物品、财产。

对船员的私人物品,限于海难事故引起的生活必需品的损失。

对旅客或其他任何人的行李、物品,限于法定赔偿责任,并排除贵重物品、珠宝、货币、债券和票据等。

5.船舶受损、船员失业赔偿

略。

6.由合同产生的责任

船东互保协会原则上只愿意承保法律加诸会员或入会船的责任(侵权责任),故对因合同而产生的责任明确予以限制,除因入会船发生海难事故而引起的对旅客的责任外,会员应事先将合同条款交协会经理部确认并按要求支付额外保费;否则协会董事会可自由决定是否赔偿会员因合同条款而引起的责任。

拖带合同项下的责任另有规定。

7.碰撞责任

本项中碰撞责任只限于入会船与他船发生碰撞的责任,不包括与船舶之外的固定或浮动物体相碰撞的责任,后者是由财产的灭失和损坏来承保的。

不论入会船的船舶保险单是否实际上承保了碰撞责任,"中船保"对入会船与他船发生碰撞的责任,只限于船舶险保单中的碰撞条款所不予承保的责任,这包括两大项,即:

(1)"超额责任"(Excess Liability),即船舶险保险人应赔付的碰撞责任超过保险金额的那一部分,但保险金额不能低于投保船舶险时的实际价值;否则协会只负责超过入会船实际价值的碰撞责任。

(2)船舶险保单中碰撞责任条款除外的责任,包括油污损害、人身伤亡和对港口当局的责任。

此外,"中船保"也负责入会的船舶保险人未保的1/4船舶碰撞责任。

本项规定中亦包括姊妹船条款和交叉责任原则条款。

8.财产的灭失和损坏

承保会员根据本条其他各项规定不能索赔的入会船对船外其他任何财产的侵权责任。

例如，入会船碰损码头对码头造成的营运损失、浪损、入会船锚爪钩断海底电缆引起的责任、入会船爆炸对岸上财产造成的损害等，会员皆可依据本项规定向"中船保"索赔。

9.改变航线的费用

本项限于承保两种情况下出于人道主义改变航线而发生的额外港口费、伙食物料费、燃油、保险费及船员工资和津贴，第一种情况是船上发生人身伤亡或疾病，需要送上岸就医或替换船员；第二种情况是处理偷渡或避难人员。"中船保"不负责改变航线引起的船期损失，只负责额外支出的费用。

为处理偷渡或避难人员而改变航线，对货物来说属于不正当绕航，会员可投保绕航风险，其保险费亦是协会应赔偿的。

10.安置偷渡与避难人员的费用

如偷渡、避难人员的住宿费、签证费、遣返费等。

11.救助人命费用

如果只救助人命，未救助财产，根据《海商法》是没有救助报酬的，但有些国家的法律（如《英国1894年商船航运法》第544条）规定船东需对其船上人员获救向救助者支付报酬，这种费用通常不在船舶险保单的承保范围内，货方也拒绝分摊，故船东互保协会将其作为承保风险之一。

如果救助人命的报酬已"混"入救助财产的报酬中，船东互保协会就用不着赔。

12.污染风险

本条第(7)项也承保污染风险，但只涉及入会船与他船发生碰撞所造成的污染责任损害，而本项规定涵盖任何原因造成的入会船的污染责任风险，包括会员因履行"油船所有人自愿承担油污责任协议"（TOVALOP）而支付的费用，以及会员为避免或减轻污染损害采取合理措施所支付的费用，以及因此种措施造成的财产损失。

现行条款包含四项重要的但书，包括重申本条款规定受本保险条款第8条（通则）的制约。

"中船保"对油污损害责任的赔偿最多不超过每事件10亿美元（US $ 1 billion），与西方主要船东互保协会的限额相同。

13.根据拖带合同产生的责任

入会船可能被拖或拖带他船、他物，根据拖带契约所负的责任风险是不同的，本项分3种情况予以规定。

(1)为进出港或在港内移动而雇用拖船，这是所谓"正常拖带"，按照一些港内的标准拖带合同条款,入会船承担的责任风险很大,但"中船保"愿意承保,如果不在船舶险保单的承保范围之内。例如,入会船与拖船之间发生碰撞,属于船舶险保单下的责任,但拖船与他船发生的碰撞,就可能是属于 P&I 承保的风险。[①]

(2)其他情况下被拖,都是"非正常拖带",会员须事先将拖带合同送协会经理部确认其可行性,"中船保"的责任限于可行性条款项下的赔偿责任风险。基于"无效果—无报酬"的标准,救助协议不是拖带合同。

(3)入会船用作拖船,除非是用作非事先安排的海上协助,"中船保"的责任限于协会经理部事先同意者。

在海上发现他船或他物遇难而救助他船或他物,也不属于依据合同的拖带。

14.残骸处理的责任

入会船因海难事故(战争危险造成的除外)成为残骸(包括其上货物和其他财产)所发生的清除残骸、设置标记等支出的费用,或残骸未及时清除、标记而产生的污染、阻塞航道或他船与之碰撞而产生的责任等,皆在"中船保"的承保范围之内。如果船舶保险人或他人没有取得残骸的所有权,残骸的获救价值就须予以扣除。

15.检疫费用

入会船上发生传染病后,港口卫生检疫部门要对该船进行消毒处理,船员可能要上岸住宿,船期可能发生耽搁,"中船保"承担检疫、消毒费用和额外的航次费用,但不负责会员的营运损失(利润及固定成本)。

16.货物责任

本项是最重要的 P&I 风险之一。本项规定承保的范围很宽,包括不适航或管货过失造成的货损货差[②]、处置受损货物(如水泥在舱内水湿结块)或收货人不提货引起的无法从他方收回的额外费用,即使货物是会员的财产,但对会员有一系列的限制:

(1)在运输合同中只能接受《中华人民共和国海商法》或经协会经理部认可的适用《海牙规则》或《海牙-维斯比规则》作为货物责任的法律基础,对会员自愿接受的超出部分,协会不负责。当承保沿海运输船舶时,这一限制对会员很不实际,需要做出特别约定。

(2)发生不正当绕航使会员丧失单位责任限制,一年时效保护及航海过失免责等权利时,协会不负责,除非绕航是协会授权的或会员立即通知了协会而且协会经理部仍接受承保。

---

①参见前文第五章第一节[案例 5-3]。
②不包括延迟支付引起的索赔。

（3）协会对装于甲板上的货物也不负责,除非不违反运输合同、航运惯例并适用中国海商法或《海牙规则》或《海牙-维斯比规则》。

（4）除会员与经理部另有协议者外,"中船保"对下列责任和费用不负责任:

①未将货物卸在运输合同规定的港口或地点;

②未凭可转让提单或类似物权凭证的正本交付货物;

③签发预借或倒签提单;

④船方知晓装载的货物与载明的货物情况不符,而签发内容错误的提单;[①]

⑤入会船未抵达装货港或迟到装货港或未将已订舱货物装上船;

⑥会员或其他经营人故意违反运输合同。

上述 6 种情况都是严重的违约行为,可能使承运人丧失责任限制、一年时效和航行过失免责等《海牙规则》赋予的权利,但承运人似乎对此并不警觉,近年来出现了提单持有人向承运人索赔全额货价的高潮。

（5）对从价货物,承运人虽可多收一些运费,但代价是不能援用单位责任限制,故"中船保"将其保险赔偿责任限于每件货不超过 2 500 美元。

（6）"中船保"对稀有和贵重货物的损失责任概不承保。

17.入会船上的财产

本项承保会员对入会船上不属于会员拥有的或租用的设备、货物或船员、旅客个人物品之外的财产(如货方的集装箱、租船人的燃油、垫舱物料等)的侵权责任风险。

18.无法取得赔偿的共同海损分摊费用

会员违约而无法向货方收取的共同海损分摊费用、特殊费用或救助费用,可向"中船保"索赔,但会员不得:约定比《海商法》不利的准据法、发生不正当绕航、将货物装于甲板、未将货物卸在运输合同规定的港口或地点、不凭正本提单交货、签发预借或倒签提单、故意签发与货物情况不符的提单等。

19.由船方负担的共同海损费用

由船方负担的共同海损费用是指由于入会船的分摊价值高于保险金额而无法依船舶险保单索赔的那一部分,这也是船壳保险的超额责任。但是"中船保"将其责任限于投保船舶保险时该船的实际价值低于船舶分摊价值所引起的超额责任部分,如果保险金额低于实际价值。

20. 各种罚款

除超载或违反 MARPOL 73/78 公约等引起者外,会员或入会船上的船员被

[①]保函具有欺诈性而无效。

任何法院、法庭或主管当局处罚的款项,"中船保"一般也予以赔偿,但对船员的罚款限于会员依法应补偿船员或协会经理部同意补偿船员者。此外,"中船保"还负责赔偿因违反海关法规导致的船舶被没收,但以没收日的船舶市价为限,且以会员已采取合理措施防止违反海关法规的条件。

21.支付救助人的特殊费用

指《海商法》第182条规定的"特别补偿"(Special Compensation);2000年劳氏救助契约格式(LOF 2000)或类似格式或与SCOPIC条款联用规定了此种特别补偿,船东不能从船舶保险单获得赔偿,故由船东互保协会承担此种风险。

22.海事调查费用

限于对"中船保"承保的事故的调查,而且须事先征得经理部的同意。

23.为船舶营运而产生的费用

本项规定董事会对其他未明确落入本条款某项承保风险范围内的风险,可自由裁量决定赔偿会员,但明确必须不是船舶险保单通常承保的风险、船期延误引起的营运损失、违反租约的损失或运费或滞期费损失等。

24.损害防止和法律费用

法律诉讼费用亦限于与"中船保"承保的事故有关者,且事先需取得经理部的同意,故不同于F.D.&.D.保险。

船舶的正常"营运费用"(Operational Costs),如理货费,不能作为损害防止费用向"中船保"索赔。

25.执行本协会指示而开支的费用

这是一种特殊的损害防止费用,通常是"中船保"主动介入施救行动的结果,"中船保"也承担会员因此而支出的费用。

五、附录:责任限额和免赔额

1.仅对油污损害责任,"中船保"规定了每次事故10亿美元(US＄1 billion)的最高限额(对船东会员)

略。

2.免赔额

(1)船员伤病:每次挂港每人500美元。

(2)货物索赔及货方共同海损分摊:每航次1 000美元。

(3)罚款:油污罚款每次事故500美元,其他罚款每次挂港500美元。

(4)旅客伤亡病:每位旅客500美元,每次事故最高5 000美元。

六、通用规则

会员作为被保险人应履行的义务包括:

（1）保持船级和符合船籍国法定要求（包括 SOLAS、ISM Code、STCW 等）的义务。这是船东互保协会承担赔偿责任的一个先决条件，如果会员违反了这项条件，"中船保"有权对违反期间发生的保险事故不负赔偿责任。这是会员应特别注意的一项规定，它适用于"中船保"承保的各项风险。[①]

（2）立即通知经理部所发生的保险事故及检验或检验机会的义务。

（3）施救义务。

（4）迅速将有关事故材料送交经理部和允许经理部调查的义务。

（5）尊重经理部的事故处理意见，在对外承担责任或赔付前先取得经理部认可的义务。

（6）"会员先付"原则（"Pay First" Rule）。除非董事会另做规定，会员根据承保条款在向"中船保"就有关责任或费用提出追偿前，必须先履行其责任或付清费用。但对于强制性的油污责任保险，中国船东互保协会不得以此规定进行抗辩，油污受害人可以直接向协会索赔和起诉。

对于非强制性的责任保险，根据《保险法》第 65 条，第三人也得直接向责任保险人起诉或采取其他法律行动，不管被保险人是否同意第三索赔人直接向责任保险人索赔。但《保险法》第 65 条不适用于非商业经营的中国船东互保协会。

（7）1 年的索赔通知期。在 1 年内通知发生了保险事故或已与第三索赔人结案的义务。如果会员未遵循这一时限，中船保有权解除对该事故的保险赔偿责任。

（8）冲抵和付费获偿。本条第八款规定"中船保"有权用保险赔款来"冲抵"（Set-off）会员应付给"中船保"的款项，但本项规定不影响本章程中其他条款的规定，例如，在会员拖欠保费或其他应付款项时，"中船保"有权不支付保险赔款，甚至撤销保险。

（9）责任限制。由于有些国家的法律（如适用 1957 年船东责任公约的新加坡的法律）不允许租船人限制责任，故本条第三款规定在承保期租租船人的责任风险时，将协会的保险赔偿责任限制在船东可享受的责任限制的基础上，或限于入会证书上载明的金额。协会对入会船的责任，不超出法律的规定，这是最基本的原则。

（10）除外责任。关于"中船保"的除外风险的规定，即除另有书面协议（如另行加保）外，"中船保"对以下风险不予承保：

①船舶险承保风险

[①] 会员违反第 8 条第五款各项规定期间保险合同处于"休眠"状态，但"中船保"对违反前和违反被改正后发生的索赔，不得以本款规定抗辩，故不构成保证；另应注意中船保有停保和撤销保险的权利（第 24、第 25、第 26 条）。

对入会船本身的损害风险(包括共同海损和救助费用,但超额责任除外),"中船保"不予承保,故即使入会船的船舶保险只投保了全损险,对入会船的部分损失,"中船保"并不负责。

对入会船的碰撞责任,如果在船舶险保单中未予承保(如全损险保单),"中船保"负责的仍只是船舶险保单中碰撞责任条款除外的风险和超额责任,除非在入会证书或其他保险协议中"中船保"明确承保了入会船 4/4 碰撞责任。

②战争风险

"中船保"承担入会船运输水雷、鱼雷、炸弹、爆炸品或其他类似的武器而产生的赔偿责任或费用风险,不论这些武器是否在入会船上。任何恐怖主义行为皆列为战争风险。

③核风险

对作为货物载运于入会船的"例外物品"造成的除外。

④其他保险已承保的风险

本保险是"第二责任保险",不与其他保险构成重复保险。

⑤入会船承运违禁品,偷越封锁线,或从事非法贸易,或进行"中船保"董事会认为不安全、不适当、草率或过于危险的航程、运输、贸易而引起的索赔。

⑥无纸贸易

略。

⑦轻率贸易①

略。

七、会员与"中船保"之间的争议(第 29 条)

本章规定首先约定会员须接受中国海事法院管辖。

本条款也像西方保赔协会条款那样约定会员对协会索赔的法律解决纠纷途径只能是在协会所在地北京仲裁,并在中国海事仲裁委员会提起仲裁。

▌第三节▐ 中国人民财产保险股份有限公司船东保障和赔偿责任险条款(2020 年版)

现行中国人民财产保险股份有限公司船东保障和赔偿责任险条款是 1993 年1 月 1 日修订的,2020 年版是最新版,与国外 IG 会员船东互保协会条款趋向一致,以便安排分保,共分七节,每节设有若干条,比较易懂、完整。

---

①已不限于运输合同项下的责任风险,对会员不利。

中国人民财产保险股份有限公司是"市场上"的商业保险公司，与被保险人的关系不是相互保险的关系，保险人根据船舶总吨位和保险费率收取固定的保险费，不存在追加保费和退会费等问题。人保财险（和国内其他保险公司、中国船东互保协会）向境外 IG 会员船东互保协会办理非比例分保，境外协会又直接将被保险人船东作为其会员，签发入会证书；所以，对船东而言，境内保险公司和境外船东互保协会构成重复保险，船东有权选择向任一保险人索赔全部损失。

在保险条件方面，本条款与"中船保"的保险条款大同小异，故没有必要逐条介绍，本节仅指出二者之间的主要差异所在。

一、承保原则

（1）明确了船名、船龄、船旗、船级、船舶类型、注册地、航线（区）、船舶规范证书、船东和经营人皆为重要情况，在投保时和变更前 3 天必须通知保险人；否则本保险合同自动终止。

（2）保险人有权随时委请验船师对船舶进行检验，被保险人保证按保险人在检验后提出的建议在要求的期限内消除缺陷；否则保险人对此种缺陷造成的索赔不负赔偿责任并有权解除合同，而且不退还保险费。

（3）如果被保险人未在保险人规定的日期付清保险费，保险人就有权自欠费时起解除保险赔偿责任。

（4）增加了遵守制裁规定条款。

二、承保风险

总的来看，本条款的承保风险范围比"中船保"保险条款的承保风险范围要窄一些，主要表现在：

（1）对船员的伤、亡、病风险，未明确包括前往或离开保险船舶途中的船员。

（2）对船员以外的人员的伤、亡、病风险，将船员以外的人员限于保险船舶上的人员。

（3）未列明承保为船舶营运而产生的费用（董事会的自由裁量权是互保协会的特色之一）、执行协会指导而开支的费用（但可依《海商法》第 240 条索赔）。

第四节 ▎ 其他船舶责任险

本书此次修订新增这一节，简要介绍我国沿海内河船舶附加的 3 种责任险：船舶油污责任险、承运人责任险和保赔保险。所谓附加险，表示船方须已在同一保险人处投保了船舶保险（主险）。沿海内河船舶这些责任险的历史都不长，近年来发展较快,以应法律的强制性规定和市场的需求,例如油污责任险是法律强制规定的结果,而后两者是船方的需要。这些责任险的开展,也对保险人和船东双方相关理赔和法务人员都提出了更高的要求。

一、沿海内河船舶保险附加油污责任险条款(2009 年版)

中国人民财产保险股份有限公司在 2009 年 7 月推出了此条款,以配合 2009 年 9 月 9 日颁布、2010 年 3 月 1 日施行的《防止船舶污染海洋环境管理条例》;根据该条例第 53 条的规定,除 1 000 总吨以下载运非油类物质的船舶外,所有船舶须持有船舶油污损害民事责任保险合同或者财务担保证明,其额度不得低于我国《海商法》或约束我国的国际公约规定的赔偿限额。

本保险条款的保险责任范围涵盖船舶油污赔偿责任的各方面,包括:罚款、法律抗辩、法院费用和律师费、专家鉴定费、海事局的各政府部门的清污费用(船东须优先支付)、被保险人的清污费用(不管是否由清污协议单位实施)和船舶油污造成的对第三者的损害赔偿。

保险人的除外责任包括被保险人的违章排放(非事故超标排放船舶油污水), 2016 年修订的《海洋环境保护法》已取消罚款的上限,违反 MARPOL 或美国 OPA 的罚款的最高案例是 4 000 万美元,船方必须严格遵守有关法律规定。另一项除外责任是船舶碰撞或触碰事故给第三方造成的污染损害,本保险不负责赔偿,双方船东须按碰撞或触碰的责任比例对第三方承担责任,也是船舶保险条款所除外的责任,对此船东应有所准备,这也暴露了此附加险对船东保障之不足。

本条款第 3 条规定了对不同大小船舶的每次污染事故的赔偿限额,对 1 601 总吨及以上的船舶的责任限额为 1 000 万人民币,也可能不足以满足上述条例对船东的强制要求。

本条款的赔偿处理规定,要求船东先付,与强制责任保险的法律性质抵触,也与《保险法》第 65 条的规定抵触,对索赔方应该没有约束力,油污受害人仍可能直接起诉责任保险人。

对于强制性的责任保险,保险条款中的除外责任条款(责任免除条款)等可能损害受害人的利益,也与责任保险的担保功能相冲突,其法律效力需要受到公共政策方面的限制。

二、沿海内河船舶保险附加货物运输承运人责任保险条款(2009 年版)

此附加条款的保险期间与主险(船舶保险)的保险期间一致(第 6 条),但其保险责任在首期保险费交清时才开始生效(第 7 条),可能与主险的生效时间不一致;此条款规定了保险人的责任限额,在保险期间(一般是 1 年)内,保险人支付的保险赔款,无论是一次或累计达到赔偿限额时,本保险责任即行终止(第 11 条)。人保财险各分公司可能有与总公司条款不同的此类附加险条款。

保险责任:保险人的责任范围没有涵盖承运人对货方的全部责任,而是限于承运人的过失造成船舶发生火灾、爆炸、碰撞、触碰、搁浅、触礁这几种海上灾难导致的船载货物的直接损失。货损的原因必须是这几种列明的意外事故和由此造成的船舶倾覆或沉没,不包括非由这些事故引起的船体破裂进水;这几种事故的原因必须归咎于被保险人的过失,合同法规定的就是过失责任制,故一般会是承运人的过失,但也有例外,如不可抗力、货方未申报的危险品等,但承运人也无需对这些例外原因造成的货损负责,本条款还将这些例外原因规定为除外责任(第 3 条);损失必须是货物的直接损失,不包括罚款、罚金、惩罚性赔偿及违约金(第 4 条第(5)项)和市价跌落等间接损失,而且本条款规定以货物起运地的价格作为必须赔偿的定损依据,与承运人面对的货损责任(以目的港的价格作为定损依据)可能不同;此外,承运人必须是被保险人(船东和/或船舶经营人,以主险中约定的被保险人为准),如果货方直接起诉的是航次租船合同(国内一般称货物运输合同)的船舶出租人,而船舶出租人不是被保险人,但是实际船东(如船东的母公司),则不在本保险的赔偿范围内,虽然实际船东还可以向被保险人索赔,故对船方而言,最好在主险保险单中尽量多罗列相关联的共同被保险人。

除外责任:根据本条款,保险人对船舶不适航造成的货损责任不承担保险赔偿责任(第 3 条第(4)项),最常见的例子是船舶超载;船舶超航区航行是否就构成船舶不适航,可能有争议,故本条款将超航区、超经营范围、无有效营运许可证等明确列为单独的除外责任(第(2)项和第(3)项);船员不适格、无法定证书或配员不足构成船舶不适航,但货损的原因如果是火灾、爆炸、碰撞、触碰、搁浅、触礁这几种事故之一,法律上可能认定货损的近因不是船舶不适航,而使得保险人无法援用船舶不适航免责。本条款把船舶不适航规定为保险除外事项,使得被保险人的保险保障明显不足,也构成与沿海内河船舶保赔保障条款的明显区别之一。本条款第 3 条责任免除规定的另一大特色是排除了对下述货物的责任:被保险人及船员自带的货物、承运人免费运输的货物、活动物、有生植物、甲板装载的非集装箱货物、假冒及伪劣货物、禁运品(第 4 条第(1)(2)(3)(6)各项)。本保险不负责赔偿因货物错误交付、延迟交付所造成的任何性质的损失(第 4 条第(4)项)。

赔偿处理:责任险是对保险合同的第三方的责任,一般由保险人主导对第三方的责任抗辩,被保险人必须 24 小时内通知货损事故,配合保险人安排的检验,征求保险人对和解、调解的意见等。

本附加险不适用于中国香港、澳门航线的船舶,因为运输合同的责任基础不同。本条款未规定是否适用于中国台湾地区航线,作者认为应该是不适用。

三、沿海内河船东保障和赔偿责任保险条款(2010 年版)

这是参照远洋船保赔保险条款制定的人保财险简化版的保赔条款,适用于沿海运输船(包括港澳台航线)的附加险。二者相比,本条款中,保险人的义务较小、被保险人的义务较大。本节仅介绍本条款与人保财险远洋船舶保赔险条款的主要差别,和需要特别解释之处。

保险责任(第 5 条):本条款规定了六大项承保风险,包括人身伤亡和疾病、污染、残骸清除、提单或运单项下的货物责任、碰撞责任、施救和法律费用;被保险人可选择仅投保其他的一部分以节省保险费,而且保险人对各项责任都可规定责任限额,在保险单中载明(第 10 条)。施救费用是法定保险责任,并不需要被保险人额外投保,但抗辩责任的法律费用,可能不构成施救费用,需要被保险人投保。船员工作期间包括船员上船和离船回家的在途时间;被保险人为船员办理了社保的,按社保的规定处理。污染风险与本节第一部分介绍的附加油污责任险条款的规定相同。船舶残骸清除还包括对该船上货物和其他财产的残骸清除、设立航行警告标志及相关过失引起的责任;有关的油污责任须受本条款规定的油污责任限额的限制。提单或运单项下的责任是指被保险人在运输合同履行过程中发生的货物责任,即使未签发提单或运单,如只要订舱单、实际发运货物或航次租船合同等情况,而且 2016 年交通运输部已撤销《国内水路货物运输规则》,应以《合同法》为法律依据;除非保险人书面同意,货物不包括活动物、有生植物、甲板货、尖端保密物品、稀有珍贵物品、文物、有价证券和现金;保险人的除外责任还包括:(1)被保险人未在运输合同约定的时间、港口或地点装卸、交付货物所引起的责任,但保险人可能将此规定解释为对货损责任本身也可以拒赔;(2)提单或运单的签发含有欺诈性的误述,如倒签提单、对不清洁的货物签发清洁提单;(3)被保险人未将货物交付给托运人指定的收货人,但有时难以识别托运人,建议在运输合同中载明收货人;(4)不合理绕航。碰撞责任限于船舶直接的碰撞所引起的船舶保险条款除外的油污责任和人身伤亡责任,不包括船舶保险条款规定的免赔额,而且也适用交叉责任原则。

责任免除(第 6 条、第 7 条、第 8 条):第 6 条规定适用于各种承保风险,即在任何情况下,因下列原因造成的损失、责任和费用,保险人不负责赔偿:战争风险;核风险;对大气或土地的污染;被保险人、船舶所有人、船舶经营人及其代表、船长的故意行为(共同海损行为、施救行为应该除外)或者违法犯罪行为、被保险船舶承运违禁品。从事非法贸易;被保险船舶驶出了约定的航区和船舶不适航。本条款明确船舶不适航包括航行区域、用途不符合航行(拖航)规定(如超航区航行),或货物装载不妥(如超载),与承运人责任保险条款相比,对保险人更有利。需要注意的是,本条款虽然规定"在任何情况下"适用,可以解释为其效力高于承保风险条款,但仍不是保证条款,保险人负有对除外责任的举证责任,及保险人以此条规定拒赔时须证明被保险人的索赔是由其他的某项除外原因造成的。第 7 条规定的除外责任针对索赔本身,而非其原因,对保险人更有利;这些除外的损失、费用和责任包括:(1)被保险人预先约定的合同责任;(2)精神损害赔偿;(3)任何运费、租金或租约取消的损失、船期损失、滞期费的索赔及任何利息等。

被保险人的义务:在被保险人的告知义务方面,本条款第 14 条好像规定被保险人负有无限告知义务,与《海商法》的规定一致,但第 15 条的规定又明显规定的是有限告知义务(询问告知义务),很可能解释为被保险人仅限于如实填报保险人准备的投保单即可。被保险人拖欠保险费的,从欠费时起,保险人不承担责任,除非事先征得保险人书面同意。被保险人需在知道保险事故发生后 48 小时内通知保险人,否则对未及时通知造成的无法确定的损失或责任,保险人得拒绝赔偿。

赔偿处理:保险人支付保险赔偿的前提条件是被保险人已按约定交齐保险费(第 24 条)。被保险人在知道事故发生后 180 天内未通知保险人,导致保险人无法从其再保险人处摊回损失的,或与第三人结案后 1 年内未向保险人索赔,导致保险人无法从其再保险人处摊回损失的,保险人得拒赔有关责任(第 26 条)。此种约定讲明了未及时通知和索赔的后果,不是简单的索赔期限条款,而且与国际上有关责任保险的规定和做法吻合,应该是有效的合同约定,与诉讼时效的法律规定并不冲突。

本条款适用中国法,但不包括港澳台地区的相关规定(第 29 条)。

【重要案例分析9】 再审申请人永安财产保险股份有限公司泰州中心支公司与被申请人泰州市长鑫运输有限公司

"长鑫顺 888"船承运人责任保险合同纠纷再审案

【案号】

一审案号:(2015)武海法商字第 00447 号

二审案号:(2016)鄂民终 488 号

再审案号:(2017)最高法民再 269 号

【关键词】

水路货物运输-承运人责任保险-台风-免责-调解-保险人事先同意

【争议焦点】

保险事故及损失的发生原因,保险责任条款与除外责任条款的关系

【案情简介】

再审申请人(一审被告、二审上诉人):永安财产保险股份有限公司泰州中心支公司

被申请人(一审原告、二审被上诉人):泰州市长鑫运输有限公司

2013 年 5 月 31 日,泰州市长鑫运输有限公司(以下简称长鑫公司,投保人和被保险人)为其所属的"长鑫顺 888"船向永安财产保险股份有限公司泰州中心支公司(以下简称永安保险,保险人)投保水路货物运输承运人责任保险,保险期间从 2013 年 6 月 2 日零时起至 2014 年 6 月 1 日 24 时止,适用《永安财产保险股份有限公司水路货物运输承运人责任保险条款》(备案号[2009]N45 号)(以下简称保险条款),而且在投保单的投保人声明栏记载:"上述所填内容属实。保险人已将《水路货物运输承运人责任保险条款》内容,特别是对保险责任、责任免除及被保险人义务向投保人作了明确告知,投保人对此已经明白并且理解无误,且同意以此为依据与贵公司签署保险合同。"

2013 年 6 月 20 日,"长鑫顺 888"船从广西企沙港装载煤炭 950 t 开往海南八所港,同月 21 日抵达八所港 1 号锚地附近水域抛锚待泊,并于同日收到中华人民共和国八所海事局通过 VHF 转发的台风预警信息和择地避风建议。同月 23 日,该船在避风和顶风抗台期间,一直处于走锚状态,并逐渐进入浅水区,大量海水涌入机舱及船员生活区,最终船舶坐底沉没,船载货物全损。

2014 年 11 月 10 日,涉案货物保险人中国太平洋财产保险股份有限公司防城港中心支公司(以下简称"太平洋财保防城港公司")在向货物权利人支付保险赔款 76 万元后,向海口海事法院提起诉讼,请求判令长鑫公司及永安保险连带赔偿其支付的保险赔款 76 万元及相应利息。同年 12 月 16 日,经海口海事法院主持调解,长鑫公司与太平洋财保防城港公司达成调解协议并向太平洋财保防城港公司支付 44 万元。海口海事法院据此出具(2014)琼海法商初字第 137 号民事调解书。事后,长鑫公司向永安保险索赔 44 万元保险赔偿,永安保险拒绝赔偿,长鑫公司向武汉海事法院提起本案诉讼。

武汉海事法院一审判决保险人承担保险责任:

武汉海事法院一审认为本案的争议焦点是保险条款第 6 条第(3)项是否存在两种解释。在解释保险合同条款时,应当首先依据合同的词句予以解释即文义解释。如果可以做出两种或两种以上的合理解释,则可以结合合同的其他条款进行解释即体系解释。如果采取体系解释的方法依然存在两种或者两种以上的合理解释,则可以做出不利于保险人、有利于被保险人和受益人的解释。

保险条款第 3 条约定,因船舶触礁、搁浅、倾覆、沉没、失踪造成船舶所载的货物毁损、灭失,应由被保险人承担的经济赔偿责任,保险人负责赔偿。涉案保险条款第 6 条第(3)项约定,雷击、台风、大风等自然灾害造成的损失、费用和责任,保险人不负责赔偿。

从文义上理解,该免责条款存在两种合理解释:(一)免责条款与保险责任条

款系包含关系,即台风引起的包括保险事故在内的所有损失均不属于保险责任范围;(二)免责条款与保险责任条款系并列关系,即台风引起的除保险事故以外的损失不属于保险责任范围。上述两种截然不同的解释,即使结合合同其他条款亦无法排除其中任何一种。在该免责条款没有明确且唯一的解释的前提下,应当按照我国《保险法》第30条"采用保险人提供的格式条款订立的保险合同,保险人与投保人、被保险人或者受益人对合同条款有争议的,应当按照通常理解予以解释。对合同条款有两种以上解释的,人民法院或者仲裁机构应当做出有利于被保险人和受益人的解释"的规定,做出对被保险人有利的第二种解释,即台风引起的除保险事故以外的损失不属于保险责任范围。因此,涉案货物损失系由船舶沉没所导致,属于保险人承担保险责任的范围,保险人不能依据保险合同第6条第三款的约定免责。因此,在扣除10%免赔后,法院判决长鑫公司支付保险赔偿396 000元及利息。

湖北省高级人民法院二审判决驳回上诉,维持原判:

湖北省高级人民法院认为,保险条款第3条和第6条第(3)项之间的关系存在两种理解:(一)台风造成的任何货物损失(包括台风造成船舶沉没进而导致的货损),保险人不负责赔偿;(二)台风直接造成货损(船舶未沉没),保险人不负责赔偿。台风造成船舶沉没而导致的货损,保险人应当赔偿。按照第二种理解,涉案保险条款的第3条保险责任中对于船舶沉没的原因并未明确,故台风造成船舶沉没而产生的货损,不适用第6条第(3)项的责任免除。根据《保险法》第30条规定,当保险条款存在两种不同的理解时,应做出对被保险人长鑫公司有利的解释。故本案货损系台风造成船舶沉没而导致,属于永安保险承担赔偿责任的范围。鉴于此,二审法院判决驳回上诉,维持原判。

最高人民法院再审改判保险人台风免责,不承担保险责任:

最高人民法院认为本案审理的焦点问题是永安保险提出的台风免责抗辩是否成立。保险条款第3条约定了保险人承担保险责任的范围,第6条约定了保险人不承担保险责任的除外情形,分别属于《中华人民共和国海商法》第217条第(6)项规定的"保险责任和除外责任",二者都是海上保险实务中常见的合同条款。保险责任条款主要约定保险人负责赔偿的风险项目,除外责任条款则用于明确保险人不承担保险赔偿责任的风险项目。两类条款从正反两个角度对承保风险的范围进行明确约定。在被保险人举证证明发生了保险责任条款约定的事故时,保险人仍有权依据除外责任条款的约定主张免责,只是需要对其主张的免责事实承担举证责任。根据涉案保险条款第6条第(3)项的约定,因台风自然灾害造成的损失、费用和责任,保险人不负责赔偿。该项除外责任条款的约定是明确的,只要保险人举证证明损失是由于台风造成的,即可免于承担保险责任,不存在两种以上的解释。一、二审法院混淆了保险责任条款与除外责任条款的不同功能,认为涉案除外责任条款的含义存在两种理解,进而认定因台风造成船舶沉没不属于除外责任的情形,认定事实错误。

长鑫公司因船舶在台风中沉没而遭受损失,永安保险主张事故是由于台风造成的,属于保险条款第 6 条第(3)项规定的不予赔偿的情形。正确处理本案的关键是准确分析长鑫公司遭受损失的原因究竟是船舶沉没还是台风。永安保险提交的《"长鑫顺 888"船沉没事故调查报告》证明,"长鑫顺 888"船在防台期间,因风浪的持续影响,发生走锚、舱盖板脱落,大量海水进入货舱,最终导致沉没,可以证明"长鑫顺 888"船涉案事故是由于台风造成的。长鑫公司主张事故是由于艉部搁浅导致船体倾斜及沉没,并非台风直接导致,但又称是由于巨浪致使船舶的艉部搁浅,也印证了船舶在台风的作用下搁浅、沉没进而造成货物受损的事实。因台风属于涉案保险条款第 6 条第(3)项约定的保险人不负责赔偿的风险,永安保险关于其不应承担保险赔偿的主张,符合合同约定,本院予以支持。基于此,最高人民法院再审判决驳回长鑫公司的诉讼请求。在本案中,最高人民法院提出如下值得被保险人注意的观点:

第一,保险责任条款主要约定保险人负责赔偿的风险项目,除外责任条款用于明确保险人不承担保险赔偿责任的风险项目,两类条款从正反两个角度对承保风险的范围进行约定。

第二,在被保险人举证证明发生了保险责任条款约定的事故时,保险人仍有权依据除外责任条款的约定主张免责,只是需要对其主张的免责事实承担举证责任。

一、二审法院混淆了保险责任条款与除外责任条款的不同功能,认为涉案除外责任条款[保险条款第 6 条第(3)项]的含义存在两种理解,进而认定因台风造成船舶沉没不属于除外责任的情形,认定事实错误。本案的争议焦点不应当是除外责任条款的解释,而是保险人能否证明发生事故损失的原因是台风(保险人除外责任)。最高人民法院认定本案损失是由于台风造成,而不是船舶沉没造成,责任保险人有权免于保险赔偿。

第五节　船舶责任保险事故的理赔

一、责任保险人的及时和积极参与

几乎每一个船舶责任保障条款皆规定被保险人有义务迅速将可能的保险事故通知保险人;否则保险人有权拒赔或扣减保险赔偿。而且如果被保险人未在 1

年内通知已发生的保险事故,保险人的赔偿责任就解除了。中国船东互保协会保险条款和中国人民财产保险股份有限公司船东保障和赔偿责任险条款也不例外。

1.及时的事故通知对保险人十分必要和重要

(1)保险人的代位求偿权是在赔付被保险人后才取得的,及时得到保险事故通知是保险人的"安全网"(Safety Net)。

(2)及时通知有助于保险人事故资料的完整和积累"损失防止"(Loss Prevention)方面的经验,进而为被保险人提供更好的防止损失方面的服务。

(3)不损害保险人及时调查事故、取得证据、考虑抗辩或提起法律程序的能力。

(4)使保险人对未决赔款准备金的估计更加准确,防止巨大的"意外"(Surprise)索赔的发生而影响保险人的资金周转。

2.及时通知保险事故才能及时获得责任保险人的帮助。责任保险人,尤其是船东互保协会,积极参与事故的处理,对被保险人(如船东)十分有利

(1)责任保险人对事故处理有着十分丰富的知识和经验,不论是在技术方面(如救助、灭火),还是在法律方面,都能给予被保险人有益的帮助。

(2)船东互保协会出具的担保函具有广泛的国际接受性,我国海事法院接受中国船东互保协会出具的担保和经人保财险各分公司加保的主要外国船东互保协会的担保,这对及时释放被扣押船舶,避免船舶被扣押或顺利地申请扣船(如在我国为满足反担保的要求)都是极有价值的。

(3)船东互保协会在世界各主要港口建立了"通信代理"(Correspondence)网络,能及时为会员提供当地的救助、检验和法律等方面的信息及服务。

3.船东互保协会通常愿意积极参与处理有关案件,甚至取代会员独立处理一些案件,但是有以下几点值得会员注意

(1)船东互保协会无提供担保的义务,即使有关事故是在船东互保协会承保的风险范围内。

(2)船东互保协会提供担保、参与处理或直接处理有关案件,并不意味着船东互保协会对保险赔偿责任的承认,也不存在这样的法律推定。

(3)船东互保协会可能要求会员承担有关检验、律师及通信代理的费用,如果这些费用不在互保协会的承保范围之内。

(4)会员不尊重船东互保协会对案件处理的意见,或未经协会认可而承认第三者的索赔或与索赔人和解,可能导致协会扣减甚至拒绝保险赔偿。

(5)会员通常不能向船东互保协会请求利息。

二、会员及入会船船长对责任保险事故的处理要点

与对"船舶保险"(Hull Insurance)事故的处理相类似,船东和船长首先需了

解保险条款,特别是风险承保范围和其中关于被保险人在事故通知、施救、和解、承认责任和索赔等方面的义务的规定,在事故发生后注意航海、轮机、车钟等船舶日志、海事报告、海事声明、损害检验及对方对责任的认可等书证的记载和保管,不允许任何人随意查阅,接受调查时由船长统一对外。

对船舶责任保险事故的处理还有一些特点,例如:

(1)对提单责任、船东和船长需充分认识不正确的提单内容将招致巨大的货损货差责任,故应注意在大副收据和提单中做出正确的和特定的批注,并在必要时(如对钢材)安排装船前检验,将检验报告附在提单上。

未经船东认可,船长不得接受"保函"(Indemnity Letter or Back Letter)而签发清洁提单,或在未收回原正本提单的情况下又签发新的正本提单。

装卸过程中要注意雨雪对货物的影响、货物的适当绑扎、特殊货物的要求(如冷藏机证书、精矿粉的湿度证书等),以及理货的公正性和准确性,必要时安排船员理货。

运输过程中要注意适当通风、舱盖水密和对松动货物的加固等。对大风浪和气温骤变等天气情况,需在船舶日志上详细记载。

(2)对人身伤亡或疾病,通常要求船舶提供如下证据:发生伤亡病的环境和情况、见证人、与其他海事(如碰撞)的关系、受害人和/或其他船员存在的过失等。

(3)对偷渡事故,首先应注意预防,特别是对非洲、南美、中美、东欧、南亚和中国的有些港口,开航前须彻底检查。如果在海上发现了偷渡者,船长须立即报告船东、经营人及船东互保协会,并在航海日志上详细记载有关情况,包括偷渡者人数、姓名、国籍、住址、出生年月日、性别、登船时间和地点,取得其全部手印、相片和健康状况,并要求每个偷渡者做出宣誓书,解释其如何登船、动机和目的等。

船长、船员应严密监视偷渡者,为其提供保证健康状况的必要食宿。

(4)发生油污事故时,应及时通知当地海事部门(尤其是在美国)、当地代理、通信代理和船东/经营人;同时应采取措施减少溢油,并注意做出完整记录。

在加燃油时常发生溢油事故,船员应注意预先做好准备,加油时与加油船之间保持联系、定时测深等。

附 录

附录一 国内保险市场使用的重要水险条款

1. 中国人民财产保险股份有限公司
海洋运输货物保险条款

（2009 年版）

一、责任范围

本保险分为平安险、水渍险及一切险三种。被保险货物遭受损失时，本保险按照保险单上订明承保险别的条款规定，负赔偿责任。

（一）平安险

本保险负责赔偿：

1.被保险货物在运输途中由于恶劣气候、雷电、海啸、地震、洪水自然灾害造成整批货物的全部损失或推定全损。当被保险人要求赔付推定全损时，须将受损货物及其权利委付给保险人。被保险货物用驳船运往或运离海船的，每一驳船所装的货物可视作一个整批。推定全损是指被保险货物的实际全损已经不可避免，或者恢复、修复受损货物以及运送货物到原定目的地的费用超过该目的地的货物价值。

2.由于运输工具遭受搁浅、触礁、沉没、互撞、与流冰或其他物体碰撞以及失火、爆炸意外事故造成货物的全部或部分损失。

3.在运输工具已经发生搁浅、触礁、沉没、焚毁意外事故的情况下，货物在此前后又在海上遭受恶劣气候、雷电、海啸等自然灾害所造成的部分损失。

4.在装卸或转运时由于一件或数件整件货物落海造成的全部或部分损失。

5.被保险人对遭受承保责任内危险的货物采取抢救、防止或减少货损的措施而支付的合理费用，但以不超过该批被救货物的保险金额为限。

6.运输工具遭遇海难后，在避难港由于卸货所引起的损失以及在中途港、避难港由于卸货、存仓以及运送货物所产生的特别费用。

7.共同海损的牺牲、分摊和救助费用。

8.运输契约订有"船舶互撞责任"条款,根据该条款规定应由货方偿还船方的损失。

（二）水渍险

除包括上列平安险的各项责任外,本保险还负责被保险货物由于恶劣气候、雷电、海啸、地震、洪水自然灾害所造成的部分损失。

（三）一切险

除包括上列平安险和水渍险的各项责任外,本保险还负责被保险货物在运输途中由于外来原因所致的全部或部分损失。

二、除外责任

本保险对下列损失不负赔偿责任:

（一）被保险人的故意行为或过失所造成的损失。

（二）属于发货人责任所引起的损失。

（三）在保险责任开始前,被保险货物已存在的品质不良或数量短差所造成的损失。

（四）被保险货物的自然损耗、本质缺陷、特性以及市价跌落、运输延迟所引起的损失或费用。

（五）本公司海洋运输货物战争险条款和货物运输罢工险条款规定的责任范围和除外责任。

三、责任起讫

（一）本保险负"仓至仓"责任,自被保险货物运离保险单所载明的起运地仓库或储存处所开始运输时生效,包括正常运输过程中的海上、陆上、内河和驳船运输在内,直至该项货物到达保险单所载明目的地收货人的最后仓库或储存处所或被保险人用作分配、分派或非正常运输的其他储存处所为止。如未抵达上述仓库或储存处所,则以被保险货物在最后卸载港全部卸离海船后满 60 天为止。如在上述 60 天内被保险货物需转运到非保险单所载明的目的地时,则以该项货物开始转运时终止。

（二）由于被保险人无法控制的运输延迟、绕道、被迫卸货、重新装载、转载或承运人运用运输契约赋予的权限所做的任何航海上的变更或终止运输契约,致使被保险货物运到非保险单所载明目的地时,在被保险人及时将获知的情况通知保险人,并在必要时加交保险费的情况下,本保险仍继续有效,保险责任按下列规定终止。

1.被保险货物如在非保险单所载明的目的地出售,保险责任至交货时为止,但不论任何情况,均以被保险货物在卸载港全部卸离海船后满 60 天为止。

2.被保险货物如在上述 60 天期限内继续运往保险单所载原目的地或其他目的地时,保险责任仍按上述第(一)款的规定终止。

四、被保险人义务

被保险人应按照以下规定的应尽义务办理有关事项。

(一)当被保险货物运抵保险单所载明的目的港(地)以后,被保险人应及时提货,当发现被保险货物遭受任何损失,应即向保险单上所载明的检验、理赔代理人申请检验,如发现被保险货物整件短少或有明显残损痕迹应即向承运人、受托人或有关当局(海关、港务当局等)索取货损货差证明。如果货损货差是由于承运人、受托人或其他有关方面的责任所造成,并应以书面方式向他们提出索赔,必要时还须取得延长时效的认证。如未履行上述规定义务,保险人对有关损失不负赔偿责任。

(二)对遭受承保责任内危险的货物,被保险人和保险人都可迅速采取合理的抢救措施,防止或减少货物的损失,被保险人采取此项措施,不应视为放弃委付的表示,保险人采取此项措施,也不得视为接受委付的表示。

对由于被保险人未履行上述义务造成的扩大的损失,保险人不负赔偿责任。

(三)如遇航程变更或发现保险单所载明的货物、船名或航程有遗漏或错误时,被保险人应在获悉后立即通知保险人并在必要时加交保险费,本保险才继续有效。

(四)在向保险人索赔时,必须提供下列单证:保险单正本、提单、发票、装箱单、磅码单、货损货差证明、检验报告及索赔清单。如涉及第三者责任,还须提供向责任方追偿的有关函电及其他必要单证或文件。

被保险人未履行前款约定的单证提供义务,导致保险人无法核实损失情况的,保险人对无法核实的部分不承担赔偿责任。

(五)在获悉有关运输契约中"船舶互撞责任"条款的实际责任后,应及时通知保险人;否则,保险人对有关损失不负赔偿责任。

五、赔偿处理

保险人收到被保险人的赔偿请求后,应当及时就是否属于保险责任做出核定,并将核定结果通知被保险人。情形复杂的,保险人在收到被保险人的赔偿请求并提供理赔所需资料后 30 日内未能核定保险责任的,保险人与被保险人根据实际情形商议合理期间,保险人在商定的期间内做出核定结果并通知被保险人。对属于保险责任的,在与被保险人达成有关赔偿金额的协议后 10 日内,履行赔偿义务。

六、索赔期限

本保险索赔时效,从保险事故发生之日起算,最多不超过两年。

2. 中国人民财产保险股份有限公司
海洋运输货物战争险条款

（2009 年版）

一、责任范围

本保险负责赔偿：

（一）直接由于战争、类似战争行为和敌对行为、武装冲突或海盗行为所致的损失。

（二）由于上述第（一）款引起的捕获、拘留、扣留、禁制、扣押所造成的损失。

（三）各种常规武器，包括水雷、鱼雷、炸弹所致的损失。

（四）本条款责任范围引起的共同海损的牺牲、分摊和救助费用。

二、除外责任

本保险对下列各项，不负赔偿责任：

（一）由于敌对行为使用原子或热核制造的武器所致的损失和费用。

（二）根据执政者、当权者、或其他武装集团的扣押、拘留引起的承保航程的丧失和挫折而提出的任何索赔。

三、责任起讫

（一）本保险责任自被保险货物装上保险单所载起运港的海船或驳船时开始，到卸离保险单所载明的目的港的海船或驳船时为止。如果被保险货物不卸离海船或驳船，本保险责任最长期限以海船到达目的港的当日午夜起算满 15 天为限，海船到达上述目的港是指海船在该港区内一个泊位或地点抛锚、停泊或系缆，如果没有这种泊位或地点，则指海船在原卸货港或地点或附近第一次抛锚、停泊或系缆。

（二）如在中途港转船，不论货物在当地卸载与否，保险责任以海船到达该港或卸货地点的当日午夜起算满 15 天为止，俟再装上续运海船时恢复有效。

（三）如运输契约在保险单所载明目的地以外的地点终止时，该地即视为本保险目的地，仍照前述第（一）款的规定终止责任，如需运往原目的地或其他目的地时，在被保险人于续运前通知保险人并加交保险费的情况下，可自装上续运的海船时重新有效。

（四）如运输发生绕道，改变航程或承运人运用运输契约赋予的权限所做的任何航海上的改变，在被保险人及时将获知情况通知保险人，在必要时加交保险费的情况下，本保险仍继续有效。

注：本条款系海洋运输货物保险条款（2009 年版）（以下简称"主险条款"）的附加条款，本条款与主险条款中的任何条文有抵触时，均以本条款为准；本条款未尽事宜，以主险条款为准。

3. 中国人民财产保险股份有限公司
水路货物运输保险条款

（2009 年版）

一、保险标的范围

第一条 凡在国内江、河、湖泊和沿海经水路运输的货物均可为本保险之标的。

第二条 下列货物非经投保人与保险人特别约定，并在保险单（凭证）上载明，不在保险标的范围以内：金银、珠宝、钻石、玉器、首饰、古币、古玩、古书、古画、邮票、艺术品、稀有金属等珍贵财物。

第三条 下列货物不在保险标的范围以内：蔬菜、水果、活牲畜、禽鱼类和其他动物。

第四条 本保险分为基本险和综合险，保险人按保险单注明的承保险别分别承担保险责任。

二、保险责任

第五条 基本险。

由于下列保险事故造成保险货物的损失和费用，保险人依照本条款约定负责赔偿：

（一）因火灾、爆炸、雷电、冰雹、暴风、暴雨、洪水、海啸、崖崩、突发性滑坡、泥石流；

（二）船舶发生碰撞、搁浅、触礁，桥梁码头坍塌；

（三）因以上两款所致船舶沉没失踪；

（四）在装货、卸货或转载时因意外事故造成的损失；

（五）按国家规定或一般惯例应承担的共同海损的牺牲、分摊和救助费用；

（六）在发生上述灾害事故时，因纷乱造成货物的散失以及因施救或保护货物所支付的直接合理的费用。

第六条 综合险。

本保险除包括基本险责任外，保险人还负责赔偿：

（一）因受碰撞、挤压而造成货物破碎、弯曲、凹瘪、折断、开裂的损失；

（二）因包装破裂致使货物散失的损失；

（三）液体货物因受碰撞或挤压致使所用容器（包括封口）损坏而渗漏的损失，或用液体保藏的货物因液体渗漏而造成该货物腐烂变质的损失；

(四)遭受盗窃的损失;

(五)符合安全运输规定而遭受雨淋所致的损失。

三、责任免除

第七条 由于下列原因造成保险货物的损失,保险人不负赔偿责任:

(一)战争、军事行动、扣押、罢工、哄抢和暴动;

(二)船舶本身的损失;

(三)在保险责任开始前,保险货物已存在的品质不良或数量短差所造成的损失;

(四)保险货物的自然损耗,本质缺陷、特性所引起的污染、变质、损坏;

(五)市价跌落、运输延迟所引起的损失;

(六)属于发货人责任引起的损失;

(七)投保人、被保险人的故意行为或违法犯罪行为。

第八条 由于行政行为或执法行为所致的损失,保险人不负赔偿责任。

第九条 其他不属于保险责任范围内的损失,保险人不负赔偿责任。

四、责任起讫

第十条 保险责任自签发保险单(凭证)后,保险货物运离起运地发货人的最后一个仓库或储存处所时起,至该保险凭证上注明的目的地的收货人在当地的第一个仓库或储存处所时终止。但保险货物运抵目的地后,如果收货人未及时提货,则保险责任的终止期最多延长至保险货物卸离运输工具后的 15 天为限。

保险价值和保险金额:

第十一条 保险价值为货物的实际价值,按货物的实际价值或货物的实际价值加运杂费确定。保险金额由投保人参照保险价值自行确定,并在保险合同中载明。保险金额不得超过保险价值。超过保险价值的,超过部分无效,保险人应当退还相应的保险费。

投保人、被保险人的义务:

第十二条 投保人应当履行如实告知义务,如实回答保险人就保险标的或者被保险人的有关情况提出的询问。

投保人故意或者因重大过失未履行前款规定的如实告知义务,足以影响保险人决定是否同意承保或者提高保险费率的,保险人有权解除合同。保险合同自保险人的解约通知书到达投保人或被保险人时解除。

投保人故意不履行如实告知义务的,保险人对于保险合同解除前发生的保险事故,不承担赔偿责任,并不退还保险费。

投保人因重大过失未履行如实告知义务,对保险事故的发生有严重影响的,保险人对于保险合同解除前发生的保险事故,不承担赔偿或者给付保险金的责任,但应当退还保险费。

第十三条 投保人在保险人或其代理人签发保险单（凭证）的同时,应一次交清应付的保险费。若投保人未按照约定交付保险费,保险费交付前发生的保险事故,保险人不承担赔偿责任。

第十四条 投保人、被保险人应当谨慎选择承运人,并督促其严格遵守国家及交通运输部门关于安全运输的各项规定,还应当接受并协助保险人对保险货物进行的查验防损工作,货物运输包装必须符合国家和主管部门规定的标准。

对于因被保险人未遵守上述约定而导致保险事故的,保险人不负赔偿责任;对于因被保险人未遵守上述约定而导致损失扩大的,保险人对扩大的损失不负赔偿责任。

第十五条 在合同有效期内,保险标的危险程度显著增加的,被保险人按照合同约定应当及时通知保险人,保险人有权要求增加保险费或者解除合同。

被保险人未履行前款规定的通知义务的,因保险标的危险程度显著增加而发生的保险事故,保险人不承担赔偿责任。

第十六条 被保险人获悉或应当获悉保险货物发生保险责任范围内的损失时,应立即通知保险人或保险人在当地保险机构,并迅速采取合理的施救和保护措施,减少货物损失。

故意或者因重大过失未及时通知,致使保险事故的性质、原因、损失程度等难以确定的,保险人对无法确定的部分,不承担赔偿责任,但保险人通过其他途径已经及时知道或者应当及时知道保险事故发生的除外。

五、赔偿处理

第十七条 保险货物运抵保险凭证所载明的目的地的收货人在当地的第一个仓库或储存处所时起,被保险人应在 10 天内向保险人的当地保险机构申请并会同检验受损的货物。

第十八条 被保险人向保险人申请索赔时,应当提供下列有关单证:

（一）保险单（凭证）、运单（货票）、提货单、发票（货价证明）;

（二）承运部门签发的货运记录、普通记录、交接验收记录、鉴定书;

（三）收货单位的入库记录、检验报告、损失清单及救护货物所支付的直接费用的单据;

（四）被保险人所能提供的其他与确认保险事故的性质、原因、损失程度等有关的证明和资料。

保险人收到被保险人的赔偿请求后,应当及时就是否属于保险责任做出核定,并将核定结果通知被保险人。情形复杂的,保险人在收到被保险人的赔偿请求并提供理赔所需资料后 30 日内未能核定保险责任的,保险人与被保险人根据实际情形商议合理期间,保险人在商定的期间内做出核定结果并通知被保险人。对属于保险责任的,在与被保险人达成有关赔偿金额的协议后 10 日内,履行赔偿义务。

第十九条　保险货物发生保险责任范围内的损失时,保险金额等于或高于保险价值时,保险人应根据实际损失计算赔偿,但最高赔偿金额以保险价值为限;保险金额低于保险价值的,保险人对其损失金额及支付的施救保护费用按保险金额与保险价值的比例计算赔偿。

保险人对货物损失的赔偿金额,以及因施救或保护货物所支付的直接合理的费用,应分别计算,并各以不超过保险金额为限。

第二十条　保险货物发生保险责任范围内的损失时,如果根据法律规定或有关约定,应当由承运人或其他第三者负责赔偿部分或全部的,被保险人应首先向承运人或其他第三者提出书面索赔,直至诉讼。保险事故发生后,保险人未赔偿保险金之前,被保险人放弃对有关责任方请求赔偿的权利的,保险人不承担赔偿责任;如被保险人要求保险人先予赔偿,被保险人应签发权益转让书和应将向承运人或第三者提出索赔的诉讼书及有关材料移交给保险人,并协助保险人向责任方追偿。

由于被保险人的故意或重大过失致使保险人不能行使代位请求赔偿权利的,保险人可以相应扣减保险赔偿金。

第二十一条　经双方协商同意,保险人可将其享有的保险财产残余部分的权益作价折归被保险人,并可在保险赔偿金中直接扣除。

第二十二条　被保险人与保险人发生争议时,应当实事求是,协商解决,双方不能达成协议时,可以提交仲裁机关或法院处理。

本保险合同适用中华人民共和国法律(不包括港澳台地区相关规定)。

六、其他事项

第二十三条　凡经水路与其他运输方式联合运输的保险货物,按相应的运输方式分别适用本条款及《铁路货物运输保险条款(2009 年版)》《公路货物运输保险条款(2009 年版)》和《国内航空货物运输保险条款(2009 年版)》。

第二十四条　凡涉及本保险的约定均采用书面形式。

4. 中国人民财产保险股份有限公司
船舶保险条款

（2009 年版）

本保险的保险标的是船舶，包括其船壳、救生艇、机器、设备、仪器、索具、燃料和物料。

本保险分为全损险和一切险。

一、责任范围

（一）全损险

本保险承保由于下列原因所造成的保险船舶的全损：

1. 地震、火山爆发、闪电或其他自然灾害；

2. 搁浅、碰撞、触碰任何固定或浮动物体或其他物体或其他海上灾害；

3. 火灾或爆炸；

4. 来自船外的暴力盗窃或海盗行为；

5. 抛弃货物；

6. 核装置或核反应堆发生的故障或意外事故；

7. 本保险还承保由于下列原因所造成的保险船舶的全损：

（1）装卸或移动货物或燃料时发生的意外事故；

（2）船舶机件或船壳的潜在缺陷；

（3）船长、船员有意损害被保险人利益的行为；

（4）船长、船员和引航员、修船人员及租船人的疏忽行为；

（5）任何政府当局，为防止或减轻因承保风险造成保险船舶损坏引起的污染，所采取的行动。

但此种损失原因应不是由于被保险人、船东或管理人未恪尽职责所致的。

（二）一切险

本保险承保上述原因所造成保险船舶的全损和部分损失以及下列责任和费用：

1. 碰撞责任

（1）本保险负责因保险船舶与其他船舶碰撞或触碰任何固定的、浮动的物体或其他物体而引起被保险人应负的法律赔偿责任。

但本条对下列责任概不负责：

a. 人身伤亡或疾病；

b. 保险船舶所载的货物或财物或其所承诺的责任；

c.清除障碍物、残骸、货物或任何其他物品；

d.任何财产或物体的污染或沾污（包括预防措施或清除的费用）但与保险船舶发生碰撞的他船或其所载财产的污染或沾污不在此限；

e.任何固定的、浮动的物体以及其他物体的延迟或丧失使用的间接费用。

（2）当保险船舶与其他船舶碰撞双方均有过失时，除一方或双方船东责任受法律限制外，本条项下的赔偿应按交叉责任的原则计算。当保险船舶碰撞物体时，亦适用此原则。

（3）本条项下保险人的责任（包括法律费用）是本保险其他条款项下责任的增加部分，但对每次碰撞所负的责任不得超过船舶的保险金额。

2.共同海损和救助

（1）本保险负责赔偿保险船舶的共同海损、救助、救助费用的分摊部分。保险船舶若发生共同海损牺牲，被保险人可获得对这种损失的全部赔偿，而无须先行使向其他各方索取分摊额的权利。

（2）共同海损的理算应按有关合同规定或适用的法律或惯例理算，如运输合同无此规定，应按《北京理算规则》或其他类似规则规定办理。

（3）当所有分摊方均为被保险人或当保险船舶空载航行并无其他分摊利益方时，共损理算应按《北京理算规则》（第5条除外）或明文同意的类似规则办理，如同各分摊方不属同一人一样。该航程应自起运港或起运地至保险船舶抵达除避难港或加油港外的第一个港口为止，若在上述中途港放弃原定航次，则该航次即行终止。

3.施救

（1）由于承保风险造成船舶损失或船舶处于危险之中，被保险人为防止或减少根据本保险可以得到赔偿的损失而付出的合理费用，保险人应予以赔付。本条不适用于共同海损、救助或救助费用，也不适用于本保险中另有规定的开支。

（2）本条项下保险人的赔偿责任是在本保险其他条款规定的赔偿责任以外，但不得超过船舶的保险金额。

二、除外责任

本保险不负责下列原因所致的损失、责任或费用：

（一）不适航，包括人员配备不当、装备或装载不妥，但以被保险人在船舶开航时，知道或应该知道此种不适航为限；

（二）被保险人及其代表的疏忽或故意行为；

（三）被保险人恪尽职守应予发现的正常磨损、锈蚀、腐烂保养不周，或材料缺陷包括不良状态部件的更换或修理；

（四）战争、内战、革命、叛乱或由此引起的内乱或敌对行为；

(五)捕获、扣押、扣留、羁押、没收或封锁;

(六)各种战争武器,包括水雷、鱼雷、炸弹、原子弹、氢弹或核武器;

(七)罢工、被迫停工或其他类似事件;

(八)民变、暴动或其他类似事件;

(九)任何人怀有政治动机的恶意行为;

(十)保险船舶被征用或被征购。

三、免赔额

(一)承保风险所致的部分损失赔偿,每次事故要扣除保险单规定的免赔额(不包括碰撞责任、救助、共损、施救的索赔)。

(二)恶劣气候造成两个连续港口之间单独航程的损失索赔应视为一次意外事故。

本条不适用于船舶的全损索赔以及船舶搁浅后专为检验船底引起的合理费用。

四、海运

除非事先征得保险人的同意并接受修改后的承保条件和所需加付的保费;否则,本保险对下列情况所造成的损失和责任均不负责:

(一)保险船舶从事拖带或救助服务;

(二)保险船舶与他船(非港口或沿海使用的小船)在海上直接装卸货物,包括驶近、靠拢和离开;

(三)保险船舶为拆船或为拆船出售的目的的航行。

五、保险期间

本保险分定期保险和航次保险:

(一)定期保险:期限最长1年。起止时间以保险单上注明的日期为准。保险到期时,如保险船舶尚在航行中或处于危险中或在避难港或中途港停靠,经被保险人事先通知保险人并按日比例加付保险费后,本保险继续负责到船舶抵达目的港为止。保险船舶在延长时间内发生全损,需加交6个月保险费。

(二)航次保险:按保单订明的航次为准。起止时间按下列规定办理:

1.不载货船舶:自起运港解缆或起锚时开始至目的港抛锚或系缆完毕时终止。

2.载货船舶:自起运港装货时开始至目的港卸货完毕时终止。但自船舶抵达目的港当日午夜零点起最多不得超过30天。

六、保险合同的解除

(一)一旦保险船舶按全损赔付后,本保险自动解除。

(二)当船舶的船级社变更、船舶等级变动、注销或撤回、船舶所有权或船旗改变、转让给新的管理部门、光船出租或被征购或被征用,除非事先书面征得保险人的同意,本保险自动解除。但船舶有货载或正在海上时,经要求,可延迟到船舶抵达下一个港口或最后卸货港或目的港。

(三)当货物、航程、航行区域、拖带、救助工作或开航日期方面有违背保险单特款规定时,被保险人在接到消息后,应立即通知保险人并同意接受修改后的承保条件及所需加付的保险费,本保险仍继续有效;否则,本保险自动解除。

七、保费和退费

(一)定期保险:全部保费应在承保时付清。如保险人同意,保费也可分期交付,但保险船舶在承保期限内发生全损时,未交付的保费要立即付清。

本保险在下列情况下可以办理退费:

1.被保险船舶退保或保险终止时,保险费应自保险终止日起,按净保费的日比例计算退还给被保险人。

2.无论是否在船厂修理或装卸货物,在保险人同意的港口或区域内停泊超过30天时,停泊期间的保费按净保费的日比例的50%计算,但本款不适用船舶发生全损。如果本款超过30天的停泊期分属两张同一保险人的连续保单,停泊退费应按两张保单所承保的天数分别计算。

(二)航次保险:自保险责任开始一律不办理退保和退费。

八、被保险人义务

(一)被保险人一经获悉保险船舶发生事故或遭受损失,应在48 h内通知保险人,如船在国外,还应立即通知距离最近的保险代理人,并采取一切合理措施避免或减少本保险承保的损失。

(二)被保险人向保险人请求赔偿时,应及时提交保险单正本、海事签证、航海(行)日志、轮机日志、海事报告、船舶法定检验证书、船舶入籍证书、船舶营运证书、船员证书(副本)、运输合同载货记录、事故责任调解书、裁决书、损失清单以及其他被保险人所能提供的与确认保险事故的性质、原因、损失程度等有关的证明和资料。

被保险人向本公司请求赔偿并提供理赔所需资料后,本公司在60天内进行核定。对属于保险责任的,本公司在与被保险人达成赔偿或给付保险金的协议后10天内,履行赔偿义务。

被保险人未履行前款约定的单证提供义务,导致保险人无法核实损失情况的,保险人对无法核实的部分不承担赔偿责任。

(三)被保险人或保险人为避免或减少本保险承保的损失而采取措施,不应视为对委付的放弃或接受、或对双方任何其他权利的损害。

(四)被保险人与有关方面确定保险船舶应负的责任和费用时,应事先征得本公司的同意。

(五)保险船舶发生保险责任范围内的损失应由第三者负责赔偿的,被保险人应向第三者索赔。如果第三者不予支付,被保险人应采取必要措施保护诉讼时效;保险人根据被保险人提出的书面赔偿请求,按照保险合同予以赔偿,同时被保险人必须依法将向第三者追偿的权利转让给保险人,并协助保险人向第三者追偿。未经保险人同意放弃向第三人要求赔偿的权利,或者由于被保险人的过失造成保险人代位求偿权益受到损害,保险人可相应扣减赔款。

九、招标

(一)当保险船舶受损并要进行修理时,被保险人要像一个精打细算未投保的船东,对受损船的修理进行招标以接受最有利的报价。

(二)保险人也可对船舶的修理进行招标或要求再次招标,此类投标经保险人同意而被接受时,保险人补偿被保险人按保险人要求而发出招标通知日起至接受投标时止所支付的燃料、物料及船长、船员的工资和给养。但此种赔偿不得超过船舶当年保险价值的30%。

(三)被保险人可以决定受损船舶的修理地点,如被保险人未像一个精打细算未投保的船东那样行事,保险人有权对被保险人决定的修理地点或修理厂商行使否决权或从赔款中扣除由此而增加的任何费用。

十、索赔和赔偿

(一)保险事故发生时,被保险人对保险标的不具有保险利益的,不得向保险人请求赔偿保险金。

(二)全损:

1.保险船舶发生完全毁损或者严重损坏不能恢复原状,或者被保险人不可避免地丧失该船舶,作为实际全损,按保险金额赔偿。

2.保险船舶在预计到达目的港日期,超过2个月尚未得到它的行踪消息视为实际全损,按保险金额赔偿。

3.当保险船舶实际全损似已不能避免,或者恢复、修理、救助的费用或者这些费用的总和超过保险价值时,在向保险人发出委付通知后,可视为推定全损,不论保险人是否接受委付,按保险金额赔偿。如保险人接受了委付,本保险标的属保险人所有。

(三)部分损失:

1.对本保险项下海损的索赔,以新换旧均不扣减。

2.保险人对船底的除锈或喷漆的索赔不予负责,除非与海损修理直接有关。

3.船东为使船舶适航做必要的修理或通常进入干船坞时,保险船舶也需就所承保的损坏进坞修理,进出船坞和船坞的使用时间费用应平均分摊。

如船舶仅为本保险所承保的损坏必须进坞修理时,被保险人于船舶在坞期间进行检验或其他修理工作,只要被保险人的修理工作不曾延长保险船舶在坞时间或增加任何其他船坞的使用费用,保险人不得扣减其应支付的船坞使用费用。

(四)被保险人为获取和提供资料和文件所花费的时间和劳务,以及被保险人委派或以其名义行事的任何经理、代理人、管理或代理公司等的佣金或费用,本保险均不给予补偿,除非经保险人同意。

(五)凡保险金额低于约定价值或低于共同海损或救助费用的分摊金额时,保险人对本保险承保损失和费用的赔偿,按保险金额在约定价值或分摊金额所占的比例计算。

(六)保险船舶与同一船东所有,或由同一管理机构经营的船舶之间发生碰撞或接受救助,应视为第三方船舶一样,本保险予以负责。

十一、争议的处理

因履行本保险合同发生的争议,由当事人协商解决。协商不成的,提交保险合同载明的仲裁机构仲裁;保险合同未载明仲裁机构且争议发生后未达成仲裁协议的,依法向有管辖权的法院起诉。

本保险合同适用中华人民共和国法律(不包括港澳台地区相关规定)。

5. 中国人民财产保险股份有限公司
船舶保险附加战争、罢工险条款

(2009 年版)

一、责任范围

本保险承保由于下述原因造成保险船舶的损失、碰撞责任、共同海损和救助或施救费用：

(一)战争、内战、革命、叛乱或由此引起的内乱或敌对行为；

(二)捕获、扣押、扣留、羁押、没收或封锁，但这种赔案必须从发生日起满 6 个月才能受理；

(三)各种战争武器，包括水雷、鱼雷、炸弹；

(四)罢工、被迫停工或其他类似事件；

(五)民变、暴动或其他类似事件；

(六)任何人怀有政治动机的恶意行为。

二、除外责任

由于下列原因引起保险船舶的损失、责任或费用，本保险不负责赔偿责任：

(一)原子弹、氢弹或核武器的爆炸；

(二)由保险船舶的船籍国或登记国的政府或地方当局所采取的或命令的捕获、扣押、扣留、羁押或没收；

(三)被征用、征购或被出售；

(四)联合国安理会常任理事国之间爆发的战争(不论宣战与否)。

三、保险终止

(一)保险人有权在任何时候向被保险人发出注销本保险的通知，在发出通知后 7 天期满时生效。

(二)无论是否已发注销通知，本保险在下列情况下应自动终止：

1.任何原子弹、氢弹或核武器的敌对性爆炸发生；

2.联合国安理会常任理事国之间爆发的战争(无论宣战与否)；

3.船舶被征用或出售。

四、承保原则

(一)本保险系《船舶保险条款》(以下简称"主险")的附加险。主险的条款也适用于本附加险，但主险条款与本附加险条款有抵触时，以本附加险条款为准。

(二)保险船舶如同时有其他保险，任何索赔应由其他保险公司负责时，本保险不负赔偿责任。

(三)如本保险由于第三条原因终止时，净保费可按日比例退还给被保险人。本保险不办理停泊退费。

6. 中国人民财产保险股份有限公司
沿海内河船舶保险条款

（2009 年版）

一、责任范围

　　本保险的保险标的是指中华人民共和国境内合法登记注册从事沿海、内河航行的船舶，包括船体、机器、设备、仪器和索具。船上燃料、物料、给养、淡水等财产和渔船不属于本保险标的范围。

　　本保险分为全损险和一切险，本保险按保险单注明的承保险别承担保险责任。

二、保险责任

第一条　全损险。

由于下列原因造成保险船舶发生的全损，本保险负责赔偿。

　　一、八级以上（含八级）大风、洪水、地震、海啸、雷击、崖崩、滑坡、泥石流、冰凌；

　　二、火灾、爆炸；

　　三、碰撞、触碰；

　　四、搁浅、触礁；

　　五、由于上述一至四款灾害或事故引起的倾覆、沉没；

　　六、船舶失踪。

第二条　一切险。

本保险承保第一条列举的六项原因所造成保险船舶的全损或部分损失以及所引起的下列责任和费用：

　　（一）碰撞、触碰责任

　　本公司承保的保险船舶在可航水域碰撞其他船舶或触碰码头、港口设施、航标，致使上述物体发生的直接损失和费用，包括被碰船舶上所载货物的直接损失，依法应当由被保险人承担的赔偿责任。本保险对每次碰撞、触碰责任仅负责赔偿金额的四分之三，但在保险期间内一次或累计最高赔偿额以不超过船舶保险金额为限。

　　属于本船舶上的货物损失，本保险不负赔偿责任。

　　非机动船舶不负碰撞、触碰责任，但保险船舶由本公司承保的拖船拖带时，可视为机动船舶。

（二）共同海损、救助及施救

本保险负责赔偿依照国家有关法律或规定应当由保险船舶摊负的共同海损。除合同另有约定外，共同海损的理算办法应按《北京理算规则》办理。

保险船舶在发生保险事故时，被保险人为防止或减少损失而采取施救及救助措施所支付的必要的、合理的施救或救助费用、救助报酬，由本保险负责赔偿。

但共同海损、救助及施救三项费用之和的累计最高赔偿额以不超过保险金额为限。

三、除外责任

第三条 保险船舶由于下列情况所造成的损失、责任及费用，本保险不负责赔偿：

（一）船舶不适航、不适拖（包括船舶技术状态、配员、装载等，拖船的拖带行为引起的被拖船舶的损失、责任和费用，非拖船的拖带行为所引起的一切损失、责任和费用）；

（二）船舶正常的维修保养、油漆，船体自然磨损、锈蚀、腐烂及机器本身发生的故障和舵、螺旋桨、桅、锚、锚链、橹及子船的单独损失；

（三）浪损、坐浅；

（四）被保险人及其代表（包括船长）的故意行为或违法犯罪行为；

（五）清理航道、污染和防止或清除污染、水产养殖及设施、捕捞设施、水下设施、桥的损失和费用；

（六）因保险事故引起本船及第三者的间接损失和费用以及人员伤亡或由此引起的责任和费用；

（七）战争、军事行为、扣押、骚乱、罢工、哄抢和政府征用、没收；

（八）其他不属于保险责任范围内的损失。

四、保险期间

第四条 除另有约定，保险期间最长为一年，起止日期以保险单载明的时间为准。

五、保险金额

第五条 船龄在三年（含）以内的船舶视为新船，新船的保险价值按重置价值确定，船龄在三年以上的船舶视为旧船，旧船的保险价值按实际价值确定。

保险金额按保险价值确定，也可以由保险双方协商确定，但保险金额不得超过保险价值。

重置价值是指市场新船购置价；实际价值是指船舶市场价或出险时的市场价。

六、索赔和赔偿

第六条 保险事故发生时,被保险人对保险标的不具有保险利益的,不得向保险人请求赔偿保险金。

第七条 在保险有效期内,保险船舶发生保险事故的损失或费用支出,保险人均按以下规定赔偿:

(一)全损险

船舶全损按照保险金额赔偿。但保险金额高于保险价值时,以不超过出险当时的保险价值计算赔偿。

(二)一切险

1.全损:按第七条第(一)项规定计算赔偿。

2.部分损失:按实际发生的损失、费用赔偿,但保险金额低于保险价值时,按保险金额与该保险价值的比例计算赔偿。

部分损失的赔偿金额以不超过保险金额或实际价值为限,两者以低为准,但无论一次或多次累计的赔款等于保险金额的全数时(含免赔额),则保险责任即行终止。

第八条 保险船舶发生保险事故的损失时,被保险人必须与保险人商定后方可进行修理或支付费用;否则保险人有权重新核定,并对不属于保险人责任或不合理的损失和费用拒绝赔偿。

第九条 保险船舶发生海损事故时,凡涉及船舶、货物和运费方共同安全的,对施救、救助费用、救助报酬的赔偿,保险人只负责获救船舶价值与获救的船、货、运费总价值的比例分摊部分。

第十条 船舶失踪,本保险自船舶在合理时间内从被获知最后消息的地点到达目的地时起 6 个月后立案受理。

第十一条 保险人对每次赔款均按保险单中的约定扣除免赔额(全损、碰撞、触碰责任除外)。

第十二条 保险船舶遭受全损或部分损失后的残余,由保险人、被保险人协商处理。

第十三条 保险船舶发生保险责任范围内的损失应由第三者负责赔偿的,被保险人应向第三者索赔。如果第三者不予支付,被保险人应采取必要措施保护诉讼时效;保险人根据被保险人提出的书面赔偿请求,按照保险合同予以赔偿,同时被保险人必须依法将向第三者追偿的权利转让给保险人,并协助保险人向第三者追偿。未经保险人同意放弃向第三人要求赔偿的权利,或者由于被保险人的过失造成保险人代位求偿权益受到损害,保险人可相应扣减赔款。

七、被保险人义务

第十四条 被保险人应在签订保险合同时一次缴清保险费。除合同另有书面约定外,保险合同在被保险人交付保险费后才能生效。

第十五条 被保险人应当遵守国家有关消防、安全、生产操作等方面的其他相关法律、法规及规定,维护保险船舶的安全。

保险人可以对保险标的的安全状况进行检查,向被保险人提出消除不安全因素和隐患的书面建议,被保险人应该认真付诸实施。

除经保险人同意并加收保费外,被保险人未遵守上述约定而导致保险事故的,保险人不承担赔偿责任;被保险人未遵守上述约定而导致损失扩大的,保险人对扩大部分的损失不承担赔偿责任。

第十六条 被保险人应如实填写投保单并回答保险人提出的询问。在保险期间内,被保险人应对其公司、保险船舶发生变化影响保险人利益的事件如实告知,对于保险船舶出售、光船出租、变更航行区域或保险船舶所有人、管理人、经营人、名称、技术状况和用途的改变、被征购征用,应事先书面通知保险人,经保险人同意并办理批改手续后,保险合同继续有效;否则自上述情况出现时保险合同自动解除。

第十七条 保险船舶发生保险事故时,被保险人应及时采取合理的施救保护措施,并须在到达第一港后 48 h 内向港航监督部门、保险人报告,并对保险事故有举证的义务及对举证的真实性负责。

第十八条 被保险人向保险人请求赔偿时,应及时提交保险单正本、海事签证、航海(行)日志,轮机日志、海事报告、船舶法定检验证书、船舶入籍证书、船舶营运证书、船员证书(副本)、运输合同载货记录、事故责任调解书、裁决书、损失清单以及其他被保险人所能提供的与确认保险事故的性质、原因、损失程度等有关的证明和资料。

被保险人向本公司请求赔偿并提供理赔所需资料后,本公司在 60 天内进行核定。对属于保险责任的,本公司在与被保险人达成赔偿或给付保险金的协议后 10 天内,履行赔偿义务。

被保险人未履行前款约定的单证提供义务,导致保险人无法核实损失情况的,保险人对无法核实的部分不承担赔偿责任。

八、其他事项

第十九条 因履行本保险合同发生的争议,由当事人协商解决。协商不成的,提交保险单载明的仲裁机构仲裁;保险单未载明仲裁机构且争议发生后未达成仲裁协议的,依法向有管辖权的法院起诉。

本保险合同适用中华人民共和国法律(不包括港澳台地区相关规定)。

7. 中国人民财产保险股份有限公司
沿海内河渔船保险条款

（2009 年版）

一、保险范围

本保险的保险标的是指在中华人民共和国境内合法登记注册并具有国家渔业船舶主管机关签发的检验证书和捕捞许可证的渔业船舶，包括：船体、机器、设备、仪器。渔网、保险船舶上所装载的货物、燃料、零星工具、用具、备用机件、渔获物、给养品、渔需物资以及船上人员的私人财物不在本保险承保范围之内。

二、保险责任

本保险分为全损险和一切险，保险船舶在保险期间内遭受的损失，本保险按保险单载明的承保险别及条件和本条款的规定负责赔偿。

第一条　全损险。

仅由于下列风险造成保险船舶的全损，本保险负责赔偿：

（一）八级以上（含八级）大风、洪水、海啸、雷击、崖崩、滑坡、泥石流、冰凌；

（二）火灾、爆炸；

（三）碰撞、触碰；

（四）搁浅、触礁；

（五）由于上述（一）至（四）项灾害或事故导致的倾覆、沉没；

（六）船舶在航行中失踪六个月以上。

第二条　一切险。

由于第一条列举的六项风险所造成保险船舶的全损或部分损失以及引起的下列责任和费用，本保险负责赔偿：

一、碰撞触碰责任：保险船舶在航行或捕捞作业中直接碰撞其他船舶或直接触碰码头、港口设备、航标，致使上述物体发生直接的损失和费用，包括被碰撞船舶上所载货物的损失，依法应当由被保险人承担的经济赔偿责任，但保险人对每次碰撞、触碰责任仅负责被保险人应承担赔偿金额的四分之三，最高赔偿额以不超过渔船的保险金额为限。

二、保险船舶发生保险责任范围内的事故时，被保险人为防止或减少损失而采取施救措施以及请求外力救助所支付的必要的、合理的施救费用、救助费用和救助报酬。

三、除外责任

第三条 由于下列原因造成保险船舶的损失、责任和费用，本保险不负赔偿小时责任：

（一）战争、军事行动、暴力行为或政府征用、扣押；

（二）渔船正常的维修保养、油漆费用、蚀损、自然磨损、潜在缺陷、机器本身发生故障和螺旋桨、舵、桅、锚（链）、缆、橹、子船的单独损失；

（三）清理航道、防止或清除污染；触碰水产养殖物及养殖设施、水下设施、桥梁；

（四）任何人员的伤亡、疾病或由此引起的任何责任和费用；

（五）船期损失和渔汛损失；

（六）被保险人或其代表（包括船长）的故意行为或违法行为；

（七）非承保范围内列明的损失。

四、保险期间

第四条 保险期间最长为一年。起止日期以保险单载明的时间为准。

五、保险金额

第五条 保险船舶的保险金额不得超过保险价值。保险金额可以按照投保时船舶的保险价值（即市场的实际价值）确定；也可由保险合同双方协商确定。

六、索赔和赔偿

第六条 被保险人索赔时，应及时按保险人要求提供有效单证，如保险单、出险通知书、渔港签证、渔船检验证书、船员证书、捕捞许可证、海损事故责任调解书、损失清单及被保险人所能提供的与确认保险事故的性质、原因、损失程度等有关的其他证明和资料。

被保险人向本公司请求赔偿并提供理赔所需资料后，本公司在 60 天内进行核定。对属于保险责任的，本公司在与被保险人达成赔偿或给付保险金的协议后 10 天内，履行赔偿义务。

第七条 在保险期间内，保险船舶发生保险事故的损失、责任和费用，本保险按以下规定计算赔偿：

（一）全损险

保险船舶发生全损按照保险金额赔偿。但保险金额高于保险价值时，以不超过出险当时的保险价值计算赔偿。

（二）一切险

1.全损:按第七条第(一)项的规定计算赔偿。

2.部分损失:足额保险按照实际发生的损失、费用赔偿。不足额保险按保险金额与保险价值的比例计算赔偿。

3.一切险项下的渔船损失、碰撞触碰责任、救助费用的赔偿分别以保险金额为限。在保险有效期内,其中一项的赔款金额达到保险金额全数时(含免赔额),该渔船的保险责任即行终止。

第八条　保险船舶发生保险事故损失后,被保险人须与保险人商定后,方可进行修理、承担责任或支付费用;否则保险人有权重新核定。

第九条　保险船舶失踪,本保险自渔船在合理时间内或从被获知最后消息的地点到达目的地时起六个月后理赔。

第十条　保险人对每次赔款均按保险单中的约定扣除免赔额,全损、碰撞触碰责任除外。

第十一条　保险船舶遭受损失后的残余部分,应由保险人、被保险人协商处理。

第十二条　保险船舶发生保险责任范围内的损失应由第三者负责赔偿的,被保险人应向第三者索赔。如果第三者不予支付,被保险人应采取必要措施保护诉讼时效;保险人根据被保险人提出的书面赔偿请求,按照保险合同予以赔偿,同时被保险人必须依法将向第三者追偿的权利转让给保险人,并协助保险人向第三者追偿。由于被保险人的过失造成保险人代位求偿权益受到损害,保险人可相应扣减赔款。

七、被保险人义务

第十三条　被保险人应如实填写投保单并回答保险人提出的询问。在保险期间内,被保险人应对其公司、保险船舶发生变化影响保险人利益的事件如实告知,对于保险船舶出售、光船出租、变更航行区域或保险船舶所有人、管理人、经营人、名称、技术状况和用途的改变、被征购征用,应事先书面通知保险人,经保险人同意并办理批改手续后,保险合同继续有效;否则自上述情况出现时保险合同自动终止。

第十四条　被保险人及其代表应当严格遵守港航监督部门制定的各项安全航行规则和制度,做好保险船舶的管理、检验和维修,确保保险船舶的适航性。若被保险人及其代表未严格遵守港航监督部门制定的各项安全航行规则和制度,或未做好保险船舶的管理、检验和维修,或未能确保保险船舶的适航性;否则自上述情况出现时,保险人有权解除保险合同。

第十五条　被保险人应在签订保险合同时一次缴清保险费,除合同另有书面约定外。保险合同在被保险人交付保险费后才能生效。

第十六条　保险船舶发生保险事故时,被保险人应及时采取合理的施救保护措施,并须在到达第一港后的 48 小时之内通知保险人。被保险人对保险事故负有举证的义务,并对举证的真实性承担法律责任。

八、其他事项

第十七条　因履行本保险合同发生的争议,由当事人协商解决。协商不成的,提交保险单载明的仲裁机构仲裁;保险单未载明仲裁机构且争议发生后未达成仲裁协议的,依法向人民法院起诉。

8. 都邦财产保险股份有限公司
船舶建造保险条款

（2009 年版）

第一条 保险期间

本保险在保险单列明的保险期间内从保险船舶建造开工之日或上船台之日起生效,直至保险船舶建成交付订货人或船舶所有人或保险期间满期时止。两者以先发生者为准。

在投保前已分配在船上的物资和机械设备,自保险单中列明的保险起期日开始时生效。

在保险开始生效后分配或交付给建造人的物资和机械设备,自分配或交付时生效。

在本保险单列明的保险期间内,保险船舶若提前交付给所有人满一个月者,本公司可退还被保险人规定的保险费,不足一个月者不退费。如超过保险期间交付,必须事先书面通知本公司办理展延保险期间手续。展期满一个月者,本公司应收规定的保险费。不足一个月者不加收保险费。

第二条 保险价值和保险金额

保险价值为船舶的建成价格或最后合同价格。保险金额应按保险价值确定。被保险人如以暂定价值作为保险金额投保,应在船舶建成或确定最后合同价格后通知本公司调整保险金额。对暂定价值超过或低于保险价值的部分,本公司按比例加收或退还保险费。

如果保险价值超过暂定价值的 125％ 时,本保险对任何一次事故或同一事件引起的一系列事故的保险船舶损失的赔偿总额,以暂定价值的 125％ 为限。但由于保险船舶改变设计、装修或改动船型、物资变更所引起的船舶造价的变动,不适用本规定。

第三条 责任范围

本公司对保险船舶的下列损失、责任和费用,负责赔偿:

1.保险船舶在船厂建造、试航和交船过程中,包括建造该船所需的在保险价值内的一切材料、机械和设备在船厂范围内装卸、运输、保管、安装、以及船舶下水、进出坞、停靠码头过程中,由于下列原因所造成的损失和费用:

（1）自然灾害或意外事故;

（2）工人、技术人员、船长、船员及引水人员的疏忽过失和缺乏经验;

（3）船壳和设备机件的潜在缺陷;

（4）因船台、支架和其他类似设备的损坏或发生故障；

（5）保险船舶任何部分因设计错误而引起的损失；

（6）在保险船舶下水失败后为重新下水所产生的费用；

（7）为确定保险责任范围内损失所支付的合理费用，以及对船舶搁浅后为检查船底而支付的费用，即使没损失，本公司也予负责。

2.对于下列责任和费用，本公司也负责赔偿：

（1）共同海损牺牲和分摊；

（2）救助费用；

（3）发生碰撞事故后，保险船舶对被碰撞船舶及其所载货物、浮动物件、船坞、码头或其他固定建筑物损失和延迟、丧失使用的损失以及施救费用、共同海损和救助费用依法应负的赔偿责任，但以保险船舶的保险金额为限；

（4）保险船舶遭受本条款责任范围内的损失事故后引起的清除保险船舶残骸的费用、对第三者人身伤亡赔偿责任，可以按本公司保障与赔偿条款的有关规定给予赔偿但以保险船舶的保险金额为限；

（5）在发生碰撞或其他事故后，被保险人在事先征得本公司书面同意后，为争取限制赔偿责任所支付的诉讼费用；

（6）保险船舶的保险金额如低于保险价值，本公司对本款所列各项的责任或费用，按保险金额和保险价值的比例计算赔偿。

第四条　除外责任

下列各项，本公司不予负责：

1.由于被保险人故意或违法行为所造成的损失；

2.对设计错误部分本身的修理、修改、更换或重建的费用及为了改进或更改设计所发生的任何费用；

3.由于被保险人对雇佣的职工的死亡、伤残或疾病所应承担的责任和费用；

4.核反应、辐射或放射性污染引起的损失或费用；

5.由于战争、敌对行为、武装冲突、炸弹的爆炸、战争武器、没收、征用、罢工、暴动、民众骚动引起的损失、费用和责任，以及任何人的恶意行为或政治动机所引起的任何损失；

6.建造合同规定的罚款以及由于拒收和其他原因造成的间接损失；

7.由于任何国家或武装集团的拘留、扣押、禁制，使航程受阻或丧失；

8.其他不属于保险责任范围内的损失、责任和费用。

第五条　承保区域

1.建造期间：限于造船厂范围内。建造船舶所需的材料、机器、设备在造船厂范围以外的任何运输、装卸、保管和建造船舶在造船厂范围以外的任何拖航必须

事先通知本公司并交付规定的保险费后方予负责;

2.试航、交船期间:20 000 总吨以上的船舶的单程自航距离限于 500 n mile,1 000总吨至 20 000 总吨船舶的单程自航距离限于 250 n mile,1 000 总吨以下船舶的单程自航距离限于 100 n mile。如超过上述距离,必须事先通知本公司,并交付规定的保险费后方予负责。

第六条　赔款处理

1.保险事故发生时,被保险人对保险标的不具有保险利益的,不得向保险人请求赔偿保险金。

2.被保险人索赔时,应以书面说明事故经过、原因,并提供损失清单、发票、检验报告及被保险人所能提供的与确认保险事故的性质、原因、损失程度等有关的其他证明和资料。如涉及第三者责任,还须提供向责任方追偿的有关函电及其他必要单证或文件。

被保险人向本公司请求赔偿并提供理赔所需资料后,本公司在 60 天内进行核定。对属于保险责任的,本公司在与被保险人达成赔偿或给付保险金的协议后 10 天内,履行赔偿义务。

3.本公司负责赔偿合理的配件和修理费用,并且不扣除以新代旧的折扣。

4.对保险船舶由于每一事故引起的部分损失,包括施救费用、船舶碰撞、清除保险船舶的残骸等。本公司应付的赔款均须扣除保险单所规定的免赔额。损失如在免赔额以下时,本公司不负赔偿责任。在两个相连续的港口之间一个单独航程中,由于恶劣气候所致的损失索赔,应被视为一次意外事故。

5.保险船舶试航时,在预计返回建造地点日期起超过 6 个月,尚未得到它的行踪消息。即构成船舶的失踪。船舶失踪或船舶遭受损失后,其估计救助、修理和其他必要支出的费用将超过保险船舶的保险价值时,均可视为全部损失。在保险船舶受损后未及时修理,又遭受全部损失,本公司只赔付一个全部损失。

6.对任何保险事故的索赔期限,不得超过交船后 3 个月。

第七条　被保险人义务

1.被保险人投保时应提供建造合同副本和建造进度表等文件。

2.被保险人应遵守有关安全法令。采取合理的预防措施,避免发生意外事故,本公司代表有权对船舶的建造情况进行查勘,被保险人应提供便利,对本公司代表提出的防损建议,应认真考虑并付诸实施。

3.保险船舶发生本保险单责任范围内的事故后,被保险人应立即通知本公司,并采取一切必要措施救护,防止损失扩大。对被保险人因此而支付的合理措施费用,本公司可予偿付,但以不超过受损保险项目的保险金额为限。如需进行修理时,应事先征得本公司同意。

4.保险船舶的危险程度显著增加时,被保险人应及时书面通知保险人,保险人有权要求增加保险费或者解除合同。被保险人未履行通知义务,因上述重要事项变更而导致保险事故发生的,保险人不承担赔偿责任。

5.保险船舶发生保险责任范围内的损失应由第三者负责赔偿的,被保险人应向第三者索赔。如果第三者不予支付,被保险人应采取必要措施保护诉讼时效;保险人根据被保险人提出的书面赔偿请求,按照保险合同予以赔偿,同时被保险人必须依法将向第三者追偿的权利转让给保险人,并协助保险人向第三者追偿。由于被保险人的过失造成保险人代位求偿权益受到损害,保险人可相应扣减赔款。

第八条　争议

因履行本保险合同发生的争议,由当事人协商解决。协商不成的,提交保险单载明的仲裁机构仲裁;保险单未载明仲裁机构且争议发生后未达成仲裁协议的,依法向有管辖权的法院起诉。

本保险合同适用中华人民共和国法律(不包括港澳台地区相关规定)。

附录二　英国协会保险条款

1. 协会货物保险 A 条款
（仅供新的海上保险单格式使用）

（1982 年 1 月 1 日）

一、承保风险

（风险条款）

1.本保险承保保险标的的损失或损害的一切风险,但不包括下列第 4、5、6 和 7 条规定的除外责任。

（共同海损条款）

2.本保险承保根据运输合同、准据法和惯例理算或确定的共同海损和救助费用,其产生是为了避免任何原因造成的损失或与避免任何原因造成的损失有关,但此种原因须不是本保险第 4、5、6、7 条或其他条文除外的危险。

（"双方有责碰撞"条款）

3.本保险扩展赔偿被保险人诸如下文可补偿的损失方面根据运输合同中的"双方有责碰撞"条款的比例责任部分。在船东根据此条款提出索赔的情况下,被保险人同意通知保险人,保险人有权自负费用为被保险人对此种索赔提出答辩。

二、除外责任

（普通除外条款）

4.本保险概不承保:

4.1 可归咎于被保险人的蓄意恶行的损失、损害或费用;

4.2 保险标的的通常渗漏、通常重量或体积损失,或通常磨损;

4.3 保险标的的包装或准备不足或不当引起的损失、损害或费用(在本款意义上,"包装"应视为包括集装箱或托盘内的积载,但仅适用于此种积载是在本保险责任开始前进行或是由被保险人或其雇员进行之时);

4.4 保险标的固有缺陷或性质引起的损失、损害或费用;

4.5 迟延直接造成的损失、损害或费用,即使该迟延是由承保风险引起的(但

根据上述第 2 条支付的费用除外);

4.6 因船舶的所有人、经理人、承租人或经营人的破产或经济困境产生的损失、损害或费用;

4.7 因使用原子或核裂变和/或聚变或其他类似反应或放射性力量或物质所制造的战争武器产生的损失、损害或费用。

(不适航和不适运除外条款)

5.

5.1 本保险概不承保损失、损害或费用,如其起因于:

5.1.1 船舶或驳船不适航;

5.1.2

船舶、驳船、运输工具、集装箱或托盘对保险标的的安全运输不适合,而且在保险标的装于其上时,被保险人或其雇员是对此种不适航或不适运有私谋。

5.2 保险人放弃载运保险标的到目的港的船舶不得违反默示适航或适运保证,除非被保险人或其雇员对此种不适航或不适运有私谋。

(战争除外条款)

6.本保险概不承保损失、损害或费用,如其起因于:

6.1 战争、内战、革命、造反、叛乱或由此引起的内乱或任何交战方之间的敌对行为;

6.2 捕获、扣押、扣留、拘禁或羁押(海盗除外)和此种行为引起的后果或进行此种行为的企图;

6.3 被遗弃的水雷、鱼雷、炸弹或其他被遗弃的战争武器。

(罢工除外条款)

7.本保险概不承保下列损失、损害或费用:

7.1 罢工者、被迫停工工人,或参加工潮、暴动或民变的人员造成者;

7.2 罢工、停工、工潮、暴动或民变造成者;

7.3 恐怖分子或出于政治动机而行为的人员造成者。

三、保险期间

(运送条款)

8.

8.1 本保险责任始于货物运离载明的仓库或储存处所开始运送之时,在通常运送过程中连续,终止于:

8.1.1 在载明的目的地交付到收货人的或其他最后仓库或储存处所;

8.1.2 在载明的目的地或之前交付到任何其他仓库或储存处所,其由被保险人用作:

8.1.2.1 通常运送过程以外的储存;或

8.1.2.2 分配或分派;

8.1.3 或者被保险货物在最后卸货港全部卸离海船满 60 天。

以上各项以先发生者为准。

8.2 如果在最后卸货港卸离海船后,但在本保险终止之前,货物被发送到非本保险承保的目的地,本保险,在依然受前述规定的终止所制约的同时,截至开始向此种其他目的地运送之时。

8.3 在被保险人不能控制的迟延、任何绕航、强制卸货、重装或转载期间,以及船东或承租人行使根据运输合同赋予的自由权产生的任何航海上的变更期间,本保险继续有效(但须受上述规定的终止和下述第 9 条规定的制约)。

(运输合同终止条款)

9.如果由于被保险人不能控制的情况,运输合同在载明的目的地以外的港口或地点终止,或运送在如同上述第 8 条规定的交付货物前另行终止,那么本保险也终止(除非迅速通知了保险人并在本保险有效时提出继续承保的要求,并受保险人要求的附加保险费的制约)。

9.1 直至货物在此种港口或地点出售并交付,或者,除非另有特别约定,直至保险货物到达此种港口或地点满 60 天,二者以先发生者为准;或者

9.2 如果货物在上述 60 天(或任何约定的延展期间)内被运往载明的目的地或其他目的地,直至根据上述第 8 条的规定而终止。

(航程改变条款)

10.如果在本保险责任开始后,被保险人改变了目的地,就按有待重新商定的保险费率和条件续保,但以迅速通知了保险人为前提。

四、索赔

(保险利益条款)

11.

11.1 为了根据本保险取得赔偿,被保险人在损失发生时对保险标的须具有保险利益。

11.2 除上述第 1 款另有规定外,被保险人有权取得本保险承保期间发生的承保损失的赔偿,尽管该损失产生在本保险合同订立之前,除非当时被保险人知道该损失而保险人不知道。

(续运费用条款)

12.由于本保险承保的风险作用的结果,承保保险标的的运送在根据本保险承保的目的地以外港口或地点终止,保险人补偿被保险人卸下、储存和发运保险标的至所承保的目的地而适当和合理遭受的额外费用。

不适用于共同海损和救助费用的本条规定,须受上述第 4、5、6、7 条包含的除外责任的制约,并且不包括由被保险人或其雇员的过错、疏忽、破产或经济困境而引起的费用。

(推定全损条款)

13.推定全损索赔不能得到赔偿,除非由于实际全损看来不可避免,或因为恢复、重整和发运保险标的到承保的目的地费用会超过其抵达时的价值,保险标的被合理放弃。

(增加价值条款)

14.

14.1 如果对保险货物由被保险人办理了增加价值保险,货物的保险价值就应视为增加至承保损失的本保险和所有增加价值保险的保险金额的总和,本保险的责任按照本保险的保险金额占此种保险金额的总和的比例计算。

索赔时被保险人须向保险人提供所有其他保险的保险金额的证据。

14.2 如果本保险是增加价值保险,应适用下述条款:

货物的保险价值应视为等于由被保险人对货物办理的承保损失的原始保险和所有增加价值保险的保险金额的总和,本保险的责任按本保险的保险金额占此种保险金额的总和的比例计算。

索赔时被保险人须向保险人提供所有其他保险的保险金额的证据。

五、保险受益

(不适用条款)

15.本保险不使承运人或其他保管人受益。

六、尽量减少损失

(被保险人的义务条款)

16.对可取得赔偿的损失,被保险人及其雇员和代理人有义务:

16.1 采取为避免或尽量减少此种损失可能是合理的措施;并

16.2 保证对承运人、保管人或其他第三方追偿的所有权利被适当保护和行使。

而保险人负责在可取得赔偿的损失之外补偿被保险人履行这些义务而适当和合理地招致的任何费用。

(弃权条款)

17.被保险人和保险人采取的旨在拯救、保护或恢复保险标的措施不得视为放弃或接受委付或在其他方面损害任何一方的权利。

七、避免迟延

(合理速办条款)

18.本保险的条件之一是被保险人在所有其力所能及的情况下合理迅速地行动。

八、法律和惯例

（英国法律和惯例条款）

19.本保险受英国法律和惯例调整。

注意：被保险人在知悉根据本保险"续保"的事件发生时有必要向保险人发出迅速的通知，此种承保的权利取决于履行这项义务。

2. 协会货物保险 B 条款

（仅供新的海上保险单格式使用）

（1982 年 1 月 1 日）

一、承保风险

（风险条款）

1.本保险承保,除下列第 4、5、6 和 7 条规定者外的:

1.1 保险标的损失或损害,若可合理归因于:

1.1.1 火灾或爆炸;

1.1.2 船舶或驳船搁浅、擦浅、沉没或倾覆;

1.1.3 陆上运输工具翻倒或出轨;

1.1.4 船舶、驳船或运输工具与水以外的任何外部物体碰撞或接触;

1.1.5 在避难港卸货;

1.1.6 地震、火山爆发或闪电。

1.2 由下列原因引起的保险标的损失或损害:

1.2.1 共同海损牺牲;

1.2.2 抛弃或浪击落水;

1.2.3 海水、湖水或河水进入船舶、驳船、船舱、运输工具、集装箱、托盘或储存处所。

1.3 装上或卸离船舶或驳船过程中掉落或从船上落入水中或坠落而发生的整件货物的全损。

（共同海损条款）

2.本保险承保根据运输合同、准据法和惯例理算或确定的共同海损和救助费用,其产生是为了避免任何原因造成的损失或与避免任何原因造成的损失有关,但此种原因须不是本保险第 4、5、6、7 条或其他条文除外的危险。

（"双方有责碰撞"条款）

3.本保险扩展赔偿被保险人诸如下文可补偿的损失方面根据运输合同中的"双方有责碰撞"条款的比例责任部分。在船东根据此条款提出索赔的情况下,被保险人同意通知保险人,保险人有权自负费用为被保险人对此种索赔提出答辩。

二、除外责任

（普通除外条款）

4.本保险概不承保:

4.1 可归咎于被保险人的蓄意恶行的损失、损害或费用;

4.2 保险标的的通常渗漏、通常重量、体积损失或通常磨损；

4.3 保险标的的包装或准备不足或不当引起的损失、损害或费用（在本款意义上，"包装"应视为包括集装箱或托盘内的积载，但仅适用于此种积载是在本保险责任开始前进行或是由被保险人或其雇员进行之时）；

4.4 保险标的的固有缺陷或性质引起的损失、损害或费用；

4.5 迟延直接造成的损失、损害或费用，即使该迟延是由承保风险引起的（但根据上述第 2 条支付的费用除外）；

4.6 因船舶的所有人、经理人、承租人或经营人的破产或经济困境产生的损失、损害或费用；

4.7 任何人的错误行为对保险标的或其组成部分的蓄意损害或蓄意毁坏；

4.8 因使用原子或核裂变和/或聚变或其他类似反应或放射性力量或物质所制造的战争武器产生的损失、损害或费用。

（不适航和不适运除外条款）

5.

5.1 本保险概不承保损失、损害或费用，如其起因于：

5.1.1 船舶或驳船不适航；

5.1.2 船舶、驳船、运输工具、集装箱或托盘对保险标的的安全运输不适合，而且在保险标的的装于其上时，被保险人或其雇员对此种不适航或不适运有私谋。

5.2 保险人放弃载运保险标的的到目的港的船舶不得违反默示适航或适合保证，除非被保险人或其雇员对此种不适航或不适运有私谋。

（战争除外条款）

6.本保险概不承保损失、损害或费用，如其起因于：

6.1 战争、内战、革命、造反、叛乱或由此引起的内乱或任何交战方之间的敌对行为；

6.2 捕获、扣押、扣留、拘禁或羁押（海盗除外）和此种行为引起后果或进行此种行为的企图；

6.3 被遗弃的水雷、鱼雷、炸弹或其他被遗弃的战争武器。

（罢工除外条款）

7.本保险概不承保下列损失、损害或费用：

7.1 罢工者、被迫停工工人，或参加工潮、暴动或民变的人员造成者；

7.2 罢工、停工、工潮、暴动或民变造成者；

7.3 恐怖分子或出于政治动机而行为的人员造成者。

三、保险期间

（运送条款）

8.

8.1 本保险责任始于货物运离载明的仓库或储存处所开始运送之时,在通常运送过程中连续,终止于:

8.1.1 在载明的目的地交付到收货人的或其他最后仓库或储存处所;

8.1.2 在载明的目的地或之前交付到任何其他仓库或储存处所,其由被保险人用作:

8.1.2.1 通常运送过程以外的储存;或

8.1.2.2 分配或分派;

8.1.3 或者被保险货物在最后卸货港全部卸离海船满60天,以上各项先发生者为准。

8.2 如果在最后卸货港卸离海船后,但在本保险终止之前,货物被发送到非本保险承保的目的地,本保险,在依然受前述规定的终止所制约的同时,截至开始向此种其他目的地运送之时。

8.3 在被保险人不能控制的迟延、任何绕航、强制卸货、重装或转载期间,以及船东或承租人行使根据运输合同赋予的自由权产生的任何航海上的变更期间,本保险继续有效(但须受上述规定的终止和下述第9条规定的制约)。

(运输合同终止条款)

9. 如果由于被保险人不能控制的情况,运输合同在载明的目的地以外的港口或地点终止,或运送在如同上述第8条规定的交付货物前另行终止,那么本保险也终止(除非迅速通知了保险人并在本保险有效时提出继续承保的要求,并受保险人要求的附加保险费的制约):

9.1 直至货物在此种港口或地点出售并交付,或者,除非另有特别约定,直至保险货物到达此种港口或地点满60天,二者以先发生者为准;或者

9.2 如果货物在上述60天(或任何约定的延展期间)内被运往载明的目的地或其他目的地,直至根据上述第8条的规定而终止。

(航程改变条款)

10. 如果在本保险责任开始后,被保险人改变了目的地,就按有待重新商定的保险费率和条件续保,但以迅速通知了保险人为前提。

四、索赔

(保险利益条款)

11.

11.1 为了根据本保险取得赔偿,被保险人在损失发生时对保险标的须具有保险利益。

11.2 除上述第1款另有规定外,被保险人有权取得本保险承保期间发生的承

保损失的赔偿,尽管该损失产生在本保险合同订立之前,除非当时被保险人知道该损失而保险人不知道。

（续运费用条款）

12.由于本保险承保的风险作用的结果,承保的保险标的运送在根据本保险承保的目的地以外的港口或地点终止,保险人补偿被保险人卸下、储存和发运保险标的至所承保的目的地而适当和合理遭受的额外费用。

不适用于共同海损和救助费用的本条规定,须受上述第 4、5、6 和 7 条包含的除外责任的制约,并且不包括由被保险人或其雇员的过错、疏忽、破产或经济困境而引起的费用。

（推定全损条款）

13.推定全损索赔不能得到赔偿,除非由于实际全损看来不可避免,或因为恢复、重整和发运保险标的到承保的目的地的费用会超过其抵达时的价值,保险标的被合理放弃。

（增加价值条款）

14.

14.1 如果对保险货物由被保险人办理了增加价值保险,货物的保险价值应视为增加至承保损失的本保险和所有增加价值保险的保险金额的总和,本保险的责任按照本保险的保险金额占此种保险金额的总和的比例计算。

索赔时被保险人须向保险人提供所有其他保险的保险金额的证据。

14.2 如果本保险是增加价值保险,应适用下述条款:

货物的保险价值应视为等于由被保险人对货物办理的承保损失的原始保险和所有增加价值保险的保险金额的总和,本保险的责任按本保险的保险金额占此种保险金额的总和的比例计算。

索赔时被保险人须向保险人提供所有其他保险的保险金额的证据。

五、保险受益

（不适用条款）

15.本保险不使承运人或其他保管人受益。

六、尽量减少损失

（被保险人的义务条款）

16.对可取得赔偿的损失,被保险人及其雇员和代理人有义务:

16.1 采取为避免或尽量减少此种损失可能是合理的措施;并

16.2 保证对承运人、保管人或其他第三方追偿的所有权利被适当保护和行使;而保险人负责在可取得赔偿的损失之外补偿被保险人履行这些义务而适当和合理地招致的任何费用。

（弃权条款）

17.被保险人和保险人采取的旨在拯救、保护或恢复保险标的的措施不得视为放弃或接受委付或在其他方面损害任何一方的权利。

七、避免迟延

（合理速办条款）

18.本保险的条件之一是被保险人在所有其力所能及的情况下合理迅速地行动。

八、法律和惯例

（英国法律和惯例条款）

19.本保险受英国法律和惯例调整。

注意：被保险人在知悉根据本保险"续保"的事件发生时有必要向保险人发出迅速的通知,此种承保的权利取决于履行这项义务。

3. 协会货物保险 C 条款

（仅供新的海上保险单格式使用）

（1982 年 1 月 1 日）

一、承保风险

（风险条款）

1.本保险承保,除下列第 4、5、6 和 7 条规定者外的:

1.1 保险标的的损失或损害,若可合理归因于:

1.1.1 火灾或爆炸;

1.1.2 船舶或驳船搁浅、擦浅、沉没或倾覆;

1.1.3 陆上运输工具翻倒或出轨;

1.1.4 船舶、驳船或运输工具与水以外的外部物体发生碰撞或接触;

1.1.5 在避难港卸货。

1.2 因下列原因造成的保险标的的损失或损害:

1.2.1 共同海损牺牲;

1.2.2 抛弃。

（共同海损条款）

2.本保险承保根据运输合同、准据法和惯例理算或确定的共同海损和救助费用,其产生是为了避免任何原因造成的损失或与避免任何原因造成的损失有关,但此种原因须不是本保险第 4、5、6、7 条或其他条文除外的危险。

（"双方有责碰撞"条款）

3.本保险扩展赔偿被保险人诸如下文可补偿的损失方面根据运输合同中的"双方有责碰撞"条款的比例责任部分。在船东根据此条款提出索赔的情况下,被保险人同意通知保险人,保险人有权自负费用为被保险人对此种索赔提出答辩。

二、除外责任

（普通除外条款）

4.本保险概不承保:

4.1 可归咎于被保险人的蓄意恶行的损失、损害或费用;

4.2 保险标的的通常渗漏、通常重量或体积损失,或通常磨损;

4.3 保险标的的包装或准备不足或不当引起的损失、损害或费用（在本款意义上,"包装"应视为包括集装箱或托盘内的积载,但仅适用于此种积载是在本保险责任开始前进行或是由被保险人或其雇员进行之时）;

4.4 保险标的的固有缺陷或性质引起的损失、损害或费用;

4.5 迟延直接造成的损失、损害或费用,即使该迟延是由承保风险引起的(但根据上述第 2 条支付的费用除外);

4.6 因船舶的所有人、经理人、承租人或经营人的破产或经济困境产生的损失、损害或费用;

4.7 任何人的错误行为对保险标的或其组成部分的蓄意损害或蓄意毁坏;

4.8 因使用原子或核裂变和/或聚变或其他类似反应或放射性力量或物质所制造的战争武器产生的损失、损害或费用。

(不适航和不适运除外条款)

5.

5.1 本保险概不承保损失、损害或费用,如其起因于:

5.1.1 船舶或驳船不适航;

5.1.2 船舶、驳船、运输工具、集装箱或托盘对保险标的的安全运输不适合,而且在保险标的装于其上时,被保险人或其雇员是对此种不适航或不适运有私谋。

5.2 保险人放弃载运保险标的到目的港的船舶不得违反默示适航或适运保证,除非被保险人或其雇员对此种不适航或不适运有私谋。

(战争除外条款)

6.本保险概不承保损失、损害或费用,如其起因于:

6.1 战争、内战、革命、造反、叛乱或由此引起的内乱或任何交战方之间的敌对行为;

6.2 捕获、扣押、扣留、拘禁或羁押(海盗除外)和此种行为引起的后果或进行此种行为的企图;

6.3 被遗弃的水雷、鱼雷、炸弹或其他被遗弃的战争武器。

(罢工除外条款)

7.本保险概不承保下列损失、损害或费用:

7.1 罢工者、被迫停工工人,或参加工潮、暴动或民变的人员造成者;

7.2 罢工、停工、工潮、暴动或民变造成者;

7.3 恐怖分子或出于政治动机而行为的人员造成者。

三、保险期间

(运送条款)

8.

8.1 本保险责任始于货物运离载明的仓库或储存处所开始运送之时,在通常运送过程中连续,终止于:

8.1.1 在载明的目的地交付到收货人的或其他最后仓库或储存处所;

8.1.2 在载明的目的地或之前交付到任何其他仓库或储存处所,其由被保险人用作：

8.1.2.1 通常运送过程以外的储存；或

8.1.2.2 分配或分派；

8.1.3 或者被保险货物在最后卸货港全部卸离海轮满 60 天，以上各项以先发生者为准。

8.2 如果在最后卸货港卸离海船后，但在本保险终止之前，货物被发送到非本保险承保的目的地，本保险，在依然受前述规定的终止所制约的同时，截至开始向此种其他目的地运送之时。

8.3 在被保险人不能控制的迟延、任何绕航、强制卸货、重装或转载期间，以及船东或承租人行使根据运输合同赋予的自由权产生的任何航海上的变更期间，本保险继续有效（但须受上述规定的终止和下述第 9 条规定的制约）。

（运输合同终止条款）

9.如果由于被保险人不能控制的情况，运输合同在载明的目的地以外的港口或地点终止，或运送在如同上述第 8 条规定的交付货物前另行终止，那么本保险也终止（除非迅速通知了保险人并在本保险有效时提出继续承保的要求，并受保险人要求的附加保险费的制约）：

9.1 直至货物在此种港口或地点出售并交付，或者，除非另有特别约定，直至被保险货物到达此种港口或地点满 60 天，二者以先发生者为准；或者

9.2 如果货物在上述 60 天（或任何约定的延展期间）内被运往载明的目的地或其他目的地，直至根据上述第 8 条的规定而终止。

（航程改变条款）

10.如果在本保险责任开始后，被保险人改变了目的地，就按有待重新商定的保险费率和条件续保，但以迅速通知了保险人为前提。

四、索赔

（保险利益条款）

11.

11.1 为了根据本保险取得赔偿，被保险人在损失发生时对保险标的须具有保险利益。

11.2 除上述第 1 款另有规定外，被保险人有权取得本保险承保期间发生的承保损失的赔偿，尽管该损失产生在本保险合同订立之前，除非当时被保险人知道该损失而保险人不知道。

（续运费用条款）

12.由于本保险承保的风险作用的结果，承保的保险标的运送在根据本保险承保的目的地以外的港口或地点终止，保险人补偿被保险人卸下、储存和发运保

险标的至所承保的目的地而适当和合理遭受的额外费用。

不适用于共同海损和救助费用的本条规定,须受上述第 4、5、6 和 7 条包含的除外责任的制约,并且不包括由被保险人或其雇员的过错、疏忽、破产或经济困境而引起的费用。

(推定全损条款)

13.推定全损索赔不能得到赔偿,除非由于实际全损看来不可避免,或因为恢复、重整和发运保险标的到承保的目的地的费用会超过其抵达时的价值,保险标的被合理放弃。

(增加价值条款)

14.

14.1 如果对保险货物由被保险人办理了增加价值保险,货物的保险价值就应视为增加至承保损失的本保险和所有增加价值保险的保险金额占此种保险金额的总和的比例计算。

索赔时被保险人须向保险人提供所有其他保险的保险金额的证据。

14.2 如果本保险是增加价值保险,应适用下述条款:

货物的保险价值应视为等于由被保险人对货物办理的承保损失的原始保险和所有增加价值保险的保险金额的总和,本保险的责任按本保险的保险金额占此种保险金额的总和的比例计算。

索赔时被保险人须向保险人提供所有其他保险的保险金额的证据。

五、保险受益

(不适用条款)

15.本保险不使承运人或其他保管人受益。

六、尽量减少损失

(被保险人的义务条款)

16.对可取得赔偿的损失,被保险人及其雇员和代理人有义务:

16.1 采取为避免或尽量减少此种损失可能是合理的措施;并

16.2 保证对承运人、保管人或其他第三方追偿的所有权利被适当保护和行使;而保险人负责在可取得赔偿的损失之外补偿被保险人履行这些义务而适当和合理地招致的任何费用。

(弃权条款)

17.被保险人和保险人采取的旨在拯救、保护或恢复保险标的的措施不得视为放弃或接受委付或在其他方面损害任何一方的权利。

七、避免迟延

(合理速办条款)

18.本保险的条件之一是被保险人在所有其力所能及的情况下合理迅速地行动。

八、法律和惯例

（英国法律和惯例条款）

19.本保险受英国法律和惯例调整。

注意：被保险人在知悉根据本保险"续保"的事件发生时有必要向保险人发出迅速的通知，此种承保的权利取决于履行这项义务。

4. 协会货物战争险保险条款
（仅供新的海上保险单格式使用）

（1982 年 1 月 1 日）

一、承保风险

（风险条款）

1.本保险承保,除下列第 3 和第 4 条规定者外的,由下列原因造成的保险标的的损失或损害:

1.1 战争、内战、革命、造反、叛乱或由此引起的内乱或任何交战方之间的敌对行为;

1.2 由上述第 1 款承保的风险引起的捕获、扣押、扣留、拘禁或羁押以及此种行为结果或任何进行此种行为的企图;

1.3 被遗弃的水雷、鱼雷、炸弹或其他被遗弃的战争武器。

（共同海损条款）

2.本保险承保根据运输合同、准据法和惯例理算或确定的共同海损和救助费用,其产生是为了避免根据这些条款承保的风险造成的损失或与避免该损失有关。

二、除外责任

（普通除外条款）

3.本保险概不承保:

3.1 可归咎于被保险人的蓄意恶行的损失、损害或费用;

3.2 保险标的通常渗漏、通常重量或体积损失,或通常磨损;

3.3 保险标的包装或准备不足或不当引起损失、损害或费用(在本款意义上,"包装"应视为包括集装箱或托盘内的积载,但仅适用于此种积载是在本保险责任开始前进行或是由被保险人或其雇员进行之时);

3.4 保险标的固有缺陷或性质引起的损失、损害或费用;

3.5 迟延直接造成的损失、损害或费用,即使该迟延是由承保风险引起的(但根据上述第 2 条支付的费用除外);

3.6 因船舶的所有人、经理人、承租人或经营人的破产或经济困境产生的损失、损害或费用;

3.7 基于航程或冒险的损失或受阻的任何索赔；

3.8 因敌对性使用原子或核裂变和/或聚变或其他类似反应或放射性力量或物质所制造的战争武器产生的损失、损害和费用。

（不适航和不适运除外条款）

4.

4.1 本保险概不承保损失、损害或费用，如其起因于：

4.1.1 船舶或驳船不适航；

4.1.2 船舶、驳船、运输工具、集装箱或托盘对保险标的的安全运输不适合，而且在保险标的装于其上时，被保险人或其雇员对此种不适航或不适运有私谋。

4.2 保险人放弃载运保险标的到目的港的船舶不得违反默示适航或适运保证，除非被保险人或其雇员对此种不适航或不适运有私谋。

三、保险期间

（运送条款）

5.

5.1 本保险：

5.1.1 其责任仅始于保险标的，和就其中一部分而言时的这一部分装上海船时；并且

5.1.2 终止于，除下文第 5.2 和 5.3 条另有规定外，保险标的，和就其中一部分而言时的这一部分，在最后卸货港或地点卸离海船时；或者

自船舶到达最后卸货港或地点当日午夜算起届满 15 天时，二者以先发生者为准；然而以迅速通知保险人和附加的保险费为条件，此种保险；

5.1.3 其责任重新开始于未在最后卸货港口或地点卸下保险标的船舶从那里开航之时；并且

5.1.4 终止于，除下列第 5.2 和 5.3 条另有规定外，保险标的，和就其中一部分而言时的这一部分，在最后（或替代）卸货港口或地点卸离船舶之时；

或者自船舶重新到达最后卸货港口或地点，或到达替代港口或地点当日午夜算起届满 15 天之时；

二者以先发生者为准。

5.2 如果在所保航程期间，海船抵中途港口或地点卸下保险标的的由海船或航空器续运，或者货物在避难港或地点卸离船舶，那么除下列第 5.3 条另有规定和在保险人如此要求时支付附加的保险费外，本保险责任连续，直至自船舶到达此

种港口或地点当日午夜起算届满 15 天之时,但其后于保险标的,和就其中一部分而言时的这一部分,装上续运海船或航空器时重新开始。在卸离后的 15 天期间,本保险继续有效,其条件是保险标的,和就其中一部分而言时的这一部分,处于此种港口或地点。如果货物在所述 15 天期间内被续运或保险责任按本款规定重新开始。

5.2.1 在由海船续运的情况下,本保险责任按这些条文的条款连续;或者

5.2.2 在由航空器续运的情况下,现行协会航空货物战争保险条款(邮递除外)视为本保险的一部分并适用于航空续运。

5.3 如果运输合同的航程在本保险约定的目的地以外的港口或地点终止,此种港口或地点视为最后卸货港,此种保险根据第 5.1.2 条终止。如果保险标的其后被重新发运到原来的或其他目的地,那么以在此种继续运送开始前通知了保险人并须受附加的保险费的制约为条件,此种保险责任重新开始于:

5.3.1 保险标的和就其中一部分而言时的这一部分,装上续运船舶之时,如果保险标的已经卸下;

5.3.2 船舶从此种认作的最后卸货港开航之时,如果保险标的没有卸下;其后此种保险根据第 5.1.4 条终止。

5.4 本保险扩展承保保险标的或其一部分位于转运或转运自海船的驳船上期间的漂浮或水下水雷和被遗弃的鱼雷风险,但除另经保险人特别同意外,决不超过卸离海船后 60 天。

5.5 以受迅速通知保险人和按保险人的要求支付附加的保险费的制约为条件,在绕航或因船东或承租人行使根据运输合同赋予的自由权产生的航海变更期间,本保险在这些条款规定的范围内继续有效。

(为了本条的目的,"到达"被认为是指船舶在港口当局地区界限内抛锚、系泊或以其他方式固定在一个泊位或地点。若无此种泊位或地点可用,当船舶首次抛锚、系泊或以其他方式固定在预定的卸货港口或地点或之外时,认为已经到达"海船"被认为是指载运保险标的的从一个港口或地点到另一个港口或地点的船舶,如果此种航程包含由该船运送的海上航段。)

(航程改变条款)

6.如果在本保险责任开始后,被保险人改变了目的地,就按有待重新商定的保险费率和条件续保,但以迅速通知了保险人为前提。

7.本合同中包含的与第 3.7、3.8 或第 5 条不一致的任何规定,其不一致之处一概无效。

四、索赔

（保险利益条款）

8.

8.1 为了根据本保险取得赔偿,被保险人在损失发生时对保险标的须具有保险利益。

8.2 除上述第 1 款另有规定外,被保险人有权取得本保险承保期间发生的承保损失的赔偿,尽管该损失产生在本保险合同订立之前,除非当时被保险人知道该损失而保险人不知道。

（增加价值条款）

9.

9.1 如果对被保险货物由被保险人办理了增加价值保险,货物的保险价值就应视为增加至承保损失的本保险和所有增加价值保险的保险金额的总和,本保险的责任按照本保险的保险金额占此种保险金额的总和的比例计算。索赔时被保险人须向保险人提供所有其他保险的保险金额的证据。

9.2 如果本保险是增加价值保险,应适用下述条款:

货物的保险价值应视为等于由被保险人对货物办理的承保损失的原始保险和所有增加价值保险的保险金额的总和,本保险的责任按本保险的保险金额占此种保险金额的总和的比例计算。

索赔时被保险人须向保险人提供所有其他保险的保险金额的证据。

五、保险受益

（不适用条款）

10.本保险不使承运人或其保管人受益。

六、尽量减少损失

（被保险人的义务条款）

11.对可取得赔偿的损失,被保险人及其雇员和代理人有义务:

11.1 采取为避免或尽量减少此种损失可能是合理的措施;并

11.2 保证对承运人、保管人或其他第三方追偿的所有权利被适当保护和行使;

而保险人负责在可取得赔偿的损失之外补偿被保险人履行这些义务而适当和合理地招致的任何费用。

（弃权条款）

12.被保险人和保险人采取的旨在拯救、保护或恢复保险标的的措施不得视为放弃或接受委付或在其他方面损害任何一方的权利。

七、避免迟延

(合理速办条款)

13.本保险的条件之一是被保险人在所有其力所能及的情况下合理迅速地行动。

八、法律和惯例

(英国法律和惯例条款)

14.本保险受英国法律和惯例调整。

注意:被保险人在知悉根据本保险"续保"的事件发生时有必要向保险人发出迅速的通知,此种承保的权利取决于履行这项义务。

5. 协会货物保险 A 条款

（2009 年 1 月 1 日）

一、承保风险（RISKS COVERED）（第 1～3 条）

Risks

1. This insurance covers all risks of loss of or damage to the subject-matter insured except as excluded in Clauses 4，5，6 and 7 below.

General Average

2. This insurance covers general average and salvage charges，adjusted or determined according to the contract of affreightment and/ or the governing law and practice，incurred to avoid or in connection with the avoidance of loss from any cause except those excluded in Clauses 4，5，6 and 7 below.

Both to Blame Collision Clause

3. This insurance indemnifies the Assured，in respect of any risk insured herein，against liability incurred under any Both to Blame Collision Clause in the contract of carriage. In the event of any claim by carriers under the said Clause，the Assured agree to notify the Insurers who shall have the right，at their own cost and expense，to defend the Assured against such claim.

风险条款

1.本保险承保保险标的之损失或损害的一切风险,但不包括下列第 4、5、6 和 7 条规定的除外责任。

共同海损条款

2.本保险承保根据运输合同和/或准据法和惯例理算的或确定的共同海损和救助费用,其产生是为了避免任何原因造成的损失或与避免任何原因造成的损失有关,但此种损失须不是本保险第 4、5、6 和 7 条除外的危险。

双方有责碰撞条款

3.本保险赔偿被保险人就下述承保的风险根据运输合同中的"双方有责碰撞条款"的责任。在承运人根据条款提出索赔的情况下,被保险人同意通知保险人,保险人有权自己承担费用为被保险人对此种索赔提出抗辩。

二、除外责任条款（EXCLUSIONS）（第 4～7 条）

4. In no case shall this insurance cover：

4.1 loss damage or expense attributable to wilful misconduct of the Assured;

4.2 ordinary leakage, ordinary loss in weight or volume, or ordinary wear and tear of the subject-matter insured;

4.3 loss damage or expense caused by insufficiency or unsuitability of packing or preparation of the subject-matter insured to withstand the ordinary incidents of the insured transit where such packing or preparation is carried out by the Assured or their employees or prior to the attachment of this insurance (for the purpose of these Clauses "packing" shall be deemed to include stowage in a container and "employees" shall not include independent contractors);

4.4 loss damage or expense caused by inherent vice or nature of the subject-matter insured;

4.5 loss damage or expense caused by delay, even though the delay be caused by a risk insured against (except expenses payable under Clause 2 above);

4.6 loss damage or expense caused by insolvency or financial default of the owners managers charterers or operators of the vessel where, at the time of loading of the subject-matter insured on board the vessel, the Assured are aware, or in the ordinary course of business should be aware, that such insolvency or financial default could prevent the normal prosecution of the voyage.

This exclusion shall not apply where the contract of insurance has been assigned to the party claiming hereunder who has bought or agreed to buy the subject-matter insured in good faith under a binding contract.

4.7 loss damage or expense directly or indirectly caused by or arising from the use of any weapon or device employing atomic or nuclear fission and/or fusion or other like reaction or radioactive force or matter.

5

5.1 In no case shall this insurance cover loss damage or expense arising from:

5.1.1 unseaworthiness of vessel or craft or unfitness of vessel or craft for the safe carriage of the subject-matter insured, where the Assured are privy to such unseaworthiness or unfitness, at the time the subject-matter insured is loaded therein;

5.1.2 unfitness of container or conveyance for the safe carriage of the subject-matter insured, where loading therein or thereon is carried out prior to attachment of this insurance or by the Assured or their employees and they are privy to such unfitness at the time of loading.

5.2 Exclusion 5.1.1 above shall not apply where the contract of insurance has been assigned to the party claiming hereunder who has bought or agreed to buy the subject-matter insured in good faith under a binding contract.

5.3 The Insurers waive any breach of the implied warranties of seaworthiness of the ship and fitness of the ship to carry the subject-matter insured to destination.

6. In no case shall this insurance cover loss damage or expense caused by:

6.1 war civil war revolution rebellion insurrection, or civil strife arising therefrom, or any hostile act by or against a belligerent power;

6.2 capture seizure arrest restraint or detainment (piracy excepted), and the consequences thereof or any attempt thereat;

6.3 derelict mines torpedoes bombs or other derelict weapons of war.

7. In no case shall this insurance cover loss damage or expense:

7.1 caused by strikers, locked-out workmen, or persons taking part in labour disturbances, riots or civil commotions;

7.2 resulting from strikes, lock-outs, labour disturbances, riots or civil commotions;

7.3 caused by any act of terrorism being an act of any person acting on behalf of, or in connection with, any organisation which carries out activities directed towards the overthrowing or influencing, by force or violence, of any government whether or not legally constituted;

7.4 caused by any person acting from a political, ideological or religious motive.

4.本保险概不承保：

4.1 可归咎于被保险人的蓄意恶行的损失、损害或费用；

4.2 保险标的之通常渗漏、通常重量、体积损失或通常磨损；

4.3 保险标的之包装或准备不足或不当而不能经受所保运送通常的事故所引起的损失、损害或费用，如果此种包装或准备是由被保险人或其雇员实施的，或是在本保险责任开始前实施的（在本款意义上，"包装"应视为包括集装箱内的积载，而被保险人的雇员不包括独立承包商）；

4.4 保险标的之固有缺陷或性质引起的损失、损害或费用；

4.5 迟延造成的损失、损害或费用,即使该迟延是由承保风险引起的(但根据上述第 2 条支付的费用除外);

4.6 因船舶的所有人、经理人、承租人或经营人的破产或经济困境产生的损失、损害或费用,如果在保险标的装上船舶时,被保险人知道或在通常业务过程中应该知道,此种破产或经济困境可能阻止航次的正常执行;

如果保险合同已经转让给根据一个有约束力的合同已经善意购买或同意购买保险标的之根据本保险合同索赔的人,本除外条款对他不适用。

4.7 因使用原子或核裂变和/或聚变或其他类似反应或放射性力量或物质所制造的任何武器或装置直接或间接产生或引起的损失、损害或费用。

5

5.1 本保险概不承保损失、损害或费用,如其起因于:

5.1.1 船舶或驳船不适航或对保险标的之安全运输不适合,如果被保险人在保险标的装载其上时对此种不适航或不适合有私谋;

5.1.2 集装箱或托盘对保险标的之安全运输不适合,如果装入或装上发生在本保险责任开始之前,或者是由被保险人或其雇员实施的,而且他们在装载时对此种不适合有私谋。

5.2 如果保险合同已经转让给根据一个有约束力的合同已经善意购买或同意购买保险标的之根据本保险合同索赔的人,上述第 5.1.1 条规定的除外责任对他不适用。

5.3 保险人放弃载运保险标的到目的港的船舶不得违反默示适航保证或适运保证。

6.本保险概不承保损失、损害或费用,如其起因于:

6.1 战争、内战、革命、造反、叛乱,或由此引起的内乱或任何交战方之间的敌对行为;

6.2 捕获、扣押、扣留、拘禁或羁押(海盗除外),和此种行为引起的后果或进行此种行为的企图;

6.3 被遗弃的水雷、鱼雷、炸弹或其他被遗弃的战争武器。

7.本保险概不承保下列损失、损害或费用:

7.1 罢工者、被迫停工工人,或参加工潮、暴动或民变的人员造成者;

7.2 罢工、停工、工潮、暴动或民变造成者;

7.3 恐怖行为造成者,恐怖行为是指任何人的行为,其代表或与任何组织有关联,此种组织诉诸武力或暴力,实施旨在颠覆或影响某政府的行动,不管该政府是否合法成立;

7.4 出于政治、伦理或宗教动机行事的任何人造成者。

三、保险期间(DURATION)(第 8～10 条)

第 8 条：运送条款(Transit Clause)

8.1 Subject to Clause 11 below, this insurance attaches from the time the subject-matter insured is first moved in the warehouse or at the place of storage (at the place named in the contract of insurance) for the purpose of the immediate loading into or onto the carrying vehicle or other conveyance for the commencement of transit, continues during the ordinary course of transit and terminates either:

8.1.1 on completion of unloading from the carrying vehicle or other conveyance in or at the final warehouse or place of storage at the destination named in the contract of insurance;

8.1.2 on completion of unloading from the carrying vehicle or other conveyance in or at any other warehouse or place of storage, whether prior to or at the destination named in the contract of insurance, which the Assured or their employees elect to use either for storage other than in the ordinary course of transit or for allocation or distribution; or

8.1.3 when the Assured or their employees elect to use any carrying vehicle or other conveyance or any container for storage other than in the ordinary course of transit; or

8.1.4 on the expiry of 60 days after completion of discharge overside of the subject-matter insured from the oversea vessel at the final port of discharge, whichever shall first occur.

8.2 If, after discharge overside from the oversea vessel at the final port of discharge, but prior to termination of this insurance, the subject-matter insured is to be forwarded to a destination other than that to which it is insured, this insurance, whilst remaining subject to termination as provided in Clauses 8.1.1 to 8.1.4, shall not extend beyond the time the subject-matter insured is first moved for the purpose of the commencement of transit to such other destination.

8.3 This insurance shall remain in force (subject to termination as provided for in Clauses 8.1.1 to 8.1.4 above and to the provisions of Clause 9 below) during delay beyond the control of the Assured, any deviation, forced discharge, reshipment or transhipment and during any variation of the adventure arising from the exercise of a liberty granted to carriers under the contract of carriage.

8.1 除下述第 11 条另有规定外,本保险责任始于保险标的首次从(本保险合同载明地点的)仓库或储存处所为开始运送而为立即装入或装上运输车辆或其他运输工具而移动之时,在通常运送过程中连续并且终止于:

8.1.1 在保险合同载明的目的地从运输车辆或其他运输工具全部卸到最后仓库或储存处所;

8.1.2 在保险合同载明的目的地或之前从运输车辆或其他运输工具全部卸到任何其他仓库或储存处所,其由被保险人或其雇员用作通常运送过程以外的存储或分配或分派;或

8.1.3 在被保险人或其雇员选择将运输车辆、其他运输工具或集装箱用作通常运送过程以外的存储;或

8.1.4 保险标的在最后卸货港全部卸离海船满 60 天。

以上各项以先发生者为准。

8.2 如果在最后卸货港卸离海船后,但在本保险终止之前,保险标的被发送到非本保险承保的目的地,本保险,在依然受前述第 8.1.1 条到第 8.1.4 条规定的终止所制约的同时,截止于为向此种其他目的地运送而首次移动之时。

8.3 在被保险人不能控制的迟延、任何绕航、强制卸货、重装或转载期间,以及船东或承租人行使根据运输合同赋予的自由权产生的任何航海上的变更期间,本保险继续有效(但须受上述第 8.1.1 条到第 8.1.4 条规定的终止和下述第 9 条规定的制约)。

第 9 条:运输合同终止条款(Termination of Contract of Carriage)

9. If owing to circumstances beyond the control of the Assured either the contract of carriage is terminated at a port or place other than the destination named therein or the transit is otherwise terminated before unloading of the subject-matter insured as provided for in Clause 8 above, then this insurance shall also terminate unless prompt notice is given to the Insurers and continuation of cover is requested when this insurance shall remain in force, subject to an additional premium if required by the Insurers, either:

9.1 until the subject-matter insured is sold and delivered at such port or place, or, unless otherwise specially agreed, until the expiry of 60 days after arrival of the subject-matter insured at such port or place, whichever shall first occur; or

9.2 if the subject-matter insured is forwarded within the said period of 60 days (or any agreed extension thereof) to the destination named in the contract of insurance or to any other destination, until terminated in accordance with the provisions of Clause 8 above.

9.如果由于被保险人不能控制的情况,运输合同在其载明的目的地以外的港口或地点终止,或运送在如同上述第8条规定的卸下保险标的前另行终止,那么本保险也按下列规定终止,除非通知了保险人并在本保险有效时提出继续承保的要求,并且受保险人要求的附加保险费的制约:

9.1 直至保险标的在此种港口或地点出售并交付,或者,除非另有特别约定,直至保险标的到达此种港口或地点满60天,二者以先发生者为准;或

9.2 如果保险标的在上述60天(或任何约定的延展期间)内被运往保险合同载明的目的地或其他目的地,直至根据上述第8条的规定而终止。

第10条:航程改变条款(Change of Voyage)

10.1 Where, after attachment of this insurance, the destination is changed by the Assured, this must be notified promptly to Insurers for rates and terms to be agreed. Should a loss occur prior to such agreement being obtained cover may be provided but only if cover would have been available at a reasonable commercial market rate on reasonable market terms.

10.2 Where the subject-matter insured commences the transit contemplated by this insurance (in accordance with Clause 8.1), but, without the knowledge of the Assured or their employees the ship sails for another destination, this insurance will nevertheless be deemed to have attached at commencement of such transit.

10.1 如果在本保险责任开始后,被保险人改变了目的地,被保险人应将此情况迅速通知保险人,以便双方重新约定保险费率和条款。

10.2 如果保险标的开始了本保险期待的运送(根据第8.1条),但是被保险人或其雇员不知道船舶驶往另一目的港,本保险责任仍视为从开始此种运送时开始。

四、索赔(CLAIMS)(第11~14条)

第11条:保险利益(Insurable Interest)

11.1 In order to recover under this insurance the Assured must have an insurable interest in the subject-matter insured at the time of the loss.

11.2 Subject to Clause 11.1 above, the Assured shall be entitled to recover for insured loss occurring during the period covered by this insurance, notwithstanding that the loss occurred before the contract of insurance was concluded, unless the Assured were aware of the loss and the Insurers were not.

11.1 为了根据本保险取得赔偿,被保险人在损失发生时对保险标的须具有保险利益。

11.2 除上述第 11.1 条另有规定外,被保险人有权取得本保险承保期间发生的承保损失的赔偿,尽管该损失产生在本保险合同订立之前,除非当时被保险人知道该损失而保险人不知道。

第 12 条:续运费用(Forwarding Charges)

12. Where, as a result of the operation of a risk covered by this insurance, the insured transit is terminated at a port or place other than that to which the subject-matter insured is covered under this insurance, the Insurers will reimburse the Assured for any extra charges properly and reasonably incurred in unloading storing and forwarding the subject-matter insured to the destination to which it is insured.

This Clause 12, which does not apply to general average or salvage charges, shall be subject to the exclusions contained in Clauses 4, 5, 6 and 7 above, and shall not include charges arising from the fault negligence insolvency or financial default of the Assured or their employees.

12. 由于本保险承保的风险作用的结果,承保的运送在保险标的根据本保险承保的目的地以外的港口或地点终止,保险人补偿被保险人卸下、储存和发运保险标的至所承保的目的地而适当和合理发生的额外费用。

不适用于共同海损和救助费用的本条规定,须受上述第 4、5、6 和 7 条包含的除外责任的制约,并且不包括由被保险人或其雇员的过错、疏忽、破产或经济困境而引起的费用。

第 13 条:推定全损(Constructive Total Loss)

13. No claim for Constructive Total Loss shall be recoverable hereunder unless the subject-matter insured is reasonable abandoned either on account of its actual total loss appearing to be unavoidable or because the cost of recovering, reconditioning and forwarding the subject-matter insured to the destination to which it is insured would exceed its value on arrival.

13. 推定全损索赔不能得到赔偿,除非由于实际全损看来不可避免,或因为恢复、重整和续运保险标的到承保的到目的地的费用会超过其抵达时的价值,保险标的被合理放弃。

第 14 条:增加价值(Increased Value)

14.1 If any Increased Value insurance is effected by the Assured on the subject-matter insured under this insurance the agreed value of the subject-matter insured shall be deemed to be increased to the total amount insured under this insurance and all Increased Value insurances covering the loss, and liability under this insurance shall be in such proportion as the sum insured under this insurance bears to such total amount insured.

In the event of claim the Assured shall provide the Insurers with evidence of the amounts insured under all other insurances.

14.2 Where this insurance is on Increased Value the following clause shall apply：

The agreed value of the subject-matter insured shall be deemed to be equal to the total amount insured under the primary insurance and all Increased Value insurances covering the loss and effected on the subject-matter insured by the Assured，and liability under this insurance shall be in such proportion as the sum insured under this insurance bears to such total amount insured.

In the event of claim the Assured shall provide the Insurers with evidence of the amounts insured under all other insurances.

14.1 如果对保险标的由被保险人办理了增加价值保险,保险标的之保险价值就应视为增加至承保损失的本保险和所有增加价值保险的保险金额的总和,本保险的责任按照本保险的保险金额占此种保险金额的总和的比例计算。

索赔时被保险人须向保险人提供所有其他保险的保险金额的证据。

14.2 如果本保险是增加价值保险,应适用下述条款:

保险标的之保险价值应视为等于由被保险人对保险标的办理的承保损失的原始保险和所有增加价值保险的保险金额的总和,本保险的责任按本保险的保险金额占此种保险金额的总和的比例计算。

索赔时被保险人须向保险人提供所有其他保险的保险金额的证据。

五、保险受益(第 15 条)

第 15 条:保险受益(BENEFIT OF INSURANCE)

15. This insurance

15.1 covers the Assured which includes the person claiming indemnity either as the person by or on whose behalf the contract of insurance was effected or as an assignee；

15.2 shall not extend to or otherwise benefit the carrier or other bailee.

15.本保险

15.1 承保被保险人,包括作为以他的名义或代表他订立保险合同的人或作为受让人索赔保险赔偿的人;

15.2 不扩展至或以其他方式使承运人或其他保管人受益。

六、尽量减少损失(MINIMISING LOSSES)(第 16～17 条)

第 16 条:被保险人的义务(Duty of Assured)

16. It is the duty of the Assured and their employees and agents in respect of loss recoverable hereunder:

16.1 to take such measures as may be reasonable for the purpose of averting or minimising such loss; and

1.6.2 to ensure that all rights against carriers, bailees or other third parties are properly preserved and exercised and the Insurers will, in addition to any loss recoverable hereunder, reimburse the Assured for any charges properly and reasonably incurred in pursuance of these duties.

16.对可取得赔偿的损失,被保险人及其雇员和代理人有义务:

16.1 采取为避免或尽量减少此种损失可能是合理的措施;并

16.2 保证对承运人、保管人或其他第三方追偿的所有权利被适当保护和行使而保险人负责在可取得赔偿的损失之外补偿被保险人履行这些义务而适当和合理地发生的任何费用。

第 17 条:弃权(Waiver)

17. Measures taken by the Assured or the Insurers with the object of saving, protecting or recovering the subject/matter insured shall not be considered as a waiver or acceptance of abandonment or otherwise prejudice the rights of either party.

17.被保险人和保险人采取的旨在拯救、保护或恢复保险标的的措施不得视为放弃或接受委付或在其他方面损害任何一方的权利。

七、避免迟延(AVOIDANCE OF DELAY)(第 18 条)

18. It is a condition of this insurance that the Assured shall act with reasonable despatch in all circumstances within their control.

18.本保险的条件之一是被保险人在所有其力所能及的情况下合理迅速地行动。

八、法律和惯例(LAW AND PRACTICE)(第 19 条)

19.This insurance is subject to English law and practice.

19.本保险受英国法律和惯例调整。

(汪鹏南译,2009 年 2 月 3 日于大连辽宁鹏润律师事务所)

6. 协会船舶定期保险条款
（仅供新的海上保险单格式使用，本保险受英国法律和惯例调整）

（1983 年 10 月 1 日）

1.航海

1.1 保险船舶在任何时候按本保险的各项规定承保,允许在有或没有引航员的情况下开航或航行、试航和协助、拖带遇难船只,但保证保险船舶不得被他船拖带,除非是习惯性的或需要协助拖至第一个安全港口或地点,也不得根据被保险人、船东、船舶管理人和/或承租人事先安排的合同从事拖带或救助服务,但本款不排除与装卸有关的习惯拖带。

1.2 保险船舶用于在海上装卸到另一船或从另一船装卸到本船的商业行为时(不包括另一船为港口内的或近岸的小船),由于此种装卸作业,包括两船驶近、并排停靠和驶离,造成保险船舶的损失、损害以及对他船的责任,本保险不负责赔偿,除非船舶在从事此种作业前,已事先通知了保险人,并且双方同意了修改的承保条件和增加的保险费。

1.3 如果保险船舶的开航(不论有无货载)旨在(a)拆船或(b)为拆船而出售,那么对保险船舶在如此开航后发生损失或损害的任何赔偿,应限于船舶损失和损坏时报废船舶的市场价值,除非已事先通知了保险人,并已同意了修改承保条款、保险价值和保险人要求的保险费。本款不影响根据第 8 条和/或第 11 条的索赔。

2.延续

本保险到期时,如果保险船舶在海上、或在遇难中、或在避难港或中途港,那么只要事先通知保险人,并按月保险费比例支付超期保险费,本保险继续负责承保至抵达其目的港为止。

3.违反保证

在有关货物、航线、船位、拖带、救助服务或开航日期的保证被违反时,若被保险人知悉后迅速通知保险人并同意修改承保条款和加付所需的保险费,则本保险仍然有效。

4.终止

本保险的任何条款,不论是手写的、打印的还是印刷的、与本条相抵触时,均以本条为准。

除保险人书面同意的相反的规定外,本保险在下列情况下自动终止:

4.1 保险船舶的船级社变更,或者其船级变更、暂停、中止、撤回或到期时,但是如果船舶在海上,该自动终止可延迟至船舶到达下一港口时。然而,如果此种船级变更、暂停、中止、撤回是由本保险第 6 条款承保的损失或损害造成的,或者是由根据现行协会船舶战争险和罢工险定期保险条款承保的损失或损害引起的,此种自动终止仅于船舶未经船级社事先同意在下一港口开航时才发生效力。

4.2 自愿或其他方式变更船舶所有权或船旗、转给新的管理人、光船出租或被征购、征用时,但如果船上载有货物并已从装货港开航,或在海上空载航行,经要求,此种自动终止应延迟,直至船舶继续其计划航程,载货船到达最后卸货港时为止,空载船到达目的港时为止。但是,如果征购、征用没有事先同被保险人签订书面协议,那么不论船舶是在海上还是在港内,保险责任的终止将在船舶被征后15 天开始生效。

保险费的净收入按日比例退回。

5.转让

本保险、本保险利益或依本保险得付或应付款项的转让,除非经被保险人,或在续转让时经受让人,签署载有日期的书面通知批注于保险单上,并在支付赔偿或退还保险费前将如此批注的保险单提供给保险人,不约束保险人或被保险人所承认。

6.危险

6.1 本保险承保下列原因造成的保险标的损失或损害:

6.1.1 海上、江河、湖泊或其他可航水域的灾害;

6.1.2 火灾、爆炸;

6.1.3 来自保险船舶外的人员的暴力盗窃;

6.1.4 抛弃;

6.1.5 海盗;

6.1.6 核装置或核反应堆发生的故障或意外事故;

6.1.7 同航空器或类似装置及从其上跌落的物体和同陆上运输工具、码头、港口设备或装置的接触;

6.1.8 地震、火山爆发或闪电。

6.2 本保险承保下列原因造成的保险标的的损失或损害:

6.2.1 装卸、搬移货物或燃料过程中发生的意外事故;

6.2.2 锅炉破裂、尾轴断裂或者船壳、机器的任何潜在缺陷;

6.2.3 船长、高级船员、船员或引航员的疏忽;

6.2.4 修船人或承租人的疏忽,如果他们并不是本保险的被保险人;

6.2.5 船长、高级船员、船员的不法行为。

如果此种损失或损害并非由于被保险人、船东或管理人缺乏谨慎处理所致。

6.3 船长、高级船员、船员或引航员对保险船舶拥有股权的,不被视为本条(第 6 条)意义上的船东。

7.污染危险

本保险承保由于任何政府当局以其权力为防止或减少因保险船舶应由保险人负责的损害直接引起的污染危险或威胁采取行动造成的保险船舶的损失或损害,如果政府当局的此种行动不是由于保险船舶的被保险人、船东或管理人或其中的任何人在防止或减少此种污染或威胁方面缺乏谨慎处理所致。船长、高级船员、船员或引航员对保险船舶拥有股权的,不被视为本条(第 7 条)意义上的船东。

8.3/4 碰撞责任

8.1 保险人同意赔偿被保险人对下列各项的损害赔偿的法律责任而支付给第三者的金额的 3/4:

8.1.1 任何其他船舶或其船上财产的损失或损害;

8.1.2 任何其他船舶或其船上财产的延迟或丧失使用;

8.1.3 任何其他船舶或其船上财产的共同海损、救助报酬或根据合同的救助报酬;

如果被保险人的此种支付是保险船舶与其他船舶碰撞的结果。

8.2 本条所规定的赔偿,是本保险其他条款和条件所规定的赔偿的增加部分,且须遵照下列规定:

8.2.1 如果保险船舶与另一船碰撞,并且双方互有过失,那么除非一船或两船的责任受到法律的限制,根据本条的赔偿应按照交叉责任的原则计算,如同各船东不得不相互赔付像在确定由于碰撞应由被保险人支付或应支付给被保险人的余额或金额时那样可能适当承认彼此的损害赔偿的比例部分;

8.2.2 在任何情况下保险人根据第 8 条第 1 款和第 2 款对每次碰撞事故的总责任,不得超过保险船舶保险价值的 3/4。

8.3 保险人还负责赔偿经其书面同意后,被保险人为抗辩责任或提起限制责任程序而产生的或可能不得不支付的法律费用的 3/4。

除外责任

8.4 但是在任何情况下,本条不延伸到被保险人对下列各项应支付的金额:

8.4.1 障碍物、残骸、货物或任何其他物体的清除或处置;

8.4.2 任何不动产或动产或任何其他物件,但其他船舶或其上财产除外;

8.4.3 保险船舶上的货物或其他财产或保险船舶的债务;

8.4.4 死亡、人身伤害或疾病;

8.4.5 任何不动产或动产或任何其他物件(与保险船舶碰撞的其他船舶或其上财产除外)的污染或沾污。

9.姊妹船

如果保险船舶与全部或部分属于同一所有人所有,或与在同一所有人管理下的另一船舶碰撞,或接受该船的救助服务,则被保险人所享有的权利,与另一船完全属于第三者时被保险人按本保险所享有的权利相同;但在此种情况下,有关碰撞责任及救助费用数额的确定,应提交由保险人和被保险人双方同意的一个独任仲裁员进行仲裁。

10.索赔通知和招标

10.1 在发生意外事故所造成的灭失或损坏可能导致保险赔偿时,被保险人应在检验之前通知保险人,如果船舶在国外,还应通知最近地区的劳合社代理人,以便保险人在认为需要时委派检验人代表保险人进行检验。

10.2 保险人有权决定船舶的入坞或修理港口(因遵循保险人的要求所产生的实际额外航程费用,可由保险人补偿给被保险人),而且对于船舶修理地点或修理厂有否决权。

10.3 保险人得进行修理招标或要求重新进行招标。如果已进行了此种招标并且接受招标经保险人认可,那么对在按保险人的要求发出招标邀请至接受招标期间完全由于进行招标所产生的时间损失,应基于保险价值按30%的年利率予以补贴,但以收到保险人的认可后毫不迟延地接受招标为限。

在上述招标补贴期间,应从上述招标补贴中扣除下列款项:在燃油、物料和船长、高级船员和船员的工资和给养方面得到的赔偿,包括可以作为共同海损的金额,以及在延迟损害赔偿和/或利润损失和/或营运费用方面从第三方得到的赔偿。

如果在固定的免赔额外存在部分损害修理费用不能从保险人处得到赔偿,上述补偿按同样的比例扣减。

10.4 如果被保险人未按照本条的规定办理,那么应从确定的赔款额中扣除15%。

11.共同海损和救助

11.1 本保险承保保险船舶分摊的救助、救助费用和/或共同海损,且在不足额保险情况下应按比例扣减,但对于保险船舶的共同海损牺牲,被保险人有权取得所有损失的保险赔偿,而不必先行使向第三方要求分摊的权利。

11.2 共同海损的理算应按照航程终止地的法律和惯例办理,如同运输合同中没有这方面的特别规定。但是,如果运输合同规定按照《约克-安特卫普规则》理算,则应按比例规则办理。

11.3 当保险船舶空载航行且未出租,共同海损的理算应适用 1974 年《约克-安特卫普规则》(第 20 条和第 21 条除外),该航程应自起运港或起运地至保险船舶抵达其后的除避难港口或地点或仅为加油的挂靠港口或地点外的第一个港口或地点为止。如果在上述任何一个中途港口或地点放弃原定航程时,该航程即视作在该处终止。

11.4 任何根据本条的索赔,如果损失不是为避免承保危险而发生的,或是与避免承保危险有关的,不予承认。

12.免赔额

12.1 在每一次单独事故或事件中,承保危险造成的损失索赔,其累计金额(包括根据第 8 条、第 11 条和第 13 条的索赔)不超过时,保险人不予赔偿,在超过上述金额的情况下,该金额须从赔偿总额中扣除。但是,搁浅后检查船底的费用,若是专门为检查目的而合理发生的,即使经检查未发现任何损害也应给予赔付。本款对保险船舶的全损或推定全损赔偿不适用,也不适用于根据第 13 条与同一事故产生的此种全损或推定全损赔偿相关的赔偿。

12.2 对于在两个连续港口之间一个单一海上航程之中,由于恶劣天气所造成的损害索赔,应视作一次事故造成的。如果这种恶劣天气延续的时间超出本保险承保的期限,那么适用于本保险赔偿的免赔额,应按照恶劣天气在保险期限内的天数与该单独海上航程中的恶劣天气天数的比例计算。本款中的"恶劣天气",应认为包括与浮冰的接触。

12.3 除了从第三方所得到的赔偿所包含的利息外,对于就适用上述免赔额的保险索赔从第三方得到的赔偿,应全部给予保险人,但以未因从第三方得到的赔偿而减少的保险索赔的累计总额超过上述免赔额的金额为限。

12.4 从第三方所得到赔偿所包含的利息,应考虑保险人已付保险赔偿的金额和赔偿日期,在被保险人和保险人之间分享,尽管加上利息后,保险人可能获得超过其支付的保险赔偿的金额。

13.被保险人的义务(施救费用)

13.1 当发生损失或不幸时,被保险人及其雇员和代理人有义务采取合理的措施,避免或减轻可自本保险获得赔偿的损失。

13.2 除以下规定和第 12 条的规定外,保险人将赔偿由被保险人、其雇员及代理人由于采取此种措施而适当地、合理地产生的费用。共同海损、救助费用(除第 5 款中规定者外)和碰撞抗辩或诉讼费用,不能根据本条得到赔偿。

13.3 被保险人或保险人为拯救、保护和恢复保险标的而采取的措施,不应视作放弃或接受委付,或者有损于任何一方的权益。

13.4 对根据本条的规定所发生的费用,本保险的赔偿责任,不超过此种费用占保险金额同本保险中约定的保险船舶的价值的比例部分，如果发生事故而引起费用时船舶完好价值超过约定的保险价值，则不超过此种费用占保险金额同这一完好价值的比例部分。如果保险人已经承认全损索赔，而本保险中的保险财产获救时，上述规定不应适用，除非施救费用超过此种获救财产的价值，此时上述规定仅适用于超过获救价值的施救费用。

13.5 当根据本保险承认保险船舶的全损索赔，为拯救或企图拯救保险船舶和其他财产已合理产生费用但无残值，或费用超过残值时，本保险应按比例负责赔偿该费用或超过残值的费用中按具体情况确定的为保险船舶合理产生的那部分费用；但是如果保险船舶按低于其引起此种费用的事故发生时的完好价值投保，根据本条可获得赔偿的数额，应按其不足额保险部分的比例进行赔偿。

13.6 根据本条（第13条）应赔偿的金额，应加在本保险负责赔偿的其他损失上，但在任何情况下不得超过保险船舶的保险金额。

14.新换旧

应付的赔偿不做新换旧的扣减。

15.船底处理

在任何情况下不得索赔保险船舶船底刮除、打砂和/或其他表面处理或喷漆，除非是：

15.1 新换船底板的打砂和/或其他表面处理以及在其上涂第一次底漆；

15.2 对紧靠新换或重装钢板在焊接和/或修理过程中的受损的钢板焊接头或其周围区域的打砂和/或表面处理以及在工作现场或岸上整形过程中受损钢板的打砂和/表面处理；

15.3 对上述第1款和第2款提到的特别区域涂第一层底漆/防腐漆。

16.工资和给养

除共同海损外，不得索赔船长、高级船员和船员或船上其他人员的工资和给养，但完全因保险人承保的损害的修理必须将船舶从一个港口转移到另一个港口修理，或为此种修理而须试航的情况除外，在这种情况下，本保险仅对船舶在航期间所产生的工资和给养负责。

17.代理佣金

在任何情况下，本保险不负责赔偿被保险人为索取和提供资料和文件所花费的时间和劳务，以及被保险人委派或以其名义行事的管理人、代理人、管理或代理公司或诸如此类的公司为进行此种服务而收取的佣金或费用。

18.未修理的损害

18.1 对修理的损害的赔偿限度，应为本保险终止时的船舶市场价值由于此种未修理的损害引起的合理贬值，但不得超过合理的修理费用；

18.2 在任何情况下,若其后在本保险期间内或本保险的延长期内又发生了全损(不论本保险对该全损是否负责),保险人对未修理的损害不再负责;

18.3 保险人对未修理的损害的赔偿责任,不应超过本保险终止时的保险价值。

19.推定全损

19.1 在确定保险船舶是否构成推定全损时,船舶的保险价值应作为船舶修理后的价值,不应考虑保险船舶的受损或解体价值或残骸。

19.2 基于保险船舶的回复和/或修理费用的推定全损索赔不应得到赔偿,除非此费用会超过保险价值。在做此项决定时,应仅考虑与单一事故或由于同一事故引起的后续损害赔偿有关的费用。

20.运费弃权

发生全损或推定全损时,不论是否得到委付通知,保险人都不对运费提出请求。

21.船舶营运费用保证

21.1 允许下列各项附加保险:

21.1.1 营运费用、管理人的佣金、利润或船壳和机器的超值或增值其金额不得超过保险价值的 25%。

21.1.2 定期投保的运费、租船运费或预期运费其金额不得超过保险价值的 25%扣除在上述本款第(1)项内已投保的保险金额。

21.1.3 航次合同下的运费或租金其金额不得超过本次及下次载货航程的毛运费或租金(经要求本保险可以包括一个预备航次和一个中间空载航程在内)再加上保险费。对于定期支付租金的航次租期合同,可保额仅限于其超额部分,而且应从中扣除已预收或赚取的总的运费或租金。

21.1.4 船舶空载航行且未出租时的预期运费其金额不得超过基于投保时的运费率合理估算的下次载货航程的预计总运费再加上保险费。根据本款第(2)项投保的金额应予考虑,仅其超额部分可以保险。

21.1.5 期租租金或连续航次租金其金额不得超过租船合同项下在 18 个月以内可以收得的总租金的 50%。根据本款第(2)项的投保金额应予考虑,仅其超额部分可以保险,而且应从中扣除根据租约已预收或赚取的总的租金的 50%,但如果根据本款第(2)项及本项的总保险金额不超过根据租船合同待收总租金的 50%时,可不作上述扣除。根据本项的保险可自签订租船合同时开始。

21.1.6 保险费其金额不能超过逐月比例减少的任何保险利益投保不超过 12个月的实际保险费(不包括上述各项所保的保险费,经要求可以包括任何保赔协会或战争等风险的保险费或估计的追加保险费)。

21.1.7 退还的保险费其金额不得超过任何保险所允许的但在保险船舶发生无论是否由承保风险所造成的全损时不予退回的实际退费。

21.1.8 不受保险金额限制的保险其后第 23、24、25 条和第 26 条除外的任何风险。

21.2 保证本条第 1 款第(1)项至第(7)项所列任何利益的保险不超过所允许的保险金额,并不得有由被保险人、船东、管理人或抵押权人或以其名义在本保险期内安排的或将安排的包括保险船舶的 P.P.I.、F.I.A.或须受其他类似条款的全损保险在内的其他保险。保险人不得以违反本保证为由抗辩在接受本保险时不知道此项违反的抵押权人提出的索赔。

22.停泊和解约时的退费

22.1 按下列规定退还保险费

22.1.1 本保险经协议同意解除时,每一未开始的月份的净保险费按月比例退还。

22.1.2 船舶在保险人同意的港内或闲置水域连同下文规定的特别准许停泊时,若每次连续停泊 30 天,则按下列办法计算退回保险费:

(a)未进行修理的,按%计算;

(b)进行修理的,按%计算。

如果保险船舶修理期间,仅部分时间属于可退费期,退费应分别按照以上(a)、(b)两项中的日数比例计算。

22.2 但尚需符合下列条件

22.2.1 在本保险的保险期间内或其延续期间内未发生保险船舶的全损,不论是否由承保危险造成的。

22.2.2 若保险船舶停泊于暴露或无防护的水域,或停泊于未经保险人认可的港口或闲置区,则不予退费,但是如果保险人同意将此种未被认可的闲置区视为在认可的港口或闲置区的范围内,则在此种未被认可的闲置区内停泊的天数可以加上在认可的港口或闲置区内停泊的天数以构成一次连续停泊 30 天,而退费仍限于在认可的港口或闲置区内停泊天数所占的比例部分。

22.2.3 装卸作业或船上有货物不应影响退费,但保险船舶被用作储藏或驳运货物的任何期间,不允许退费。

22.2.4 年保险费率修改时,上述保险费退回率也应做相应的调整。

22.2.5 根据本条可得到的退费基于连续 30 天的停泊期跨连同一被保险人投保的连续保险时,本保险仅负责按上述第 1 款第(2)项(a)小项和(b)小项规定的退费率对于本保险的保险期间内的实际停泊天数占总停泊天数的比例计算出来的退费。被保险人有权选择此种重叠期应自被保险船舶闲置的第一天开始起算或自上述本条第一款第(2)项(a)小项或(b)小项或本条第二款第(2)项规定的连续 30 天期间的第一天开始起算。

下列各条是首要条款,本保险中任何与下列各条不一致的规定,均属无效。

23.战争除外

在任何情况下,本保险不承保由下列原因造成的损失、损害、责任及费用。

23.1 战争、内战、革命、造反、叛乱或由此引起的内乱或任何交战方之间的敌对行为。

23.2 捕获、扣押、扣留、拘禁或羁押(船长、船员的不法行为和海盗除外),以及此种行为所引起的后果或进行此种行为的企图。

23.3 被遗弃的水雷、鱼雷、炸弹或其他被遗弃的战争武器。

24.罢工除外

在任何情况下,本保险不承保由下列原因引起的损失、损害、责任或费用。

24.1 罢工者、被迫停工工人,或参加工潮、暴动或民变的人员。

24.2 任何恐怖分子或出于政治动机而行为的人员。

25.恶意行为除外

在任何情况下,本保险不承保恶意或出于政治动机而行为的人员造成的由以下原因引起的灭失、损害、责任或费用:

25.1 炸弹爆炸。

25.2 任何战争武器。

26.核除外

任何情况下,本保险不承保由于使用原子或核裂变和/或聚变或其他类似反应或放射性力量或物质所制造的战争武器产生的损失、损害、责任或费用。

7. 协会船舶战争险及罢工险定期保险条款
（仅供新的海上保险单格式使用，本保险受英国法律和惯例调整）

（1983 年 10 月 1 日）

1.危险

除此后的除外条款中另有规定者外,本保险承保下列原因造成的保险船舶的损失或损害:

1.1 战争、内战、革命、造反、叛乱或由此引起的内乱或任何交战方之间的敌对行为;

1.2 捕获、扣押、扣留、拘禁或羁押以及此种行为所引起的后果或进行此种行为的企图;

1.3 被遗弃的水雷、鱼雷、炸弹或其他被遗弃的战争武器;

1.4 罢工者、被迫停工工人,或参加工潮、暴动或民变的人员;

1.5 任何恐怖分子或恶意或出于政治动机而行为的人员;

1.6 没收或征收。

2.并入

协会船舶定期保险条款 1/10/83（包括 4/4 碰撞条款）,除其第 1.2、3、4、6、12.1.8、22、23、24、25 和 26 条外,只要不与本条款的规定相冲突,即视为被并入本保险。

在违反拖带或救助服务方面的保证时予以续保,只要在了解情况后迅速通知保险人,而且同意保险人要求的额外保险费。

3.羁押

在保险船舶已是捕获、扣押、扣留、拘禁、羁押、没收或征收的标的,而且被保险人因此已失去对保险船舶的自由使用和处分达连续 12 个月的情况下,为确定保险船舶是否构成推定全损,应视为被保险人已丧失了对保险船舶的占有而无重新获得的可能性。

4.除外

本保险不承保

4.1 下列原因造成的损失、损害、责任或费用:

4.1.1 应用原子或核裂变和/或聚变或其他类似反应或放射性力量或物质所制造的战争武器（以下称核战争武器）的爆炸;

4.1.2 在下述国家间爆发战争（无论宣战与否），英国、美国、法国、苏联、中国；

4.1.3 征购或征用；

4.1.4 由保险船舶所有国或登记国的政府、公共或地方权力机关或根据其命令实施的捕获、扣押、扣留、拘禁、羁押、没收或征收；

4.1.5 根据检疫法规或由于违反海关或贸易法规引起的扣留、拘禁、羁押、没收或征收；

4.1.6 实施普通的司法程序，没有提供担保或没有支付罚金或罚款或任何经济原因；

4.1.7 海盗（但本项除外责任不影响第 1 条和第 4 款承保的风险）。

4.2 协会船舶定期保险条款 1/10/83（包括 4/4 碰撞条款）承保的或非因其第 12 条便可据其索赔的损失、损害、责任或费用。

4.3 根据任何其他对保险船舶的保险可补偿的或非因本保险便可据该保险补偿的任何金额的索赔。

4.4 任何迟延引起的费用索赔，但在英国法和根据 1974 年《约克-安特卫普规则》的惯例中原则上可补偿的费用除外。

5.终止

5.1 本保险得由保险人或被保险人提前 7 天发出通知而注销（此种注销自保险人发出或收到注销通知的当日午夜起届满 7 天时生效）。但保险人同意恢复本保险，如果在此种注销通知届满前保险人和被保险人之间就新的保险费率和/或条件和/或保证达成了协议。

5.2 无论是否已发出此种注销通知，本保险在下述情况下自动终止：

5.2.1 第 4 条第 1 款第(1)项(Cl.4.1.1)定义的核战争武器的敌对性爆炸发生，不论此种爆炸发生于何地、何时，也不论是否涉及保险船舶；

5.2.2 在下述国家间爆发战争（无论宣战与否），英国、美国、法国、苏联、中国；

5.2.3 保险船舶被征购或被征用。

5.3 本保险因注销通知而注销或因本条款第 5 条规定的原因或因保险船舶出售而自动终止时，净保险费应按比例退还给被保险人。

如果在保险人承保后和计划的保险责任开始时间之前，发生了根据上述第 5 条的规定可能已自动终止本保险的任何事件，本保险并不生效。

8. 国际船舶保险条款

（与现行海上保险单格式结合使用）

（2003 年 11 月 1 日）

第一部分　主要保险条件

1.总则

1.1 第一部分各条、第二部分中的第 32 条至第 36 条和第三部分各条适用于本保险。第二部分和第三部分须为本保险订立时施行的条款。第二部分中的第 37 条至第 41 条仅适用于保险人已做出书面同意的情况下。

1.2 本保险适用英国法和惯例。

1.3 除另有相反的明示约定外，本保险由英国高等法院专属管辖。

1.4 本保险的任何规定被判为无效或不可执行，不影响本保险其他规定的效力，本保险的其他规定仍具有完整的效力。

2.危险

2.1 本保险承保下列原因造成的保险标的之损失或损害：

2.1.1 海上、江河、湖泊或其他可航水域的灾害；

2.1.2 火灾、爆炸；

2.1.3 来自船舶外的暴力盗窃；

2.1.4 抛弃；

2.1.5 海盗；

2.1.6 与陆上运输工具、码头或港口设备或装置的接触；

2.1.7 地震、火山爆发或闪电；

2.1.8 装卸、搬移货物、燃料、物料或部件过程中发生的意外事故；

2.1.9 与卫星、飞机、直升机或类似装置，或从中掉落的物体的接触。

2.2 本保险承保下列原因造成的保险标的之损失或损害：

2.2.1 锅炉破裂或尾轴断裂，但不承保修理或更换破裂的锅炉或断裂的尾轴的任何费用；

2.2.2 船体或机器的任何潜在缺陷，但不承保校正该潜在缺陷的任何费用；

2.2.3 船长、高级船员、船员或引航员的疏忽；

2.2.4 修船人或承租人的疏忽，如果他们并不是本保险的被保险人；

2.2.5 船长、高级船员、船员的不法行为。

如果此种损失或损害并非由于被保险人、船东或管理人缺乏谨慎处理所致。

2.3 如果有根据第 2.2.1 条的索赔,本保险也承保修理破裂的锅炉或断裂的尾轴和修理其所造成的损失或损害的共同费用的一半。

2.4 如果有根据第 2.2.2 条的索赔,本保险也承保校正潜在缺陷和修理其所造成的损失或损害共同费用的一半。

2.5 若船长、高级船员、船员或引航员对船舶拥有股权,不被视为本第 2 条意义上的船东。

3.租用的设备

3.1 本保险承保船上使用的不属于被保险人所有但被保险人负有合同责任的设备和器械的损失或损害,如果该损失或损害是由本保险承保的危险造成的。

3.2 保险人的责任不超过被保险人对此种设备或器械的损失或损害的合同责任与其合理的修理费用或更换价值之间较低者。所有的此种设备或器械包括在船舶的保险价值内。

4.从船舶上拆下的船舶部件

4.1 本保险承保从船上拆下的部件的损失或损害,如果此种损失或损害是由本保险承保的危险造成的。

4.2 在从船上拆下的部件不属于被保险人所有但被保险人负有合同责任的情况下,保险人对此种从船上拆下的部件的责任不超过被保险人对此种部件的合同责任与其合理的修理费用或更换价值之间较低者。

4.3 如果在从船上拆下的部件发生损失或损害时,此种部件被其他保险承保或如果不是有本保险就会由其他保险承保,则本保险仅为此种其他保险的超额责任保险。

4.4 对从船上拆下的部件的承保限于离船 60 天之内。超过 60 天时可办理续保,但须在 60 天届满前通知保险人并同意其要求的修改的承保条件和增加的保险费。

4.5 在任何情况下保险人根据本第 4 条的责任总和不超过船舶保险价值的 5%。

5.污染危险

本保险承保由于任何政府当局以其权力为防止或减少因船舶应由保险人负责的损害直接引起的环境污染危险或威胁采取行动造成的船舶的损失或损害,如果政府当局的此种行动不是由于船舶的被保险人、船东或管理人或其中的任何人在防止或减少此种污染或威胁方面缺乏谨慎处理所致。若船长、高级船员、船员或引航员对船舶拥有股权,不被视为本第 5 条意义上的船东。

6.四分之三碰撞责任

6.1 保险人同意赔偿被保险人对下列各项的损害赔偿的法律责任而支付给第三者的金额的四分之三：

6.1.1 任何其他船舶或其船上财产的损失或损害；

6.1.2 任何其他船舶或其船上财产的延迟或丧失使用；

6.1.3 任何其他船舶或其船上财产的共同海损、救助报酬或根据合同的救助报酬。

如果被保险人的此种支付是保险船舶与其他船舶碰撞的结果。

6.2 本条所规定的赔偿，是本保险其他条款和条件所规定的赔偿的增加部分，且须遵照下列规定：

6.2.1 如果保险船舶与另一船舶碰撞，并且双方互有过失，那么除非一船或两船的责任受到法律的限制，根据本条的赔偿应按照交叉责任的原则计算，如同各船东已经被迫相互支付对方损害的比例部分，此种比例部分是在确定由于碰撞应由被保险人支付或应支付给被保险人的余额或金额时所适当承认的；

6.2.2 在任何情况下保险人根据第 6 条第（1）款和第（2）款对每次碰撞事故的总责任，不得超过保险船舶保险价值的四分之三。

6.3 保险人还负责赔偿被保险人为抗辩责任或提起限制责任程序而产生的或不得不支付的法律费用的四分之三，但产生此种费用应先取得保险人的书面同意，而且保险人根据本第 6 条第（3）款的责任总和不超过保险船舶保险价值的25％（除非已取得保险人特别的书面同意）。

除外责任

6.4 但是在任何情况下，保险人根据本第 6 条不负责赔偿被保险人对下列各项应支付的金额：

6.4.1 障碍物、残骸、货物或任何其他物体的清除或处置；

6.4.2 任何不动产或动产或任何其他物件，但其他船舶或其上财产除外；

6.4.3 保险船舶上的货物或其他财产，或保险船舶的债务；

6.4.4 死亡、人身伤害或疾病；

6.4.5 任何不动产或动产或任何其他物件（与保险船舶碰撞的其他船舶或其上财产除外）的污染、沾污或此种威胁，或环境损害或此种威胁，但是，对于考虑到诸如 1989 年国际救助公约第 13 条第 1 款（b）项提到的救助人在防止或尽量减少环境损害方面的技能和努力，而应由被保险人支付的救助报酬，本项除外不适用此种救助报酬。

7.姊妹船

如果保险船舶与全部或部分属于同一所有人所有，或在同一管理下的另一船舶碰撞,或接受该船的救助服务,则被保险人所享有的权利,与另一船完全属于第三者时被保险人按本保险所享有的权利相同;但在此种情况下,有关碰撞责任及救助费用数额的确定,应提交由保险人和被保险人双方同意的一个独任仲裁员进行仲裁。

8.共同海损和救助

8.1 本保险承保船舶分摊的救助、救助费用和/或共同海损,且不作不足额保险的扣减,但对于船舶的共同海损牺牲,被保险人有权取得所有损失的保险赔偿,而不必先行使向第三者要求分摊的权利。

8.2 共同海损的理算应按照航程终止地的法律和惯例办理,如同运输合同中没有这方面的特别规定。但是,如果运输合同规定按《约克-安特卫普规则》理算,则应按此规则办理。

8.3 当船舶空载航行且未出租,共同海损的理算应适用 1994 年《约克-安特卫普规则》(规则二十和规则二十一除外),该航程应自起运港或起运地至船舶抵达其后除避难港口或地点或仅为加油的挂靠港口或地点外的第一个港口或地点为止。如果在上述任何一个中途港口或地点放弃原定航程时,该航程即被视作在该处终止。

8.4 保险人不负责任何根据本第 8 条的索赔,如果损失不是为避免承保危险而发生或不是与避免承保危险有关。

8.5 保险人根据本第 8 条不负责:

8.5.1 依据 1989 年国际救助公约第 14 条或任何其他实质上类似的法规、规则、法律或合同规定支付给救助人的特别补偿;

8.5.2 有关环境损害或此种威胁引起的,或由于船上排出或溢出污染物质,或此种威胁造成的费用或责任。

8.6 但第 8 条第 8.5 款不排除被保险人须支付的:

8.6.1 给救助人的救助报酬,如果该救助报酬中考虑了 1989 年国际救助公约第 13 条第 1 款(b)项提到的救助人在防止或尽量减小环境损害方面的技能和努力;

8.6.2 根据 1994 年《约克-安特卫普规则》之规则十一(d)项允许的共同海损费用,但仅限于运输合同规定按 1994 年《约克-安特卫普规则》理算的情况下。

9.被保险人的义务(施救)

9.1 当发生损失或不幸时,被保险人及其雇员和代理人有义务采取合理的措施,避免或减轻可自本保险获得赔偿的损失。

9.2 除以下规定和第 15 条的规定外,保险人将赔偿由被保险人、其雇员及代理人由于此种措施而适当地、合理地产生的费用。共同海损、救助费用(除第 9 条第 4 款中规定者外）、第 8 条第 8.5 款中的特别补偿及相关费用和碰撞抗辩或诉讼费用，不能根据本条得到赔偿。

9.3 被保险人或保险人为拯救、保护和恢复保险标的而采取的措施，不应视作放弃或接受委付，或者有损于任何一方的权利。

9.4 当根据本保险条款承认船舶的全损索赔，为拯救或企图拯救船舶和其他财产已合理产生费用，但无残值，或费用超过残值时，本保险应按比例负责赔偿该费用或超过残值的费用中按具体情况确定的为船舶合理产生的那部分费用，但不包括第 8 条第 5 款提到的特别补偿和费用。

9.5 根据本第 9 条应赔偿的金额，应加在本保险负责赔偿的其他损失上，但在任何情况下不得超过船舶的保险价值。

10.航海规定

除非并限于根据下面的第 11 条保险人另行同意者外：

10.1 船舶不得违反本保险有关货物、贸易或地点（包括，但不限于下面的第 32 条）的任何规定；

10.2 船舶可以在有或没有引航员的情况下开航或航行，试航，和协助、拖带遇难船只，但不得被他船拖带，除非是习惯性的（包括与装货或卸货有关的习惯性拖带）或是需要协助拖至第一个安全港口或地点，也不得根据被保险人、船东、船舶管理人和/或承租人事先安排的合同从事拖带或救助服务；

10.3 被保险人不得与引航员或为习惯拖带缔结限制或免除引航员和/或拖船和/或拖带船和/或其所有人的责任的合同，除非被保险人或其代理人根据确定的当地法律或惯例接受或被迫接受此种合同；

10.4 船舶不得用于包含在海上从另一船装货或卸货至另一船（除非另一船是港口或沿海驳船）的营运。

11.违反航海规定

在违反第 10 条的规定的情况下，保险人不负责在违反期间发生的事故或事件造成的或引起的任何损失、损害、责任或费用，除非在知悉违反后立即通知了保险人并同意保险人要求修改的承保条件和增加的保险费。

12.连续

本保险到期时，只要尽可能早地通知了保险人，如果船舶在海上并且遇险或失踪，船舶可按月保费比例续保至船舶安全抵达下一港口，或者如果船舶在港内并且遇险，船舶可按月保费比例续保至船舶处于安全状态时。

本第 13 条和第 14 条的规定优先适用，不管本保险其他不同规定是手写的、打印的或印刷的。

13.船级和国际安全管理(ISM)

13.1 在本保险成立和整个合同期间以及延展期间：

13.1.1 船舶应在保险人同意的船级社入级；

13.1.2 船舶在该船级社的船级没有改变、暂停、中止、撤销或期满；

13.1.3 船级社做出的有关船舶适航性或维持其适航状况的任何建议、要求或限制必须在船级社要求的日期前得以照办；

13.1.4 船东或承担船舶营运责任的单位对有关船舶须持有最新修订的 1974 年《国际海上人命安全公约》(SOLAS) 第 9 章所要求的有效的"符合证明"(DOC)；

13.1.5 船舶须具有最新修订的 1974 年国际海上人命安全公约(SOLAS)第 9 章所要求的有效的安全管理证书(SMC)。

13.2 除非保险人书面做相反的同意，在任何有违上述第 13 条第 1 款的情况下，本保险在违反时自动终止，但是：

13.2.1 如果船舶此时在海上，此种自动终止应推迟至该船抵达其下一港口时；

13.2.2 如果上述第 13 条第一款第(2)项下的船级改变、暂停、中止或撤销起因于第 2 条或第 44 条第一款第(3)项(如果适用)承保的，或现行协会定期船舶战争险和罢工险保险条款会承保的损失或损害，此种自动终止仅在船舶未经船级社同意从其下一港口开航的情况下发生。

净保费应按日比例退还，只有在本保险或其扩展期内船舶未发生全损，不管全损是否由本保险承保的危险造成的。

14.管理

14.1 除非保险人书面做相反的同意，本保险自动终止于下述时间：

14.1.1 船舶的所有权或船旗改变，不管是否出于自愿；

14.1.2 船舶转移给新的管理；

14.1.3 光船出租；

14.1.4 被征购、或被征用。

但是，如果船舶载有货物且已从其装货港开航，或在海上(空)压载航行，经要求此种自动终止自推迟，直至船舶继续其计划航程，载货船舶到达最后卸货港时为止，而压载船舶到达目的港为止。然而，在未经被保险人事先签署协议而被征购或被征用的情况下，此种自动终止发生于被征购或被征用后 15 天时，不管船舶是在海上还是在港内。

14.2 除非保险人书面做相反的同意，本保险自动终止于船舶(不管是否载有货物)为被拆解的意图而航行，或已被出售用作拆解。

14.3 在根据上述第 14 条第一款或第 14 条第二款终止的情况下,净保费按日比例退还,只要在本保险或其扩展期内船舶未发生全损,不管全损是否本保险承保的危险造成的。

14.4 在本保险成立和整个合同期间以及延展期间,被保险人、船东和管理人有义务:

14.4.1 遵守船旗国有关船舶建造、改装、状况、装备、设备、营运和配备的所有法定要求;

14.4.2 遵守船级社关于向船级社报告船舶事故和缺陷的所有要求。

在任何有违第 14 条第 4 款规定的义务的情况下,保险人不负责此种违反造成的任何损失、损害、责任或费用。

15.免赔额

15.1 除第 15 条第 2 款另有规定外,在一次单独事故或事件中,本保险承保危险造成的损失索赔,其累计金额[包括根据上述第 2、3、4、5、6 条(包括被可能适用的第 37 条或第 38 条修改的第 6 条)、上述第 8、9 条,和如果适用时的第 41 条的索赔]不超过约定的免赔额时,保险人不予赔偿;在超过上述金额的情况下,该金额须从赔偿总额中扣除。但是,搁浅后检查船底的费用,若是专门为检查目的而合理发生的,即使经检查未发现损害,也应给予赔付。

15.2 在每一次单独事故或事件中,根据第 2 条第 2 款第(1)项至第(5)项和第 41 条(如果适用)提出的或源于机舱的火灾或爆炸造成的机器、轴、电气设备或电路、锅炉、冷却器、加热圈或机关管线的损失或损害索赔,其累计金额不超过约定的附加机损免赔额(如有)时,保险人不予赔偿;在超过上述附加免赔额时,该附加免赔额须从赔偿总额中扣除。扣除附加免赔额后的余额,连同由同一事故或事件造成的任何其他索赔一起,要受第 15 条第 1 款所指的免赔额的制约。

15.3 第 15 条第 1 款和第 2 款不适用于船舶的全损或推定全损索赔,也不适用于与全损和推定全损索赔相关联的由同一事故或事件引起的根据第 9 条的索赔。

15.4 对于在两个连续港口之间一个单一海上航程中,由恶劣天气所造成的损害索赔,应被视作一次事故造成的。如果这种恶劣天气延续的时间超出本保险承保的期限,那么适用于本保险赔偿的第 15 条第 1 款项下的免赔额,应按照恶劣天气在本保险期限内的天数与该单一海上航程中的恶劣天气的天数的比例计算。第 15 条第 4 款中的"恶劣天气",应认为包括与浮冰的接触。

15.5 每一次单独的减载操作或在海上与另一船之间装货或卸货操作过程中发生的损害索赔,如果根据本保险是可以获得保险赔偿的,应被视为是起因于一次事故。

16.新换旧

根据本保险应付的赔偿不作新换旧的扣减。

17.船底处理

保险人不负责船舶船底刮除、打砂和/或其他表面处理或油漆,其例外是:

17.1 新换船底板的打砂和/或其他表面处理以及在其上涂第一次底漆。

17.2 打砂和/或做其他表面处理于:

17.2.1 紧靠新换或重装钢板在焊接和/或修理过程中的受损的钢板焊接头或其周围区域;

17.2.2 在工作现场或岸上整形过程中损坏的换板区域。

17.3 对上述第 17 条第一款和第二款提到的特定区域提供和涂装第一层底漆/防腐漆。

17.4 对上述第 17 条第一款和第二款提到的特定区域提供和涂装防腐漆,应作为根据本保险承保的危险损坏的船底换板处理的合理修理费用的一部分。

18.工资和给养

除共同海损外,不得索赔船长、高级船员和船员或船上其他人员的工资和给养,但完全因保险人承保的损害的修理必须将船舶从一个港口转移到另一个港口修理,或为此种修理而须试航的情况除外,在这种情况下,本保险仅对船舶在航期间所产生的工资和给养负责。

19.代理佣金

在任何情况下,本保险不负责赔偿被保险人为索取和提供资料和文件所花费的时间和劳务,以及被保险人委派或以其名义行事的管理人、代理人、管理或代理公司或诸如此类的公司为进行此种服务而收取的佣金或费用。

20.未修理的损害

20.1 对未修理的损害的赔偿限度,应为本保险终止时的船舶市场价值由于此种未修理的损害引起的合理贬值,但不得超过合理的修理费用。

20.2 在任何情况下,若其后在本保险期间内或本保险的延长期内又发生了全损(不论本保险对该全损是否负责),保险人对未修理的损害不再负责。

20.3 保险人对未修理的损害的赔偿责任,不应超过本保险终止时的保险价值。

21.推定全损

21.1 在确定船舶是否构成推定全损时,船舶的保险价值的 80% 应作为船舶修理后的价值,不应考虑船舶的受损或解体价值或残骸。

21.2 基于船舶的恢复和/或修理费用的推定全损索赔不应得到赔偿,除非此种费用会超过船舶保险价值的 80%。在作此种决定时,仅应考虑与单一事故或同一事故引起的后续损害赔偿有关的费用。

22.运费弃权

保险人认可全损或推定全损时,不论是否已发出委付通知,保险人都不对运费提出请求。

23.转让

本保险、本保险利益或依本保险得付或应付款项的转让,除非经被保险人,或在续转让时经受让人,签署载有日期的书面通知批改于保险单上,并在支付赔偿或退还保险费前将如此批改的保险单提供给保险人,不约束保险人或为保险人所承认。

24.营运费用保证

24.1 允许下列各项附加保险:

24.1.1 营运费用,管理人的佣金、利润或船壳和机器的超值或增值。其金额不得超过保险价值的百分之二十五(25%)。

24.1.2 定期投保的运费、租船费用或预期运费。其金额不得超过保险价值的百分之二十五(25%)扣除在上述本款第(1)项内已投保的保险金额。

24.1.3 航次合同下的运费或租金。其金额不得超过本次及接着的下次载货航程的毛运费或租金(经要求本保险可以包括一个预备航次和一个中间空载航程在内)再加上保险费。对于定期支付租金的航次租船合同,可保金额应根据预计的租船时间进行计算,但须受上面规定的两个载货航程的限制。根据本款第(2)项投保的保险金额应计入在内,可保金额仅限于其超额部分,而且应从中扣除已预收或赚取的总的运费或租金。

24.1.4 船舶空载航行且未出租时的预期运费。其金额不得超过基于投保时的运费率合理估算的下次载货航程的预计总运费,再加上保险费。根据本款第(2)项投保的金额应予以考虑,仅其超额部分可以保险。

24.1.5 期租租金或连续航次租金。其金额不得超过租船合同项下在 18 个月以内可以获得的总租金的百分之五十(50%)。根据本款第(2)项的投保金额应予以考虑,仅其超额部分可以保险,而且应从中扣除根据租约已预收或赚取的总的租金的百分之五十(50%),但如果根据本款第(2)项及本项的总保险金额不超过根据租船合同待收总租金的百分之五十(50%)时,可不必作上述扣除。根据本项的保险可自签订租船合同时开始。

24.1.6 保险费。其金额不能超过逐月比例减少的任何保险利益投保不超过12 个月的实际保险费(不包括上述各项所保的保险费,经要求可以包括任何保赔协会或战争等风险的保险费或估计的追加保险费)。

24.1.7 退还的保险费。其金额不得超过任何保险所允许的,但在船舶发生无论是否由承保风险所造成的全损时不予退回的实际退费。

24.1.8 不受保险金额限制的保险。第 29 条、第 30 条和第 31 条除外的任何风险。

24.2 保证本第 24 条第一款第(1)项至第(7)项所列任何利益的保险不超过所允许的保险金额,并不得有由被保险人、船东、管理人或抵押权人或以其名义在本保险期间内安排的或将安排的包括船舶的 P.P.I、F.I.A.或须获其他类似条款的全损保险在内的其他保险。保险人不得以违反本保险为由抗辩在接受本保险时不知道此项违反的抵押权人提出的索赔。

25.解约退费

如果本保险被约定解除,保险人应按月比例退还未开始月份的净保费,只要在本保险或任何扩展期间船舶未发生全损,不管全损是本保险承保的危险还是其他原因造成的。

26.单独保险

如果一条以上的船舶根据本保险承保,承保的某一条船应被视为单独保险,如同就每一条船已签发一份单独的保险单一样。

27.按份责任

保险人的责任是按份的而非连带的,而且仅限于其各自承保的份额。保险人不负责其他共同保险人不论由于何种原因未赔偿的其承保份额的保险责任的全部或一部分。

28.附属公司

在船舶由被保险人联营、下属或附属公司租用的情况下,对本保险承保的危险造成的船舶损失或损害,保险人放弃对此种租船人的代位求偿权,除非是在此种租船人就此种损失或损害享有责任保险之利益的范围内。

下列第 29 条、第 30 条和第 31 条各条是首要条款,本保险中任何与下列各条不一致的规定,均属无效。

29.战争险和罢工险除外

在任何情况下,本保险不承保由下列原因引起的损失、损害、责任或费用:

29.1 战争、内战、革命、造反、叛乱或由此引起的内乱,或任何交战方之间的敌对行为;

29.2 捕获、扣押、扣留、拘禁或羁押(船长船员的不法行为和海盗除外),以及此种行为所引起的后果或进行此种作为的企图;

29.3 被遗弃的水雷、鱼雷、炸弹或其他被遗弃的战争武器;

29.4 罢工者,被迫停工工人,或参加工潮、暴动或民变的人员。

30.恐怖分子,政治动机和恶意行为除外

在任何情况下,本保险不承保下列原因引起的损失、损害、责任或费用:

30.1 任何恐怖分子;

30.2 任何出于政治动机而行为的人员;

30.3 任何人出于恶意或政治动机使用任何武器或引爆爆炸物。

31.放射性沾污或化学、生物、生化和电磁武器除外

在任何情况下,本保险不承保由下列原因直接或间接引起、造成或形成的损失、损害、责任或费用:

31.1 源于任何核燃料、核废料或核燃料燃烧的电离放射或放射性污染;

31.2 任何核设施、反应堆或其他核装置或核构件的放射性的、毒性的、爆炸性的或其他危害性的或沾污性的物质;

31.3 使用原子的或核的裂变和/或聚变或其他类似反应或放射力或物体的武器。

31.4 任何放射物质的放射性的、毒性的、爆炸性的或其他危害性的或污染性的物质。第32条第四款的除外不被扩及适用于核燃料外的放射性同位素,如果此种同位素是用于商业的、农业的、医学的、科学的或其他类似和平目的之准备、运输、储存或使用。

31.5 任何化学、生物、生化或电磁武器。

第二部分　附加条款(01/11/03)

32.航行限制

除非并在根据第33条由保险人另行同意外,船舶不得在任何时间,或下述时段(首尾两天亦包括在内)进入、航行或停留在下述水域:

水域 1— 北冰洋

(a) 70°N 以北;

(b) Barents 海。

除非是挂靠 Kola 湾,Murmansk 或任何挪威港口或地点,但船舶不得进入、航行或停留 72°30′N,35°E。

水域 2— 北海

(a)白海;

(b) Chukchi 海。

水域 3 — 波罗的海

(a) 12 月 10 日至 5 月 25 日,在 Umea(63°50′N)和 Vasa(63°06′N)连线以北 Bothnia 湾;

（b）12 月 15 日至 5 月 25 日，28°45′E 以东的芬兰湾，如果船舶载重吨等于或小于 90 000；

（c）在任何时间，载重吨等于或小于 90 000 的船舶不得进入，航行或停留 28°45′E 以东的芬兰湾；

（d）1 月 8 日至 5 月 5 日，59°24′N 以北的 Bothnia 湾、芬兰湾和邻近水域，除非是挂靠斯德哥尔摩、塔林或赫尔辛基；

（e）12 月 28 日至 5 月 5 日，在 22°E 以东和 59°N 以南 Rig 湾和邻近水域。

水域 4 － 格陵兰

格陵兰管辖水域。

水域 5 － 北美（东）

（a）52°10′N 以北和 50°W 和 100°W 之间；

（b）12 月 21 日至 4 月 30 日，圣劳伦斯湾，圣劳伦斯河及其支流（Les Escoumins 以东），Belle 岛海峡（Belle 岛以西），Cabot 海峡（Ray 岬和 North 岬连线以西）和 Canso 海峡（Canso Causeway 以北）；

（c）12 月 1 日至 4 月 30 日，圣劳伦斯河及其支流（Les Escoumins 以西）；

（d）圣劳伦斯水道；

（e）大湖区。

水域 6 － 北美（西）

（a）54°30′N 以北和 100°W 及 170°W 之间；

（b）Queen Charlotte 群岛或 Aleutian 群岛的任何港口或地点。

水域 7 － 南海

50°S 以南，但由下列各点连线围成的三角区除外：

（a）50°S；50°W；

（b）57°S；67°30′W；

（c）50°S；160°W。

水域 8 － Kerguelen/Crozet

Kerguelen 群岛和 Crozet 群岛管辖水域。

水域 9 － 东亚

（a）11 月 1 日至 6 月 1 日，55°N 以北和 140°E 以东的鄂霍次克海；

（b）11 月 1 日至 6 月 1 日，55°N 以北和 140°E 以西的鄂霍次克海；

（c）12 月 1 日至 5 月 1 日，46°N 以北，Kurile 群岛以西和 Kamchatka 半岛以西的东亚水域。

水域 10 － 白令海

白令海，除非是过境航程，而且符合下列条件：

(a)船舶不得进入,航行或停留在 54°30′N 以北;

(b)船舶进入和驶出 Buldir 岛以西或通过 Amchitka,Amukta 或 Unimak 水道;

(c)船舶装有并适当地配置了两台独立的航海雷达、一部全球卫星导航仪(或劳兰无线电定位接收仪)、无线电测向仪和 GMDSS,气象传真记录仪(或天气和定线情报接收仪)和电罗经,所有这些设备皆完全处于可正常使用状态并由有资质的人员操作;

(d)船舶备有适当地得到及时改正的航用海图、航行指南和引航手册。

33.许可进入航行限制规定的水域

如果已事先得到保险人的许可而且已同意保险人要求的修改的承保条件和额外的保险费,船舶得违反第 32 条,而且第 11 条不适用。

34.重新投入营运条件

作为保险人负责的前提条件,船舶在连续闲置 180 天后不得凭自身动力从其闲置泊位开航或航行,除非被保险人已安排船级社或保险人同意的验船师检查了船舶,并已完成了船级社或此种验船师建议的修理或要求。

35.保险费支付

35.1 保险人承担保险费应被支付:

35.1.1 在本保险成立后 45 日(或约定的其他此种期限)内全额支付给保险人;

或者

35.1.2 如果约定了分期支付:

(a)首期保险费应在保险成立后 45 日(或约定的其他此种期限)内支付;

而且

(b)第二期和其后各期保险费应在约定付款日期支付。

35.2 如果保险费(或首期保险费)未在本保险成立后第 46 日之前(或已约定的此种期限的后一日)(或者,第二期或其后各期保险费未在约定付款期限届满之时)支付给保险人,保险人将有权通过经纪人书面通知被保险人撤销本保险。

35.3 保险人应通过经纪人给予被保险人不少于 15 天的撤销保险通知期。如果保险费或分期保险费在通知期届满前全额支付给了保险人,则撤销通知自动失效。如未支付,则本保险在通知期限届满时自动终止。

35.4 在根据本条撤销保险的情况下,保险人应按时间比例获得承担风险期间的保险费,但是如果在保险终止日前发生的事故或事件引起的或造成的损失、损害、责任或费用产生了根据本保险可获得赔偿的索赔,保险人有权获得全额保险费。

35.5 除另有约定外,承保条或保险单上显示的首席保险人有权代表其本人和所有其他共同保险人行使本条下的权利。但是,第 35 条第五款不妨碍任何共同保险人代表其本人行使本条下的权利。

35.6 如果保险费是通过市场局支付的,向该局发出保险费支付通知之日视为向保险人支付保险费之日。

36.1999 年合同(第三者的权利)法

36.1 除明确地作了相反的规定外,本保险的利益无意于授予被保险人以外的任何一方,无意于由被保险人以外的任何一方去执行。

36.2 本保险得由被保险人和保险人通过协议予以取消或变更,而无须得到已明确规定执行任何合同条款的第三者的同意。

37.固定和浮动物体

如果保险人已经明确书面同意,第 6 条和第 7 条就修改为:

6.1 保险人同意赔偿被保险人对下列各项的损害赔偿的法律责任而支付给第三者的金额的四分之三:

6.1.1 任何其他船舶,或者固定或浮动物体,或者其上财产的损失或损害;

6.1.2 任何此种其他船舶,或者固定或浮动物体,或者其上财产的延迟或丧失使用;

6.1.3 任何此种其他船舶或其上财产的共同海损、救助报酬或根据合同的救助报酬。

如果被保险人的此种支付是保险船舶与任何其他船舶碰撞,或者触碰任何固定或浮动物体的结果。

6.2 本第 6 条规定的赔偿,是本保险其他条款和条件所规定的赔偿的增加部分,且须遵循下述规定:

6.2.1 如果保险船舶与另一船舶发生碰撞,并且双方互有过失,除非一船或两船的责任受到法律的限制,根据本条的赔偿应按交叉责任的原则计算,如同各船东已经被迫互相支付对方损害的比例部分,此种比例部分是确定由于碰撞被保险人应支付的或应获得的差额或金额时所适当允许的。

6.2.2 在任何情况下,保险人根据本第 6 条第一款和第二款对一次事故引起的所有索赔的责任,不超过保险船舶保险价值的四分之三的相应承保份额比例部分。

6.3 保险人还负责赔偿被保险人为抗辩责任或提起责任限制程序而产生的或被迫支付的法律费用的四分之三,但是此种费用发生前应事先取得保险人的书面同意,而且保险人根据本第 6 条第三款的总的责任不超过保险船舶保险价值的 25%。

除外责任

6.4 在任何情况下,保险人根据第 6 条不负责补偿被保险人对下列各项应支付的金额:

6.4.1 障碍物、残骸、货物或任何其他物体的清除或处置;

6.4.2 任何不动产或动产或任何其他物体,但与保险船舶发生触碰的其他船舶或固定或浮动物体或此种船舶、物体上的财产例外;

6.4.3 保险船舶上的货物、其他财产或与其有合同关系之标的物;

6.4.4 死亡、人身伤害或疾病;

6.4.5 任何不动产或动产或任何其他物体(但与保险船舶碰撞的其他船舶或此种其他船舶上的财产除外)污染、沾污或此种威胁,或者环境损害或威胁,但是对于考虑到诸如 1989 年国际救助公约第 13 条第 1 款第(b)项提到的救助人在防止或尽量减少环境损害方面的技能和努力,而应由被保险人支付的救助报酬,本项除外不适用于此种救助报酬。

7.如果保险船舶与全部或部分属于同一所有人,或在同一管理下的另一船舶或固定或浮动物体发生碰撞,或接受此种另一船舶的救助服务,则被保险人享有的权利,与另一船舶或固定或浮动的物体完全属于与保险船舶无关的第三人时被保险人按本保险所享有的权利相同;但在此种情况下,碰撞责任和救助报酬应提交保险人和被保险人约定的独任仲裁员仲裁。

38.四分之四碰撞责任

如果保险人已明确书面同意,第 6 条就做出修改,其措辞中出现的每一处"四分之三"都予以删除。

39.停泊退费

39.1 在保险人已经书面明确同意的情况下,船舶在保险人同意的港口或停泊区域停泊,且未在修理中时,对每一个连续 30 天的停泊期,保险人应将净保费按约定的比例退还给被保险人。

39.2 修理工作如果是针对船舶的正常磨损和/或遵从船舶的船级社的建议,船舶不被视为在修理中,但是,船舶受损后的修理或涉及结构改变,不论是否本保险所承保的,船舶应被视为在修理中。

39.3 但尚须符合下列条件:

39.3.1 在本保险或其延展期间船舶未因本保险承保的危险或其他原因发生全损;

39.3.2 若船舶处于暴露或无防护的水域,或处于未经保险人同意的港口或停泊区域,则不予办理退费;

39.3.3 装卸作业或船上有货物不影响退费,但在船舶用作储存或驳运货物期

间,不允许退费;

39.3.4 在根据本第 42 条可得到的退费是基于连续 30 天的停泊期跨越同一被保险人投保的连续保险的情况下,本保险仅负责按约定的退费率对在本保险的保险期间内发生的和实际可适用的停泊天数按比例计算出来的退费。被保险人有权选择此种重叠期应从船舶停泊的第一天开始起算,或从上述第 42 条第一款规定的一个连续 30 天期间的第一天开始起算。

40.共同海损吸收

40.1 如果保险人已经明确书面同意,除第 8 条另有规定外,本条下列各款在发生根据 1994 年《约克-安特卫普规则》或运输合同中的共同海损条款引起共同海损行为的事故或事件的情况下适用。

40.2 被保险人有权选择向保险人索赔共同海损,救助和特别费用的全部金额,直至以保险人明确同意的金额为限,而无须向船上不属于被保险人的货物、运费、燃料、集装箱或其他财产(以下简称"财产利益方")要求分摊共同海损,救助和特别费用。

40.3 在根据本条第二款所做的支付外,保险人还需支付海损理算师根据本条计算索赔的合理费用和开支。

40.4 如果被保险人根据本条索赔,被保险人不得向财产利益方索赔共同海损,救助和特别费用。

40.5 根据本条的索赔应依据 1994 年《约克-安特卫普规则》理算,但不适用有关佣金和利息的该规则ⅩⅩ和ⅩⅪ。

40.6 根据本条的任何索赔,不适用第 15 条中的免赔额。

40.7 无损于保险人根据本保险或法律所具有的其他抗辩,如果被保险人已经向财产利益方索赔了共同海损、救助或特别费用,保险人放弃根据本条支付对财产利益方可能有的抗辩。

40.8 关于根据本条所作的支付,保险人对财产利益方放弃代位求偿权,除非引起此种支付的事故或事件归因于任何财产利益方的过错。

40.9 根据本条的索赔不作不足额保险的扣减。

40.10 在本条意义上,特别费用是指被保险人代表或为了冒险中的某一特别利益方产生的费用,但根据运输合同被保险人不负责此种费用。

41.附加危险

41.1 如果保险人已经明确书面同意,本保险承保:

41.1.1 修理或更换任何破裂的锅炉或断裂的尾轴的费用,如果此种破裂或断裂已对第 2 条第二款第(1)项承保之标的造成了损失或损害,以及修理破裂的锅炉或断裂的尾轴和修理其所造成的损失或损害的共同费用的一半。

41.1.2 校正潜在缺陷的费用,如果此种潜在缺陷已对第 2 条第二款第(2)项承保之标的造成了损失或损害,以及校正潜在缺陷和修理其所造成的损失或损害的共同费用的一半。

41.1.3 由任何事故或任何人的疏忽、不适格或判断错误造成的船舶的损失或损害。

41.2 第 44 条第一款规定的承保范围受如下但书的制约:此种损失或损害不是由于被保险人、船东或经理人缺乏谨慎处理造成的。持有船舶股份的船长、高级船员、普通船员和引航员不被视为第 44 条第二款意义上的船东。

第三部分 索赔规定(01/11/03)

42.首席保险人

42.1 如果本保险存在共同保险,那么所有的共同保险人同意,在承保条或保险单上显示的首席保险人有权代表他们行动,以便就下列事项(在第 35 条第五款之外),约束他们的相应承保比例部分:

42.1.1 就可能产生本保险下的索赔的事项,指定检验人、专家、海损理算师和律师;

42.1.2 保险人应履行的义务和责任,包括但不限于提供担保;

42.1.3 索赔程序、理赔(包括但不限于第 43 条第二款下的协议)和进行追偿;

42.1.4 所有本保险下对被保险人或对第三人的支付或清偿,但约定以"通融"为基础者除外。

尽管有上述规定,首席保险人或其中之一得要求将任何此种事项提交给共同保险人决定。

42.2 关于第 42 条第一款下的事项,共同保险人应在其相应的共同承保比例范围内,对首席保险人遭受的所有责任、开支或费用,补偿和无损于首席保险人。

42.3 如果首席保险人需要为或代表保险人发生的费用,该费用有待为首席保险人指示的一方而收取,则收取费用方有权就其服务获得所收取的金额的 5% 的手续费或首席保险人事先同意的其他金额的此种收费,此种收费应由保险人支付。

42.4 首席保险人和共同保险人在本条中的协议由英国高等法院专属管辖,并适用英国法律及惯例。

43.索赔通知

43.1 在可能导致本保险下的索赔事故或事件的情况下,被保险人、船东或管理人在知悉事故或事件后应尽可能快地通知首席保险人,以便首席保险人在需要时指定检验人。

43.2 如果在被保险人、船东或管理人知悉事故或事件后 180 天内未通知首席保险人,就不得根据本保险索赔此种事故或事件产生的或引起的任何损失、损害、责任或费用,除非首席保险人书面做出相反的同意。

44.招标规定

44.1 首席保险人有权决定船舶的入坞或修理港口(因遵循首席保险人的要求所产生的实际额外航程费用,将补偿给被保险人),而且对于船舶修理地点或修理厂有否决权。

44.2 保险人得进行招标或要求重新进行招标。如果已进行了此种招标,并且接受招标经首席保险人认可,那么对在按保险人的要求发出招标邀请至接受招标期间完全由于进行招标所产生的时间损失,应基于保险价值按百分之三十(30%)的年利率予以补贴,但以收到保险人的认可后毫不迟延地接受招标为限。

44.3 在上述招标补贴期间,应从第 44 条第二款下的招标补贴中扣除下列款项:在燃油、物料和船长、高级船员和船员的工资和给养方面得到的赔偿,包括可以作为共同海损的金额,以及在延迟损害赔偿和/或利润损失或/或营运费用方面从第三者得到的赔偿。

44.4 如果在固定的免赔额之外,存在部分损害修理费用不能从保险人处得到赔偿,上述补贴应按同样的比例扣减。

44.5 如果被保险人未遵从本条,那么应从确定的净索赔金额中扣除 15%。

45.被保险人的义务

45.1 经要求,被保险人应自付费用向首席保险人提供首席保险人考虑任何索赔所可能合理要求的所有相关的文件和信息。

45.2 经合理要求,被保险人也应帮助首席保险人或其授权的代理人对任何索赔的调查,包括但不限于:

45.2.1 采访被保险人的任何雇员、前雇员或代理人;

45.2.2 采访首席保险人认为可能了解与索赔相关事项的任何第三人;

45.2.3 检验保险标的;

45.2.4 检查船舶的船级记录。

45.3 作为保险人承担责任的前提条件之一,在任何阶段(不管法律程序是否开始),被保险人不得明知或轻率地:

45.3.1 依靠基于虚假的证据以误导或试图误导保险人对索赔或其清偿的适当考虑;

45.3.2 向保险人隐瞒对保险人适当考虑索赔或抗辩此种索赔是重要的任何情况或事项。

45.4 第 45 条第三款不要求被保险人在任何阶段向保险人披露根据英国法按

法律咨询特权或诉讼特权免于披露的任何文件或事项。

46.保险人与索赔有关的义务

46.1 一经得到可能导致本保险下的索赔的事故或事件引起的损失、损害、责任或费用的通知,首席保险人得根据其自己的自由裁量:

46.1.1 指定检验人,检验人应向首席保险人报告损害的原因和范围、必要的修理以及公正合理的修理费用,和首席保险人或检验人认为相关的任何其他事项;

46.1.2 确认指定独立的海损理算师以帮助被保险人准备其索赔。如果尚未达成协议,被保险人可提名英国海损理算师协会的会员,或被保险人和首席保险人双方可接受的任何其他海损理算师作为待指定的海损理算师。

46.2 如果做出了此种指定,保险人应负责直接支付检验人和海损理算师的合理费用,不管最终是否发生本保险下的索赔。但是,保险人对所指定的海损理算师的费用的责任,在不晚于保险人支付、清偿本保险下的索赔或表达出拒绝本保险下的索赔的意图时终止,或在任何索赔不可能超过第 15 条下的免赔额变得明显时终止。

46.3 做出此种指定不表示保险人承认事故、事件或造成的索赔由本保险承保,也不表示保险人放弃根据本保险或根据法律具有的任何权利或抗辩。

46.4 检验人的报告,在首席保险人认为不存在利益冲突的前提下,应无延误地提供给被保险人和所指定的海损理算师。

46.5 首席保险人有权要求海损理算师提供任何阶段的案情报告。

46.6 首席保险人应迅速考虑按照所指定的海损理算师的建议安排提前支付,或者,如果未指定理算师,则应按照被保险人附有合适的文件作为支持的请求。

46.7 首席保险人应在收到所指定的海损理算师的最终理算报告后 28 日内做出有关的任何索赔的决定,或者,如果未指定理算师,则应在收到足以使保险人确定其承保范围和金额的文件完整的提赔后 28 日内。如果首席保险人要求额外的文件或信息以便做出决定,首席保险人应在收到所要求的额外的文件或信息,或为何此种文件或信息不能提供的满意解释后的合理时间内做出决定。

47.提供担保

如果由于其引起的索赔据称是由本保险承保的某事故或事件,被保险人被迫向第三人提供担保以阻止扣船或使船舶获释,保险人就应适当地考虑,通过代表被保险人提供,待由首席保险人决定其格式的担保或反担保,来帮助被保险人。

48.支付索赔

除任何转让条款另有规定外,本保险下可支付的索赔应支付给赔款接受人,或者如果没有赔款接受人,则支付给被保险人,或者他们书面指定的人。此种支付,不管是否付入银行账号,一旦做出,便应全部解除保险人就如此支付的金额在本保险下的义务。

49.追偿

49.1 无论保险人是否已经支付索赔或同意支付本保险下的索赔或潜在的索赔,被保险人应采取合理步骤:

49.1.1 就引起本保险下的索赔或潜在索赔的事项,尽可能评估是否存在向第三者追偿的前景;

49.1.2 必要时通过开始法律程序和采取合适的步骤以便从第三者得到索赔的担保来保护针对此种第三者的任何索赔;

49.1.3 保持让首席保险人和指定的海损理算师了解索赔前景和任何对第三者采取的行动;

49.1.4 在采取合理要求的步骤以进行对第三者的索赔方面与首席保险人合作。

49.2 保险人按照与承保的损失比承保的损失和未承保的损失(如同第 49 条第四款第(2)项所定义者)的总和相同的比例来支付被保险人按本第 49 条行事所产生的合理的费用。

49.3 如果被保险人根据第 49 条第一款第(2)项已产生合理的费用,而且不能根据本保险得到赔偿,在产生此种费用之前已得到保险人书面同意垫付此种费用的条件下,保险人应在其同意的范围内垫付此种费用,尽管根据本保险不赔偿此种索赔。

49.4 在就本保险下已全部或部分支付的索赔从第三者获得追偿的情况下,此种追偿所得应按如下规定在保险人和被保险人之间分享:

49.4.1 在向第三者进行追偿所产生的合理开支和费用应首先予以扣除,并退还给支付方;

49.4.2 余额应按与承保的损失和未承保的损失比承保的损失和未承保的损失的总和相同的比例在保险人和被保险人之间分配。在第 49 条第二款和第 49 条第四款第(2)项意义上,未承保的损失是指如果不是因为第 15 条下的免赔额和本保险的限额,就可根据本保险得到赔偿的保险标的之损失或损害和任何责任或费用。

49.5 在本保险下的承保范围未按第 6 条规定的情况下,应适用下述规定:

49.5.1 当保险船舶与另一船舶发生碰撞,而且两船互有过失时,除非一船或两船的责任被法律所限制,任何归保险人的追偿所得应按交叉责任原则计算,如同各船东已经被迫互相支付对方损害的比例部分,此种比例部分是确定由于碰撞被保险人应支付的或应获得的差额或余额时所适当允许的。

50.争议解决

除第1条第三款的压倒性规定另有规定外,被保险人和保险人之间的争议,如果不能通过协商得到友好解决,得按被保险人或保险人的请求,提交调解或按其他形式的变通争议解决方式,而且如果就应采用的程序不能达成一致,任何此种调解或其他变通争议解决方式根据现行(伦敦)争议解决中心之(CEDR)solve模范程序进行。

参考文献

[1] 杨良宜,汪鹏南.英国海上保险条款详论.2版.大连:大连海事大学出版社,2009.

[2] 魏润泉.国际货物运输保险实务.北京:中国金融出版社,1990.

[3] 张铁鞍,霍团结.涉外保险条例选编.成都:西南财经大学出版社,1994.

[4] 司玉琢,胡正良,傅廷忠,等.海商法详论.大连:大连海事大学出版社,1995.

[5] 王海明.船舶保险.北京:首都经济贸易大学出版社,2012.

[6] 魏原杰,吴申元.中国保险百科全书.北京:中国发展出版社,1992.

[7] 邹志洪,白飞鹏.货运险追偿——法律与实务.北京:中国经济出版社,2007.

[8] 司玉琢.中华人民共和国海商法问答.北京:人民交通出版社,1993.

[9] 李玉泉.保险法.3版.北京:法律出版社,2019.

[10] 汪鹏南.中国海上保险条例摘要及评论(第1辑)/(第2辑).大连:大连海事大学出版社,2003/2009.

[11] 樊启荣.保险法.北京:北京大学出版社,2011.

[12] 初北平.海上保险法.北京:法律出版社,2020.

[13] 张建武,贺晨.检验实务.北京:中国计量出版社,2002.

[14] 汪鹏南,程明权,等译.船舶保险手册.大连:大连海事大学出版社,2011.

[15] Sir M. J.Mustill & J.C.B.Gilman (editors).Arnould's Law of Marine Insurance and Average.16th ed.,London:Stevens & Sons, 1981.

[16] E.R.Hardy Ivamy.Marine Insurance,3rd ed.,London:Butterworths, 1979.

[17] E.R.Hardy Ivamy.General Principles of Insurance.4th ed.,London:Butterworths, 1979.

[18] M.Clarke. Contracts of Insurance.LLP,1992.

[19] R.H.Brown.Dictionary of Marine Insurance Terms.4th ed., London：Witherby & Co. Ltd.，1973.

[20] C.Hill etc. An Introduction to P & I.LLP,1988.

[21] Susan Hodges. Law of Marine Insurance.Cavendish Publishing Limited，1996.

[22] Edgar Gold.Gard Handbook on P & I Insurance.5th ed.,2002.

[23] Wilhelmsen.Bull，Handbook in Hull Insurance Gyldendal,2007.